南京大学MPA教育丛书

公共组织理论

朱国云　著

南京大学出版社

图书在版编目(CIP)数据

公共组织理论 / 朱国云著. —南京:南京大学出版社,2003. 4(2010. 4 重印)

(南京大学 MPA 教育丛书)

ISBN 978 - 7 - 305 - 04012 - 2

Ⅰ. 公… Ⅱ. 朱… Ⅲ. 组织学—研究生—教材 Ⅳ. C936

中国版本图书馆 CIP 数据核字(2003)第 014653 号

出 版 者 南京大学出版社
社 址 南京市汉口路 22 号 邮 编 210093
网 址 http://www.NjupCo.com
出 版 人 左 健

丛 书 名 南京大学 MPA 教育丛书
书 名 公共组织理论
编 著 者 朱国云
责任编辑 王振义

照 排 南京紫藤制版印务中心
印 刷 常熟市华通印刷有限公司
开 本 880×1230 1/32 印张 15.125 字数 380 千
版 次 2003 年 3 月第 1 版 2010 年 4 月第 3 次印刷
印 数 6001—7500
ISBN 978 - 7 - 305 - 04012 - 2
定 价 30.00 元

发行热线 025 - 83594756
电子邮箱 Press@NjupCo.com
Sales@NjupCo.com(市场部)

总　序

备受国人关注的MPA教育终于在中国大陆正式起动了。1999年5月,国务院学位委员会第十七次会议审议通过了《公共管理硕士(MPA)专业学位设置方案》。这个方案第一条就明确指出:“根据新形势下社会公共管理现代化、科学化、专业化的要求,为建立适应社会主义市场经济需要的办事高效、运转协调、行为规范的公共管理体系,完善国家公共事务和行政管理干部培训制度,建设高素质的专业化国家公共事务和行政管理干部队伍,特设置公共管理硕士专业学位。”2000年8月,国务院学位委员会办公室发出《关于开展公共管理硕士(MPA)专业学位试点工作的通知》,决定北京大学、清华大学、中国人民大学、南京大学等24所高校从2001年起正式开展这一专业学位的试点工作。我校从收到这个通知起,即为实施MPA专业学位设置方案做好一切准备工作。

公共管理硕士(MPA)专业学位是以公共管理学科及其他相关学科为基础的研究生教育项目,其培养目标是培养从事公共事务、公共管理、公共政策研究与分析等方面的高层次人才,为政府部门和非营利的非政府公共机构培养具有现代公共管理理论和公共政策素养,掌握先进分析方法及技术,精通某一具体政策领域的专业化管理者和政策分析者以及其他公共服务人才。国际通用的相关专业名称有公共管理硕士(Master of Public Admini stration,缩写为MPA),公共政策硕士(Master of Public Policy,缩写为MPP),或公共事务硕士(Master of Public Affairs,缩写为MPA)。目前我国试办的是公共管理硕士专业学位,但实际上也包含或体现了公共政策和公共事务硕士专业学位的主要内容和要求,故可以统称为 MPA 学位。从世界范围看,MPA 已成为许多国家培养高层次、应用型公共管理人才的主要途径之一,并与工商管理硕士(MBA)专业学位、法律硕士(JM)专业学位一起,成为发达国家人文社会科学高层次职业研究生教育的三大支柱。从我国实际情况看,现在设置 MPA 专业学位,是推进政府机构改革、建设高素质的专业化国家行政管理干部队伍的需要,是新时期新形势下国家公务员队伍建设的迫切要求;是社会主义市场经济建立和完善过程中非政府公共机构不断发展之需要,是非政府公共机构专业化队伍建设的迫切要求;也是我国学位与研究生教育改革和发展之需要,是高等学校面向新世纪培养高层次应用型、复合型人才的重要途径之一。十多年来,公共管理学科及相关专业的长足进展,已为开展 MPA 教育创造了最重要的条件,可谓瓜熟蒂落、水到渠成。

作为 MPA 教育试点学校之一的南京大学,是国家教育部直属的一所综合性重点大学。学校拥有众多国内外著名科学家和一大批大有发展潜力的中青年学者。在现有 2 000 余名教师和科研人员中,教授、副教授 1 100 余人,其中两院院士 21 人,第三世界科学院和外籍院士 3 人,在岗博士生导师 400 多人。学校现有 15 个学院,38 个系,5 个公共基础课教研部、室,还设有研究生院、继续教育学院等;现有 57 个本科专业,7 个第二学士学位专业,106 个硕士点,66 个博士点,还拥有 10 个博士学位授权一级学科点,14 个博士后流动站,18 个国家重点学科和 11 个省重点学科,10 个国家重点实验室,10 个国家基础学科研究和教学人才培养基地。现在,这所历史上被誉为"中国科学发展主要基地"的百年学府,正以一贯的"严谨求实,勤奋创新"的学风和校风,为创建世界高水平大学而努力奋斗。这是我们能办好 MPA 教育的雄厚基础和力量源泉。

南京大学对开展 MPA 专业学位教育十分重视。学校 MPA 专业学位教育工作领导小组已正式成立,并开展了前期工作。按教育部的要求和本校的实施方案，我校的MPA教育依托学校办学，由研究生院直接管理，社会工程与管理学院具体组织，采取全面统筹、资源共享、保障重点、凸显特色的思路，稳步有序地发展。

南京大学MPA专业学位教育由公共管理学院具体组织实施。该院于1997年正式组建，下设政治与行政管理学系、社会学系、信息管理系、高等教育研究所、德育教研室等单位，还设有国家公务员考试咨询培训中心、中国政治与行政发展研究所、东亚研究所、心理学研究所、城市科学研究中心、软科学研究所等十多个研究机构。该院现有政治学理论、社会学、情报学3个博士点，行政管理、政治学理论、国际政治、社会学、高等教育学、情报学、档案学、图书馆学、马克思主义理论与思想政治教育等9个硕士点，在南京大学最集中地汇聚了公共管理之下的几个主要二级学科。该院现有在职教师98名，其中教授28名，副教授50名，博士生导师11名。就MPA教育来说，该院既在专业课教学方面有比较充裕的师资储备，也在科学社会主义理论与实践等公共课教学方面集中了南京大学最精干的力量，还能以很大的回旋余地在定量分析方法、信息技术及应用、管理信息系统等应用性、技术性课程方面挑选出高水平师资。这是保障MPA教学质量的最重要的条件。

办好一个学校、一个系、一个专业，除了要有一流的师资队伍外，还需要有科学的培养方案，课程体系和高质量的教材。根据MPA专业学位教育的培养目标、培养对象、培养方式等方面的特殊性要求，MPA教育的培养方案要体现公共管理学科的跨学科、综合性和交叉性强的特点及这一学科新发展趋势，要体现这一专业学位教育培养复合型、应用型、通才式优秀人才的特点。在课程结构上，同样要符合和体现这样的基本要求。国务院学位委员会办公室下发的《公共管理硕士专业学位培养方案》强调，MPA教育的课程设置注重经济学、政治学和法学、定量分析方法和信息技术及其应用，以及重视学生分析和解决实际公共管理与公共政策问题实际能力的训练和培养。整个课程体系大体包括四类课程：一是经济学类课程，包括宏观经济学、微观经济学、公共财政学、政府经济学等；二是定量分析、计算机应用类课程，包括定量分析方法、信息技术及应用、管理信息系统等；三是政治学、法学、行政管理类课程，包括政治学、行政法、公共政策分析、中国政府与政治、比较政府与政治、国家公务员制度等；社会实践类课程，包括参加调查研究、问题研讨、政策咨询等。除此以外，MPA专业学位教育还应根据不同的专业方向，设置若干体现本专业方向特点和要求的课程。

按照国务院学位办对MPA课程设置的总体考虑，结合我校和我院的学科结构和学科优势，我们先拟定出20门左右课程，组织有关骨干教师编写教材，推出一套《南京大学MPA教育丛书》。我们要求每一本教材都应做到：坚持以马列主义、毛泽东思想和邓小平理论为指导，坚持党的基本路线，遵守国家宪法和法律；反映和阐明所属学科国内外研究的前沿及重大问题，增强学术性；紧密联系我国改革开放和社会主义现代化建设的实际，提出和回答我们所面对的重大理论问题和实际问题，倡导理论创新；体现教材特点，深入浅出，通俗易懂，利于学生自修。每位作者做得如何，要由广大同仁和学员来评判。丛书出版后，我们将广泛听取意见，视不同情况采取不同的改进措施，以使这套丛书日臻完善。我们以十分真诚、热切的心态，期待着广大读者的批评与建议。

中国的MPA刚刚起步，其成长、成熟定会经历一个漫长的过程，特别需要大家去关心、呵护和参与。我校MPA专业学位班的正式开办以及这套丛书的正式出版，定能对我国MPA的发展产生积极的推动作用。这是我们的愿望，也是我们的责任。

张永桃

2001年6月6日

前　　言

我在五年前曾写过一本《组织理论：历史与流派》专著，记得我于1998年将该书的阶段性成果，“试论行政组织结构的重塑”论文，在西班牙首都——马德里召开的“第四届世界管理大会”上，向与会专家作了交流，当我演讲完毕，竟获得会议执行主席、瑞典埃马大学教授罗尔夫·A·伦丁(Rollf. A. Lundin)向我献上鲜花的特别礼遇。回国后又接到该专家特地向我发来的关于大会学术交流的书面评价。在信中，伦丁教授称，你所介绍的研究成果“选题新颖，观点突出，有重要的理论指导意义……”。获得如此礼遇，当时的确心头一乐，事后并非使我过多欣喜，相反带给了我更多的思绪：平一平心跳，回归于历史的冷漠，理性的严峻；中国必须自强，中国必须拥有本土的理论文化。由此，更加坚定了我撰写今天这本《公共组织理论》专著的决心。

我想，随着改革开放的不断深入和现代化建设事业的蓬勃发展，越来越多的人在认识到科学技术是生产力的同时，也认识到现代科学管理也是一种生产力。因此，各种管理理论与技术应运而生，并逐渐促使管理科学不断完善和发展。组织是应管理的需要而建立的，组织是管理的载体，凡有管理的地方必有组织，决不存在没有组织的管理；管理则是组织运行的机制，凡有组织的地方又必定有管理，也决不存在没有管理的组织。因此，伴随管理科学的建立，组织理论也出现了。

组织理论的产生是管理科学发展的产物，也是管理科学走向成熟的标志。虽然一切管理都是以组织为基础的，但是，将组织理论作为管理科学的基石，还是20世纪50年代以后的事情，这也是现代管理科学同古典的、传统的管理科学相区别的分水岭。因此，要学习和精通现代管理科学，决不可以忽略和轻视组织理论。

正像管理科学作为一门学科出现在西方一样，最早的组织理论也是由西方学者建立的，这是管理学者和管理专家都比较一致的共识。因为西方的市场体系最先获得发育，市场的内在要求与固有缺陷促进了企业管理和公共管理的发展，再加上西方企业管理人员在实践中重视组织设计，行政人员在管理中崇尚科层制组织结构，因而对组织的专门研究构成了西方管理科学的一大特色。因此要吸取西方组织管理已有的研究成果，最好先从研究和借鉴西方的组织理论开始。

根据上述缘由，认真考察并分析西方自20世纪50年代以来的组织理论的演变和发展，结合我国自1978年以来20多年的改革开放的情况，包括实施的传统管理经验和当代社会变革中的制度创新、体制调整和结构重塑等，在理论和实践两个层面上认真系统地对公共组织理论进行研究，这对构建富有中国特点的发展型公共组织理论，推动公共组织理论的发展，无疑具有非常重要的现实意义，也是一项当务之急的迫切任务。

有鉴于此，我觉得自己写的这本书从严格意义上讲还够不上称为公共组织理论的研究，它仅只作为提示人们了解和重视组织理论的向导，是一本有关组织理论的导言。

由于公共组织理论的重要性引起了人们的关注，尽管对它的研究尚属起步阶段，但其发展速度却非常快速。然而，很多研究人员和管理实践者在关于组织科学、战略管理、组织学习等一些概念、范畴的界定和区分问题上，众说纷纭，莫衷一是。这些问题尚待通过学术上的探究、论争和实践中的考察与验证，以求最终达成共识。

就组织扮演的连接人与社会的中介角色而言，它就像人们所谈论的故乡那样：

"其实所有的故乡原本不都是异乡吗？所谓故乡不过是我们祖先飘泊旅行中落脚的最后一站。"

——杨明《我以为有爱》①

"我抛弃了所有的忧伤和疑虑，去追逐那无家的潮水，因为那永恒的异乡人在召唤我，他正沿着这条路走来。"

——泰戈尔《采果集》②

既然是飘泊旅程，那么每一次组织的成功都不会否定新的起点开始。基于此，我的笔下也就出现了如下有关公共组织理论的综述：公共组织科学、理论、生态、设计、结构、职能、权力、冲突与沟通，领导、文化、变革与发展。

另外，在本书的撰写与出版过程中，得到了南京大学公共管理学院、南京大学出版社的有关领导和同仁的大力支持和帮助，比如张永桃院长为本书的撰写提出了指导性建议，出版社王振义教授为本书的出版投入了大量的精力，本系的同事给予多方的支持，在此谨表诚挚的感谢。同时，还要感谢我的几位研究生对我撰写工作的全力协助。

还有，由于我本人的学识有限，不足偏颇之处在所难免，恳望得到同行专家、读者的批评指正！

朱国云
2002.10

① 余秋雨著：《文化苦旅》，上海：知识出版社 1995 年版，第 5 页。
② 同①。

目 录

或许最好的管理课程可以归纳为三条原则，即：象棋、桥牌和扑克牌，并由赢家收费。象棋代表战略思想，桥牌是指与同伴的共同努力，扑克牌指经过深思熟虑后的冒险。企业组织管理的全部要点都包括在这种游戏中。

——工业巨子：霍尔兹沃思

第一章 公共组织科学

社会性是人类独有的特征。组织性又是社会性的主要特征。可以说，没有组织，就没有社会。只要有人类生存的地方，必定需要组织，决不存在没有组织的社会，组织是连接人与社会的中介。通过组织，将个人纳入群体网络之中，使各个具体的人与人类的社会联系在一起。换言之，与人类社会的产生相伴随的是动物的合群性转变为人的组织性，组织结构与合作关系成为人类社会所特有的客观现象。作为人类社会不断变迁的结果，个体不断地被纳入到组织之中。这种社会的组织化特性到了当今社会已经愈发凸显。可以说，现代社会任何个人都离不开这样一个高度组织化的社会，因为每个个人都必须也只有通过组织才能参与社会公共活动。社会公共事务的过程实际上就是公共组织进行综合管理的活动过程。其目的就在于,使一个组织能有效率和有效能地利用各种资源(包括人力、财力、信息等)来完成组织的目标和使命。因此,公共组织的宗旨应该代表人民大众的利益,其行动纲领应该是全心全意为人民服务,本身的目标也就应该是服务优质、绩效增高。本书将着重阐述有关政府组织,包括接受政府授权或替代政府进行公共事务管理活动的非盈利(营利)组织。

然而,公共组织即政府组织,因是国家机器的重要组成部分之一,故它必然会以独特的公共行政管理方式较为直接地表现和执行国家的职能。各级政府组织在本质上是作为执行在国家中占据统治地位的阶级、掌握政权的政党的意志的工具而存在的,它要在自己的活动中准确地反映和实施国家的宪法和各种法律;各级政府组织在形象上是作为社会和公众利益的正式代表而存在的,它要对社会公共生活的各个领域加以管理和领导。

因此,对公共组织的研究可以依据不同的目的,采用不同的方法,从不同的角度来展开。一般来说,可以采用静态与动态相结合、结构与系统相结合的方法,从理论与实践两个方面,阐述公共组织形态、公共组织设计、公共组织结构、公共组织运行、公共组织变革等问题。

第一节　组织科学的历史与方法

历史与其研究的对象有着密切的联系。组织科学研究对象是人类的各种组织。首先存在的是人类的组织现象,然后才发展起关于这一现象的理论。关于什么是组织的问题,历史上人们就有不同看法,至今人们还在争论。这些争论一方面反映了人们对组织现象认识的深化,另一方面也反映了组织是一个复杂的存在物,它有许多规律性,人们可以从不同的侧面去认识它。

一、组织科学的形成与发展

1. 词源学和语义学意义上的组织

组织一词,在中文里,其原初的意思是将丝麻织成布帛。《吕氏春秋·先己》高诱注:"夫组织之匠,成文于手",另有"织任组训","伤国人树桑麻,习组织"之说。其扩展的涵义一是组合过程;二是经联合而成的整体。在英语中,其原初的意思是"器官"(organ)组合而成的生物整体(organism)、器官之间的协调动作(organize)和动作的结果(organization)。其扩展的涵义也大体是联合的过程及联合而成的整体结果。中文里的组织,一开始就与人的社会活动相关;英文中的组织最初只是与生物的结构相关。这两方面的词源学和语义学上的组织,到了今天就成为描述人类社会历史进程中的一定的群体结构及其活动方式的重要范畴。所以,组织亦随社会变迁而成为人类与时俱进适时变革的手段和当今流行的颇具时代价值的理论目标语境。也就是组织是随时代转型的一种有机的、动态的存在实体。

2. 组织的界定

的确,现代社会若没有组织则人类将难以生存。不过,从历史来看不同时代的组织形态各有不同,这与其结合的基础是分不开的。比如,农业社会时代的组织形态,其结合的基础往往以血缘、地缘,或亲缘等因素为主;而工业社会的组织则以共同利益的达成为基础,因此,组织成为达到目标追求的工具性价值。所以,许多学者在工业社会普遍流行"技术理性"或"工具理性"的时代精神下,也不经意地把这种隐含的信念,反应在对组织的界定上。

至今人们比较多地引用西方的E·格罗斯与A·埃策尼和E·卡斯特与E·罗森茨韦克关于组织的定义。格罗斯与埃策尼关于组织的定义是:"组织,是人类为了达到某些共同的目标而特意建构的社会单元,企业公司、军队、学校、教会、监狱等都是组织。那些自然形成的群体，如部落、阶级、宗教团体以及家庭，则不包括在内。现代化组织具有以下特征：(1) 在劳动、权力以及沟通责任上有所分工，分工的方式既不是任意的，也不是传统的，而是围绕某一特定目标加以精心设计的；(2) 具备一个以上的权力核心，用以指挥组织成员的行为，以促进组织目标的实现，这些权力核心要不时地考核组织的绩效，必要时调整组织结构以增加效率；(3) 实行成员的淘汰，对不胜任的成员通过轮训、降职、撤职的方式加以更换。"① E·卡斯特与 E·罗森茨韦克关于组织的定义是："组织是：(1) 有目标的，即怀有某种目的的人群；(2) 心理系统，即群体中相互作用的人群；(3) 技术系统，即运用知识和技能的人群；(4) 有结构的活动整体，即在特定关系模式中一起工作的人群。"②

以上两个定义，都是把组织当成达成目标的工具性价值，充分显现了"工具理性"的思维范式。其他如巴纳德（Barrand，1938年）③、西蒙（Simon，1991 年：19）④ 和布劳和斯科特（Blau and Scott，1962：5）⑤ 等对组织的定义虽或各有侧重点，但思维模式都基本上是一致的——"工具理性"。在此就不再一一罗列引用。

然而，组织一般都不是仅仅为存在而存在的工具，因此它们都会注重技术理性的思维，而且也都是为了达成某些目标而存在的工具；相反，也有某些组织却是带有强烈的求存动力，以维持自己存在的有机的系统，在此为了有别于前面的"理性系统的定义"（A rational system definition），称其为"自然系统的定义"（A natural system definition）：组织是集体共有方式的结合。其参与者几乎

---

① E. Gross and A. Etizioni: ***Organization in Society***, N. J, Pretice Fall, 1985, pp.5—7.

② F. E. Kast and J. E. Rosenzweig: ***Organization and Management: A System and Contingency Approach***, N.Y. McGraw-Hill, 1979, p.9.

③ 吴琼恩著：《行政学》，台北：台湾三民书局股份有限公司 2001 年版，第 843 页。

④ 同③，第 891 页。

⑤ 同③，第 845 页。

都是出于为自己享有组织的共同利益而努力维持组织的存在，并投入集体的活动；且多半是以非正式的结构来确保其存在的目的(Scott，1992：25)①。

由此第二种定义可知，一些非正式的组织诸如同乡会、校友会、诗友会、业余爱好同学会等等组织，以参加人员的共同兴趣或背景条件(如血缘、亲缘和地缘为凝聚的基础)作为结合的因素，大家走到一起相互关心、相互支持、相互帮助、相互切磋、意同缘投，在情义、诚信的基础上，使得知识互补、资源共享，而不是相互结合以追求如前所述的共同目标。这种组织形态，是基于过去却又超越过去传统工业社会企业组织的制度管理，是因为人们在发现了工具理性的危机的前提下才愈发体会到这一类型的价值，可用以弥补工具理性过于泛滥之弊。

第三个定义则从由组织的外部环境因素影响组织的观点来界定，它将有别于前面两种定义，如：组织是结合参与者变动中的联盟所形成的互相依赖的活动系统。这些系统存在于其所运行的环境中，并有赖于与环境不断地互动交流，进而又在新的环境中发展自我(Scott，1992：25)②。

该定义突出了注重组织与环境之间的互动关系，但其本质也是把组织当成追求目标达成的工具性价值，与理性系统的组织属于同种类型。③

3. 组织和人类社会组织

“组织是按特定的结构形式和运动规律结合起来的一定数量事物的统称”④。这种具有一定结构形式和活动规律的组织在人

---

① 吴琼恩著：《行政学》，台北：台湾三民书局股份有限公司 2001 年版，第 889—890 页。

② 同③，第 889—890 页。

③ 同③，第 283—285 页。

④ [美] R.J·斯蒂尔曼编著，李方、潘世强等译校：《公共行政学》，北京：中国社会科学出版社 1989 年版，第 57 页。

类社会的表现就是社会组织。构成社会组织的基本要素不是一般的物,而是人。因此,可以把社会组织定义为:“按照一定的目的、任务,运作的形式,将分散的人编制成的某种群体。”研究自然界的组织固然重要,但研究人类社会的组织显然更为重要。自觉的合群性即组织性是人的一种最为显著的、具有巨大作用的社会性。人类社会的组织具有多方面的作用和功能,其中最为基本的是“汇集与扩大”。前者表现出将分散的力量聚集起来的机制,它属于组织的初级功能;后者则表现出将各个分散的部分聚集后获得比原先各部分总和还要大的整体效应,它属于组织的高级功能。

人类社会组织具有多样性的特点。人类组织可按不同的标准分为:正式组织和非正式组织;政治性组织和非政治性组织;官方组织和民间组织;生产组织、社会管理性组织和安全防御性组织;强制性组织、功利性组织和规范性组织;互利性组织、营利性组织和服务性组织;合法组织和非法组织等等。

4. 人类社会的公共组织

公共组织是人类社会组织中最大的一种组织。关于公共组织的界定,是组织理论学界一直存在争议、迄今为止还没有公认的权威性结论的问题。从已有的争论来看,在公共组织的界定上存在着下列一些方面的分歧:一是关于对公共组织是作广义的还是作狭义理解的分歧;二是关于对公共组织作静态的还是作动态理解的分歧;三是关于对公共组织具有阶级性还是具有社会性理解的分歧。广义理解的公共组织指的是政府、整个国家的一切公共工作机构乃至企业的经营管理机构,即“私人行政”;狭义理解的公共组织指的是执行国家的政务所结成的有系统的机构(即 Public Administration)。静态理解的公共组织指的是国家为了执行政务,依法组建的行政机关系统。动态理解的公共组织则是若干行政机关相互联接成一个系统而对国家的政务进行领导、指挥和管理的过程。从阶级属性去理解,公共组织是从属于国家、按照统治阶级意志行动的工具,而从社会属性去理解,公共组织是一个在社会环境中运行的具有自身目标、人员构成、结构形态、责权利益的行政机关体系。

在了解公共组织时,必须将具有同等序列的概念弄清楚。一是行政机关,二是行政机构,三是行政官署。行政机关与公共组织是有区别的,公共组织是带有综合性、整体性和完全行政权的法律的和行为的主体;行政机关则是单一的、部分的和享有有限的行政权的法律的和行为的主体。行政机关间相互配合才能形成有效的公共组织。公共组织与行政机构也有区别。行政机构实际上也是行政机关,仅仅是前者偏重于主体的、职权的法规的方面,而后者则偏重于编制的、预算的方面。在公共组织与行政官署之间,行政官署一般指具有决定权、对外代表国家意志的事权机关。显然,行政官署只是公共组织中的一个极其有限的行政机关。

二、组织科学及其知识体系

1. 组织科学的定义

人们在对组织的定义上有着不同的见解,同样在对组织科学的定义问题上也有着不同的看法。

大致存在两种不同的意见:一种意见是比较多的作者认为组织理论的历史与人类社会发展既密切相关,也同样多变复杂,因而感觉对其下定义有困难,就采取不作定义,只作分类的做法。这种对组织科学感到难以定义而采取不定义的态度是不可取的,它无助于问题的解决。感到下定义有困难,正说明了研究组织科学具有必要性、迫切性和科学性。人们更应积极、科学地去探索、分析、研究其发展的系统规律,从而予以准确定义的基础上进一步发展它、运用它。

另一种意见是同意给组织科学以界定。在这一态度下大致又有两种情况。一种情况是有些学者认为组织科学与组织行为学就是一回事。这种看法有一定的道理。但是，组织科学与组织行为学应该说是有区别的，前者是个整体，后者只是一个局部。组织行为学侧重研究组织的个体与群体的行为和心理；而组织科学不仅要研究组织行为学方面的内容，还要研究组织结构、职能及其运行等。

第二种情况是有人将组织科学与行政组织论作等同的看待。这种看法也同样有一定的道理。但是，组织科学与行政组织论也是有区别的。前者是一般理论，后者是个别理论。因为组织科学是一门跨学科的理论，是政治学、行政学、社会学、经济学、军事学等所共同研究的重要课题。而行政组织只不过是众多的社会组织的一部分——尽管是其中很重要且规模庞大的一部分——其理论不能包括或普遍适用于各种社会组织。除了行政组织理论外，还有关于国家管理的国家论和政府论、各种兵法中的军事组织理论，以及一些主要的政党理论等等。它们都是各种类别的组织科学。真正从组织的角度来给组织科学下定义的要数英国学者 D·S·皮尤，他在《组织理论精粹》一书中指出：组织科学可以界定为研究组织的结构、职能和运转及组织中群体行为和个人行为的知识体系。这一定义列出了组织科学所要研究的内容，并指出了组织科学是一个知识体系。但稍嫌不足的是没有突出其规律性。因为凡是理论总是要研究事物的本质及其规律的，由此，可以将皮尤的定义加以完善为：组织科学就是研究和解释组织的结构、职能和运转及组织中群体行为与个人行为等现象，并指出其中的理论和知识体系。①

2. 组织科学的形成过程

人们常常用“既古老又年轻”来形容组织科学的发展历史。说组织科学“古老”，是因为凡有管理学就必然要研究组织。组织是管理行为的载体，没有组织就无所谓管理行为。但是，以往的管理

---

① D·S·皮尤著，彭和平等译：《组织理论精粹》，人民大学出版社 1990 年版，第 3 页。

理论不是以组织为基础的，即组织没有被摆到核心的位置上。所以，那时的组织研究只是一种有关组织的思想因素，没有进行系统的研究，也没有形成为一个独立的分支，或一门独立的学科。因此，我们又说组织科学是“年轻”的。

到了近代，研究管理学的学者们，则纷纷以组织为中心论述管理，从而使组织科学成为一门独立的学科。究竟组织科学什么时候成为一门独立学科的呢？人们对这个问题的看法也是很不相同的。有的人认为，从泰罗研究开始就有组织科学了；有的人却认为是从马克斯·韦伯开始的。要澄清这一问题，最好的办法还是借助于历史考证。

应该说，对组织进行系统的研究是20世纪中期以后的事。以1930年出版的《社会科学大辞典》(Encyclopedia of the Social Sciences, New York, Macmillan)一书为依据，当时书中还没有列上“组织理论”的词条。直至1937年，美国行政学家古利克和英国学者厄威克在合著的《行政科学论文集》中发表论文《组织理论概述》，不过，他们没有对组织科学提出自己的独创性见解，也没有对组织科学作深刻系统的论述。但从那时候开始，对组织理论问题进行讨论的学者日益增多，相应地所著的文章、专著也日渐增多。

到了20世纪50年代，行政学家和管理学家们都非常热衷于探讨“组织理论”，并在组织理论的名义下发表见解，论述观点，大量的论文、科研报告和著作也就接踵而来。这时马克斯·韦伯关于“官僚制度”的译著被介绍到美国并产生了很大的影响。所以后来有人称韦伯的官僚制度的部分学说为最早、最有代表性的组织科学理论。

我们认为，真正的组织科学应从巴纳德开始，或者说现代意义上的系统组织科学是从西蒙开始的。西蒙是诺贝尔奖的得主，他不仅是管理学家，而且是著名的计算机科学和心理学教授。他倡导的决策理论，是以社会系统理论为基础，吸收古典管理理论、行为科学和计算机程序等科学的内容,逐渐发展起来的一门边缘学科。决策理论学派的学者们认为,决策程序就是全部管理过程。管理就是决策,而组织不但是管理,同时还是管理手段,在现代社会中其自身还是一个有目的的、开放的社会系统。因此,应用系统理论研究组织科学和管理的问题也是顺理成章的。

3. 组织科学的知识体系

组织科学有着自己的发展历史。要了解组织科学的历史体系,可以从三个方面着手。一是从组织科学与管理实践的相互关系着手。作为管理的具体实践或实际的技术手段,主要包括:管理过程(计划、寻找资料、组织、激励 、控制)、管理决策(判断的、战略的、协作的、作业的)、管理对象(工商企业、政府教育、宗教、军事)。正是在这一实践的或实际操作的基础上,才产生出组织理论。二是从组织科学与相关学科的关系来看,组织科学与下列学科的知识紧密相连:行为科学(人类学、心理学、社会学)、社会科学(经济学、政治学、历史学)、哲学、分析科学(数学、统计学、物理学、比较分析)。组织科学的发展与这些学科的发展相互渗透、密不可分。三是从组织科学本身的研究内容来看,组织科学包括:组织的政治、经济、社会环境,组织的界限与活动范围,组织之间的界面,组织的结构,组织中的正式与非正式关系,组织中的权力、职权和影响,组织目标与价值系统,组织中的群体动力学,组织成员的激励,组织的战略与战术,组织中的管理过程,组织信息决策,组织稳定与革新,等等。

由上可知,对于组织科学体系的划分,我们应以 20 世纪 30 年代为界,在此以前,差不多所有的管理学家和管理专家们尽管也在谈论组织,并且也对组织的问题进行过研究,但是,他们都没有想到过用“组织理论”这一术语来概括他们的工作。1937 年,厄威克与古利克的《管理科学论文集》问世,第一次正式提出“组织理论”这一概念以后,各种对组织的研究才归并到“组织理论”的名下。

管理理论与组织科学逐渐成为两个平行的研究类别。

到了巴纳德，特别是到了赫伯特·A·西蒙登上了管理学研究的舞台并成为代表人物时，组织科学开始成为一切管理学的基础。管理学最根本的任务就是要寻找适合人性的并与技术相结合的运行组织。对于管理学家和管理专家来说，他们的中心任务不再是罗列多少条管理原则，而在于对组织本身加以设计、调整、管理、革新。在法约尔那里，组织原先只被看作管理的一个环节，但在巴纳德、西蒙及所有现代管理学家那里，管理只不过是组织的存在形式而已。

一切管理学理论说到底都是以组织科学为基础的。坚持将组织科学作为各种具体的管理理论的基础，这是现代管理理论同古典的、传统的管理理论相区别的重要标志。因此，要对现代管理有所认识，就必须研究组织科学。

三、公共组织的基本属性

不同国家的公共组织具有不同的特性，但任何一个国家的公共组织系统都具有一些共同的最为基本的属性。首先是合法性。公共组织的合法性包含两层意思：一是公共组织自身的合法性，二是公共组织必须“依法行政”。前者要求行政机构的建立，其组织宗旨、人员编制、机关设置、财政预算都必须符合宪法和各种法律规定。后者是指行政机关的行为，包括行政裁量行为，都必须符合宪法和法律精神，必须自觉接受国家权力主体的监督，凡是越权行为必定要受到追究。

其次是权威性。公共组织的权威性是指两个方面：一是行政行为是以国家的强力为后盾的，二是公共组织在必要时可以采取强制性的行政制裁。前者说明国家公共组织是国家的组成部分，正是这种法权地位，使国家公共组织是以国家的宪法、法律和武装力量为后盾的，它是以强力和契约关系为基础的。正因为如此，凡是国家公共组织对社会生活所实施的领导和控制,适用者就必须遵守。后者说明国家公共组织手中握有运用强力实施管理的权力。当政府的权威地位动摇时,国家公共组织就可以以国家的名义对少数破坏国家和公民利益的人进行经济处罚、行政惩处、宣布进入紧急状态、实行军事管制。

第三是整合性。这一特性也包含两方面的内容:一是公共组织采取的是整体协调的部门化的结构方式;二是公共组织以一定的序列、等级为基础实行逐级授权。国家公共组织是与社会分工相对应所形成的部门化的、专业化的机关责权体系,不同的行政机关分别管理不同的社会行为主体和行业,通过行政首脑的协调,达到上统下属、上下贯通、左右联系、纵横交错、首尾相接、政令归一的整体。在国家公共组织系统中,存在严格的序列与等级,通过逐级授权,建立起中央与地方、上级与下级、行政首长与普通公务员之间分工明确、责权清晰的有序系统。

第四是层次性。在公共组织中,工作人员都要依据不同的条件和各人所应承担的责任,分成若干层次进行运作。一般有三个层次:战略层次、协调层次、技术层次。这三个层次在工作目标、工作程序、智能发挥和与环境的关联等方面都有较大的差异。战略层次的工作多偏重于长远目标、形式灵活多样、充分运用智慧、对外高度开放;协调层次的工作多侧重于中期目标、形式有一定的约束、较多运用智力、对外半开放;技术层次的工作则是实现前两个层次所规定的具体目标、遵守严格的规范、对体力和机械的运用较多、对外界多处于封闭状态。

第五是社会性。公共组织的社会性包括两个层面:一是公共组织服务于一定的社会公益事业;二是公共组织对社会生活进行着广泛的管理。国家要维持其凌驾于社会之上的权威,除了要运用其暴力工具,还要服务于社会,施益于公众;同时,国家还要借助于其高于社会之上的权威,加强管理,为国家的发展和公共事业的建设制定政策、提供机会、维持秩序。

第六是发展性。公共组织并不是一成不变的，它作为国家的一个部分，既具有动态性，又具有适应性。其动态性表现在国家公共组织的一系列功能只有在运动中方能完成，而在功能的发挥中，其本身的结构也必然要发生或大或小的变动；同时，公共组织又总是同其环境处在相互作用之中，它会根据社会、政治、经济、文化形态的具体变化，不断充实、更新自己，以适应社会发展的需要。

四、组织科学的研究方法

组织科学研究的对象主要是组织的结构、周期、运行与变化。无论是理性定义学派、人本主义学派，还是权变学派、系统学派，其研究的重点都是组织与其成员的相互关系。因此，组织科学的研究方法也和其他行为科学，包括社会学、心理学、经济学等研究大同小异，所选择的角度和面对的问题极为相似，只是所分析的问题和层次有所不同。

大体上来说，组织科学在方法问题上可以分成两个层面。一个层面是方法论基础；另一个层面是方法论，它又包括方法与技术。组织科学的方法论基础涉及对社会存在与发展的根本观点。在社会主义制度下，构成这方面基础的是历史唯物论即历史唯物主义。只有以实践为出发点的反映人类社会产生、变化及发展规律的唯物史观才能构成方法论上的指导。西方学术界，特别是组织理论研究领域，日益回归于历史唯物主义。

在方法论层面上，组织科学的方法主要是理性主义的与人本主义的，另外还发展出权变方法、系统方法、交叉科学方法等。理性主义较多地从组织的客观方面、逻辑方面去探索组织现象与组织过程，追求效率目标。人本主义比较多地从组织的非理性、人际关系的方面去追求公平的目标。这两种方法应当结合起来。权变方法比较多地根据组织既定的目标及成效的标准，尝试使用不同的方法来达到所期望的效果,同时更会考虑不同环境、科学技术等因素,而设计出不同的解决问题的方法,力求稳妥地达到预期的目标。系统方法更多地从实证主义立场出发,利用科学方法来发现组织和个人的律则,实事求是并根据已知的理论和经验来推论客观现象,作出不同的假设,最终是以对症下药的手段,针对不同的问题或矛盾,运用综合遴选的方法进行解决,从而达成提高组织绩效的目标。交叉科学方法比较多地综合了社会科学包括自然科学以及有助于研究组织科学的其他相关学科的研究方法。它主要从各相关学科中吸取了改善人和组织的关系的管理理念和分析技术。该方法可大体上分为经验的与理论的。经验的方法对社会科学尤为重要,它可以为理论方法的使用提供资料与验证的手段。但仅仅是经验的会导致目光的狭隘,因此理论的方法是必不可少的,最好要以自然科学的方法和原理来验证或解释有关的组织科学知识原理,这才是也应该说是组织理论研究者们追求的组织科学。

第二节　组织有效性的确定

事实上,任何一个组织都不是孤立的,它保持自身与外部环境的动态平衡的前提下,一方面不断地获得从外部输入的资源,另一方面又输出自身内部生产的产品;这种输入输出的运作又必须依赖于组织的技术和手段,来确保这种输入输出的连续性运作,这便是组织管理的任务;然而能使管理任务有效完成的惟有按照法规、组织运行规则来科学地设定组织职能。

公共组织的具体职能一般分为六组:

1. 业务技术职能。当今世界,科学信息技术突飞猛进,网络经济发展日新月异。组织技术活动的数量不断增加,无论是物质的还是精神的产品一般都出自于技术人员之手,这些事实使得组织的业务技术职能凸显出来。

2. 人事组织职能。全球经济化实质是各个国家综合实力的竞争，归根结底是人力资本的较量。怎样引进并留住人才，怎样培养和发现人才，怎样培训和怎样利用人才，怎样通过激励使得人力资源变为雄厚的人力资本，这些问题比以往任何时候都变得更为迫切需要解决。这必然导致组织的人事组织职能更为重要。

3. 财会审计职能。组织中的人员、设备、管理运作所需的资金、提供公共服务，及股票红利、准备金等所需要的各项资本，都需要通过财务核算、预测和规划，并向组织提供有关运行状况的确切参考依据。同时，尚需依靠财务规章和会计制度规范组织去争取资金和适当使用资金，以防止和杜绝违章腐败现象的发生。因此，就必须要有完善的财务管理和审计监督。

4. 宣传传播职能。宣传传播不是独立的，它要服务于大局。近代以来所发生的 3 次科技大飞跃和 3 次工业革命，使得当今经济全球化进程不断加快，政治多极化在曲折中发展，这就要求对外宣传工作者要站在纵观世界格局、纵览国际风云的高度，审时度势，努力做好三方面的工作：一要为建设服务，不但要对外宣传已经在我国成功的外商投资企业，以便让世界了解中国，争取更多的“引进来”项目投资，还要对内宣传国际准则、规则和组织原则，尤其是一些中小国家的文化背景、风土人情，以便成为中国入世后或对外国际关系交往中的理论指导、外交上的创新精神和国际事务中的主动性的把握原则。二要为文化建设服务。对世界先进的文化成果要引进吸收、交流借鉴，更要融合创新，同时还要对不良的文化倾向进行抵御斗争。三要为民主政治建设服务。要通过各种机会宣传我国的民主政治的优势和特色。显然，强化宣传传播职能是事关到中国在经济全球化进程中的战略联盟的重要举措。

5．安全保卫职能。安全保卫是为避免或减少事故发生而实施的一种管理职能。在现实生活中，人们在对待事故发生的不确定性问题上的态度具有很大差异：不少人对事故问题和不确定问题不予重视，通常以侥幸心理对待大数法则，总认为灾祸的事件不会轮到自己的；另一些人，对事故的不确定问题非常畏惧不安；还有一些人则以宿命论的观点对待不确定性问题。针对上述情况，首先要着眼于宣传教育与培训，使得人人重视，减少疏忽，从根本上防微杜渐，避免或减少事故发生，从而使员工从精神上减少对事故发生的恐惧，相应地增加预防的责任感。其次，加强对事故发生的可疑情况的查核、排险；同时进行定期培训专业技术人员和安全检查员，采取强有力的质量检查手段和安全检查手段，定期定人检查；从而使员工产生对偶发事件能做到防事故保平安的信心感；第三，注重事故损失管理，制定奖惩制度，对事故责任人要追查处分，对受害者要工伤补养，从而使员工增强安全感。

6．组织管理职能。这一职能包括计划、决策、组织、指挥、协调、控制等要素，在此就不一一展开叙述。

上述组织的六大基本职能可以表示如下：

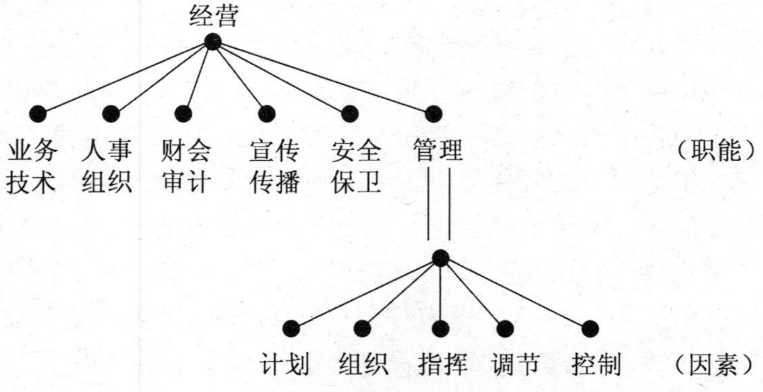

图 1－1　组织职能图

第三节　组织有效性的因素

随着时代的转变，组织因素也有不同的演变，然而一些基本的因素不但没有变，反而更深化了这类课题的研究。另外，人们对组织区分的概念有所淡化，而且都比较注重强调组织教育而不是组织技术训练。比如，传统意义上的企业组织，更多地追求利润效率，注重资源经营；而现代化的企业提倡学习，讲究知识经营、资本运作。与其相区分的国家行政组织即公共组织，在传统时期，更多地重视改善组织内的工作方法和组织架构，以使一般的生产力得以提高；而现代化的公共组织也都重视学习，并注重吸纳、遴选、保留、培养和培训人才，尊重知识、尊重人才，同样也是提倡知识经营、资本运作。由此可见，不管是企业组织还是公共组织，在管理理念上给人有一种殊途同归的感觉，它们都比较注重尊重知识、尊重人才，促进创新。

所以，当今人们比较一致地公认，要使组织能有效性地运作，必须要具备上节提到的组织管理职能方面的其中五大要素，即：计划、组织、协调、指挥、控制。

计划，这是作为有效性组织的第一项要素。任何组织的行动计划在其制定过程中都必须考虑下述的依据：组织已有的资源、组织的活动性质和组织未来发展趋势。一个好的行动计划应当具有以下的特征：统一性、持续性、灵活性、准确性。统一性要求除了有总计划外还要制定与其相配套的具体计划如技术计划、商业计划、财务计划等等。持续性要求计划的指导作用必须是连续不断的。灵活性要求计划能顺应人的认识而及时地加以调整。精确性则要求计划对组织的各种因素的认识必须尽可能是正确的。制定计划的各级管理人员应当具备对人管理的艺术、积极性、勇气、专业的能力等等。

组织管理的有效性运行的第二项要素是组织。将组织作为管理的一种职能来加以理解的第一位发明人是法国学者法约尔。他认为狭义的组织职能主要是：制定并执行行动计划；保证社会组织和物质组织与企业目标、资源、需要相适合；建立一元化的、有能力的坚强领导；作出清楚、明确、准确的决策；有效地配备和安排人员；明确职责；鼓励首创精神；给职工以公平的报酬；对过失与错误加以惩罚；促使人们遵守纪律；保持秩序；统一指挥等等。而且这种职能须经过长期的专业训练方能获得。

组织管理的有效性运行的第三项要素是协调。协调就是要使组织中的一切工作都要配合，要使组织中的社会机构和物资设备机构两者之间保持一定的比例。在一个内部协调的组织中，各个部门之间都是相互了解、步调一致的。组织要做到协调一致就必须要有一个明智的、有经验的、积极的领导。通常可以利用领导们出席会议的机会来解决共同的问题，召开部门领导会议是组织协调不可缺少的方法。同时，组织内部的协调工作本身就是一门艺术，领导必须学会这门艺术，采取各种方式，理顺内外部的关系，使组织能发挥出整体效益，并达到既定目标。

组织运行的有效性第四项要素是指挥。组织建立起来以后，要使组织发挥作用，就必须做好指挥工作。领导要很好地完成指挥职能，就必须做到：对自己的职工有深入的了解；淘汰没有工作能力的人；深入了解组织与职工之间的协定；领导要作出榜样；对组织进行定期检查；开好会议和充分利用书面的和口头的报告形式；领导不需要在工作细节上耗费精力；在职工中保持团结、积极、创新和效忠的精神。

组织管理有效性运行的第五项要素是控制。控制的目的在于指出工作中的缺点和错误，以便加以纠正并避免重犯。在组织中，对物、人、行动都必须进行控制。组织控制与检查人员工作的好坏有很大的关系。一般来说，一个好的检查员应该是有能力的、大公无私的人，他们依靠的是思想正直和独立自主的精神[①]。

第四节　有效性组织的管理原则

谁都可以理解，组织是一切管理的载体，而管理只是组织的存在方式或采用的手段和工具。这种管理既是对物的管理，又是对人的管理。社会组织能否健康与正常的活动，必须取决于某些条件，这些条件就是人们通常所称的"原则"。一般来讲，管理原则应当是灵活的，关键是人们必须懂得怎么运用那些原则，这里起作用的是领导者的经验与机智。换句话讲，"原则"相当于领导者行事的准则，是一个"度"，领导者要充分把握好这个度，既能灵活处理好组织内发生的各种问题或矛盾，又能使组织沿着正确方向朝前发展。

历史上，法国的组织管理学家亨利·法约尔（Henri Fayol，1841—1925），后被人们尊称为"古典管理理论之父"，他曾列举了他经常使用的 14 条组织管理原则，被称为"法约尔原则"。这 14 条原则迄今为止各类组织仍可借鉴仿用，但有个别的地方随时代变迁而需要加以完善。现将这 14 条原则叙述如下，并在每条原则后适当加以点评完善。

1. 劳动分工，即专业化。法约尔认为，劳动分工属于自然规律，其目的是用同样的努力却能生产出更多更好的产品。劳动分工不仅适用于技术工作，而且毫无例外地适用于所有涉及一批人或要求几种类型的能力的工作。其结果是导致职能专业化和权力分散。因此，劳动分工应当具有一定的限度。

2. 权力和责任。权力是指挥和要求别人服从的权利。在一

① 朱国云著：《组织理论：历史与流派》，南京：南京大学出版社 1997 年版，第 71—73 页。

个领导者那里,应善于将职能规定的权力同由于自己的智慧、博学、经验、指挥才能所做的工作区分开来。作为一个出色的领导者,个人权力是规定权力的必要补充。当管理人员运用权力时,他同时应承担相应的责任。

这第2条原则,对于在现今社会中的狭义的公共组织来说,仍可借鉴运用,但对于新型股份制组织来讲,尚要完善为权力、责任与利益结合为一体,也就是说,新型股份制组织内的成员都有参与的权力,当然也享受着共同的利益,同样也应有承担的责任。虽然管理人员运用权力时,不是绝对为追求自己的利益而工作,但若使其丝毫没有利益的份而去纯粹尽义务而承担责任,这是在市场经济时代基本行不通的一条原则。这种原则在过去计划经济时代曾一度提倡,但最终导致人们都想吃"大锅饭",结果组织绩效很难提高。这应说是一种教训。

3. 纪律。纪律实质上就是和企业以及下属人员之间的协定相一致的服从、勤勉、积极、举止及尊敬的表示,无论这些协定是否讨论过,是书面的还是默许的,是几方共同的愿望还是法律和惯例的结果。没有纪律,任何一个组织都不能兴旺发达。

这第3条原则至今还是适用的。对于每个组织成员来说,都需要按组织纪律办事,否则就没有秩序可言。没有秩序,没有准则,将会一盘散沙。通常大马路上还贴有这样的广告:没有红灯的约束,哪有绿灯的畅行?

4. 统一指挥。无论对哪一项工作来说,一个下属只能接受一个领导人的命令。这是一条普遍的、永远必要的准则。在这一问题上,法约尔显然不同意泰罗的意见。泰罗在提倡职能组织的同时,又认为作业人员只从一个工长那里接受命令的做法必须排除。这就否定了命令统一原则和指挥统一原则。法约尔认为,泰罗允许一个作业人员可以在一个以上的工长指导下进行工作的做法是在破坏命令统一原则。

这第 4 条原则,说明了法约尔是站在比较高的角度来看问题的,因为任何一个组织在社会大系统环境中都相当是一个独立体,如果它的成员不能按照“统一指挥”的原则去办,可能到头来会产生多头或多中心的混乱状况。如若这样,还有什么组织目标达成或绩效提高可言呢?这一原则粗看上去似乎与矩阵形态组织极为相克,其实也不是,矩阵组织中的某个下属组织(或成员)在执行具体任务时可能会有与命令统一原则不相一致的即时性矛盾,但是现在人们提倡的团队领导、民主参与、信息沟通的方法恰好起到弥补的作用。从某种意义上讲,统一指挥是组织运行中比较有效的管理原则。

5. 统一领导。这一点要求在某一组织的计划中,从事同一类活动的组织成员,只能有相同的目标。这是统一行动、协调力量和一致努力的必要条件。统一领导是指只有一个领导者、一个计划;而统一指挥是指一个下属人员只能听从一个领导者的命令。统一指挥与统一领导是一致的。

这第 5 条原则与第 4 条原则是一致的,是彼此相互照应的。

6. 个人利益服从集体利益。它要求在一个组织中,每个成员都应将组织的总目标作为至高无上的东西。在一个企业中,一个人或一些人的利益不能置于企业利益之上。

这第 6 条原则在当今社会更需要提倡。社会主义社会的市场经济,是本着实事求是的精神,是肯定了个人存在私心是自然的也是正确的,通过交换手段,可以使参与交换的人彼此都能得益,并争取共生效益、共同增值,而不是像资本主义社会的市场经济那样,靠剥削手段甚至于以伪装的面貌出现,不择手段来损人利己、唯利是图。但是我们现在提倡的个人利益服从集体利益,其前提是保证参与者的利益不受任何侵害的基础上同时也要尽其责任;尤其要提倡讲人格守信用,以诚协作,以德取财;要通过恰当的激励机制使得为集体利益作出更大贡献的人能有更多的回报。

7. 报酬。人员的报酬是其服务的价格,应该合理,并尽量使企业及其所属人员都满意。报酬应当公平,应当奖励有效的努力和激发工作热情,应当不要超过合理的限度。这第7条原则应该说在今天仍是适用。

8. 集权化。集权化像劳动分工一样是一种必然规律。组织中的集权应当掌握在一定的程度范围内,这一程度应由组织的环境、条件、成员的素质来确定。

这第8条原则至今也还是适用的。对于集权本身来讲,不是特别可取的,集权过分了会产生官僚,影响组织气氛、削弱成员士气,甚至成为腐败的温床。比如,有些个别的领导者,由于他(她)在领导岗位上时间呆长了,一方面容易产生经验主义,另一方面会产生厌倦疲惫的心理,这种人往往会造成简单从事、我行我素,甚或滋生顺我者存、逆我者亡的用人思想,或成为腐败场地的"老道"。这种现象不是普遍的,但影响是极坏、极大的。

9. 等级系列。等级系列指的是从最高权力机构到基层管理人员的领导系列。在等级系列中,中间等级是很重要的。要保证从基层到最高领导的路线传输非常通畅,就需要有统一的指挥。尽管在组织上等级制度是必不可少的,但是,平级之间的沟通也是十分重要的。这第9条原则应是仍很适用的。

10. 秩序。在组织中,建立秩序是为了避免时间和物资的损失。无论物品秩序还是社会秩序都是非常重要的,只有在有秩序的条件下,时间才不会被浪费,对人的选拔与组织才能顺利进行。

这第10条原则在当今社会尚需加强。因为市场经济体制下的社会秩序和物品秩序更多的是靠市场调节为主来解决,这不排除与政府职能调控之间的配合会有脱节甚或出现真空的现象。

11. 公平。公平是由善意和公道产生的。公平并不排斥刚毅,也并不排斥严格。做事公平要求有理智、有经验,并有善良的性格。它要求在对待组织成员时,应做到善意与公道相结合。

这第11条原则,应该说是众望所归的原则,也是人们极为企盼的原则。公平意味着人人都能得到平等的地位。只有平等了心理上才能平衡,而只有心理上的平衡才能接受公正、认可公正,进而使一切活动才能从成员到领导希望公开、敢于公开,然后,只有这种从客观事实中使人们认同的“公开、公正、公平”得到付诸落实,整个社会的善意与公道才能发扬光大。

12. 人员的稳定。一个人要适应其新的职位,并能很好地工作,需要比较长的时间。因此,要培养一名出色的管理人员非常不容易。一般地说,一个繁荣的组织,其人员是稳定的, 而运行不好的企业,其人员是经常变换的。因此,一个成功的企业应具有一支相对稳定的经营管理人员队伍。

这第12条原则,对于当今科技信息迅速发展背景下的组织来讲,可能稍有偏颇之处,因为高科技型的知识人才目前仍是处于紧俏、供不应求阶段,这自然会造成部门或组织之间争夺人才或人才自己跳槽更换单位的现象出现。这是一种通过竞争,促进人才流动的好的机制,但若处理不好往往也会带来组织不稳定,起码是造成人才成本增加的负面影响。一般情况下,还应提倡法约尔所使用的这第12条原则为上策。

13. 首创精神。想出一个计划并保证其能成功地执行是一件快乐的事情,同时这也是人类活动最有力的刺激之一。首创精神是一种力量的源泉,为了提倡这一精神,组织甚至可以牺牲部分管理人员的“个人虚荣心”。

这第13条原则在当今社会特别使人重视。首创精神对于个人,是一种自我价值能量的释放;对于组织,是一种取之不尽、用之有效的无价之宝。关键要创造一种制度机制,促使个人的首创精神得以充分发挥,这是当前各级组织领导应引起足够重视的大事。

14. 集体精神。组织要求成员的真正才干是协调组织内部的各种力量,激发组织成员的工作热情,发挥每个人的才能。

这第14条原则应更改为，组织要求成员必须认识到，当今的组织必须具备自身的竞争力，这种竞争力已由一般概念的技术创新转变为“技术创新——制度创新——组织个性化形象”这样一种独特的组织文化模式即集体精神。其实质就是通过制度创新促进不同主体要素的技术创新，并通过差异整合，达到具有非常个性化能力的特殊形象（是别人难以仿效的能力），最终获得整体增效，进而推动社会持续发展。因为现实的社会是一个高度分工又高度协作的社会，所以组织文化的最高境界是建构一种共生和协同发展的组织文化。其主要目的是实现人与人、人与组织、人与社会以及人与自然的“发展链”的良性持续运作。显然，只有在“发展链”的文化氛围中，这种新型的集体精神的文化模式才能建构，也只有建构这种集体精神的文化模式才能使组织自身具有溶入社会系统的包容力、融化力和催化力。

第五节　建立有效的公共组织

对于每个组织来说，一经建成之后，它都会不断地追求发展和高效运作，而为了达此目的也无不都是在不断地加强物质组织和社会组织（指人的组织）的有效构建。因为只有配备了必要的物质资源，并通过有效地社会组织，才能使组织更好地实施它的基本职能并完成它所承担的任务。

一、组织有效性的构成

一个社会组织基本上由两种构成因素组成。一是组织的外部形态因素。它是由组织人员的数目决定的，通常被称为组织的规模。它存在的社会价值就是根据它的规模所设置的结构职能的作用或功能来体现。一般由个人成立的私人组织，不会形成任何管理阶层；在只有几个员工的小组织中，产生的是由管理人员直接分配任务给其员工的组织形态；而当组织具有了 10 到 20 人以上规模时，这时的组织就需要形成具有中间管理阶层的组织形态。比如，在单位的最高领导与下属员工中间就需要增设股长这个层次。当股长增加到 3 人、4 人、5 人时，就需要增设一个管理股长的职位——科长层次；当科长也有了 3 名、4 名、5 名时，在其之上就又要增设处长这一管理层次。这样，当组织中人数增加到一定规模时期，其管理层级就必然会增多，从而组织也就会逐步形成金字塔式的结构。这就是一种传统式的组织形态。

按常规，处于各个不同层级上的领导，他都只能指挥其按职能分工的那个范围内的部下且一般不越级指挥，指挥的人数不会超过 4—6 人。而当管理工作特别简单时，一个股长也可直接指挥 15 人左右。如果将股长所管的员工数定为 6 人，科长一般可以指挥 4—8 人，最多不超过 15 人左右；而一个处一般分设一正两副处长，特殊情况下可设一正三副或更多个副处长。正处长抓全处的决策、计划、宏观调控工作，副处长则具体分管专项事务工作，并指挥他被授予的法定职权内的下属科长。也有部门将管理员工的最基层组织设为科级而不设股级，然后依次分设处级、局级等，再往上为厅局级、省部级到中央。尽管组织发展形式各有不同，但都能适应对于任意人数的组织员工实行组织化管理。基本上，组织规模越大，其职能就会越复杂，加上专业分工极细，这就需要设立较多的中间组织，从而设有大量人员编制并形成数目颇大的机构。不过，即使是相当大的组织，像跨地域专业协会这种类型的组织，其组织层次也不会超过 5 层或 6 层。惟独只有像国家体系的组织，它所管辖的区域层级才能达到 8 层或 9 层。这种传统范式的组织形态是公共行政管理中较为理想的一种线性组织形态。

根据人类发展的文明史所知，人们之所以在实践管理活动系统中能长期沿袭这种传统式外部结构的组织形态，是因为人类从一开始为了生存就发现了需要组织起来与毒蛇猛兽斗；到后来，人类在生产劳动协作的过程中发现了自我是苍茫大地的主人的价值,也必须组织起来与大自然斗,通过科技和经济的发展来预防、抵御或减轻来自大自然灾害的袭击;到了今天经济全球化的科技信息时代,人类在潜心于战略竞争的智斗中发现了更需组织起来与人斗。因为人类创造的一切,既给大众带来了福利,也给大众造成某种威胁乃至危害;人类还得用各种科技手段来解决科技发展带来的不良后果。不管在什么情况下,人们都是以争取安全和发展为目标的,而追求安全和发展又是人类历史文明发展的原动力。只有科学技术发展到了相当高的水平,才有可能提供先进的科学手段和方法来管理和控制各种因为科技发展带来的负面影响问题。诚然,这种与人斗所需要的就是我们今天所提出的知识管理和战略组织。上述三大类型的组织奋斗都有一个共同的特点,需要命令的统一、指挥的统一、层级分布、分工协作作为组织管理的基本原理。虽然人类社会发展的各个时期的组织形态都在不断改革和变迁,但是社会终究是一个大系统,各种组织仅是其中的一个子系统,哪怕组织种类各不相同,处在同一发展阶段上,其组织形态都具有某种类似性。且在同类型的组织中,组织的职能是完全相同的,即使在不同类型的组织中,组织的职能也有某种类似性。但是,仅外部形态相同并不意味着具有相同的局部结构和相同的有机特性。

正是这些不同类型不同结构功能的组织,在彼此产生互动或协作的过程中实际上又在制造新的环境,而新的环境又需要新的组织因素配置。

二是组织的内在因素。如果仅从组织的外部形态来看,各种组织似乎是一样的,但实质上组织的内在因素很不相同。组织的效率主要取决于组织的内在因素。关键在于协调和激活组织的中层管理人员,通过他们再去充分挖掘和发挥员工的潜在能力。因此,必须建构一个有效的组织体系。

二、建立有效组织体系的条件

怎样才能建立有效的组织体系？首先必须一改传统的光聚集人和分配职务的组织方式，要从战略管理的角度使建构的组织体系既能成为一种战略工具，又可成为一种竞争资源。作为战略工具，它将随着管理环境，市场经济和组织战略的改变而变化；作为竞争资源，它不同于有形资产和无形资产，而是资产、技术和员工等投入产出过程的复杂结合，并且是不易被简单模仿的组织能力。这种组织的内部构成可以使其在与竞争对手投入要素相同的情况下，以更高的组织效率或更高质量的体现方式来将这些要素转化为社会影响和服务。

其次，要使组织在动态环境中求得发展，就必须从不确定性的战略管理角度，去发现所需要的人才和因材制宜地安排每个人，使得有机的组织体系整体能适应瞬息万变的市场变化。

第三，要突出以人为本的管理理念，要抓好人的情感管理，从人性的角度，由过去的管理人转变为为人管理，并注重激活中层管理人员。当今时代是一个变革的时代，传统工业经济时代的人事机制管理模式已经显得过于迟缓、低效。实际上，它正在被逐步淘汰，取而代之的是基于信息技术时代以人为本的新的管理理念和模式，其意旨是向员工放权，让员工参与管理，通过信息沟通，激发员工的协作精神，进而达到组织的共同目标。当然，人们都希望员工能够欣然接受新的挑战，而且在得到机会时表现出必要的创造力和能动性。这些基本要求可能达到，但并不可能期望他们一夜之间就获得必需的经验、技巧和信息，这不现实。因此，事实上，组织管理决不能是机械式的。领导权威一定要千方百计地促使各中级阶层的管理人员都能成为力量和观念的源泉，而且必须是这种源泉才能使最高权威者的创造性的行动力扩大。由此可见，形式相同的组织并不等于有同样的内部构成因素。相同形式的两个社会组织,一个可能很好,一个则可能很不好,关键在于组成组织的成员特别是管理人员的诸如创造性和知识组织能力等方面的"人的因素",这是决定组织是否有效的内在因素。诚然,组织如何将积聚的内在潜能更好地发挥,关键又在于加强职能的有效协调。

第六节　建立具有中国特色的组织理论科学

中国实行改革开放以来,社会经济生活的各个领域发生了很大的变化,自然在行政管理体制和机构改革方面也取得了较大的进展,获得了一些成功的经验,但离适应经济体制深化改革的要求尚有差距,需要逐步建立适应新情况的行政管理体制,不断提高政府工作的水平。这就给我们的公共组织科学研究提出了许多新的课题,大家必须共同努力,使组织工作在现有的基础上有一个更大更快的发展。

一、科学合理设置政治机构

公共组织管理体制和机构改革的关键环节,就是要适应建立社会主义市场经济体制的要求,科学地合理地设置政府行政管理机构并大力转变政府的职能。一方面要按照政企分开原则,大力削弱直接干预企业经营活动的微观管理职能,使企业摆脱对政府的依附关系,获得商品生产者的独立地位。另一方面,要加强政府对经济活动的宏观管理职能,加强政府培育和发展市场的职能,建立健全科学的宏观调控国民经济健康发展的管理体制和方法,真正做到微观放开搞活,宏观管住管好。在转变政府经济管理职能的同时,还必须合理调整政府所承担的社会管理职能,使政府的社会管理职能,也适应社会主义市场经济发展的需要。

二、转变政府职能的同时理顺政府各种关系

进行公共组织管理体制和机构改革,还必须在转变职能的基础上理顺政府内部的各种关系,切实提高政府工作的效率。政府行政管理的根本任务,就是要为经济与社会的发展提供高质量的服务。必须充分重视政府工作的质量和效能。要按照市场经济体制的要求,重新配置政府的职能,完善行政运行机制。要理顺上下级政府之间的关系,把必要的集中和适当的分散结合起来;理顺政府各部门之间的关系,形成既有分工又有合作的协调运转的新格局;理顺行政管理过程中决策与执行、指挥与服从、监督与被监督等各种关系,保证政府管理工作的灵活与高效。

三、建立具有中国特色的公共组织科学

公共组织管理体制和机构改革的目标,是建立一个适应社会主义市场经济体制要求的,具有中国特色的功能齐全、结构合理、运转协调、制度保障、规范有序的组织体系,并力求从宏观调控、推动;微观放开、搞活,讲究实效、解决实际问题方面入手。要完善行政决策体制。推进各级政府行政决策的科学化、民主化;要完善行政执行体制,强化行政指挥的权威性;要完善行政监督体制,以保证各级行政机关和工作人员廉洁奉公、勤政为民;要完善人事行政管理体制,推选国家公务员制度,造就一支政治和业务素质高、事业心强、结构合理的公务员队伍;要改进工作作风、工作方式,特别是要加强政府部门当中直接同人民群众接触的基层机构的建设,密切政府同人民群众的关系;要加强行政管理的法制建设,规范各级政府组织的职能、机构、编制和行政行为,从根本上防止行政管理中的随意性。

正是上述这些问题,以及其他有关行政管理问题的存在,都需要我们认真研究探索。在研究探索中,要将政府部门视为双重对

象:即一方面是被研究的客体对象,另一方面它本身主观也在追求新的变革发展目标;同时,要替政府思考一下,它也必须依靠社会各界的力量,特别是要依靠组织科学的深入研究。我们应该抓住当前的大好时机,围绕政府改革中提出的问题,积极参与并推动改革实践,深入进行调查研究,理论与实践结合,拿出更多更好的研究成果,为我国行政管理体制和机构改革的不断深化,为各级政府的科学决策,发挥更有力的参谋咨询作用。

诚然我们应当看到,社会主义市场经济的建立是一个长期的过程,与之相适应的行政管理体制改革也是一项长期的任务。目前出台的一些改革措施,还只是过渡性的、探索性的,需要随着经济体制改革的进一步深化和社会经济的进一步发展,不断深化,不断提高。在此过程中,要充分发挥我们组织科学研究的优势,积极探讨目前公共组织管理和改革实践中亟待解决的问题,努力挖掘我国几千年文明给我们留下的行政管理的丰富遗产,研究借鉴国外公共组织管理和进行公共组织管理体制改革的经验,为公共组织管理和改革的实践提供理论指导,提供能够对公共组织管理和改革产生实际效果的研究成果。

理论来源于实践。公共组织科学作为一门实用性的学科,更需要面向实际。公共组织管理体制改革只有在公共组织科学的指导下,才能健康顺利地发展;公共组织科学只有深深扎根于管理和改革的实践之中,才能结出丰硕的成果。①

① 罗干同志在中国行政管理学会第二届代表大会上的讲话(1999年5月18日)。

在社会学发展的现阶段，需要一种"科学性折衷主义"——因为人们已经十分熟悉众多的理论研究方向各自具有独特的功能和局限性，从而不再幻想有哪种单一的、统一的理论能够解决全部社会问题。

——罗伯特·K·默顿

第二章 公共组织理论

在公共行政理论的发展中，以巴纳德的《经理人员的职能》和西蒙的《管理决策的新科学》为界限，分为传统的管理理论与现代管理理论。在传统的管理理论中，组织只是作为经营过程中的一个环节而得到讨论，组织仅仅作为一种管理手段而得到重视。而在现代管理理论中，组织则成为管理的核心，没有组织就没有管理，管理在一定程度上只是组织的一个职能。但是，现代组织理论也不是凭空产生出来的，它经过了传统管理理论阶段的准备，并在其基础上发展起来的。

第一节 传统行政管理理论中的理性组织

20 世纪的最初 30 年是人类现代化进程亦即工

业化发展明显加快的时期，组织理论学界称之为科学管理时期。这种加速发展主要体现在两个方面：一是工业生产的规模日趋扩大，从无数个小工厂因激烈竞争而倒塌的废墟上产生出一个个大型企业；二是随着自由竞争向垄断的过渡，政府对工业和市场的宏观调控职能进一步得到强化。上述现代化进程的两个方面带来两个结果：一是在大型企业组织中，劳资冲突加剧，市场竞争激烈，管理混乱无章，生产效率低下；二是国家在社会生活中的作用明显加强，国家的行政职能得到强化，官僚制的政府机关表现出较高的效率。

工业组织与行政组织的现状引起了一批在企业与行政机关担任管理工作的专家、学者的注意。他们开始有意或无意地触及组织问题。由于不同的研究者所处的环境和所关切的对象不一样，他们在对组织进行研究所选取的角度也是不一样的，从而也就形成了不同的理论分支。

按照通常的分类方法，可以将这一时期有关组织理论的研究分为三大分支：科学组织论，官制组织论和行政组织论。科学组织论的代表人物是泰罗；官制组织理论的代表是韦伯；行政组织论代表是法约尔。这一时期研究成果的汇集者是厄威克和古利克。

无论是泰罗、法约尔还是韦伯，他们都没有明确地提出过组织理论的课题，他们只是在自己的管理研究中较多地涉及一般的组织问题。泰罗在阐述自己的科学管理理论时，反复强调生产效率的提高与科学管理的体系的形成是直接相关的，他的所谓科学管理体系就是一个对企业的组织问题。在构造企业的合理组织时，他将作业与管理区分开来并专门对组织的职能问题作了研究，从而与其后继者形成了有关组织理论研究中的科学理论学派。

法约尔继承并发展了泰罗的思想，他认为管理的任务就在于建立起一种组织，使人们在其中能以最有效的方式从事活动。管理部门要完成这一任务，就要确立良好的组织结构。他对组织设计问题进行了探索，其成果构成了早期组织理论研究中的行政组织论。

组织既可以存在于工业企业中，也可以存在于军队中，还可以存在于政府机关中。韦伯对行政机构中出现的官僚组织体制作了分析，他注意的重点是组织内部的权威关系即“个人为什么会服从命令，人们为什么会按他们被告知的那样去行事。”后来的一些学者继续对此作了深入的阐释，从而形成了科学管理时期组织理论研究中的官制组织理论。

在这一时期快要结束的时候，厄威克与古利克在致力于阐释法约尔的思想并努力构造专门的行政管理学的知识体系时，第一次正式地提出了“组织理论”这一概念。其后，许多管理专家和学者，都以“组织理论”为主题进行研究和著述，从而推动了一门独立学科的建设。因此也可以将科学管理时期的组织理论研究看作是组织理论这一学科发展的孕育阶段。

一、泰罗(Frederick W. Taylor，1856—1915)的组织论

1881年，25岁的泰罗开始在米德维尔钢铁厂进行劳动时间和工作方法研究。1891年，独立开业，从事工厂管理咨询工作。1898—1901年，受雇于宾夕法尼亚的贝瑟利恩钢铁公司，进行了著名的搬运铸铁件和铲铁的试验，逐步形成了“科学管理”的管理制度和管理理论。主要著作《科学管理》，《科学管理原理》。

1. 科学管理原理

弗里德里克·泰罗创立了一种超过古典管理理论，并且具有“积极性和激励”特点的“科学管理”理论(Scientif c Management)。在《科学管理》一书中，泰罗谈到了科学管理的原理(“principle of scientific management”)。它共有四条：一是对工人操作的科学研

究来取代旧的单凭经验对工人管理的方式;二是工人的选择与发展都必须按科学来办事;三是科学地挑选工人并对他们进行集中培训;四是泰罗认为对于科学管理来说四项原则中最为困难的是管理者和工人在实际工作的职责上是均分的。它由三部分构成:时间和动作研究、任务管理、职能化的组织原理。时间和动作的研究主要是为规定标准时间所进行的研究和为消除无用的动作、寻找有效的作业方法、改进工具和机器的研究。任务管理的基本原理是:以"第一流工人"的高效率为标准来规定作业标准,作业人员行为标准化,实行奖励工资制。职能化的组织原理,即将管理从劳动中分离出来,作为一种专门化职能,管理部门成为职能部门。

在科学管理原理中,虽然泰罗没有专门讨论组织理论问题,但他在关于职能化这一部分里,对组织发表了自己的见解。泰罗的职能化的组织原理包含了下述一些内容:用科学来取代工人的个人判断;由经营人员科学地选拔工人;管理人员与工人建立协作关系。其核心是经营人员的管理职能与工人的作业职能的分离与统一。泰罗特别以军队的组织为参照形成职能组织理论。这一理论认为,劳动的管理应当分割管理,所有的管理人员都应当尽可能地少分担管理职能,应当建立这样的组织:把各个管理人员的工作限定在执行单一的主要管理职能上,按照军队式的组织,每个工人只能接受一个管理人员的命令,从而坚持统一的原则。但是,泰罗却认为统一原则并不是很重要的。为了实行这样的职能专门化,必须规定一定的权限关系:几个具有特定管理职能的职能工长,在依据职能对工人下达命令时,进行指挥并相互帮助。另外,泰罗还提出了组织中的例外原理,即当上级把权限集中在自己手中时,为了不被大量详细而庞杂的文件和报告弄得心烦意乱时,要尽可能地把权限委让给下级经管者或助理管理人员,自己只保留例外事项的决定权或控制权。职能组织与例外原理必须衔接起来。

2. 泰罗组织理论的发展

在科学管理运动的初期阶段,同泰罗一起倡导并坚持科学管理的还有六位主要的管理学家。其中两个是与泰罗几乎齐名的科学管理的先驱者吉尔布雷思·弗兰克夫妇(Gilbreth Frank B.,1868—1925;Lillian M.,1878—1972)。吉尔布雷思·弗兰克喜欢在做任何事情之前都要思考一下方法上的根据。他的父母本来想送他去麻省理工学院攻读工程学位,但年轻的吉尔布雷思却认为,追求事业发展的最好方法是尽早从事工作,不必去接受漫长的学校教育。因此,在他17岁时,就去当了一名制砖的徒工。在学徒期间,他发现工作中有许多步骤和方法是不正确的,有些是不必要的,如放置工具的位置、劳动的姿势等,都值得研究。经过10年学习,1895年,27岁的吉尔布雷思成为一名独立的经营承包商。为了提高经营效率,他对效率高的生产方式进行了调查,并对其中一些最快、最好的动作加以剖析。1904年,吉尔布雷思与莉莲结婚。莉莲是一位心理学家和管理学家,她是美国第一个获得心理学博士的妇女。婚后,两人共同研究科学管理的问题。

在吉尔布雷思夫妇的早期著作中,他们独立地提出了与泰罗创立的科学管理相同的原理,并成为泰罗科学管理思想的坚定拥护者。吉尔布雷思将学徒时产生的想法付诸实施。他在自己的工场上,研究工人最为适宜的动作。他们利用电影拍摄技术将工人的动作记录下来,进行分析并按最经济的原则组合。经过分析,工人砌砖的动作从18个减少到5个,每小时砌砖数从120块增加到350块。

他们深信,他们所研究的成果,不仅仅适用于制砖厂,而且对办公室、实验室、政府机关都是适用的。吉尔布雷思夫妇经过多年的探索,发明了一种规范动作的“最佳方法”。他们将动作分解为接近、移动、抓住、放到位置、解开、放手、检验、操作、放到身前、寻找、选择、计划、平衡性耽搁、紧握、不可避免的耽搁、可避免的耽搁、休息 17 个单元，然后再合并为一种最为经济的动作，他们把这一发明称为 therbligs，这是他们姓名字母的倒拼。

泰罗制的最后两位有代表性的追随者是哈林顿·埃默森（Harliton Amoson，1853—1931）和莫里斯·库克（Moris Kuke，1872—1960）。库克主要是将泰罗的科学管理理论运用到教育领域和市政机构。他比较多地注意让工人自觉地接受科学管理。埃默森的功劳在于对泰罗有关提高效率的做法作了改进，并摒弃了泰罗提出的职能工长制和激励工资制。在美国东部铁路公司运费率的听证会上，他阐述了科学管理原则，并使这一运动在全美获得公认。在听证会上，他指出铁路方面每年在劳力和材料方面的浪费高达 3 亿美元，只要采用科学管理，每天就可以节省 100 万美元。

埃默森的贡献主要是提出了 12 条效率原则：明确规定的目标；广泛征求意见；向有能力的人请教；遵守规则服从纪律；建立正直公平的制度；可靠及时充分的记录；科学地安排与计划；确定标准和日程表；提供标准化的条件；进行标准化作业；进行书面作业指示；对完成任务者加以奖赏。

泰罗的管理思想在大不列颠的影响主要是通过亚历山大·丘奇（Alexander Church，1866—1936）表现出来的。他认为泰罗的理论更多的是分析性质的，对管理任务的理解过于狭窄。他主张组织管理应当关心总的效率思想而不是只关心某个生产单位如一个商店、一个工厂的效率。在这种关心总效率的思想指导下，他提出了组织管理的“五项职能”学说，即设计、设备、控制、比较、作业。这对后来组织管理原则的完善起了促进作用。

泰罗及其同事是第一代对管理思想进行综合整理的管理学者。在他之前，虽然也有人对科学管理的问题做过研究，也提出过许多有意义的观点，并对泰罗的思维有所启发，但是，在泰罗以前却没有人能像他那样把管理问题发展成为具有系统性的方法与体系，并赋予管理以科学的含义。但是，泰罗的管理理论虽然并不像有的批评者所说的那样忽视人的因素，可是他只计个人，忽视集体是明显的，也正因为如此，在泰罗那里还未曾形成完整的组织理论[①]。

二、法约尔(Henri Fayol，1841—1925)的组织论

> 1888年任矿冶公司总经理，运用管理过程对该公司进行改革整顿，使该企业从处于破产到欣欣向荣。对法国的邮政机构、烟草公卖事业、陆军和海军军校做过管理工作方面的调查。他从实践中概括出过程管理理论。主要著作《工业管理与一般管理》。

法约尔是将组织当作管理职能的一个要素加以研究的。管理职能的基础是社会体，而组织是社会体的一部分。组织对管理职能来说是起限制作用的。从这一意义上来说，组织理论在法约尔的管理理论中占有非常重要的地位。法约尔认为："组织一种事业，就是向这种事业提供一切有利于它发挥机能的材料、机械设备、资本、人员。这些东西可以分为物质组织和社会组织这两个部分。"但法约尔则比较重视社会组织。他说："如果具备了必要的物质手段，组织成员就能行使其一切职能、进行事业所包含的一切活动。"

法约尔的组织理论包括三个主要内容：一是组织的外部形态。法约尔指出，组织的一般形态是由组织人员的数目决定的。一个人承担的企业，不会形成任何管理阶层；在只有几个职工的小企业，产生的是工人只从管理人员那里直接接受指令的组织形态；

① 朱国云著：《组织理论：历史与流派》，南京：南京大学出版社1997年版，第34—38页。

而一旦有了20、30人，这就要形成具有中间管理阶层的组织形态。第一层次4人，第二层次15人（C……15；C′……60；C″……240）。组织的作用在于少量的基本功能可以完成变化无穷的活动。组织规模越大，其职能就越复杂化，分工极细，占有大量人员并导致建立数目众多的大小机构。

二是组织的内在因素。法约尔认为，“管理组织，即各中级阶层的管理人员都可以成为力量和观念的源泉，而且必须是这种源泉……在管理人员中存在着能使最高权威者的行动力扩大的创造性”。形式相同的组织并不等于有同样的内部构成。相同形式的两个社会组织，一个可能很好，一个可能很不好，关键在于组成的人的素质。

三是组织参谋论。随着管理层次的增加，管理职能所占比重增大，为了执行这种职能，就有必要设立参谋。法约尔认为：“参谋是指由具有领导人所欠缺的知识、能力和时间的人们形成的集团。它是经营人员在素质上的补充和加强，从某种意义上来说是扩大。”参谋人员是不能形成自己拥有权限的阶层，它只能接受领导人的命令，但又没有让下级机关执行这些命令的权限。参谋人员有四种功能：提供帮助、联络控制、制定计划、调查研究。

法约尔对泰罗的组织论进行了评价。他认为，泰罗的组织理论强调了两点：一是辅助现场工长的必要性；二是提出工长在下命令时相互帮助，即多少否定了命令统一的原则。泰罗“第一点想法是有见地的，第二点想法是不健全的，也是危险的”，“管理的基础是以一个作业人员不能同时在两个以上的工长指导下进行作业这种原则体现出来的军队式组织”。

法约尔的组织理论具有特殊的承上启下的作用。首先，法约尔继承和发展了泰罗的很多思想。比如，他提出的“跳板”原则，其实是对泰罗例外原则的深化；他也强调了泰罗所论述过的职能化原则。其次，法约尔将管理与组织结合起来，并认为组织与管理是同一个含义,这一点和西蒙后来所讲的"所谓管理,就是建立组织,管理组织"是相同的。这一见解与现代组织理论是相通的。

三、韦伯(Max Weber,1864—1920)的官僚制组织论

韦伯是德国的一位伟大的组织社会学家。他是和弗雷德里克·泰罗、伍德罗·威尔逊等属于同时代的人,在学术上他也取得了巨大的成就。但他的著述大多采用了德国哲学家的那种令人枯燥乏味的文体,从而不能为一般的人所接受。韦伯很晚才被西方的学者所认识,他的书很迟才翻译成英文。自 40 年代以后,韦伯的思想开始得到研究。西方学者一直认为韦伯是一名杰出的社会学家,同时又是官僚组织模式的创始人。

1. 官僚制度理论

韦伯指出:"纯粹的官僚制度可使组织的精确性、工作的速度、任务的明确性、对文件的熟悉程度、活动的连续性、权限的划分、指挥的统一、严格的上下级关系、对人员摩擦的控制,以及在物质和人员方面的成本的减少"[①] 等等都能达到最佳的状态。若用机器来比较不同类型组织之间的差别,官僚制度就像现代的机器生产,而其他组织则只能属于非机械化的生产。

官僚制的优势的一个主要源泉是技术知识的运用。这体现在两个方面:其一,是在实际操作中以运用技术知识为基础;其二,总是利用自身的优势或利用其掌权者依靠知识来进一步增强权力。官僚组织正是如同利用手工劳动中工艺技术的"秘密"一样以其掌握的知识来争夺权力。

---

① W. Richard Scott: ***Organizations*: *Rational*, *Natural*, *and Open Systems***, 3rd ed. Prentice-Hall, Inc., 1992. pp. 38—39.

韦伯还指出,官僚制度之所以会给组织带来高效率,关键在于其组织形式。在官僚制度的组织中,组织所采取的手段能最有效地实现既定的目标,领导人一时产生的错误想法或已经不再适用的传统程序,都不大可能危害组织的发展。因为在这样的组织中,有一大批官员,其中每个人的权威与责任都有明确的规定。这些官员的职位按等级制的原则依次排列,并且必须按照组织内部的一整套规则与程序办事。除此之外,在官僚制的组织中,还有专门妥善保存一切记录和文件的"档案局",一切都能随时加以核对、检查。此外,在官僚组织中,公事与私事之间尚具有明确的界限和规范准则。另外,官僚组织发展的一个重要标志是专业人员的不断增加。这些都保证了这种类型组织的高效率。

官僚制产生高效率的另一个原因是,这种组织能对自身加以协调与控制。在官僚制度下,合理化的组织遵循的是等级制和一系列规则,从而保证了对组织成员的控制,使组织活动具有非人格化特征。同时,在官僚组织内部有大批专家,他们都拥有专门知识,再充分利用档案,这样,组织就有可能对未来的事件进行可靠的预测,"通过组织所采用的手段进行愈益精确的计算,组织能稳稳当当地实现明确规定而又切实可行的目标"。

另外,韦伯还对现代官僚组织的许多特征作了经典性的概括和阐述。首先,这种官僚组织具有普遍性。这种官僚组织类型在私人诊所、靠宗教团体维持的医院以及天主教会中都存在着。就是在经营酱菜的大型企业中也存在着官僚组织,并且企业越大,官僚制的作用就越大。

其次,在任命制最明显存在的地方,官僚制的权力则是以最纯粹的形式行使的。选任制的情况有点不同。选任制不可能实行一种严格的纪律,因为它可使一名下级官员按照与其上级同等的条件为当选而竞争,下级官员的命运不依赖于上级官员的裁定。

第三,根据自由合同任命,它使自由选拔成为可能,这是现代官僚制所不可缺少的。如果存在一个非人格化权限范围的等级组织，而职务被不自由的官员所占有，那么，这种占有就成为"世袭的官僚制"。

第四，在官僚组织中，技术资格的作用不断增强，甚至某一党派的官员也需要专门的知识。在现代国家中，惟一没有技术要求的"官职"是部长或总统。这说明他们不是实质性的而只是形式上的"官员"。在官僚制的上层，存在着至少不是纯粹的官僚制的因素。

第五，官僚制的官员通常能得到一笔固定的薪金。与此相对照，私人占有的收入来源称为"收益"。官僚制的薪金一般也用货币支付。因此，出租和出售官职，或用官职收入作为抵押，这些现象同纯粹的官僚制是格格不入的。[①]

第六，在典型的官僚制中，官员是以所担任的官职作为主要职业的。凡不是任职者主要职业的"官职"，特别是"荣誉"职务不属于官僚制的范畴。

2. 权力与结构组织论

韦伯将研究的重点放在：人们为什么感到有义务服从指挥，而不考虑每个命令对他们自身的价值。他认为在这里起作用的是合法性的权力。正是合法性，才使下级产生出一种对组织系统中的指挥者服从和尊重的稳定模式。合法性的权威不能靠诸如上级的喜爱和赞赏之类的感情动机，也不能求助于下级对纯粹物质利益和个人进步方面追求的感情动机，也不能指望理想的动机。由此，韦伯对三种合法性权力：法定权力、传统权力和神授权力进行了论述。[②] 第一种合法权力是神授权力。与这类权力相对应的是

---

① G. J. Gordon: ***Public Administration in American***, St. Martin's N.Y., 1995, p.122.

② Harold F. Gortner, Julianne Mahler, Jeanne Bell Nicholson: ***Organization Theory: A Public Perspective***, Wadsworth, Inc., 1989, p.67.

“神秘化”的组织。在这种组织形态中行使权力的方式是基于领袖人物的个人人格。这些领袖人物具有“超凡魅力”的特征。借助于这一特征，领袖成为超脱凡人，并且被赋予超自然的、超人的权力的人，像先知、救世主、政治领袖就属于这类神秘化的人物。“神秘化的组织”大多由领袖和他的一批弟子组成。典型的“神秘化的组织”是以宗教的或政治的形式出现的。

但是，由于这类组织只是靠个别领导的权威或其人格来维系的，对领袖的命令，组织成员只能坚决地服从。因为这种组织的基础是对某个人特殊的、超凡的神圣性、英雄行为或典范品格的信仰以及对这类人的启示或发布的命令的信仰。在神授权力的范围内，人们之所以服从，是对某些有神授资格的人以及他的品质的信任。这种服从是一种对超凡魅力的信仰问题。

第二种合法权力是传统权力，与其对应的组织形式是“传统的”组织。在这种组织中，命令和权威的基础是先例和惯例，或者说成员的服从是坚信古老传统的神圣不可侵犯以及对根据这些传统行使权力者的不可怀疑性。在传统权力的范围内，从前发生过的东西就被看作是神圣不可侵犯的东西，并由此确定了各种团体的权力和期望。在这类组织中，习惯成了伟大的仲裁者；人们对领袖之所以服从是因为发布命令的人占据着神圣不可侵犯的职位。这种服从所依赖的是一种在习惯性义务范围内对个人的忠诚。

第三种合法性权力是法定权力，与其对应的组织是“合理化—法律化”组织，它是以官僚组织的形式出现的。其基础是正规形式的法律以及对处于掌权地位的人依据法律所发布的命令的信任。在韦伯看来，这种组织是在现代社会中占主导地位的权威制度，并且是一种合理的制度。在法定权力的范围内，人们之所以服从命令，所依据的正是依法制定的非人格化的规章。这种服从是忍受约束的问题。

综上所述，相比较而言，神秘化组织的基础并不是稳固的。头头在世时，或一旦去世，组织内部都会因为争夺接班人而发生分裂。即使领袖生前就指派了接班人，这个继承人也不一定就能被组织的其他成员所完全接受。假如，继承人是通过血统的遗传来实现的，那么，这一组织就会演化成为“传统组织”；而当领袖的继承人是通过一定的法则来行事的，那么，“神秘化的组织”就会发展成为“官僚组织”。

四、厄威克和古利克（Luther Ulick，1892—? & Lyndall Urwick，1891—?）的组织设计论

> 古利克对组织结构进行了研究，提出了著名的管理七项职能：计划、组织、人事、指挥、协调、报告、预算即POSDCORB。厄威克提出了他认为可以适用于所有组织的八条原则：目标原则、分工原则、职责原则、等级系列原则、控制幅度原则、专业化原则、协调原则、明确性原则。主要著作《管理备要》。

厄威克认为：组织原理是“研究分工旨在实现目的的各种活动和职务，并落实到每个人，再对每个人的活动进行调节和控制的方法”。组织设计理论有三个主要特点：一是实践论；二是技术论；三是管理机构论。

对于组织设计论来说，组织“是规定各个成员应该履行的职责和成员之间相互关系的，其目的是最有成效地促进从事经营的各个成员协调地进行活动”，“组织就是规定成员的职务和职务相互间的关系”，组织是进行管理的有效手段，是管理的一部分，组织是为管理服务的。

组织形态是通过规定某种权限关系使组织形成为一定体系的方式。组织形态分为：军队组织，职能组织，线性和参谋组织。线性组织与参谋组织相对应的是线性部门和参谋部门。线性部门是

直接实现经营目的的生产部门和营业部门。参谋部门包括由服务职能的分化而形成的经理部、人事部等服务参谋部门以及因计划、控制等管理职能的分化而形成的管理参谋部门。参谋部门只有向前者出主意、提建议和提供服务的权限并以此来谋求职能部门的管理职能专门化原则和军队式组织的命令统一原则保持协调这样一种组织形态。

在管理范围扩大的社会中,参谋组织也相应地扩大。这是因为,企业的规模在增大、管理职能日益专门化、经营越来越科学化,只有通过参谋的活动,才能促进管理技术和生产技术的进步,经营才能科学化。

厄威克等人讨论了线性组织与参谋组织的关系。一种观点认为,线性组织与参谋组织是两种不同种类的部门。这种观点以霍尔登为代表。这批学者将参谋部门细分为:① 旨在实行控制的控制参谋——成本管理、预算控制、监督、生产管理、人事管理;② 旨在提供服务的服务参谋——调查、采购、运输设施、税务、统计;③ 旨在进行调节的调节参谋——生产计划部门、产品部门;④ 旨在咨询的咨询参谋——广告宣传部、劳资关系部、法务部。

将线性组织与参谋组织作上述的划分并不是十分科学的。首先,参谋部门的分类已经表明,不同的参谋部门的权限是不同的,这样对参谋的性质就不清楚了;其次只将参谋部门的作用限制在对线性部门的促进作用上,而事实上,作业部门和参谋部门的职能在不少地方是交叉的,这就容易引起混淆;第三,把线性组织、参谋组织一定要与相应的部门对应起来,这就必然造成理论上的混乱,如人事部门主要是向最高一级领导就人事政策和人事计划提供咨询,因而,人事部应当属于参谋组织,但是在人事部内部,也存在上下级关系,也属于线性关系。

另一种观点是"职能分化论",这种观点认为线性组织和参谋组织只不过是经营组织中具有不同职能的形态而已。坚持这种观点的是戴维斯,他认为任何企业都将自身的有机职能即经营活动作为目的,正是从这种有机职能中分化出线性组织和参谋组织。最初是有机职能,当职能进化导致管理专门化,一方面产生出线性职能(经营职能、业务管理职能、第一次作业职能),另一方面产生出参谋职能(专门参谋:计划方面;调节参谋:控制方面)。

第三种观点是权限关系论。代表人物是厄威克和孔茨。他们认为任何一个组织都有三种权限:a.线性权限;b.参谋权限;c.职能权限。线性权限即线性关系,专指上下级阶层的权限关系,线性权限就是指挥命令的权限;参谋权限,专指参谋关系,即单纯的建议权限;职能权限是指一个管理人员在特定的职能范围内对其他部门关于业务活动的程序和方针的决定所具有的权限。本来这应当是线性管理人员的权限,但有时,由于需要利用专门知识、统一方针,因此,参谋机构也必然具有这方面的权限。

第二节　人际关系组织理论

从20世纪30年代末起,在西方的工业生产中电气化、自动化、通用化日益成为占主导地位的趋势。随着科学技术不断地转化为生产力,生产和资本的集中化程度越来越高,企业的规模以及官僚社会的各种机构的规模也变得日益庞大。无论是工业企业的组织还是服务于公益目标的组织,它们与外部的联系、自身内部的结构,特别是组织成员之间的关系日益复杂化。

在新的技术进步和工业的巨大发展面前,传统的组织理论已经显现出落后性。无论是泰罗、法约尔还是韦伯、厄威克、古利克,他们都把组织成员看作是只有一种需要即经济利益需要的纯理性的存在物。并且,在他们的理论前提中,都包含着人只有通过物质激励才能努力工作的假设。其实,在任何一个组织中,组织的成员除了物质需求外还有其他各种需要,人们除了在组织中结成一定的正式关系之外，还会形成非正式的关系。

正是从人不仅是一个“经济的”存在物，而且还是一个“社会的”存在物，不仅是一个理性的存在物还是一个感性的存在物出发，一批管理学家开始注意从人群关系入手研究个人的和群体的行为。也正是在这一时期，西方社会科学研究中兴起了一股行为主义热潮。组织理论对人群关系、人的行为的研究明显地受到当时在经济学、政治学、社会学、心理学等学科中流行的行为主义的影响，从而带有强烈的行为主义色彩。因此人们将这一时期称为行为科学时期。

此间，在众多的从事组织理论研究的学者中作出了较为显著贡献的是梅奥(E. Mayo)、伦西斯·利克特(Rensis Likert)、弗雷德里克·赫茨伯格(Frederick Herzberg)等人。他们的共同特点是特别强调组织中的社会、心理系统及人的行为因素的作用，从人本主义的视角提出了一系列不同于传统组织理论的新的原则，如相互利益的原则、人性激发的原则、人人参与的原则以及协调一致的原则。

一、梅奥(George Elton Mayo，1880—1949)的人际关系协作论

1926年，梅奥进入哈佛大学工商管理学院专门从事工业管理的研究。1927年冬，梅奥应邀参加了对芝加哥西部电业公司的霍桑工厂(Western Electrics' Hawthorne Plant)组织管理方面的实验，这就是管理科学和组织理论发展史上有名的“霍桑研究”(Hawthorne Studies)。这一实验于1924年开始，但后来由于中途遇到困难而停顿下来，从1927年到1936年，梅奥断断续续地花费了9年时间领导了这一研究工作。

梅奥所领导的霍桑实验研究共包括四个方面即照明实验

(1924—1927);继电器装配室实验(1927—1932);面谈实验(1928—1930);对车床布线室的观察实验(1930—1932)。在实验初期,梅奥是以泰罗主义的管理原则为指导思想的。但是,梅奥的成功之处在于将社会心理的因素引进了工业管理领域,强调了在正式的组织结构和过程之外还存在着非正式的组织因素,这就为人际关系协作组织理论研究提供了基础。

根据霍桑实验,梅奥指出,在工业化之前的社会中,人们通过地区和血缘关系形成了心心相印的共同体纽带。通过这些纽带可以测量出社会是否安定。工业化的发展,促进了分工的发展,人们的工作日益专门化,劳动机械化,经营规模扩大化。在科学管理理论的作用下,人们片面地强调效率,结果车间共同体之间的纽带遭到破坏,从而导致工业文明社会的不安定。梅奥具体引用了法国社会学家杜尔克姆对社会状况的描述。他认为在法国那些技术工业发展得最快的地方,发生了危险的社会分化,个人和社会合作的希望日见减少。由此,车间共同体中的工人就从非正式组织中重新寻找新的共同体纽带,并确立起与效率背道而驰的非正式组织的原则。

梅奥还认为,科学官僚时代的组织理论完全把人与人之间的合作遗忘了。在他们眼中,社会完全是由一群乌合之众组成的。早期的组织与管理的理论家们完全跟着古典的经济学家跑。在李嘉图那里,经济学依赖于三条假定:一是自然社会是由一群没有组织的人组成的;二是每一个人都在按照自我保存和自我利益的打算而行动;三是每个人都在尽其所能为个人的目的而进行逻辑思维。

梅奥指出,李嘉图受了那个时代的历史学家和哲学家的影响将自然人的生活视为是"孤独、贫困、肮脏、残忍和短命的"。这一假设已经被现代人类学的野外研究否定了,而且人已经不再是处在自然状态下了。在一个社会中,人应当是合作的,如果人与人不是合作而是分解成一群个人,并且每个人都去拼命地寻求自我保存的方法,那么,这时的人就不是处于自然状态下,而是处于非正常状况下。

梅奥认为,社会总是要进步的。社会与其说是个人之间的竞争,不如说是个人在同他人进行着协作劳动;各个个人与其说是在追求利己之心,不如说是在为维护团体的地位而劳动;各个个人与其说是在合理地行动,不如说是非合理的感情逻辑支配其行动。总之,在带有浓厚的商业气味的工业社会中,人与人之间关系是个人通过对利己心的追求并根据市场原理而形成的。在这种工业文明中,人们往往由心理上结合起来的纽带而形成共同体世界。管理者只有从这种小团体出发确立领导方式,才能建立工业社会的秩序和新型的工业文明。

但是,如果没有组织也就不能有合作。任何工业组织都具备两个方面:一是技术上的专长和有效性;二是有效率的合作体系。梅奥认为,资本主义的发展使人们在物质和技术上取得了很大的成就,但是,在合作体系上却完全失败了。因此,人类必须推进工业文明,发展组织,从而发挥人类合作的本能。

二、利克特(Rensis Likert)的支持关系组织理论

1946年10月,以利克特为首的一批研究者在密歇根大学建立了调查研究中心,他本人任第一届主任。后来,该中心与麻省理工学院的群体动力研究中心合并,成立了密歇根大学社会研究所。利克特以社会研究所自1947年以来进行的数十项研究成果为依据,总结了当时美国企业经营环境变化的趋势和部分经营水平较高企业的实际经验,在1961年出版的《管理的新模式》一书中,提出了一种新型的管理原理,特别是详细、系统地阐释了组织中的“支持关系理论”。

从霍桑实验中,人们发现生产效率依赖于职工情绪,职工情绪又依赖于组织中的人际关系,从而形成组织中人际关系的一个重要因素是监督人员的监督方法。这样初期的人际关系组织理论就为领导方式的研究奠定了基础。利克特依据关于"自我实现的人"的需要,提出组织内部的领导与成员应当形成一种相互支持的关系。

利克特认为,组织内的支持关系,其实就是要创造一种环境,在这种环境中,职工通过切身的感受体会到领导者在其他各方面对自己的支持和重视,从而认识到自己存在的价值。在这种情况下,组织的工作环境就是"支持性"的,这时的领导和同事也是"支持性"的。因此,有关组织的支持关系理论,实际上是要求组织成员认识自身所肩负的使命和任务,将自己的工作看成是对组织具有重要意义和富有挑战性的。组织成员一旦感受到自己具有存在的价值,就能激发出积极性并热情参与组织工作。

从支持关系理论出发,利克特认为组织领导和管理人员应该充分考虑组织成员的处境、想法和期望,让他们自觉认识到自己的价值和地位。同时,组织的领导和管理人员应支持组织成员去为实现组织的目标而奋斗,并由此激发出下属对领导的信任感。

支持关系原理为每个组织的成功指出了基本的方面,这就是组织必须让其成员意识到组织的目标与任务对于每一个成员来说是最为重要的。为了实行组织的支持关系,组织的每一个成员必须认识到组织目标是至关重要的,必须认识到他所做的工作对于整个组织实现自身的目标是不可缺少的,同时还必须认识到自己扮演的角色是不容易的,是重要的,是有意义的。

三、赫茨伯格(Frederick Herzberg)的组织激励理论

1959年,赫茨伯格与同事对代表匹兹堡工业横断面的11个机构的200名技师和会计进行了激励因素方面

的调查。通过调查,赫茨伯格发现组织成员在被激励起来以前某些维持因素必须得到满足。这些维持因素是非满意因素,即保健因素。真正能导致组织成员献身工作的因素则是满意因素即激励因素。由此,他提出了人的动机学说中非常著名的"激励-保健理论"(Motivation-Hygiene Theory)。

1. 激励-保健组织理论

20 世纪 50 年代末,赫茨伯格通过与 200 名工程师和会计的交谈,了解到有五种因素突出地和强有力地决定着组织成员的工作满意感:成就(Achievement)、承认(Recognition)、工作职业(Challenging Work)、责任(Responsibility)和发展(Growth and Development)。其中,后三个因素对组织成员工作态度的持续变化具有更大的影响。①

而对组织成员来说,引起对工作不满意的因素却不是与上述相反的因素,而是另外的一些因素:公司的政策和管理(Policies and Administration)、监督(Supervision)、工资、地位、安全(Money Status Condition)、人际关系(Interpersonal Relations)和工作条件(Working Condition)。②

赫茨伯格认为组织成员工作中的不满意因素并不与个人所做的工作本身有关联,这些因素只是涉及个人与其工作环境之间的关系。就是说,满意因素与工作本身有关,不满意因素与工作情景有关。因为不满意因素与工作环境有关,因此,改善工作环境是为了防止工作中出现不满意因素。如果借用医学上的术语,就是为

① G. J. Gordon: ***Public Administration in American***, St. Martin's N.Y., 1995, pp.122—370.

② G. J. Gordon: ***Public Administration in American***, St. Martin's N.Y., 1995, pp.370.

了“预防”，是一种“维持的”和“保健的”因素（Hygiene Factors）。与此相对应，那些满意的因素因与工作态度有关，则可称之为“激励”因素（Motivators）。

赫茨伯格从心理学的角度，将人的需要分为二维结构即：一个是避免不愉快的需要系统，另一个是与之平行的个人发展的需要系统。保健因素体现了人必须动物般地不断努力以求对环境的适应，避免不愉快。激励因素是一种积极性的因素，以达到个人发展。由此，赫茨伯格提出了心理调整的两种类型。一种是适应环境的调整，这是一种回避性的调整；另一种是个人自身的调整，这种调整不是要维持过去的心理状况，而是要力争较好的心理状况，即争取心理成长、自我实现。从传统的观点来看，心理调整只是消除精神病或精神紊乱，恢复心理健康的途径。这种理解将心理健康与精神病看成是对立关系。这种理解是不妥当的。精神病因素涉及的是人的环境问题，当人缺乏环境方面的保健因素时，他就会生病，但满足这些因素对增强人的心理健康并无帮助。传统的看法没有强调增强人的心理健康方面的积极因素或激励因素。

由此，赫茨伯格十分强调与组织成员心理健康有关的激励-保健（Motivation-Hygiene）概念。他根据分析判断，保健因素与激励因素是两种不同的因素，并指出，追求保健因素的人主要对一般用来防止不满的事情感兴趣，这类事情却不可能是产生人的积极感情的来源。因为，追求保健因素的人没有达到激发自我实现需要的个性发展阶段，从一定意义上讲，他们还停留在心理调整不太成熟的水平上。追求保健因素的人不仅是环境的受害者，而且是在临时性的满足方向上受到激励的。对这种人来说，并不是说其工作一点儿也没有给他提供自我实现的机会，而应该说，在他的思想上，另一个方向上的需求即回避需要占据着支配地位，他正是通过回避行为以追求实际的快乐。然而追求激励性因素的人主要是想从心理上追求最大的满足。这种激励性因素对于个人的发展是必要的，它可以使个人投身到某些任务、计划和行动中去，并从中获得成就。对于一个追求成就的人来说，其一生中也会对其他事情感兴趣，但是，如果有了成就，即使缺少另外的一些环境，个人也不会感到忧愁、不满或不适。当然，追求成就的人，其志向也要与其现实能力相一致。问题是那些志向模糊的人仅仅是一种追求保健的人，他不去追求工作本身的满足而只追求周围条件的满足。

赫茨伯格还设想，可以用三个条件来界定心理健康的人：通过个人的发展经验来寻求对生活的满意；能取得有客观可能性的、同自身能力和忍耐力相称的充分的成功；对因保健条件差而产生的不适应能成功地加以回避。依据这些条件可以区分出七种类型的心理调整连续统：

① 属于健康的激励因素的追随者，既处在精神病连续统中，也处在心理健康的连续统中，能成功地回避保健需要的痛苦，又能成功地实现激励因素的需要；

② 不快乐的激励因素的追求者，虽从工作中感到人的意义，但在动物式的回避痛苦中毫无改善；

③ 主观上想追求两方面的需要，但只能在回避丧失保健因素方面取得成功；

④ 是一个不幸的激励因素的追求者，两方面需要都未能得到满足；

⑤ 成功地避免了精神病，但是不能实现心理健康；

⑥ 真正的精神病患者，虽追求保健因素，但在保健方面得不到满足；

⑦ 实行禁欲主义，通过克制保健方面的需求来满足这种需要。[①]

---

① D·S·皮尤著，彭和平等译：《组织理论精粹》，北京：中国人民大学出版社 1990 年版，第 345 页。

表 2-1　七种类型的心理调整连续统

类型 1：健康的激励因素追求者	精神病←没有精神病 没有精神病→心理健康
类型 2：快乐的激励因素追求者	精神病←没有精神病 没有心理健康→心理健康
类型 3：保健因素满足的激励因素的追求者	精神病←没有精神病 没有心理健康→心理健康
类型 4：不快乐的和未满足的激励因素追求者	精神病←没有精神病 没有心理健康→心理健康
类型 5：不良的保健因素追求者	精神病←没有精神病 没有心理健康→心理健康
类型 6：有精神病的保健因素追求者	精神病←没有精神病 心理健康→没有心理健康
类型 7：禁欲追求者	精神病←没有精神病 没有心理健康→心理健康

表 2-2　心理调整类型

分　类	定　向	激励因素是否满足	保健因素是否满足
心理健康	激励因素	是	是
不快乐	激励因素	是	否
不快乐不满足	激励因素	否	是
不满足	激励因素	否	否
调整不良	保健因素	不相关	是
精神病	保健因素	不相关	否
禁欲	保健因素	不相关	专制

赫茨伯格的激励-保健因素理论有其合理的方面，也存在一定

的不足。一方面,他只是选择了面对面谈话的方式进行调查,而没有进一步用其他的方法加以补充,对调查的结论也未加以进一步的验证;另一方面,他也未能对面对面谈话中可能出现的各种保留和有意掩饰加以必要的鉴别和剔除,而且,将在匹兹堡对 203 人的访谈中所得到的各种资料只归为两类,这种概括和归类是不太认真的。

第三节 现代管理组织理论

组织理论经过科学管理阶段与行为科学阶段的发展以后,制度的与人际的两个方面都得到了充分的说明。但是,在上述的两个阶段上,组织理论学家更多地是以管理学家的面目出现的。尽管他们也强调组织问题,并且在厄威克和古利克提出组织理论这一专门术语之后,都将自己的学说置于组织理论名称之下,但是,他们都没有表示过或没有明确表示过组织理论是整个管理科学的基础。

巴纳德之所以被誉为是"现代组织理论之父",其贡献主要就在于他把组织问题变为管理的核心。其实,巴纳德最初也只是为了研究经营者的职能。但是,他对管理问题进行反复思考并引进社会学和系统论的研究方法以后,他突然发现经营者的职能及其管理过程都不过是组织的一些专门职能,在一个组织中担任着谋求组织的形成和维系着这种专门职能的人就是经营者。因此,他认为研究和发展管理学,其核心与基础就是要阐明组织的本质特性。

西蒙是巴纳德学说的直接继承人。他从逻辑实证主义出发,第一个对科学管理时期的管理与组织学说特别是组织设计论进行了系统地批判。在西蒙看来,组织运行过程的实质是通过向其他成员提供决定前提来影响成员的决策,使成员都把实现组织目标作为自己的奋斗目标。因此,对西蒙来说,组织影响是基础,组织决策是核心,组织目标是归宿。

西蒙对组织理论研究的最大贡献就是他提出来与传统的决策理论相对立的组织决策基本理论。传统的微观经济学的决策理论的最主要内容是完全理性和利益最大化原则,西蒙的决策理论正好提出了与此相反的两个命题:一是"有限度的理性",二是"令人满意的准则"。

一、巴纳德(Chester I. Barnard, 1886—1961)的组织理论

切斯特·巴纳德是西方现代管理理论中社会系统学派的创始人。被公认为是现代管理理论之父。1909 年进入美国电话电报公司工作,1927 年起担任新泽西佐治亚贝尔电话公司总经理,直至退休。其间,担任过洛克菲勒财团理事长、原子能委员会委员。在长期的管理实践中,他积累了丰富的企业组织管理经验,写出了许多重要的著作。主要的有:《经理人员的职能》、《组织与管理》。

1. 组织理论是现代管理理论的核心

在巴纳德看来,经营者的职能及其管理过程,是组织的一个专门职能。在组织中担负谋求组织的形成和维持这种专门职能的人就是经营者。因此为了阐明经营者的职能,就必须阐明组织的性质和本质。关于组织问题,虽然已有属于传统管理论者的组织设计论方面的研究,但这都属于技术论,主要分析的是组织表明的特征和结构,缺乏从理论上对组织的特征和本质进行探索。

正是在组织理论上,传统的管理学与现代管理学存在区别。首先,传统管理学是分析经营者职能的,它将经营者的职能及管理过程分为计划、组织、调节、控制、动机等等。而在现代管理理论中,组织论居于中心位置,"组织的性质和过程决定经营者职能的

内容以及如何实行这些职能”。在变化的环境下,为了使组织能够存续,必须保持组织的内外平衡。而担任为适应环境变化而保持组织平衡这种专门职能的人就是经营者。可见,现代管理理论的核心是组织理论。

其次,现代管理理论不是单纯的技术论,而是对组织的本质进行分析的理论。现代管理理论不满足于传统管理理论的技术论倾向,它主要是注意对组织本质是什么,人在组织中是如何行动等进行描述分析。

第三,现代管理理论不是把组织的表面结构作为分析对象,而是把组织行为,即组织中人的行为作为分析对象。现代管理理论认为,人的行为,其实是“组织中的人的行为”,现代管理学不是将非正式组织,而是把正式组织看作是社会系统和社会行为的过程。巴纳德指出:“正式组织是社会行为的具体过程,他把社会的基本单位即正式组织作为分析对象”,他把社会的基本单位即正式组织作为分析对象。

巴纳德对组织采取行为主义的分析方法,即以组织中的人的行为为对象,根据科学方法论,并运用社会学、心理学、人类学等等的“行为科学”来研究人的行为。这种考察组织中人的行为的学说称为组织行为科学。

2. 组织的基本概念

巴纳德首先将组织概念抽象化,然后对组织进行逻辑分析,从而找出其本质性。在对组织进行界定时,巴纳德第一步是将物质手段系统从组织的概念中摒弃掉。因为在法约尔那里,经营组织首先表现为工厂的厂房、机械设备、工程流程,而在组织设计理论中,组织被规定为是物质组织和人的组织。在现代组织理论中,组织只是与人有关。

第二步,巴纳德还摒弃了将组织仅仅看成是人的集团的看法。他认为这种观点会造成组织概念的混乱与矛盾。这是因为只把企业视为是内部人的集团,那么,股东和消费者就不是组织的参加者了;另外,具体的个人不仅参加一个特定的组织,而且也参加其他的组织,个人是站在多数组织的连接点上的。在此基础上,巴纳德认为:“组织不是集团,而是相互协作的关系,是人相互作用系统。”“所谓组织是有意识调整了的两个人或更多人的行为或各种力量的系统。”这一定义所强调的是:一、组织是由人的行为构成的系统,组织的实体是人的行为。二、组织是一个系统,“组织,无论是单纯的还是复杂的,常常是得到调整的人的行为的客观系统。”正因为组织是系统,因此,当其中的一个部分与其他部分的关系发生变化时,作为整体的系统也会发生变化。因此,组织是动态的。三、组织不是一个一般的系统,而是协作系统的核心部分。协作系统相当于一个企业,它是由组织系统、物质系统、人的系统及社会系统构成的一个更大的整体。组织系统同协作系统以及同协作系统中其他的各个系统之间并不存在明确的界线。物质系统、人的系统和社会系统都是要通过组织的活动才能被组织起来并得到管理,从而才具有了价值和意义。

在对组织的本质特征进行分析的基础上,巴纳德论述了组织的构成要素。他认为一个组织系统必须具备三个要素:一是共同的目的;二是协作的愿望;三是信息。这三个要素对组织来说不仅是必需的而且是充分的。

3. 组织权威理论

巴纳德对传统的组织权威理论也作了认真分析。他认为法约尔所讲的所谓“权威,即是发布命令和引导职工服从命令的能力。”这种权威的解释,只能表明管理人员具有对部下发布命令和下达指示的这样一种自上而下进行组织的权力。而组织中的真正权威应取决于管理人员支配部下的命令是否能为部下所接受。这应该是一种自下而上的组织认同的权力的魅力问题。

他指出,经理作为组织的领导核心,必须具有权威性。所谓权威就是存在于正式组织中的一种秩序。如果经理发出的命令得到执行,那么在执行人员身上就体现出领导者已建立起权威。一些经理之所以失败,是因为他们没有能在组织内部建立起体现权威的秩序。因此,命令是否具有权威性,其检验的标准不是发布命令的人,而是接受命令的人。当多数人感到领导的命令不利于或者有悖于他们的个人利益,从而不再对领导表示支持时,领导的权威也就不存在了。

巴纳德分析了领导具有权威性的条件。首先,领导的命令必须能让人们理解。凡是无法被人理解的命令不可能具有权威性。其次,命令必须与组织的目的一致。如果领导的命令与组织的目的不相符,命令就无法得到执行。第三,命令必须照顾组织成员的利益。如果命令被认为会损害组织某些成员的个人利益时,下面就会缺乏执行的积极性;甚至有可能会出现下属不服从的现象。第四,命令应当让人乐意去执行。如果勉强让一个人去执行无法实现的命令,那么组织成员只能拒绝执行或者敷衍了事。总之在巴纳德看来,“权威是正式组织传达命令以支配组织成员行动的。它具有被组织成员接受的性格。”当命令被部下接受时,管理人员的权限就得到肯定,或者说管理人员有了权限;反之,当组织成员不服从命令时,管理人员的权限就不存在。命令是否具有权限并不取决于下达命令的管理人员,而取决于被命令的部下,取决于命令能否为部下接受。这就是组织权威理论。

针对组织权威理论认为的权限的决定因素存在于被领导者之中,只有当被领导者愿意服从命令时,领导才具有了权限;所以有人质疑,组织权威的决定权不在领导和管理者那里,而在普通的成员之中,这能实现一个组织的协调一致与团结合作吗?巴纳德的回答是肯定的。他指出,组织中的领导者下达的命令有三种情况:一是所下达的命令符合前面讲的四种要求,因而能为成员接受;二是每个人都存在一个“中性区域”或“无差别圈”,在这个区域或圈内,人们是乐于接受命令的;三是大多数关心组织命运的人对命令的支持态度会影响和改变少数人的态度,这反过来又有助于维护“中性区域”或“无差别圈”的稳定。

巴纳德认为,对于组织权威理论来说,“中性区域”或“无差别圈”概念具有特别重要的意义。“中性区域”或“无差别圈”划定为是管理人员的命令不受部下个人立场的影响而被接受的范围。如果将所有的命令按接受人可能接受的程度排队,可能出现三种情况:有一部分是明显不能接受的,也就是无人服从的命令;另一部分处于中间状态,即可能被接受,也可能不被接受;第三部分则是毫无疑问地会被接受的。这最后一类就属于“中间区域”或“无差别圈”,对这一类命令,组织成员采取一种无所谓的态度,不过问命令的权威性。

巴纳德认为权限是否被接受取决于两个方面:一是主观的方面,即权限能否为部下从个人的、主观的方面所接受;二是客观的方面,即建立一定的管理组织,以确保权限被接受。这后一方面,巴纳德称为主观权限客观化。主观权限客观化又有三种情况:一是职位权限。这种权限与处于权利中心的个人的能力关系不大。一个人可能本身能力有限,但由于处在“上级”的位置上,其意志自然得到重视和尊重,这就是“职位权限”;二是素质权限。这种权限与某人占据的职位无关。一个人虽然在组织内部并不占据高位,但他很有才能,他的学识和对事物的理解使他深受人们的尊敬,因而大家乐于听从他的意见。这种权限就是“素质权限”。“职位权限”和“素质权限”都是“推断的权限”。当一个人同时具有两者时,就会在组织内部产生出巨大的信任感。其命令的权限就会超出通常的“中性区域”而能被组织成员所接受,这样建立起来的就是真正的权威;三是组织权限,或称组织人格。管理人员的决策是受组织人格支配的。如果处于管理职位的人对组织的行为和决策不以组织的名义采取行动,他的设想再好也没有客观的权限。如果管理人员以个人人格行动,为达到个人的目的而牺牲组织的利益,那么组织的客观权限就不能归属于那个管理人员。只有在为实现组织的目的而合理地进行决策的条件下,客观的权限才归属于那个管理人员。“没有责任就没有权限”指的就是这种组织原则。

要建立和维护一种既能树立上级权威,又能争取广大“中性区域”群众的客观权威,关键在于能在组织内部建立起上情下达的、下情上达的有效的信息交流沟通系统。无论是“职位权限”还是“素质权限”,只有随时掌握准确的信息,作出准确的判断,才能一直维护自己的权威。否则,无视客观条件滥发命令,或无视群众愿望乱下指示,权威就会丧失。而一个人,无论其能力有多强,知识有多广,如果得不到必要的情报,其能力和知识就不能发挥作用。向各管理职位提供适当的情报、提供传递命令的渠道,是信息系统的任务。按照权限接受理论,权限决定于接受命令的部下,发布命令的上级本来并没有权限。通过将职位权限与素质权限结合起来,经过组织人格承担责任,进而建立和维护有效的信息系统,就可以使客观权限归属于管理人员。这种归属于管理人员的客观权限还具有使“中性区域”从一种可能性变为现实性的作用。

二、西蒙(Herbert A. Simon, 1916—　)的组织决策理论

西蒙继承了巴纳德的组织理论,他在对传统的格言式的组织管理理论进行科学批判的基础上,研究了组织影响问题。他认为组织的存在必须有权威的作用,这种权威就是正确的决策,并由此得出结论:管理就是决策。

西蒙非常重视决策,他将组织理论研究的重点放在研究组织的决策过程上。西蒙在研究决策时,首先研究了实际的组织活动试图找出组织为什么要决策的原因。他认为,任何一个组织,其实质是“一个人类群体当中的信息沟通与相互关系的复杂模式”。活

动包括两部分：决策和作业。而决策又要比作业更为基本，因为在作业之先必须决策。传统的管理理论之所以无效，恰恰就在于他们忽视了决策是组织的统一概念。

传统的管理理论并不是不讲决策，而是将决策看作是组织中最高领导层的行为。其实，在组织中，不仅最高管理阶层要进行决策，组织的所有阶层，包括作业人员都要进行决策。最高管理人员决定经营目的和总方针。中层管理人员贯彻执行最高管理人员决定的总目标和总方针，决定部门的目标和计划，再传达给下级。下层的监督人员就日常的生产计划和作业分配作出决策。最后，在作业阶段，还要对什么样的劳动对象运用什么样的方法留有一定的余地。

正是从这一点出发，西蒙认为组织绝不是画在纸上的组织图，或是写在叙述工作职责的精细手册中的东西。在那里，组织与其说是为了供人居住而设计的宅子，还不如说是以抽象的建筑逻辑设想出来的一排排井然有序的小卧室。组织是一种人们进行信息沟通的复杂模式，“它向每个成员提供其决策所需的大量信息，许多决策前提、目标和态度；它还向每个成员提供一些稳定的可以理解的预见，使他们能够预料到其他成员将会做哪些事，其他人对自己的言行将会做出什么反应。”每一位行政长官，在进行决策和采取行动时，都是用一只眼睛盯住目前的决策事务，用另一只眼睛展望这个决策对未来模式的影响。当他注意这些间接后果时，他也就在关心组织。

接着西蒙准备阐述如何决策，但他选择了先论述研究决策的方法论，这就是西蒙所推崇的一种有限理性决策论。他根据经验表明，在组织理论的研究中，一直存在理性主义与非理性主义的争论。西蒙将这种状况称为“精神分裂”。以泰罗为首的科学学派，将“经济人”的假设作为基点，在作业理论的研究中，强调了组织决策理性的一面。西蒙说：“经济学家们给经济人赋以一种全智全能的荒谬理性。”[①]

而人际关系学派则较多地注意组织中人的情绪、态度等非理性的一面,从而认为组织决策具有非理性的一面。西蒙认为:“这一倾向可以追溯到弗洛伊德。我们看到这样的一些观点:同富翁眼里的钱币相比,穷孩子眼里的钱币要大一圈;社会集团的压力能让一个人声称他看到了根本不存在的东西;……上一代的行为科学家步弗洛伊德的后尘,忙于证明人类并不像自己所想像的那样理智。”[②]

那么,判断某种行为是否是理性的,应当选用何种目标?何种价值观?一个组织成员的行为,是服从于个人的目标合理,还是服从于组织的目标合理?在同一战壕中面对地方火力的两个战士,其中一个将自己隐蔽起来了,另一个战士则冒着危险,投手榴弹破坏敌方堡垒,他们之中,谁是理智的?

西蒙认为要求得对这一复杂问题的解答,惟一的办法是在“理性”前面加上副词。比如,一项政策若真能在指定情况下使一定的价值最大化,则可称为“客观”理性;一项政策所达到的价值最大化只是相对于决策者主观而言的,则是“主观”理性;如果手段对目的的适应是一个自觉的过程,则可称为“自觉”理性;如果过程是有意的,则为“有意”理性;如果一项决策是指向组织目标的,则为“组织”理性;若目标只是指向个人的,则是“个人”理性。

西蒙指出,生活在真实世界中的人不是一个完全理智的“经纪人”,他只是一个具有有限理性的“管理人”。对于“经济人”来说,他总是试图从一切备选方案中择其最优者。而“经济人”的堂弟即“管理人”则是致力于寻找一个令人满意的和“足够好的”行动程序。“经济人”要同一切复杂事物打交道,而“管理人”的头脑则是

---

① 赫伯特·A·西蒙著:《管理行为》,北京:北京经济学院出版社 1991 年版,第 19 页。

② D·S·皮尤著,彭和平等译:《组织理论精粹》,北京:中国人民大学出版社 1990 年版,第 18 页。

以经过重大简化处理以后得到的模型。

西蒙以“管理人”作为其组织决策的假设前提。“管理人”具有两大基本特征：一是他寻求的是满意而不是最优，因此，他用不着去考虑一切可能的备选行动方案；二是他将世界看成是近乎空旷的，因而不去考虑事物之间的一切相互联系。

西蒙提出的“管理人”，其实质就是一种有限理性人。他在《现代决策理论的基石》一书中，对有限理性机制作了进一步的阐释。他指出，有限理性即“缺乏全知全能的理性，就是备受限制的理性”。所谓缺乏全知全能，主要是指不能知道全部备选方案，有关意外发生事件具有不确定性，人也无力去计算后果。

人类的理性之所以在决策和管理中受到限制，其原因是多方面的。首先，从个人角度来说，他受到自己的习惯、无意识技能和反射行为方面的限制，受到价值观和目标观念方面的限制，受到个人信息、知识等方面的限制。因此个人只有在对组织的行动目标有正确理解并掌握其行动条件的情况下，决策才能是理性的。

其次，从群体的角度来说，任何决策必须建立在两大基本要素之上：一是从最高层到决策操作层，必须有信息沟通和传达；二是群体决策必然要面对一定的有限的环境，并且它也是许多个人决策的整合。对于第一点来说，人们的决策受到信息传达和沟通方面的限制；从第二点来看，环境总是一种客观的限制，而且每个人的理性总是有限的。

正是从这一点出发，西蒙认为一切决策都是某种折衷。最终选定的行动方案，决不会是尽善尽美地实现目的，它只可能是在当时条件下可以利用的最好办法。决策中的这种折衷性，在行为具有多个目标，而寻求的衡量尺度又是共同的情况下，就会更为明显地表现出来。一个组织当它去追求一个目标时，它可能正在妨碍和牺牲另一个目标。

第四节 现代组织系统和权变理论

弗里蒙特·卡斯特(F.E.Kast)和詹姆斯·罗森茨韦克(J.E.Rosenzweig)都是美国管理学家,美国华盛顿大学教授。他们创立了一种现代组织理论即权变理论。权变理论学派主要是从系统的观点来看待组织与管理,认为在组织管理中应当根据内外条件的变化而随机应变。

1. 系统权变理论

卡斯特和罗森茨韦克认为,“将组织理论只是抽出来作为一门单独的可识别的学科,这还是较近期的事。只有到了20世纪才有人下功夫将这方面的知识总结为一般性的理论。”在组织理论的演变与发展中,起巨大作用的不仅有学术研究工作者和专家,而且有实业家。许多早期的组织思想大部分来自从事实践活动的经理和行政管理者。正是这些人,将他们的观察和经验记录下来,又作为对他人实践的指导发表出来,人们才有了关于组织的大量知识,进而发展成为一门组织理论学科。

他们指出,组织理论既已发展为一门学科就应该既有它的阶段性又有它的系统性。他们首先将组织思想的演变与发展分为三个大的阶段,即传统阶段、行为科学与管理科学阶段、现代系统与权变理论阶段。然后将这三大阶段的一般系统方法与理论概括为以下四个方面:

第一,无论是机械系统、生物系统还是社会系统,都是由各相互联系的部分或成分组成的。系统由次一级的分系统所组成,而同时又是超系统的一部分。系统的特性是整体性、协作性、机体性和形态性。其中尤其是整体性,它不能仅仅解释为总和,它与元素性是对立的。

第二，他们在区分了开放系统与封闭系统以后，强调了开放与封闭的相对性，并指出从根本上来说生物系统与社会系统是开放系统。任何一个开放系统都和它赖以存在的环境之间进行着信息、能量和材料的交换。同时，他们认为可以将一个开放系统看作是一种投入——转换——产出模型。在系统与环境的动态关系中，系统接受各种投入，运用某种方法将投入加以转换，从而输出产品。

第三，卡斯特与罗森茨韦克对系统内部的复杂运动进行了说明。他们提出了系统的界线、负熵、稳定态、反馈等概念。任何一个开放系统与其环境超系统之间都存在一条可渗透性的界线，这一界线在社会组织的系统中是很难确定的。熵表示紊乱，在一个封闭系统中，熵的转换总是正数。在一个开放系统中，熵可以抑制，甚至可以转变成负熵。与熵相联系的概念是稳定状态。开放系统可以通过材料、能源和信息的不断流动而保持动态平衡。与动态平衡相联系的是反馈。反馈有正有负，负反馈是一种表明系统偏离预期方向并应重新调整到新的平衡状态的信息输入。

第四，同等结果是社会系统的重要特征。在社会系统中，某些结果可以用不同的初始条件和不同的方法来取得，即社会组织可以用不同的投入和不同的内部活动达到组织目标。正因为如此，在组织中，人们就不一定要寻求某种固定的最优解，而在于寻求各种可能的令人满意的选择方案。①

组织的系统观念既为人们理解组织提供了广泛的基础，也为研究组织提供了宏观范例。但是，这种系统的宏观模式却带有太多的或较高的抽象性与概括性。为了进一步将宏观研究与微观研究结合起来，卡斯特和罗森茨韦克又提出了组织的权变观念。他

① Jay M. Shafritz, J. Steven Ott: ***Classics of Organization Theory***, 3rd, Wadsworth, Inc., 1992, pp.294—295.

们对权变理论作了如下说明:“组织是个系统,它由各分系统组成,由可识别的界线与其环境超系统区别开来。权变观点所要研究的是组织与其环境之间的相互关系和各分系统之间的相互关系,以及确定关系模式即各变量的形态。权变观点强调的是组织的多变量性,并力图了解组织在变化着的特殊环境中运营的情况。权变观点最终目的在于提出最适宜于具体情况的组织设计和管理行动。”①

权变理论认为,不同类型的组织都有其适当的关系模式。这种模式可以大体上概括为两类:一类是采取稳定——机械式组织的模式。其条件是:① 环境相对稳定和确定;② 目标明确而持久;③ 技术相对统一而稳定;④ 按常规活动且生产率是主要目标;⑤ 决策可以程序化,从而协调和控制过程倾向于采用严密等级系统。另一类是采用适用——有机组织的模式。其条件是:① 环境相对不稳定和不确定;② 目标多样化并不断变化;③ 技术复杂和多变;④ 有许多非常规活动,在这些活动中创造性和革新性很重要;⑤ 使用探索式决策过程,而协调与控制常常相互作用,系统等级层次较少,具有较大的灵活性。

权变理论在对上述不同类型的各种组织关系模式作了描述的基础上,还侧重阐述了对组织与工艺技术的关系,认为组织不仅是一个社会系统,而且还是一个将工艺技术与人的活动结合在一起的系统。组织中的技术系统是由组织任务方面的要求确定的,其形式则是由特殊的知识、技能、机器、设备、信息处理上的要求以及各种设施的布局等等来决定的。工艺技术对组织的目标、结构、社会心理系统和管理系统都会产生影响。

---

① Fremont E. Kast, James E. Rosenzweig Organization and Management: ***A System and Contingency Approach***, 3rd Mcgraw-Hill Book Company, 1979, p.116.

人为了按照自己的利益改变自己的环境，他必须掌握支配自然界的规律，“因为，只有掌握了现象的规律，从而能够预见未来，我们才能……为了自己的利益逐一改变现象……科学产生预见，预见产生行动”。

——奥古斯丁·孔德

第三章 公共组织生态

一个组织的运作，除受到内部环境因素如员工态度、组织过程等因素影响外，还受到外部环境因素的影响。所以组织人决策总是必须面对某一种特定的环境进行操作。但是随着社会的发展，所面对的环境不同给组织决策带来的复杂性程度亦不同。比如，20 世纪初，组织面对的经营环境很少变化，因此决策人有信心预测未来。可是，今日组织的活动范围比以前大且复杂，所面对的环境也是动态的。动态的环境必然有“不明确的因素”存在，它可能给组织带来机会，也可能造成威胁。怎样掌握契机，消除威胁，关键在于分析环境、利用环境、适应环境，进而能利用环境或改造环境，发展组织自身。本章将围绕下列各节探讨组织环境，即公共组织环境、组织与环境的关系、环境分析与管理、组织生态关系。

第一节　公共组织环境

社会是一个由无数系统组成的系统集群。公共组织只是这个系统集群中的一个子系统。在行政系统的内外存在着一系列的与行政系统有着各种各样关联的系统。行政系统同那些处在自身以外的系统存在着既是清楚的又是模糊的界线。这种界线从一方面看是清楚的,因为只有凭借这种界线,公共组织才能具有相对独立性;但是,这种界线又是模糊的,因为公共组织与处在它之外的各种组织总是不断地进行着物质的、信息的和能量的交换。公共组织的扩大与发展,其生长点绝大多数集中在这些界线上。

公共组织之外的系统,包括自然的与社会的共同构成了公共组织之外的环境。各个外周系统与公共组织系统之间联系的紧密程度并不是同等的。这可以通过相互间的距离来衡量。可以以此来分成距离较远的外周系统、距离较近的外周系统、距离最近的外周系统。依据与公共组织系统距离的远近,外周系统分别成为公共组织的一般环境、具体环境和团体环境。

一、公共组织的一般环境

公共组织的一般环境指的是对国家公共组织的结构和功能发生影响的或产生制约作用的一切国内外社会的和自然的因素之和。从空间来区分,一般环境可以分为国内的和国际的两大类;从内容来区分,一般环境可以分为文化的、教育的、技术的、政治的、法制的、自然的、人口的、社会的、经济的、国防的等几大类。这几大类又可以归纳为三组:科技教育文化因素组(SEC);社会人口因素组(NSPE);政治法律军事组(PLM):

$$E=\sum(SEC+NSPE+PLM)$$

自然的环境因素指的是自然资源的蕴藏量、种类、分布、可利用性、开发状况和前景、国土面积、土地肥力、气候、水源、山脉、海岸线、森林。

社会的环境因素指的是社会制度的性质、社会的阶级和阶层结构、各个阶级以及阶层之间的力量对比、社会贫富差距、社会组织的普及程度、社会角色的界线。

人口的环境因素指的是人口的数量、质量、性别、年龄、分布、生育率、死亡率、就业率、平均寿命、人口资源的再生能力、人口集中程度、都市发展的程度。

经济的环境因素指的是经济制度、经济的基本结构、不同所有制在经济中所占的比重和地位、市场经济的发育程度、经济政策、金融与财政体制、税收政策、资源开发的状况、投资水平、居民的消费结构。

文化的环境指的是历史背景、意识形态、民族心理、社会风尚、道德观念、行为规范、人伦关系、理性倾向等因素。

教育的环境因素指的是国民普遍的文化水准,教育制度的完善程度和分化程度、国民义务教育的范围和年限、接受高等教育的人数在全国总人口中所占比例。

科技环境的因素指的是社会的科学技术发展水平、科学技术知识的普及程度、科学技术向生产力转化的速度和规模以及科技管理的水平。

政治的环境因素指的是社会的政治制度、政治组织的普遍程度、政党的数量和政党制度、政治权力的集中程度、社会的政治气氛、人民参政情况、社会的民主意识的强烈程度。

法制的环境因素指的是宪法的地位和功能、法律制度的特性、法律的完善程度和有效性、国家权力的格局及其规定性、政府的委托立法权、行政司法权及其运用、法律制定的程序、特别法的制定、法制精神在社会的普及程度。

国防的环境因素指的是武装力量在社会生活中的地位和作用、军费开支在国家财政预算中的比重、军事人员在国家劳动力人口中的所占比例、军事装备的技术水平和有效性、武装力量在保卫国家安全和国民生命财产安全及社会治安方面所起的作用。

在考虑公共组织的一般环境时,应充分考虑在当代全球经济、政治、文化日益走向一体化这一重要趋势,在各国不断扩大对外开放的条件下,国家的经济、政治、文化、科技、军事、教育等因素越来越成为一国公共组织一般环境的组成部分。当然,国际的种种环境因素在绝大多数情况下,不太可能直接对一国的公共组织的运行产生影响和制约,它们往往要通过同国内的因素的综合,才能对公共组织的行政行为产生作用。

二、公共组织的具体环境

公共组织的特定环境指的是直接制约和影响某一个公共组织存在与发展的政治、经济、自然、人口、法律、科技、教育、军事等方面因素的总和。

首先,公共组织的具体环境是其一般环境的组成部分,是一般环境因素中与某一公共组织的活动过程产生直接的能量、信息、物质交流的部分。构成公共组织一般环境的各种因素对具体公共组织作用的程度不可能是一样的。凡是制约和影响较为直接、较为强烈的则是具体的环境因素。

其次,对不同的公共组织来说,其具体的环境因素是不相同的;而对同个公共组织来说,在不同的运行阶段、不同的活动时间和空间中,其具体的环境因素也是不一样的。因此,公共组织存在和发展的具体环境因素是一个变量。

第三,由于具体的环境因素对公共组织内部的目标、价值、结构、技术管理决策起着直接的影响和作用,因此,具体环境中的某些因素有可能与公共组织内部的各种因素产生相互的交融渗透,从而出现原有的公共组织界线被突破，新的组织界线逐步形成的局面。

三、公共组织的团体环境

在公共组织的周围存在着大量的其他类型的社会组织，比如政党组织、政权组织、社会福利组织、文化团体、科学联合会、行业协会等等。这些社会组织构成了同公共组织相区别开来的“组织群”。社会的“组织群”同公共组织之间相互影响、相互作用。前者构成了后者的团体环境。

社会组织群中不同类型的组织之间基于各自的利益，相互矛盾、冲突、协调、和解。社会组织的相互关系既是公共组织要加以管理的对象，同时，又是公共组织赖以存在和发展的环境条件。另外，构成公共组织一般环境的各种自然的、社会的、技术的、经济的、政治的、法律的因素，都是以不同的形式被组织到各种社会组织之中。因此，公共组织与其一般环境所发生的任何关系都离不开社会组织。社会组织成为公共组织与其一般的环境或具体环境相互作用的中介。

公共组织与非行政性的社会组织相互作用的方式有以下几种：一是公共组织从社会组织中输入信息，即通过相互间的接触、商洽、座谈、调查、谈判，公共组织可以了解各种社会组织的要求、愿望。这些要求、愿望有些是合理的，有些是不合理的。在充分输入的基础上，经过内部的转换，即对各种错综复杂的要求、愿望进行“利益整合”，变为公共组织实施行政的规章、意见、条例、计划、规划输出到社会，并以此获得社会组织的支持、赞同和理解；同时对某些社会组织或利益集团提出的不正当的要求进行限制。

二是社会组织从公共组织获得信息输入，了解和把握公共组织的方针、政策和各项规定，经过社会组织内部的转换，以态度、需要、意见等方式求得公共组织的理解、支持、协助。社会组织的行为和利益只有在征得公共组织的认可、赞同后，才能得到实现，因此，社会组织总是运用一定的方式同公共组织的政府机关发生联系，以求得公共组织的支持，当某些社会组织的某些要求得不到公共组织的支持时，这些社会组织或利益集团可能采取非常规的行为方式，比如示威、游行来对国家以及公共组织施加压力。

三是公共组织要求对诸多利益各不相同的社会组织之间的矛盾、冲突进行客观、公正的评判和仲裁，以此来协调和公平地分配社会的利益，稳定社会秩序，保持社会的安定。公共组织在对各个社会组织的关系进行协调时，多数情况下采取思想教育、说服疏导的方法，有时，也使用行政裁决。

第二节　组织与环境的关系

一、公共组织要素

各个层次的公共组织都是有着内在结构的并且是处在运动之中的有机体。公共组织的内在要素经常处在变动之中，通过与外部环境交换能量、物质、信息，不断地改变相互间的关系。因此，公共组织既是稳定的、具有某种模式的整体，同时，它又是变化的，具有动态性的整体；它既是相对独立的、自成体系的有机体，同时，它又是开放型的、具有生态性特征的有机体。

不同国家的公共组织以及同一国家的不同地区、不同层次的公共组织其构成要素的差异性是比较大的。但是从各种不同的公共组织中可以概括出某些公有的、也是最为基本的构成要素。这些要素包括：公共组织责任、公共组织权力、公共组织利益；公共组织人员、公共组织财产、公共组织物质；组织目标、行为方式、法制思想、价值观念、法律规范、运作机制。

对于不同的公共组织来说，能将它们区分开来的，一是在这些基本要素之外附加的各种次要的因素；二是这些基本要素的相互关系模式和表现方式。公共组织内部相互关系模式首先是通过公共组织气候表现出来的。

二、公共组织气候

公共组织气候是指公共组织的成员其个性、目标、价值观念同整个公共组织的组织目标、价值观念、法律规范、行为方式、运行机制不断趋于一致和融合的状态及变化过程。它是公共组织内部的较为稳定持久的一种特质或行为气象。

组织气候是一种中介变量，它间接地反映了公共组织中的内在特征和内部因素之间的相互关系模式。通过测度、认识、评价公共组织气候，并按照整体目标、价值、行为方式对其加以引导、改造，将能进一步增强公共组织的整合力，从而保持组织的和谐与稳定。

公共组织气候通常由一些变量构成：

组织成员对组织法规和纪律的感受程度；组织成员在组织中处理事件的自主程度；组织成员在作用中所面临的冒险性、挑战性的程度；组织成员对享受到的待遇的满意程度；组织成员对组织给予其关心的感受程度、对组织中其他成员给予自己的关注及友情的感受程度；组织成员能获得的社交机会的多少、对非正式组织的态度；组织成员对上司、同事和下级所给予的协助和理解的感受程度；组织成员对他人所能听其不同意见的感受程度；组织成员对组织目标以及组织规定的作用标准的重视程度；等等。

组织成员对组织内部上述诸方面的感受，通常是在领导过程、激励过程、意见沟通过程、成员间的互动过程、决策过程、目标设立过程、组织对成员的控制和考核过程中表现出来的。

三、组织与环境的互动

本章前面已对组织环境理论作了概述，本节将有关学者集中探讨的组织与环境的互动问题作一简介,主要有以下两个方面,即:一是环境自然影响组织,组织须以整合策略面对;二是环境自有不确定性,组织须以层次战略面对;三是环境必然动态发展,组织须以开放策略面对。

1. 环境自然影响组织,组织须以整合策略面对

对组织与环境的关系问题作了系统研究的是高夫曼。他在20世纪60年代以美国林务局及其下属的组织所面临的“行政整合”为课题,对组织环境问题进行了经验性研究,其成果主要体现在60年代初出版的《大森林中的警备队员》一书中。[①] 通过研究,高夫曼发现美国林务局高层所作出的决策与下属人员所采取的行动之间常常存在很大的差距,就是说,上层的政策在贯彻时具有较大的并且带有实质性的余地。高夫曼针对这一现象进行了两方面的分析:一是何种因素使得下层组织脱离上层组织的控制;二是有哪些因素可保证组织形成更大的一致性。

高夫曼还发现到的是组织之外的一些因素使组织的一致性受到破坏。他从森林警备队成员那里获悉,警备队所在地区的一些风俗习惯,以及这一地区的其他组织的经验和关系带来的喜好和偏见,常常影响林务局的组织结构和成员的行为方式。比如,警备队成员有当地的朋友与邻居,在决策时会考虑到朋友与邻居的利益;另外,警备队周围还有地方机构,地方利益也会介入决策。所有这些因素都会对林务局组织的统合产生影响。

林务局作为一个大型组织,其存在与运行有一定的环境。上述的因素都是环境的构成部分。林务局为了组织内部的整合,对离心趋势作了调查,并发展出各种技术以保证组织的一致与统一。其技术和手段主要有:制定决策规则、财务规划与工作规则;对偏

---

① Kaufman, Hebert: ***The Forest Ranger***, Baltimore, MD.: Johns Hopkins University Press, 1960.

离组织整合的行为加以预测和禁止，包括必要的惩罚；增强组织成员对组织的服从观念。另外，为防止警备队成员受地方利益的影响，一是加强培训，使队员了解林务局的整体利益高于地方利益；二是进行经常性的轮换，使公务员在决策时少受地方势力的影响；三是提高基层行政人员对高层指令的接纳能力。

2. *环境自有不确定性，组织须以层次战略面对*

对组织与环境作出深入研究的还有汤普逊。他在《行动中的组织》[①] 一书中，依据社会学家帕森斯的观点认为，环境自然存在不确定性，组织就须以层次战略面对。他将每一个规模较大的组织分成三个层次：着重实际工作、执行高层决策的技术性的次级组织；着重对技术性次级组织同组织服务对象加以联系的管理性次级组织；着重对组织制度与社会联系的制度性次级组织。

对于一个组织来说，可以用理性的封闭系统模型来追求组织内部的整合，以消除不确定性。这种封闭系统的逻辑有利于对技术性的次级组织实行有效的控制。但是，对于另一个次级组织层次即制度层次来说，它需要的是具有灵活的适应性以满足环境对组织的要求。这时就要求组织实行开放型。汤普逊认为，社会环境具有外在的不确定性，只有在制度层上实行开放，组织才能发展。但是，这种开放型又使得其技术性的次级组织受外界影响从而具有不确定性。

这样，就其组织的技术层面来说，需要封闭性；就组织的制度层面来说，则需要开放性。而组织的管理层正好处在中间，这就需要管理性次级组织从中协调。汤普逊指出："假如组织要求得技术阶层的确定性以满足其理性标准，但又需要维持弹性与适应性以满足环境的要求，那就需要期待管理阶层发挥出协调的功能。"也就是自然环境存在不确定性，组织就须以层次战略面对。

---

① Thompson, James: ***Organizations in Action***, New York: McGraw-Hill, 1967.

3. 环境必以动态发展,组织须以开放策略面对

组织的复杂性就在于,它处于一个动态发展的环境中,因为动态就意味着环境自然会给它带来永恒的不确定因素。因此它必须实行开放才能生存与发展。在公共管理的传统理论中,管理学家探讨得比较多的是闭合系统的战略。这种战略关心的是组织的目标与效率问题。正如上面所论述的,采取封闭性的模式可以减少组织内部的不确定性,充分利用组织中的资源以达到高效化。从泰勒的科学管理、古利克和厄威克的行政管理,一直到韦伯的官僚制组织,其研究的重点都是服从于组织的封闭性体系的。

但是,正如汤普逊所指出的:"复杂的组织乃是一个由相互依赖的成分构成的组合,这些成分结为整体,每个部分都对整体作出贡献,而整体又给部分以支持,整体继而又同某些大环境相互依赖。"这样,光考虑封闭性就不够了,必须实施组织的开放性。

对组织的开放性研究作出贡献的是塞尔兹尼克(Philip Selznick)。他在研究田纳西流域管理局的组织决策时,提出了一个开放系统或制度的组织分析途径。他认为,虽然组织是达成既定目标的工具,但是任何一个组织都具有社会性。其原因是:组织的成员都有自己的特殊社会经验和欲望。他们希望以完整的人格加入组织,而反对被当成是实现目标的工具;任何组织都具有社会性。其原因是:组织的成员都有自己的特殊社会经验和欲望。他们希望以完整的人格加入组织,而反对被当成实现目标的工具;任何组织都存在于一定的社会制度的结构之中,在这一社会制度的结构中,有着政党、利益集团和其他各种团体的互动关系,没有任何一个组织可以割断与社会制度的联系。

正是组织中的成员具有社会性,组织又处在一定的社会关系中,因此,任何一个组织,除了组织自身的正式关系外,或称是理性关系外,还有大量的非正式关系,或称为是非理性关系。要求得组

织中非正式关系的稳定性及组织在社会环境或制度机构中的安全性,组织就必须是开放的。[①]

在组织对社会开放过程中,从社会中"吸收"某些新的因素到组织的领导层或决策体系之中,从而避开危及组织的稳定与生存的"吸纳"技术是非常有用的。这种开放性的"吸纳",可以将环境中潜在的威胁集团或存在异议的分子纳入组织之内,并形成认同与共识。

这种"吸纳"并不涉及实际权力的转移,将外在的力量由反对的变为合作与支持的,将中立的变成积极合作的,这并没有让组织给外在力量控制。相反,我们采取封闭的途径,组织只能受制于那些反对力量。塞尔兹尼克指出,领导者创造力的艺术就是制度建立的艺术,也就是重建人际关系,利用技术造就一种新颖的、具有持久性的价值的艺术。

然而,这些年来,随着信息网络技术的发展,在 20 世纪 90 年代兴起一阵企业流程改造及组织结构改革的浪潮,为了适应新的工作流程,新的管理哲学便应运而生。因此,一些研究网络组织的学者亦对塞尔兹尼克曾经提出的建构人际关系的艺术组织理论,引起重视并发展到由原本经济社会学转而进入组织管理领域。至此,人际关系组织理论才算是正宗的原汁原味。

第三节　环境分析与管理

无须赘述,组织面对的外部环境的确极其复杂和不确定,本章在探讨各有关节目时均假定读者拥有对各自环境情况具有一定了解或认识的基础,比如一般或具体环境如社会、政治、经济或文化

---

① Selznick, Philip: ***Leadership in Administration***, Evanston, Ill.: New York: Harper & Row, 1957, pp. 1—22.

等。本节针对一般(宏观)环境的分析程序及如何管理或控制组织环境作一探讨。

一、环境的分析

根据费伊和纳拉亚南(Fahey and Narayanan,1986)对宏观环境的分析,可分为四个活动过程:扫描(scanning)、监察(monitoring)、预测(forecasting)及评估(assessment)。

1. 扫描是指对组织环境的整体作一般性的扫视,其目的在于:① 判定环境改变的早期信息;② 视察已在进行的环境变化。环境的扫描阶段没有既定的框框,资料也没有一个特定的范围,一般来说是广泛调研或考察。

2. 监察是指追踪环境趋势,以及一系列相关的演变过程,它是跟踪"扫描"阶段所得到的一些信息。"监察"的目的是通过收集足够的资料,以确定某些趋势或形态是否正在出现。在此阶段,调研者已对考察项目作了命题假设,资料也局限在某一个范围,分析人员须对一些资料作细致的判断。

3. 预测是对环境分析的主要目的,它需要对环境的方向、范围、速度以及强度作出一些可能的预测,指出预期变化的途径,例如高新技术变为市场产业需时多长?现在的生活方式趋势会否持续?汇率与价格如何波动?以及一些当前社会关注的问题是否会变成法律性行动?这些都属于预测性的工作。作为预测的资料必须相当具体,而采用的方法是有系统性的、有结构性的。自然,预测必须对众多的数据作出解释与判断。

4. 评估是整个环境分析程序中不可或缺的一部分,它鉴定与评估目前环境中的主要问题是什么?它对企业有何影响?从而预测环境变化如何影响企业的策略,并解释其原因。所以,"评估"所需的资料必须非常具体,同时它须订出具体的行动方案。

上述扫描、监察、预测、评估是作为分析环境的四个活动过程,

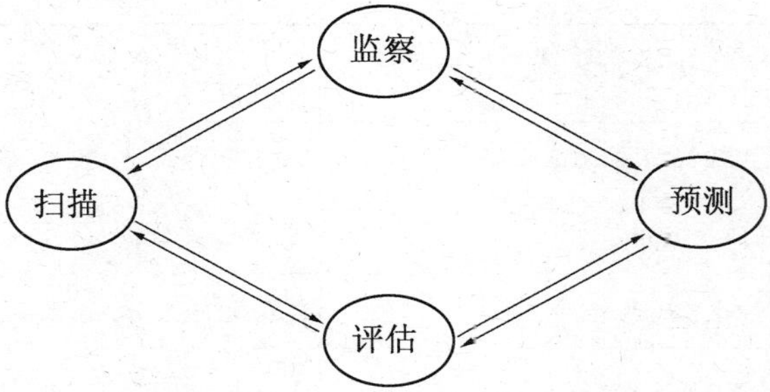

图 3－1　环境分析过程

它们之间有着交互联系的[①]（见图3－1），且并不是简单或直线性的关系，即先扫描到监察，再到预测和评估。例如，发现了一个环境趋势，并不立即预测判定其对企业的影响，如果认为有必要，则必须继续作扫描与监察。又例如，因资料不足，预测有时亦会有很大困难，因此有必要进行补充扫描与监察。也有在评估时受到资料或旁证依据不足的影响，此时，亦须作更进一步的扫描、监察和预测。

二、组织的管理

面对动态发展的环境，组织机构应如何对待，根据罗宾斯（Robbins,1990）的综合分析，管理人员可以改变自己的行动而适应环境，或者试图改变环境，以期较好地发挥组织本身的潜力，从而消减环境的不确定性。前者称为内部策略，后者则称为外部策略，有关消减不确定性环境的技术战略已列于表 3－1 中[②]：

---

① L. Fahey and V. K. Narayanan: ***Macroevironmental Analysis for Strategic Management***, New York: West Publishing Company.

② S.P. Robbin: ***Organization Theory: Structure, Design, and Application***, 3rd ed., N.J. Prentice-Hall International Inc. 1990, p.362.

表 3-1　消减不确定性环境的内部与外部策略

内部策略	外部策略
(1) 领域的选择(Domain choice)	(1) 刊登广告(Advertising)
(2) 招募(Recruitment)	(2) 订立合约(Contracting)
(3) 环境扫描(Scanning)	(3) 增选或吸收新人(Coopting)
(4) 缓冲(Buffering)	(4) 联合(Coalescing)
(5) 评抑(Smoothing)	(5) 游说(Lobbying)
(6) 配给(Rationing)	
(7) 地域分散(Geographical Dispersion)	

1. 内部策略

管理人员可以把组织经营选择在不确定性较小的环境领域内进行,亦可开拓多个分割的环境(segments of environment)。在招募技术方面,企业组织可以招募竞争对手的主管人员,以便获取对方未来发展的计划或信息。环境扫描方面,要尽可能对环境因素波动作准确预测,这可以减少环境的不确定性。

"缓冲"技术方面,可以分"投入"与"产出"两个层面来探讨。"投入",主要采用囤积原料、联系多个供应商,或招募与培训新雇员等策略,以保障组织的营运能正常操作,免受意外事件阻碍。"产出"方面的缓冲策略,最常见的是采用存货的方法。从管理者的角度来看,虽然缓冲技术可以消减不确定的环境因素,而且有一定的得益,但它同样需要付出成本(如囤积成本),而且货品有过时的风险,两者需要加以权衡,以防止顾此失彼。

"平抑"技术旨在平抑环境波动带来的冲击。例如,一些航空公司在旅游旺季收费较高,而在淡季时间收费则较低,目的在于平抑需求。“配给”方面，如果不确定环境因素造成对货品或服务的需求超额，可以按照不同的优先次序来配给，例如中国春节的特殊时间，酒家的包席制，是一种配给或平抑需求的方法。至于“地域分散”技术，主要是迁移至他地运作，减少风险，例如劳工供应短缺，可以迁至或外包给工资低、劳力多的地区生产。

2．外部策略

外部策略的技术包括刊登广告、订立合约、增选或吸收新人、联合及游说等。广告可以向顾客强化印象，主要是在于减低竞争压力，或建立品牌忠诚度，从而减少对服务对象的依赖。至于订立合约则在于保障投入或产出的平衡问题不至于受各种因素的冲击的影响。就像保险公司通过签订长期的投保合约那样，当银行利息或市场物价出现波动时，其所受的冲击亦不会很大。人事合约也是如此。组织亦可吸收对其环境造成威胁的个人或组织，作为组织的董事会成员。此外，“互相交叉的董事制度”（interlocking directorate）（即两个或两个以上的组织共同聘任一个或一个以上的董事出任董事）亦是常见的一种管理或控制环境的策略。“联合”（coalescing）系指一个组织与另一个或多个的其他组织联为一体，采取联合造势的共同行动，像欧洲共同体即为典型一例。“合并”或“合资企业”又是两种联合的方式。联合的行动可以兼而有之的处理好组织之间的竞争及依赖性的矛盾，从而减低环境的不确定性。最后是“游说”。游说是一种说教的影响方式，目的在于取得对组织有利的结果。今日，用游说手法来管理或控制组织环境，可说是极为普遍。

3．运作实践

当今世界正处于全球经济化的特定时期，组织该如何面对环境的不确定性？如何迅速制定新的战略，构建新的核心竞争力？也就是如何发挥组织协调战略功能，将是公共组织中迫切需要解决的问题。这也已成为组织理论学者及组织管理专家迫切需要研究的时代主题。作者本人就此问题专门对地处黄海之滨的东台市进行了调查分析。近年来,东台市一直注重对组织环境问题的研究,主动适应农业发展的新形式。他们主要抓了四个方面的工作:① 推进观念创新,不断增强广大干群搏击市场风浪的胆识;② 实行产业结构创新,大力发展特色农业;③ 加快农业科技创新,努力提升农业经济素质;④ 实施组织机制创新,着力提高农业结构调整组织化程度。他们充分地进行“行政整合”,使得全市有效地提高了农业的比较效益和农民收入,成为中国最强的县市之一。但是他们在抓这四方面工作的过程中也碰到了一些问题,比如,高层所作出的决策与下属人员所采取的行动之间常常存在很大的差距,也就是,上层的政策在贯彻时,没有能使下属成员充分理解或从思想上认可。针对这一现象,我们进行了两方面的分析:一是什么因素使得下层组织在实施上层政策的过程中贯彻不力;二是有哪些因素可保证组织形成更大的一致性。调查中发现了一系列有趣的“＞”号,例如,1 亩早熟粘玉米的效益大于 8 亩高产普通玉米,1 斤早熟山芋大于 1 斤稻谷的效益,1 斤早熟冬瓜大于 90 斤常规冬瓜的价格。同时看到在市场竞争日趋激烈的新形势下,地区之间、农户之间的经济收入有拉大的趋势,如农业结构调整步伐较快的三仓镇,人均种植业、养殖业产值分别使地处里下河地区有些镇的 2.4 倍、2.7 倍。通过研究,我们发现了农民收入的高低主要取决于结构调整的快慢,归根于基层干群的思想能否认清发展的新形势的程度。正是那些跟不上形势的保守落后思想直接导致了组织的一致性受到破坏,但是也有个别收入高的农民很想脱离上层组织的控制,主要担心组织会给他们硬摊各种费用开支。

那么基层干部的理性在对上层政策的理解或共识中受到限制,其原因是多方面的。首先,从个人的角度来说,他受到自己的习惯、无意识技能和反射行为方面的限制,受到价值观和目标观念方面的限制,受到个人信息、知识等方面的限制。其次,从群体的角度来说，任何决策必须建立在两大基本要素的基础上：一是从最高层到决策操作层（基层干群），必须有信息沟通和传达；二是群体决策必然要面对一定的有限的环境，并且它也是许多个人或有限团队决策的整合。对于第一点来说，上层的政策受到信息传达和沟通方面的限制；从第二点来说，环境总是一种客观的限制，而且每个人的理性总是有限的。所有这些因素都会对东台市政府的行政整合产生影响。

东台市作为一个大型组织，其存在与运行有一定的环境，上述因素都是环境的构成部分。东台市为了组织内部的整合，对离心趋势作了调查，并发展出各种技术以保证组织的一致与统一。其技术和手段主要有：一是加大宣传引导力度，教育广大干群冲破传统的思维定式，并主动承担结构调整的责任，采用市场经济办法和行政措施相结合，号召或部署农民加入基地生产，同时帮助农民搞好产销衔接，减轻和避免结构调整的风险。如2001年，开发棚栽秋延西瓜时群众顾虑重重，市政府在充分进行市场调研的前提下明确表态，如种植失败，每亩补助400元，结果种植1 000亩，一举获得成功，亩平均效益在3 500元以上。二是全市通盘全局，把发展特色农业作为农业产业结构调整的切入点，对农业结构进行阶梯式动态调整，改面积扩缩，数量增减为结构的升级、品质的提高、特色的培育，实行大宗项目主攻品质，优势项目拓展规模，新兴项目形成批量，形成带动一方经济发展和农民增收的支柱产业。三是制定决策规划、财务规划与工作规格；对偏离组织整合的行为加以预测和禁止，包括必要的惩罚；增强组织成员对组织的服从观念。另外，为防止管理人员受本位利益的影响，第一是加强培训，使他们了解东台市的整体利益高于本位利益；第二是进行经常性的轮换，使各管理人员在决策时少受部门主义思想影响；第三是提高基层管理人员对高层指令的接纳能力。东台市目前在结构调整中的经济发展势头很好，前不久被江苏省政府定为全省改革示范单位。由此可见,“行政整合”可能是当今公共组织为适应瞬息万变的环境所采取的较为有效的战略举措。

第四节　公共组织生态关系

每个组织都是在一定的社会环境下存在的,因而多多少少与其他组织发生关系,完全孤立的组织是不存在的。对于发生关系的双方来说,有些关系微不足道,有的则十分重要;有些关系能产生强烈的社会后果,有的则意义不大,然而它们却客观存在着。

大学和学院之间存在着各种形式的组织间关系,工厂、单位之间亦是如此,如全国性的工会组织,对全国各地的工会组织均起到一定的指导、监督作用。

一、组织间的环境

对组织所处环境的研究将有助于我们从外部条件来研究组织间关系存在的各种特性。在研究环境容量时,环境的同质——异质、稳定——不稳定、集中——分散、一致——不一致,甚至环境是否混乱都是分析环境的切入点。环境的复杂性同样会造成在此环境中活动的各类组织间关系的复杂性。

同质——异质性也会对相互影响的组织产生冲击,异质环境导致组织活动安排的激增,这也有助于组织间更高层次的相互作用。稳定——不稳定的因素则会促进组织间交叉的影响,如环境稳定,则允许组织间常规关系快速发展,而不稳定则有可能导致组织间关系变化莫测甚至恶化。

组织必须在其他组织允许的环境中运行,其环境的公用性应当为环境中的所有组织所认同,而不应存在有认同者有不认同者。在组织间关系中,首先必须明确,其相互关系一定是在一个集中的环境中发生,只不过是某些组织与某些组织间关系所处的环境相对分散而已，而绝对的分散是不可能的。人不能生活在真空中与世隔绝，组织也一样。

组织关系研究中，一致——不一致包含了对领域的是否认同。这个领域当然也包括思想体系问题，思想体系问题包含其所含的组织目标的一致性或者可以认为其所面对的问题的性质方面的一致性。例如警察与医生对待如何防止流感问题就有其不同的思想体系。这些不一致性将会时刻影响这两类人群组成的组织之间关系的质量。由此可见，有公共领域的组织间比起没有公共领域的组织间，其关系更为亲近，如相互依赖性增强，则有助于相互关系继续发展。但也并不等于说有共同的领域，其关系就能更融洽，相反有时会更加恶化。隔行如隔山有道理，而同行是冤家也有其道理。正是因为有了太多的一致性，特别是利益方面，如商场与商场之间，除特殊情况下取得共识外，一般情况下竞争关系是持续不断的，恶性中伤有时也在所难免。

对组织间关系的影响还与组织间地理位置、相互依赖程度以及组织规模等均有关系。距离能促使和阻止两组织间的互动行为。不管对组织还是对个人而言，建立和维持跨越空间的联系是比较困难的，相互在地理空间上靠得近的两组织在行为互动方面受到的空间限制比较小，虽然现代通讯和交通技术先进方便，可使时空距离相对缩小，但并不能完全取代近距离互动的优势。

组织间相互依赖指的是对所需资源只能从一个地区性的区域内获得，或是能从更广阔的分散的资源中去找寻二次分配的机会，如果一个具有局部依赖性的组织能很成功地控制这些受限制的资源，这意味着它们在一个区域性组织网络中将更有权威，更具代表性发言权。相应地，如果一个仅靠依赖较为薄弱的关系而获得资源的组织，其只能具有高度受限制的依赖性，那么对其他组织来说，其权利就相对脆弱得多。

规模对于组织关系的影响也是较为明显的。这里讲的规模并不是单纯指其组织中某类元素的实际数量。规模是指在任何一个给定的时间内,对于组织的互动具有价值的影响力度。而对某个关系的参与者来说,在一个关系问题上,组织价值影响的增加,一般会导致参与者对区域性和潜在性的报酬或资源依赖性的增强。这是一种正常的社会组织关系。但有时在某一个重大的关系网络中,重大关系的均衡性将可能会比在一个较小的网络中更为肤浅,进而导致其依赖性的减少。例如大国与大国之间的武力均衡关系远比强国与弱国间所达成的一致性要脆弱得多。所以依赖性并不与组织关系元素的影响力度成正比,我们认为这是一种特殊的社会组织关系。

二、组织间关系的产生

组织间关系发生某种相连、相带的关系也并不是说与生俱来的,正如自然人之间一样,组织间关系也发生在某种环境或者形势的影响之下。一般讲利益(包括经济利益在内的各类利益)是其根本的出发点。

1. 原因及基础

组织间关系的发生大体上有三个基本的原因。第一个原因是努力取得或获得资源和收入,因为这是组织生存的关键;第二个原因在于为政治支持和收益结成联盟;第三个原因则是为了获取认同,包括法律的认同、公众的认同、文化的认同等。由此,组织亦存在如下几方面的需要并成为产生组织间关系的基础。

(1) 特殊的需要。本来某些组织间的关系从来并没有预先的合作基础,但由于某种特殊的需要而使它们会走到一起。而且某个特殊需要却可能在两个或更多个组织中产生。如捐资助学这个特殊的问题就有可能使机关、学校、医院、社区等组织建立起合作的关系,甚至还可能扩展其组织活动空间。特殊的需要对组织间关系是很重要的。如果某种特殊的需要本身或许是由更多的元素进入组织的关系中,则其他关系将可作为由特殊需要而建立起来的关系的一种延续或再次发展。

(2) 交换需要。进行组织间关系交换是存续和发展的一种主流方式。每个组织都需要也都必须进行资源交换,不管是大组织还是小组织,大到美国这样的大国,它也必须发展与外界的关系,并进行各类资源的交换,以实现其良性发展。交换当然也要有一种公平交换理论作指导,但组织间关系并不完全遵守公平原则,有时更与组织间权力差异有关系。由于权力差异的存在导致某些关系的交换不平等是不足为奇的。虽然交换不平等,但参与者仍从事资源交换,这是常见的现象。但这其中也包括了一种理性的暗示,即组织在互动关系中均在寻求其利益最大化,即使弱小者也是一样,取其上不得,取其中也可。

资源交换是组织关系互动的重要基础。一旦资源依赖关系形成,组织间互动关系就变得更加坚固。但这种资源依赖有时也孕育着某种冲突的危机,以打破依赖性的不平等关系①

(3) 授权。授权是指组织关系经由法律规则所制定的一切正当权益。组织关系的行为者因为获得了法律的授权而聚集在一起,例如事业救济制度,就是在法律规定的基础上将许多相关组织联结到了一起,如果没有授权,这种互动行为是很难产生的。

同样,授权还必须有一种强制机构进行保证,否则授权也不能保证互动的发生。强制机构将资源流动、监督关系、关系地位等进行限制后,各行为者开始互动。很显然,这样的授权关系也很容易造成矛盾的产生,导致限制不平等,从而产生冲突。同时,由于授权不能具有选择性,许多授权也许并不以该组织的本身意志为转移,而只能是听命于授权,有时一个组织要被授权与多层次、多领域的组织产生关系,有似“拉郎配”的感觉,这意味着一个组织不得

① Pfeffer, Jeffrey: ***Organizations and Organization Theory***, Boston: Pitman, 1982.

不一次性地服务于多个授权，并延缓或增加了自身取向。

(4) 公式化的认同。公式化的认同即组织与组织之间由于原有的某种关系而形成的现今的关系，这类似于自然人的“世交”一样，父辈是朋友，子辈是朋友，再到孙子还是朋友。当然公式化的认同有时也与约定有关系，有多国之间历史形成的某条约下的政治或经济关系，到了下任政府、再下任政府对此公式仍然认同，那么这样的关系就一直会延续，直至哪方意识到此种认同对己不利，他就有可能想办法去改变这种公式。

2. 组织关系的内容

在前面我们谈到组织关系的基础时谈到了组织的交换需要问题。事实上，作为物质社会，组织要赖以生存、发展就必须掌握和利用资源，并或多或少地与其他组织进行资源交换。有时组织与组织之间，资源是相互依赖的。两个或多个组织为了可以得到和控制资源而相互依赖的情况即是资源依赖。

资源有许多不同的种类，有物质资源，如水、电、煤、钢材等；也有其他资源，如人力、基金甚至人格、信息、技术等。越是到了现代化社会，由于社会分工的细化，这种资源的相互依赖就越强。一个组织在参与一个组织网络后，依靠本身一种特殊的服务使其专业化资源得以充分发挥，从而从其他组织那里获取到所需的其他资源，这可能是经常发生的。而这样极端细化下去的结果必然是使每个组织越来越依赖他人。这时，如果有一方拥有大量的金钱，它就可以操纵或完全控制资源的流动，这一点是很危险的。组织网络中一旦有了这个“惟一”存在，这样的组织关系将会变得矛盾丛生，斗争和对抗在所难免，世界性反垄断就是在这种情况下产生的。

为了服务于组织网络，组织与组织间相互提供服务、支持，关系越来越紧密；关系越来越紧密，组织间关系就越重要，例如石油输出国与贫油国家之间关系大多紧密，因为只有获得原油，贫油国才能正常运行其国家机器。但关系的紧密性也并不等同于互动频率高或关系融洽。紧密有时会带来深层次的关系紧张。就说石油出口国与进口国之间，设想在一种理想状态下的甲、乙两国，甲控制石油不出售给乙国，乙就无法生存，所以只能与甲紧密接触，但同时乙必然对甲有所看法，一场危机会因为甲的不让步而随时会到来。

至于建立在其他基础上的组织间关系，大体上也与资源交换相类似，其核心大都是建立在利益基础上，相互之间不停地进行各类交往、谈判、让步、交锋、发展。

三、组织间互动

组织间关系是一种互动过程，其互动形式及过程则构成组织间关系的完整形式。而互动的标准，则包含两个方面，第一是所交换的资源的标准化程度。如果组织同意交换，某些特殊的当事人就会按高度的标准化运作。当组织不是同一类型时，低次标准便会产生。高度标准化一般会导致常规化的互动，参与交换和转换的单位所要投入的时间和精力将会更少。不平等条约即可视为低次标准下产生的互动形式之一。

互动的第二个标准即为用于互动的程序。当高度标准化形成时，形式化和标准化的事件即可在常规程序模式下进行，从而使互动标准化。互动的重要性可以由互动频率来充分显示，其互动的程序可行性与频率基本成正比。这个重要性体现了一是指一个组织对整个组织网络的重要性，二是指互动本身的重要性。

1. 互动频率

由前所知，互动的频率和紧密性是有很大关系的，但若把它们完全等同看待，这也是不合适的。频率是组织互动的一部分，频率高并不完全代表紧密性也高。当重要性和频繁性非常接近时，在互动过程中即有着一种必然的联系。一般而言，重要的关系相当于经常性互动的关系。经常性的互动和高度的合作又通常与冲突相关,这暗示着经常性的互动比不经常性的互动包含了更多的组织要素。同时,这种经常性的互动也常常会引起别的组织的注意。一方面经常性的互动对资源流动有益,另一方面也会"树大招风",引来竞争和冲突。例如,如果两家大商场因为频繁价格战而斗得不可开交,原因之一便是由于两家为竞争所迫而造成的互不相让;而原因之二则可能是两家当面打架、背后却在握手,这是两者之间的共同谋略。而无论两家打得多么热烈,这种经常性的互动必然会引起其他竞争对手的注意。

2. 互惠

互惠指的是互动的对称性。"你给我好处,我给你让利",这是最古老又最典型的互惠方式,组织与组织之间也一样。组织与组织之间为了某种资源的交换需要而走到了一起,其利益一致性是明显的。但互惠如何达成双方必然要经过一段时间进行力争或磨合,往往谈判是经常采取的方式,然而目的只有一个,互惠的达成,是使谈判的双方组织各自都能得益。只不过可能有时甲得到的多一些,而乙得到的少一些罢了。

3. 权力和金钱

正如在组织内部一样,拥有权力就能拥有对更多人的吸引力或凝聚力。金钱对于组织间关系也同样重要。权力和金钱如若合在一起,就能形成组织的资本,它能够使拥有它的组织得到所需要的资源,同时也能使其他缺乏权力和金钱的弱小组织俯首臣服,从而使它拥有更多的可依赖性的其他组织。此时,弱小又无钱者可选择一些方法抗衡。第一,通过其他途径寻找本组织所需的资源,以降低对资源供给的主渠道部门的依赖程度;第二,组织可寻找其他交换资源与所必须取得的资源交换,以曲线解决限制依赖问题;第三,选择其他组织帮助协同寻找依赖对象,这种选择基本上要在多个组织之间寻求一个或两个依靠对象,以分散依赖性。但对这些寻求的组织要使它们彼此之间有所竞争而又有所限制。①一般来讲，拥有更多权力和资金的组织，在组织关系中又能经常以交换比别人更多的实惠为交换目标，这样权力和资金就可以成为组织发展的“马太效应”。可以想像，如果弱者联合起来，他们也会使权力和金钱基数即时变大，反过来会使初始强权和资金富有者位于不利境地。

4．协作与冲突

协作是组织为实现其目标而采取的方式及过程。这种协作虽然各怀心中事，但表面都将会为达到目标而努力。协作是一种自愿互动的形式，有人把它比作一种重要的交换形式。协作包括了人的情感的相互转变、当事人提供的产品和服务的相互转换等。同样，协作是一种组织间追求的理想状态，如若无法协作则将会导致不合作甚至冲突。

正如在组织中的冲突一样，组织间的冲突的发生也绝非偶然。组织间关系是一个相互配合的过程，其中一方努力争取更多的利益，必然寻到另一方或几方的协作且不排除使协作方会得到较少的利益，只不过有时表现得不那么明显。但最终如果处理得好，会通过协作能使协作的双方或多方共同得益。所以，在此过程中，冲突是自始至终存在的，只不过有时表现明显、有时不明显罢了。

冲突在组织间关系中有多种表现形式，某些冲突是有规律的，如商业竞争，包括国家间的战争升级等。而有些冲突是不规则的，特别是意识形态领域中的一些思想冲突，虽然可能存在着某些固有的规律，但规则却让人难以判定。

5．冲突的解决

有冲突，当然就需要解决，而解决方式是多种多样的，大体上主要有两种：有由冲突的双方当事者自行解决；有通过第三方或

① Williamson, E. Oliver: ***The Economic Institutions of Capitalism***, N.Y.: Free, 1985.

中介方或法定权力机构来解决的。一般情况下,冲突可以通过减少分歧、强调共同利益来平息;也可以在集体中论理和谈来解决;冲突还可以利用一方的权力来要求服从方顺服或听从其协调而解决,如两组织发生冲突,可由法院裁决;亦可通过仲裁解决;当然也可能是由对两组织均有影响力的机构,通过等级制度的权威,用"当头棒喝令"方式使其停止冲突。

冲突还可以通过组织收缩或扩张界限来解决,收缩即意味着从组织所占有的部分领域中退出以解决冲突;而扩张即由组织通过某种方式吞并产生冲突的另一方,从而消灭冲突。

这里要特别提及一下协调的问题,因为协调在当今社会组织关系中已被看作是最富理性的一种解决冲突的办法。协调往往是由第三方——大多与冲突各方无太大或直接的利害冲突的某个组织出面进行的,因而更适合用于重大冲突的解决。这种出面进行协调的组织在进行具体协调时可通过权力来解决,同样也可通过仲裁行为来解决。通过协调使冲突双方(或多方)在冲突问题上保持或暂时保持一致,最终要能真正解决冲突这是非常必要的。不管从何种角度出发,协调一般均会在最小范围内、以最小的代价来解决冲突,而很少会使冲突升级。当然,协调也不是万能的,而万一协调不成,采取其他解决方案也不失为过。总之,第三方出面协调,往往最终都要力求保证或尽可能使得冲突方与协调者之间不能再产生新的冲突。

四、组织关系的结果

任何组织间关系都有可能出现具有个性化特征的操作模式,其复杂性是难以逐一描述的,但有一点可以肯定,这与整个世界一样,和平与发展永远是两大主题。主流的组织间关系,其发展总趋向应当大体与此主题相一致,当然这也并不表示否定冲突、否定组织间兼并。因为只有矛盾的存在,事物才能拥有前进的动力。组织间关系有时会以消耗效率为代价，从而不利于整个组织网络的发展，例如价格战的作用，本是可以拉动消费、带动经济发展的，但这种价格战有时也会带来负面影响，其影响是在更多地击伤对方的同时，也击伤了自己，两败(多败)俱伤对整个市场都不利。

一个设计完美的组织,就像一部设计完美的机器。

——作者

第四章 公共组织设计

长期以来,不论是组织理论学者,抑或是管理实践人员,他们都将组织看成是一种金字塔式的结构形态。这可能是深受德国组织理论学家韦伯(Max Weber)的影响的结果。尽管人们无法去考证此种形而上的论点到底起于何时,也无法证明它到底是起源于韦伯所阐述的早期的帝国政体、军事组织,抑或是教会的体制,但此种层级节制体系的组织就像米切尔(R. Michel)的"寡头统治铁律"(Iron law of oligarchy)般的概念那样,深深的烙印在每个人的心坎里。因此,大多数学者都将更多的精力集中于研究探索如下三个彼此既独立却又息息相关的问题,即:① 各个组织的结构特质间,存在着何种关系?② 组织的结构特质,到底受何种因素影响?③ 不同的结构形态,对于组织将产生何种影响?

为求获得上述三大问题的答案,组织结构学者(Structuralist)多半都进行了很多方面的比较研究,但始终却都未避开“组织规模”（Organizational Size）和“组织绩效”概念的研究。本章的研究目的，即在于超越规模概念，试图通过对组织系统结构、过程与绩效间的关系的研究，着重于达成为组织设计而获得较为系统的概念。具体将从下列八方面进行分析：公共组织设计的特点——公共组织设计的依据——公共组织设计的效力——影响公共组织设计的因素——公共组织设计的原则——公共组织的种类——理想化的公共组织——公共组织设计程序。

第一节　公共组织设计的特点

大家都很清楚，组织其实就是一种由多种形态的结构和运作过程所交织而成的开放性社会系统。它的本质就是与外界环境进行不断地输入输出循环交换。由于它必须从组织的外界环境中输入各种物资、情报、人力和能源，随后又必须将获得的外界资源，再以产品和服务的方式输出，并进行权威性的社会价值分配，因此公共组织设计不仅仅是关于组织结构的设计，同时也是关于组织功能、地位、行为方式的设计。公共组织设计具有以下的特点：一是创造性。人类的最大特点在于能够进行能动性思维。在公共组织的设计中，人的思维的能动性表现在将现实组织的结构、功能和行为方式预先反映在有关组织的文字说明和结构图表中。任何公共组织的设计，都要参照国内外同类组织的目标、结构、功能，同时也要研究这类组织在历史上的演变过程，并预测今后的发展趋向，通过上述三个向度上的思考，确定所要设计的组织的结构框架、层级布局、功能目标和行为规范。公共组织设计必须带有一定的超前性、创新性，否则设计就会失去意义。

其次是科学性。公共组织设计一定要依据一定的理论指导，同时又要从现实情况出发。在具体的设计过程中，靠行政部门拍脑袋，凭经验办事是不行的，必须吸收一定数量的公共管理学家参与，使组织设计规范化、现代化；另外，光靠专家也是不行的，也要吸收一些具有丰富的实际公共管理经验的人员参加，让他们提供现存公共组织的结构状况、存在的问题和改进的要求，以供专家们在设计新组织时将理论与实际更好地结合起来。

第三是程序性。公共组织设计必须依照一定的程序来进行。设计人员在掌握公共管理学理论的基础上，应首先充分考虑并确实弄清楚所要设计的公共组织的宪法、法律和行政量裁权方面的依据；接着要充分考虑所要设计的组织的性质、目标、规模、管理的对象和范围、所处的具体环境和社会团体环境，这里的关键是要展开大量的调查研究；然后方才能依据这些客观的和主观的因素，设立组织目标、分解组织职能、规划职位和机构、划分组织层级、建立组织规范。

第四是动态性。任何公共组织设计都不可能做到一下子就十分完美。主观的设计是否恰当，需要在组织实际的创建过程中加以检验。有些在理论上行得通的事，可能在实际中行不通，这就需要作出修改；有时，设计时的具体环境和社会团体环境到真正动手构建组织时可能发生了急剧的变化，这时，原先的设计方案就应当作较大的改动；另外，公共组织在运行了一段时间以后，也会发现有某些环节不够协调，或者出现僵化的趋势，这就需要及时地进行组织变革，以更新组织，增强活力。针对组织设计的动态性特点，权变组织理论学家卡斯特和罗森茨韦克提出了社会上可以同时存在两种组织结构形式的构想，即：一种是稳定的机械式结构，一种是动态的有机式结构。稳定的机械式结构是通过等级式来进行协调的，而具有适应性的有机式结构不可能建立永久的固定职位，其职位经常变动。有机式结构协调时采用的是水平的和斜向的一体化机制。对于一些组织来说，在机械式结构下就可以有效的工作，无需将其变成动态式的有机结构；而有些组织则必须采用有机式结构。甚至在同一个组织中，有些部门采用机械式结构，而另外一些部门则采用有机式结构。

表4-1　稳定的机械式结构与适应性有机结构的组织上的特点①

组织上的特点	稳定式机械结构	动态式有机结构
对环境的开放性	比较封闭。试图选择和尽量减少环境影响，并试图减少不稳定性	比较开放。设计得能够接受环境影响和对付不稳定性
活动的正规化	在结构的基础上具有更多的正规性	在结构的基础上具有较少的正规性
活动的差异化和专业化	明确的、相互孤立的职能和部门	通常或有时为重叠的活动
协调	基本上通过了等级结构和很明确地规定了管理程序	多样的手段和人们之间的交互作用
权力结构 权力来源 职责	集中的、等级的 职位 附加于具体的职位或角色	分散的、多样化的 知识和专门特长 很多成员分担
任务、作用和职能	在组织图、职位说明以及其他文件中有明确规定与说明	受到有关的情况和彼此的期望等的很不严格的限定与说明
交互作用与影响的形态	上级→下级的等级关系	上级→下级水平与斜向的关系
程序与规则	很多、很具体而且常常是成文的和正规的	很少、很一般而且经常不成文非正规
层次等级（就权力、地位和薪资而言）	在不同等级层次中存在大的差异	在不同层次中差异较小

① Fremont E. Kast, James E. Rosenzweig: ***Organization and Management*: *A System and Contingency Approach***, 3rd, Micgraw-Hill Book Company, 1979, p.151.

续 表

组织上的特点	稳定式机械结构	动态式有机结构
决策制定	集权的且集中于高层	分权的且分散于整个组织
结构形式的持久性	倾向于比较固定不变	持续地适应新情况

第二节　公共组织设计的依据

在不同的组织,抑或是在相同组织下的不同单位之中,决策者的所有努力,即在于想方设法达成既定的目标。不过,决策者对于各种目标的实现与价值判断问题,却因时间的不同而有所改变,尤其是政府机关更为突出。此种改变,实际上给组织设计带来了更多的复杂因素。但是面对这些不确定的因素,却又不能有丝毫的怠慢,惟有认真去面对现实,尽可能依据各种可测定的变数,在此前提下去认真进行组织设计。公共组织是体现、执行国家职能的法定的社会组织。公共组织的首要特征是它的合法性。这种合法性首先要体现在它的设计要有充分的依据。组织设计的依据主要有三个:宪法、法律和行政量裁权。

公共组织设计的宪法依据。在现代各国的宪法中都有关于公共组织即政府的原则规定。各国宪法中除明确规定公共组织的基本职能和宗旨外,一般还对公共组织的建立作出相应的规定。因此,宪法普遍成为公共组织设计的最重要的根据。比如,我国就以国家行政组织作为公共组织的典范,在宪法中明确规定"国务院的组织由法律规定","地方各级人民政府组织由法律规定",《宪法》第 89 条详细地规定了国务院行使国家管理的第十八项职权。

公共组织设计的法律依据。在现代各国的法律中,都详略不等地对公共组织作了专项的规定。一般是国家行政机关组织法。在日本，宪法中有《国家行政组织法》、《内阁法》、《地方自治法》以及各省厅的《设置法》。我国则有《国家机关组织法》、《中华人民共和国国务院组织法》、《中华人民共和国地方各级人民代表大会和地方各级人民政府组织法》、《国家行政机关编制法》。各类组织法都分别对各种层次的行政机构的设置和人员组成、职权范围、工作程序和工作原则、任职期限都作了明确的规定。如在《中华人民共和国国务院组织法》中，规定"国务院由总理、副总理、国务委员、各部部长、各委员会主任、审计长、秘书长组成"。

公共组织设计的行政量裁权。所谓行政量裁权，就是法律赋予国家行政机关拥有的从可能的作为或不作为中作出选择的自行决定权。这是法律规定行政机关根据具体情况，自行决定是否实施或怎样实施某种行政行为的权力。通过运用行政量裁权，政府可根据法律的特别授权自行设立某些行政组织；同时政府也可以根据法定职权设立某些委员会、临时机构和过渡型行政组织。有关行政量裁权问题，在此将有关学者对工业民主研究时所阐述的意见简单归纳出如下三点重要的推论：

一、代表式参与。实质上并无法代表整体员工的需求与期望。根据米歇尔的寡头统治铁率，不难想像出员工和其代表们之间，将会产生孤寂疏离的现象，主要是由于代表们一旦进入委员会之后，就会比较容易接受管理人员的立场与观点。

二、由于管理者同时也参与员工们所组成的委员会，在管理决策方面，往往较工人代表们更具有专业的技能与知识，因此，管理人员将会随着员工委员会功能的运行而强化并增加其原先的权力。诚如荷兰有一位学者所说："在参与管理上亦呈现层级节制的现象，组织内的真正民主，仍需以不同的方式表示"。

三、许多学者都认为，为求组织内真正实现民主化，并非仅仅通过间接代表制度，也不是仅限于策略层级而已，而是要在运作层级中,真正实施直接的参与方式,亦即在组织内部的地板上,增加自由裁量的程度,实行立足点的平等。

根据上述三个依据的趋向,表明组织理论学者或管理实践者们都必须重视下列四个问题:一是在某组织中试行得特别成功的组织结构,是否必然适合于他方组织?二是为达成各种组织目标的实现,组织结构和管理范式是否具有原理的通则性?三是为了某种业务的实施而需要创建一种功能机构时,是否寻找到可供作为设计参照的原理或准则?四是能否概括出可提供在上述情况下可采用的较为合适的某种形式的管理制度?虽然人民都期盼,包括研究学者也常说,策略的选择乃是决定组织结构的一个重要变数,但在本章中作者还不敢贸然提出什么是决定策略性决策的最佳标准,仅谈谈自己对组织设计的一点点粗浅见解。我认为,组织的设计并非完全应该顺应自然,也不是完全根据自然环境所设定的命题而进行设计。相反,任何一个组织结构与功能程序,它都是经由组织设计者根据组织目标取向中的业务需求、外界环境的改变、技术的能力,以及成员的需求等调节而精心设计及择优决策的结果。因此,在进行组织设计时必须考虑下列三方面的目的要素:一、如何将各种特殊的输入和输出变为期盼的可能性结果,自然要作为组织设计的核心问题;二、在某一特定的时空内,为求达成效率与效能的提高而进行的策略性决策,当然要作为组织设计的必要前提;三、要从经济学上的有限理性角度来决定组织设计的质量;并将各项输入与输出进行组合的工作,也要一并纳入到组织设计问题范围内思考。

第三节　公共组织设计的效力

公共组织效力是指公共组织产生的合法性、有效性。公共组织设计只有在得到法定的权力主体的审定、批准、认可以后方才具有效力。能使公共组织具备效力的法定权力主体是两种：立法机关、内阁。

立法机关认可。立法机关如议会、国会、人民代表大会一般都是经全民选举产生的，因此又称民意机关。在现代民主宪政的国家里，立法机关可以执掌立法权并对国家的重大活动实行监督。因此，立法机关可以而且应当对国家行政组织的设计进行审定。一般情况下，凡未经立法机关认可的公共组织不发生法律效力，因而不得行使公共权力。

内阁认可。在实行内阁制的国家里，内阁对议会负责。除宪法和法律有特别限制外，一般公共组织的建立均有内阁根据行政量裁权自行审定，而无需再经立法机关去批准。

立法机关和内阁共同认可。这是一种折中制。其通常的做法是：立法机关享有名义的批准权，也可以制定一定的标准，除少数例项外，一般通过授权由政府自行裁定机关的设置与否；政府则通过立法机关的授权，行使实际批准权，以法律的名义裁并、变更、设置和组建公共组织。

上述法定效力，某种程度上被称为硬性效力。其实要达成组织目标，光去贯彻执行硬性规定，到头来并不能达到最佳的效果。因为组织是由人组成的社会体，而由人去实施组织计划时，尤其在当今社会里，自然存在着组织成员的异质自主性，加组织的复杂性问题，其中自然也就存在情感、伦理和道德问题，这可称为软性效力。这种一硬一软的效力在组织过程中相当于两条腿一样起着同等重要的控制作用。所以在组织设计中一定要注意到组织活动的一体化。所谓一体化是指在完成任务中使各分系统的努力达到统一的过程。一般说来，组织活动的差异性越大，工作专业性越强，组织活动的一体化也就越难。组织通常按三种类型来对活动加以协调：指示型、自愿型、促进型。

指示型是一种等级式协调。这种协调是将多种多样的活动置于一个权力中心之下,从而使它们统一起来。这种等级式协调对于简单组织是有效的,但对于层次多、专业化程度高的复杂组织来说就比较困难。

自愿式协调是通过自愿的方式实行的。在这类协调中,组织中的个人与群体自愿地寻找办法来使自己的活动与其他人的活动结合起来进行。自愿式协调要求个人对组织目标有充分的了解,并且占有足够的有关协调的情报。

在复杂的组织中,各种不同活动的一体化问题促进了多种协调手段的发展。这些新的协调手段称为促进型的。其中较为重要的一种是"连接销"结构形式。以往多数组织在协调时,只重视垂直的等级关系,很少注意水平关系,即相同层次的部门、单位和个人之间活动的一体化。"连接销"的方法能够解决这一问题。这种方法在水平方向上,以两个分离小组的成员的身份而在两个小组之间起协调员的作用。在垂直方向上,这些个人所在层与上下各层产生连接,从而形成一种多层重叠的小组结构。

在形成组织一体化的过程中,建立交往网络特别重要。当组织结构变得日益复杂、专业化程度提高、交往的数量关系增多时,水平方向的情报交流就会增多。比如,定线传送的备忘录、重要的会议记录的交换,等等。计算机的情报系统为更精确的交往联系网络的建立提供了各种手段。通过发展更有效的交往联系网络,组织则可能对各种不同的活动进行更为令人满意的有效的协调。

第四节　影响公共组织设计的因素

影响公共组织设计的因素除了上述的宪法、法律和公共量裁权以外,主要还有公共组织目标、公共组织环境、公共组织成员的素质和公共组织规模等因素。首先是公共组织目标。公共组织是实行目标的工具和手段,公共组织设计必须根据公共组织管理对象在不同时期的活动情况和实施管理的目的，制定出合理的、具体的、切实可行的建设或发展方案。在权变理论家看来，目标就是组织奋力争取达到所希望的未来状况。从这一意义上来说，公共组织目标是对整个公共组织在一定时期中的活动及其发展所提出的要求、使命、目的、对象、指标、定额和时限的总和。组织目标对于组织来说是很重要的。它影响着组织与环境超系统及其他分系统之间的相互作用。因此，公共组织目标一般具有整体性和相对稳定性的特点；但公共组织的目标也要因时、因地、因管理对象不同而发生变化。

其次是公共组织环境。公共组织总是处在与周围环境的相互作用之中。特别是具体环境和社会团体环境对公共组织的产生和运行有着较大的和较为直接的影响。这里特别重要的是在公共组织的设计过程中，要从一个国家的政治、经济、文化、科技、教育的现实状况和未来的发展趋势出发，寻找科学的组织结构形式及其发展模式。对此，马克思曾专门谈到过。他以军队为例，提出"随着作战工具即射击火箭的发明，军队的整个内部组织就必须改变了，各个借以组成军队并能作为军队行动的那些关系就改变了，各个军队间的关系也发生了变化"[①]。

针对环境与组织的关系问题，许多组织理论学者都进行过讨论并阐发了独到的见解，例如，梅伊尔(M. Meger)就认为，环境愈为稳定，工作也就愈为例行化，从而组织成员的限制会愈高；反之，环境愈为变化，工作也就愈为复杂，从而成长的限制也就愈低[②]。其实，很难说有哪个组织能处于长期的稳定状态，因此，为求生存，它必须具备适应的能力，帕森斯(Talcott Parsons)尤其赞成这个观点，他认为组织与客观环境的互动是一个永恒的过程，而且组织除

---

① 《马克思恩格斯选集》第1卷，北京：人民出版社1972年版，第363页。

② Masshall W. Meyer, ***Theory of organizational Structure***, Indian-apolis: Bobbs-Merrill Educational Publishing 1977, pp.56—59.

了应顾及目标的达成(Goal attainment)、内部整合(Internal integration)、体系的维持(Pattern maintenance)之外,尚需具有应付外界环境的适应能力(Adaptation)。

第三是公共组织人员素质。公共组织是由公共组织人员以及他们的行为构成的,在设计公共组织时,就必须充分考虑这些工作人员的思想、文化、心理、知识等等方面的情况。不同的人有着不同的思维方式和行为方式,公共组织则要根据自身的性质和整体目标,通过公开考试或公开招聘,分不同层级选贤任能,因事择人,从而保证整个组织有较高的素质。

第四是公共组织规模。对于不同规模的公共组织,其设计的方法是不一样的。有些公共组织是综合性的,成员比较多、规模比较大,其结构就比较复杂。设计时就要考虑增加管理层次适当分配公共组织权力,同时要注意设置相应的协调机制,使整个组织运行通畅无阻。有些公共组织规模较小,则可以选择平行式的结构,尽量减少纵向上的层级;并设置一些综合性的部门,使成员与成员之间、层级与层级之间的沟通线路简单明了;在公共权力的配置上,强调权力相对集中。

第五节　公共组织设计的原则

对于组织设计理论来说,组织设计原则是“规定各个成员应该履行的职责和成员之间相互关系的,其目的是最有成效地促进从事经营的各个成员协调地进行活动”;“组织就是规定成员的职务和职务相互间的关系”;组织是进行管理的有效手段,是管理的一部分,是为管理服务的。针对组织设计原则问题,西方行政学家们提出了种种公共组织设计原则:较为典型的,并较有影响的,一是L·P·阿尔福特的工商管理组织原则。他提出了“十大原则”:目标原则、权责一致原则、最高权威原则、权威系统原则、控制幅度原则、特殊主义原则、指派原则、权责确定原则、业务类同原则和组织成效原则。

二是L·厄威克的行政管理组织原则。他提出了“八条原则”：目标原则、分工原则、权限原则、专业化原则、控制幅度原则、协调原则、明确性原则和平衡原则。

三是M·韦伯的理想行政组织原则。他提出了“五条原则”：劳动分工原则、法制原则、职业化原则、固定俸薪原则和奖惩制度原则。

四是行为学派的组织原则。这一学派提出：人格尊重原则、运用非正式组织原则、参与管理原则、优化人际关系原则和培养新型领导能力原则。

五是系统学派的组织原则。系统学派提出了较多的原则：整体性原则、有序性原则、结构性原则、动态性原则、相关性原则、开放性原则、最优化原则、反馈原则。

六是权变学派的组织原则。因为权变理论强调要从具体的社会历史条件出发，使组织的性质、状况、能力与之相对应。因此，权变学派的组织原则只有一条：即一切从时间、地点和条件出发进行灵活机动的管理。

从我国的实际情况和文化历史传统出发，公共组织设计应遵循以下原则（这里仍以国家行政机关作为公共组织的典范），即：为民便民原则。国家行政机关的一切工作的出发点和归宿点是方便人民，为人民办实事；

完整统一的原则。国家行政组织的结构应当完整、各种公共权力在其所拥有的职责范围内应当完整，公共组织的各个层级应当事权确实、上下贯通和政令归一，各个层级应当按各自功能实行有效的配合、协作；

权责一致的原则。应建立公共组织权力与公共责任相对应的关系，职位、职权、职责三者一致，这种责权对应性应当以严格的规章形式加以规定。在责权对应的基础上，应减少各种“例外”，对某些确有道理的例外，要加以裁决，使之变为“例行”；

依法行政的原则。国家行政组织在组织设置、组织权力、组织职能、组织预算、组织编制、组织程序等等方面都应遵从国家宪法和法律的规定，同时，国家行政机关应克服与防止官僚主义，尽力避免公共行政决策、公共行政管理上的失误；

精干效能的原则。国家行政机关的人、才、物与其管理绩效应当成一定的比例，效能与精干应当一致，只有以较少的机构，即较少的人力、物力、财力的投入，而完成较多的公共管理事务，公共行政效率才能提高；

适应发展的原则。公共组织应当具有较强的适应能力，能迅速、灵敏地根据国家中心工作的变化而采取一定的组织形式和行为方式，根据不同的情况设计不同的公共行政组织和采取不同的公共行政手段。

附录：低调高雅[①]

以变应变，是战场上取胜的法宝之一。到了商场上，此话如何？看看沪上一些星级大酒店，自可得出相当精确的结论。

沪上四、五级星级酒店，大都由境外著名酒店管理集团输出品牌管理。既是“洋”品牌，却又积极实行“本土化”方针，绞尽脑汁吸引本地消费者。开张快有一年的“瑞吉红塔”大酒店，以“低调的高雅”而闻名遐迩。酒店设计融入歌剧院概念——室内每一处线条很少是直线，几乎都是曲线；餐桌用半透明的深色幕帘与外界分隔，宛若歌剧院包厢的帷幕……每两个月，这里还举行一次真正意义上的大型音乐会，让食客在这里得到一种真正意义上的高雅享受。就是如此追求卓尔不群的大酒店，为了应对上海人的消费习

① 宁人：“低调高雅”，载《新华日报》，2002－08－10。

惯，最近还推出了双休家庭早午餐，由位于酒店顶楼的现代意大利餐厅给一个个三人家庭送上早餐或午餐，让他们在这里享受意大利正宗美味的同时，还可俯瞰浦东全景。至于价格，更瞄准了上海人精明的心态——既有“谱”，相当排场，又够“格”，非常实惠。怪不得生意一天比一天好。当人们一家到此一游时，真正理解了商场上“以变应变”的策略，实在在于人的灵活掌握。“低调的高雅”这五个字本身就耐人寻味。高雅就高雅罢，为什么要强调是“低调”呢？用“高雅”不行么？

中国人的消费习惯离张扬型还很远。“低调的高雅”实在是摸透了消费对象的心理状态。以变应变，钥匙也许就在这里。

第六节　公共组织的种类

在进行公共组织设计时，应分清不同种类的组织，以便规定不同的责权。按照责权和具体的管辖范围，国家行政组织可以分为五大类型：

一是首脑机关。它是中央政府并对地方政府进行全局统辖的领导机关。首脑机关是政府指挥、决策和督导的中心。首脑机关的职能是对辖区内重大公共行政问题进行集中领导和决策，并监督决策的实施。首脑机关是公共组织系统的统率。

二是职能机关。职能机关有时又被称为“本部机关”、“运作机关”和“实作机关”。从公共行政层级节制的原则来说，职能机关隶属于首脑机关，但它本身又统管一定数量的下属机关。在我国，国务院所属的各部、委、办及直属总局，地方政府所属厅、局、处、科都是公共组织的职能机关。

三是幕僚机关。幕僚机关又称辅助机关或办公机关。其典型的存在方式是从中央到地方的政府办公厅或办公室。幕僚没有特定的专业性，其特点是直接听从政府行政首长的指挥。幕僚机关对各专业机关没有直接的指挥和监督权，但有时，它可以在政府行政首长的授权下代表政府行政首长。幕僚机关有时参与政务，协助决策，汇集信息，处理纠纷。

四是咨询机关。有时又称为参谋机关或智囊机关。咨询机关往往由学者、专家和富有实际工作经验的行政官员组成。其任务就是为公共组织出谋划策、提供论证、提供最佳方案。同时，咨询机构还有协调政策、培训人才、宣传公共管理知识的作用。美国各类咨询机关多达一万七千多个，光在政府部门供职的咨询机构就有一百多个，每年花费的经费高达十亿美元。

五是派出机构。它是一级政府根据政务的需要，向其管辖地区派出代表机关。政府的派出机关不构成一级行政机关。派出机关的权力是委派机关的延伸。派出机关的职能主要是承上启下地实行公共组织管理。它既有权监督管辖区内的公共行政机关执行上级公共的决议和指示，同时又应当向上级行政组织汇报辖区内

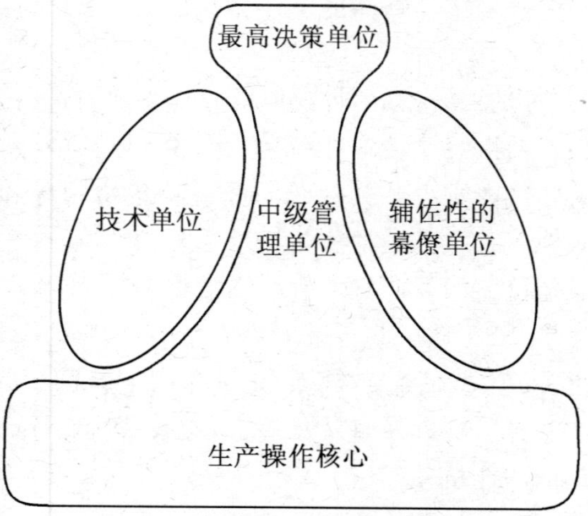

图 4－1　组织的五大系统图

的公共行政管理事务。

第七节　理想化的公共组织

功能健全、运行正常的公共组织要求各种基本要素处于合理的结构状态。理想的公共组织的结构状态应当是：

一、法规制度健全。公共组织是执掌公共组织权力、以社会为其行为对象、代表公众利益的特殊组织。健全的法规、严格依法行政是公共组织运行的首要条件和最基本的要求。

二、组织目标明确。目标亦是如何一个公共组织运行所不可缺少的因素。它不仅反映一个组织的发展方向，而且也表明这一组织在整个社会中的地位和作用。凡是缺乏目标或目标不明确的公共组织必然是病态的组织。公共组织的目标严格说来是一个多层次的并且可以变动的网络。确立明确的、可行的目标体系是好的、健全的公共组织的标志。

三、人事配置优化。组织的灵魂是活动着的人。不同的人在知识、智慧、技术、才能、性格、心理素质等方面存在着差异。要使一个公共组织发挥出较高的效能，首先要有较高素质的成员。这就要求公共组织在录用管理人员时应当通过严格的程序，实行公开考试、考核、选贤任能、以事定人、人尽其才。光有一个个素质较好的人还不行，关键还在于要把这些人合理地配置起来，形成一种集合的力量。人的知识、技术、才能也会磨损，因此，要使公共组织一直具有活力，还需要对组织成员定期地或不定期地进行培训。这样才能做到在人员与素质两方面不断地更新。

四、权责分配合理。国家行政组织是典型的层级节制的金字塔式的结构类型。权力与责任构成了这一结构的基础。在公共组织内部上级向下级授权，同时，下级也就承担了上级所下达的任务和责任。在这种科层制的组织中，权力与责任是成正比例关系的：

所获得的权力越大,所承担的责任也就越大。因此,必须对每一个职位的责权利进行明确的规定,以权责为中心,形成上级与下级、机关与机关、成员与成员之间的合理关联,从而促进组织的整体机能的增强。

五、财务数量要适中。公共组织要能正常运行,必须要有一定的物质基础。一是任何管理都需要花费成本;二是任何组织都要支付管理人员的工资。如果对公共组织的物质条件、财政开支不加约束就会导致公共组织的膨胀以及公共行政管理人员的腐败。对国家行政组织必须进行规范化管理,要定编制、定工资总额、定财务支出计划,并且要严格控制国家行政机关经商和其他形式的权力与金钱的交换。

六、行为方式优化。公共组织的功能是通过一定的活动发挥出来的。公共组织要能更好地对社会生活加以控制、协调、服务、活动的方式即行为方式就必须是合理的。所谓行为方式合理,首先要符合法律的规定,其次要符合最大多数人民的利益,另外,也要符合管理的客观规律。公共组织整体行为方式的优化有赖于个体行为的规范化和对个体行为的有效组织。

七、价值观念整合。价值是对行为的支出与行为结果的一种评价。公共组织的行为还包含组织内部成员对社会这一组织行为的期望。对于公共组织来说,形成价值认同感是十分重要的。这种价值认同感一方面是对组织内部的成员来说的,即每个成员都要有非共同的使命感、责任感,团结一心,保证组织具有良好的公共形象;另一方面,整个组织必须保持与整个社会的认同感,组织的目标必须与社会的期望相一致。

八、运行机制有效。公共组织存在的最大价值就是要对社会的公共事业进行有效的管理。如果公共组织的活动没有效果或效果较差,那么,这一公共组织就必须要取消或进行改革了。公共组织要保证运行的效率,就必须建立起内部的有序性和与外部环境的协调性。就组织内部来说，应当有明确的分工和有机的协调机制，组织成员各司其职，每个环节都得力而且通畅；就组织与环境来说，双方进行交流，相互协调，和谐发展。

附录：沃尔玛发迹诀窍[①]

一个出售廉价衬衣和钓鱼竿的商店是如何成为美国实力最强的公司的？沃尔玛百货公司的发迹史可以浓缩为以下三个阶段：1979 年它全年的销售额为 10 亿美元；到 1993 年，一周就能达到这个数额；在 2001 年则仅需一天之功。

这是一个惊人的故事——这个 1962 年始创于阿肯色州乡村地区的沃尔玛百货公司就这样一跃登上了《财富》500 强的榜首。公司创始人萨姆·沃尔顿一面千方百计提高销售额，一面以先进的信息技术降低成本。他以严格的“10 英尺规则”（向在这距离之内的顾客致意）鼓励员工更多的销售。换句话说，他是当今“经济戒律——服务规则”的第一位传道者。

事实上，沃尔玛百货公司是第一个跃居《财富》500 强榜首的服务业公司。1955 年，当《财富》杂志第一次公布它对美国最大公司的排名时，沃尔玛甚至尚未问世。那一年，通用汽车公司是美国最大的公司，此后不是通用汽车公司就是另一个大公司——埃克森公司独占鳌头。

沃尔玛的成就还标志着一个更重要的经济转变——从生产商品向提供服务转变。1953 年美国制造业的就业人数占总就业人数的比例达到最高点——35%，从此就逐年下降。根据劳工统计局的数字，到 2010 年结束的这个 10 年里，制造业将创造 130 万个就业机会，而服务业创造的就业机会将高达 2 000 万个。换一个角度看，今天在服务业中工作的人数大约是其他行业的 4 倍。即

① “沃尔玛发迹诀窍”，载《参考消息》，2002－05－06。

使在制造业中,服务在业务经营中所占的比例也越来越大。

随着美国人的富裕程度日益提高,消费变得越来越复杂,人们开始把更多的钱花在服务方面——看电影、旅游、抵押买房、购买房屋保险、偶尔到豪华饭店度个周末。经济学家称这种现象为需求变化;这可能也是本年度评出的100家最大公司中有64个是服务业公司的主要原因。

在未来几年,10种发展最快的职业中只有3种(软件工程、护士和电脑支持)能够赚到中等收入,其余的都可称沃尔玛式的职业——收银员、售货员、食品服务,以及诸如此类的职业。总之,同过去相比,服务业正在提供更多很不错的就业服务。

第八节　公共组织设计程序

根据帕森斯、巴纳德等人的看法,任何一个社会为求稳定与发展,都必须实施四种平行的功能,即:完成既定的目标和适应动态变化环境的需求,以及组织本身形态的维持和整合功能的履行。目标达成的功能,一般都是通过组织流程显现出来;至于维持功能,则是通过组织确保的流程而得到获取。在通常的情况下,组织内部或各个次级系统间的不平衡,甚至出现瓦解或分裂现象,往往是起因于组织情报或组织流程的方向或组织流程的方向或节奏上发生了故障或问题后而发生的。因此,我们可以说,整个组织的适应过程是非常复杂的,其运作成功的起点关键即在于建立一套协调一致的组织工作或情报流程。公共组织的设计程序可分为两大步:一是公共组织的法律创意与审批程序;二是公共组织具体构建的设计程序。

公共组织的法律创意与审批包括下列程序:一是由政府或立法机关提出创意案,说明设置特定公共组织机关的法律依据和现实原因;二是由立法机关或政府领导机关审议其合法性和合理性;三是由立法机关或政府领导机关决定设置与否;最后由批准机关以法定的形式向社会颁发其产生与成立的审批决定,并赋予其相应的公共权力。

公共组织具体构建的设计程序:一是要首先明确某一公共组织建立的目标和公共管理任务。公共组织建立的目标一方面是由宪法、法律规定的,另一方面是由公共组织环境和公共组织管理的任务决定的。在明确了公共组织的总目标以后,就必须将总目标逐层加以分解,这种分解又称为职能分解。职能分解一直要细化到各个项目和各种活动以及活动之间的关系。

二是要设立相应的职位和机构。在职能分解的基础上,根据各个项目和活动序列,设置相应的职位,并对职位加以分类,组成各个部门和单位,然后再为每个部门和单位配备合适的人员。

三是要划分公共组织管理层次和公共组织管理幅度。根据各个单位和部门的工作职责与特点,划分出一定的公共组织管理层次,明确各个层次的责权和相互间的关系并确定不同层次的管理幅度。同时,再区分出首脑机关、职能机关、幕僚机关、咨询机关和派出机关的类型。最后,依据公共组织层级和公共组织管理幅度及机关类型,画出公共组织系统图,并加以详尽的文字说明。

四是依据公共组织系统图制定公共组织机构及其成员活动的行为准则即组织规范,这是保证组织运行有序和相对稳定的重要手段。行为准则或规章制度必须简明易懂、切实可行、相对稳定、督促执行。

社会中组织的多样性问题看上去仿佛只具有学术价值。事实上，这些问题，直接关系到重要的社会问题，其中最重要的就是社会对不确定的未来变化作出反应的能力。任何活动领域的组织多样性，都为解决集体性产出的生产难题提供了可选方案。这些解决方法根植于组织结构和组织战略中……

每当未来表现为不确定时，大量可供选择的组织形式就会显示出其价值。依靠少量组织形式的社会也许会繁荣一段时间；然而一旦环境发生改变，这个社会就会面临严重的问题，直到现存的组织被重构，或新的组织形式出现。

——汉南和弗里曼

第五章 公共组织结构

有人称，组织结构好比是组织的脊梁骨。可想而知，剖析组织机构对于研究组织来讲是举足轻重的大问题。正因为组织是追求特定目标的团体，那么它达到目标，除了受目标本身的性质影响外，还要受组织内部成员间的行动协调与合作的影响。事实上，若站在组织外去看组织整体的发展情况时，组织结构功能的发挥，就是主要依赖于全体成员的集体努力与等级之间关系的协调整合。因此，重视剖析组织结构就等于重点研究组织的特质问题。

组织结构一般可分为正式结构(Formal structure)与非正式结构(Informal structure)两种。然而事实上,一切组织皆同时具有这两种特质,惟其程度不同而已。正式组织结构是在深思熟虑的基础上,经过精心筹划,为能有效地实现组织目标而构造出来的各组成部分的关系形态。正式结构一般是通过明确的决策产生的,而且配有法规性质的指示各种组织活动相互联系的"蓝图",即印制的组织图、组织手册、职位说明书。非正式组织指的是组织未经明确筹划,从成员的相互活动中自发产生的关系。

非正式结构的作用是两方面的:有时,当正式结构对内部和外部的重要信息反应迟缓时,非正式结构就会起积极的补充作用;有时,非正式的结构也会破坏工作,阻止群体从事正常的活动,从而危害组织。

概括地讲,组织结构是指组织内关于规则、职务及权力关系的一套形式化系统(Formal system),它阐明各项工作如何分配,谁向谁负责及内部协调的机制。[①] 所以,虽然我们剖析研究组织结构更多的是针对正式组织结构而言,但对于非正式组织结构也决不能置若罔闻,等闲视之。本章将分别对组织图、公共组织结构类型、公共组织层级结构、公共组织幅度结构、公共组织权力结构、公共组织权责结构、公共组织体制模式等加以阐述。

第一节　组　织　图

组织图是描述组织结构的最为典型的方法,它被用于指出组织中各种职位及其相互间的互动关系。组织图有简单与复杂之分,其区别在于:一方面决定于组织目标;而另一方面决定于组织

① Jones G. R.: ***Organizational Theory***, Massachusetts: Addison Wesley. p.58.

本身的业务性质和内容。例如,同时追求目标的三种类型组织,即行政组织、企业组织与非营利组织,他们彼此之间就有明显的区别,但某种意义上讲,它们却都涵盖了公共组织的核心问题——为社会提供服务和产品的供给问题。行政组织追求的是通过无偿服务达到产生社会效益和经济效益的目的,不断提高质量、效率;企业组织追求的是通过有偿提供产品和服务,达到产生社会效益、经济效益及自己盈利的目的。非营利组织追求的则是替代政府或者帮助政府,尽政府力所不能及的社会公共服务,通过以服务为主兼顾适当有偿的方式,向社会提供产品和服务,产生社会效益和经济效益,从而推动社会发展。因此,由于三类组织涉及的业务及经营范围不同,故不能将它们混为一谈。现将这三类性质不同的组织系统图分别标示如下:

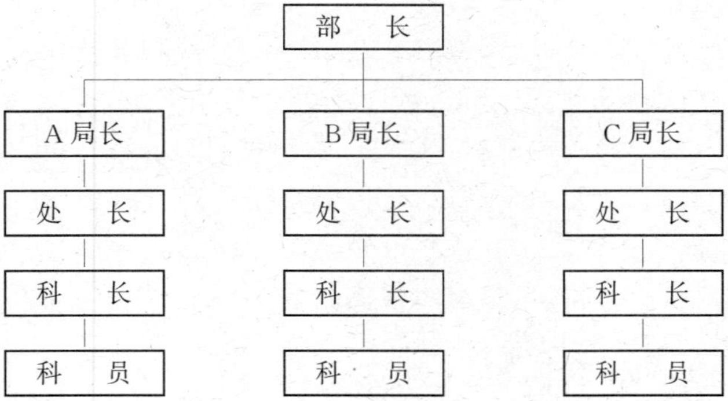

图 5-1　行政管理结构图

根据四幅组织示意图,图中每一方块代表一个或一类职位,因各组织内的分工不同,故各组织的外部形态不尽相同。但有一个典型的相似,即三个图都基本上类似于一个金字塔,上尖下宽。其下一层的组织成员数比上一层要多,很少例外。然而细细地观察一下各类组织,也并非都是如此。像有些组织上下两级之间人数就是相等的,如董事长——总经理,或民营企业创办人——厂长执行者;也有下层人数比上层少的,如有些大学的有些系里的助教授(assistant professor)比讲师(instructor)多,或有些高新技术研发组内的技术知识专家比实验技术人员多,等等,凡此种种,不胜枚举。

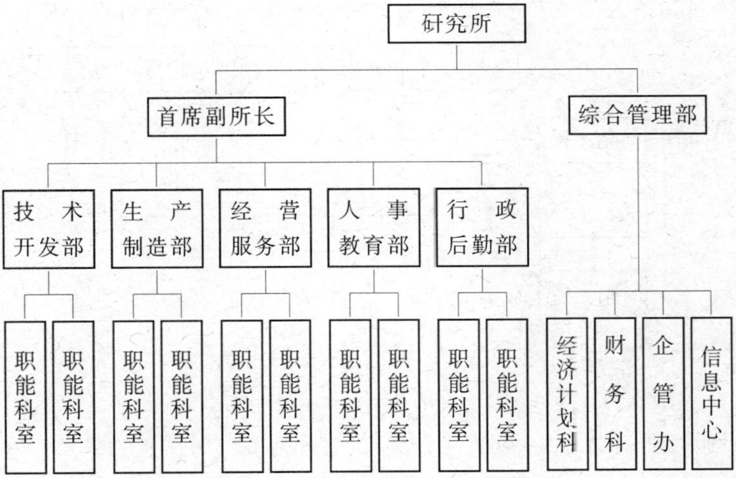

图 5-2 首席副所长制组织结构示意图

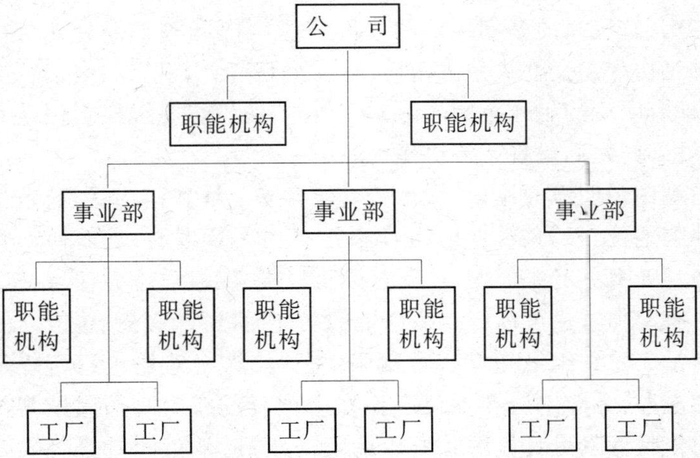

图 5-3 事业部制结构示意图

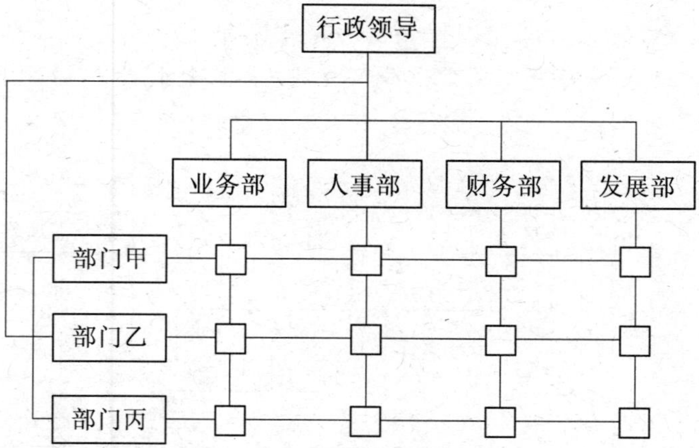

图 5-4　非营利组织结构图

一般说来,组织职位图可以用金字塔形状来表示,一个组织的结构形态,并以纵向和横向两个方面标志组织的结构地位。纵向又称阶层结构,它反映组织内若干层次上下级之间的领导与遵从的权力等级关系。而横向代表地位相等的职位。横向又称平级或分部结构,它反映的是同级部门之间或组织内部各平级分支机构之间分工协作的交往关系。横向结构中的各部门组织一般都自成体系,即有明确的工作范围界限,并有相应的组织等级权责规定和分工,各部门之间呈现平行协作关系。

组织图最明显的用途,就是使人能容易了解其结构状态,包括它的社会地位、权力、管辖的内容和办事程序及方向,从而使得具体事务性业务办起来方便可行,这既可以提高效率,也方便了被服务的对象。但这也可能仅是概念上的功能而已,事实上,各级之间的差距是无法在组织图上表示出来的。另外,金字塔组织所表示的权力次序,亦非绝对在下位者比在上位者的权力小。假设某位有权力依仗背景或其他关系资本的下属成员,他可能就会轻重倒置地去支派使唤他的上级领导为他办事或为他服务,而某些窝囊的领导不但俯首甘为、听从摆布,有时还表现出积极的卑躬屈膝的可怜兮兮讨好样,所有这些不但纵容了个别投机的得势小人,而且还使他们青云直上、飞黄腾达。另外,人们最痛恶的也是最使组织士气削弱的以权谋私、官官相护和权钱交易的腐败现象仍在某些组织内时有发生。所以,我国政府正在下大决心一切从人民利益出发,惩治腐败,一抓到底。这是治病治本的举措,应该拍手叫好。虽然夹有上述令人反感或费解的情况,但组织结构图并非是滋生腐败的根源,应该说它是消息传递、使沟通方便的较好的组织方式。另外,它还具有分工透明的优点。

第二节 公共组织结构类型

根据公共组织权力和职能分配方式,公共组织的结构可以分为四种类型:直线式、职能式、直线职能式、矩阵式。

一是直线式类型。在这种结构中,一切权力集中在行政组织的最高层,行政命令按照垂直方向自上而下地逐级传达。行政领导执行各种职能,一般不存在专门的参谋机构。个别的参谋人员只不过是行政首长的助手,是个人权力的延伸。这一结构类型的特点是以行政首长为中心,统一指挥,逐级控制。其优点在于权限责任明确、政令统一、行动及时、行政有序。其缺点是缺乏专业化分工,行政首长日理万机,往往顾此失彼。而且一旦行政首长发生突然变故,就会造成政事荒废。

二是职能式类型。随着公共行政的发展,政务日渐繁杂,仅有直线式的行政组织结构已无法适应管理的需要了。新的组织结构类型产生出来,这就是职能式结构。这种结构类型的特点是,在行政主管的领导下,按专业分工设置若干职能部门,各个职能部门在其管辖的范围内有权向其下级下达行政命令,下级行政部门既要听从直接的上级领导的指示,又要服从行政主管的指挥。同直线式的组织结构相比较，职能式组织结构有其优点：实行了专业化行政分工；减轻了行政主管的负担，使其有更多的时间和精力从事行政决策；能适应日趋复杂的行政管理的需要。但职能式的行政组织结构也有其不足的地方：容易形成多头领导；容易造成政出多门的混乱局面；容易妨碍统一的行政指挥。

三是直线职能式类型。这种组织结构的特点是，以直线式结构为主，在各级行政首长领导下设立相应的职能部门，形成行政首长的统一指挥与专业行政部门的管理的有机结合。这种行政组织结构类型既保留了直线式结构所具有的行政权力行使的统一性的优点；同时又吸收了职能式结构行政管理专业化的优点。因此，直线职能式的行政组织结构被很多国家的行政管理部门所采用。但是，这种结构类型也并非是十全十美的。随着现代科技的发展，社会分工更为复杂多样，在直线式下进行过细的职能分工，有时会造成管理上的矛盾，甚至出现行政管理的真空。

四是矩阵式类型。前面所讲的几种行政组织结构类型大多是以纵向分布为主。矩阵式结构则将纵向与横向结合起来，形成纵、横两套管理系统。在行政组织的矩阵中，一套是职能系列，另一套是项目。在行政管理中，矩阵式结构常常运用来对某项突击性的事务进行快速、及时的行政管理。在管理矩阵中，纵向的结构有利于集中各个管理层级的人员进行协调；而横向结构则可以将并列的职能部门结合起来。这样既有利于集中领导，又有利于各专业相互配合，取长补短。但这种组织机构也同样有其缺点：容易出现行政层级上级之间的矛盾或推诿，使下级无所适从，从而降低行政效率。

附录：春兰矩阵管理广受瞩目[①]

“春兰创新型矩阵管理”是春兰集团从实践中总结和创造出的

① 汤年华、江大纬：“春兰矩阵管理广受瞩目”，载《新华日报》，2002－08－06。

一种适合大型企业的现代管理模式；其核心思想是“统一规划，横向立法；纵向运行，资源共享，合成作战”的20字方针，依此建立起来的管理矩阵，减少了管理层次，消除了信息阻隔，在加强统一规划和法规管理的基础上提高了运行部门的积极性和创造性，加快了对市场的响应速度，较好的解决了大型企业管理的统分矛盾。

春兰集团自推行“春兰创新型矩阵管理”以来，企业管理得到很大提高，成效显著。特别是春兰集团从2000年创立的信息平台、科研平台、营业平台、资金平台、采购平台和物流平台六大公共平台，使各项分散的资源得到优化配置和组合，各项业务运行规范性大大加强，创造了较大的效益，连续两年节约支出在3亿元以上。

五是虚拟组织。虚拟组织是一种企业间动态联盟的暂时性组织形式。该类组织虽有设计、生产、营销、财务等功能，但从优化强度的高标准起点看，却是没有完整的执行这些功能的体系组织。因此，它采用突破有形组织界限的策略，实施外包项目或临时构建项目小组，仅保留自身最关键的强项功能，而将其他功能虚拟化。也就是通过各种方式借助外力进行整合弥补，最终以有限的资源而获得最好的绩效。虚拟组织较适宜以全球经济为经营背景的跨国公司。它们的运作基本上是以自主、平等为组织原则、以权力与利益挂钩作为组织内部市场体制的依据、以技术合作作为基本纽带，因此，这种组织从实质上讲，它也是一种打破传统管理范式中金字塔式的等级原则制度，使组织模式转向由管理信息系统支持的柔性化网络结构。虚拟组织的优势在于能够充分利用知识资本，并特别注重本土化人力资源的利用，以至于能够敏锐地把握各地的市场机会、及时满足顾客需求；能够快速获得市场反馈信息，并全力推出新技术产品；能够有效地卓越经营，并降低经营风险。

六是学习组织。学习组织是一种以共同愿景为基础，以团队学习为特征，对顾客负责的扁平化网络系统。它强调“学习+激励”，不但使成员勤奋工作，而且特别注意促使人更聪明地工作；它以强化学习的重要性为缘由，提高群体智商，使员工都能活出生命意义，超越自我，不断创新，达到组织绩效增高、服务增值的目标。这实际上是一种“非等级权力控制型”的管理模式，它适合于各种类型的组织，包括国有企业、新股份合作制公司，以及各种公益组织。学习组织是以学习来推动战略，同时它本身也是一种战略，因为只有通过学习，才能强化员工自信、自诚、自强；也才能使员工对组织减少依赖、减少抱怨、减少撬力；才能形成组织的凝聚力；从而也才能产生对外的影响力和吸引力。故称这又是一种战略组织。学习组织理论要求领导者，主要是当好三个角色，即：一是组织的优秀设计师；二是组织共同愿景的公仆；三是组织成员的引路人。而该组织同时也要求员工，主要也要做好三个方面，即：一是参与团队学习、接受共同愿景；二是强化自主性，促进组织成为学习型、创新型的系统；三是努力实现自我超越，不断向极限挑战，推动组织创新、发展。由于学习组织具备了独特的特征和优势，它终将会使组织效益获得极致的提高。

第三节　公共组织层级结构

公共组织层级结构是公共组织结构中最基本的结构。组织层级指的是公共组织纵向上的等级数目和等级间的关联。公共管理层级是一种纵向的结构形式，它是以组织人员劳动的垂直分工和公共组织权力的等级属性为基础的。一个行政机关究竟应分成多少层级，并不是主观任意的。它既要受到公共组织内部劳动分工的制约，同时，还取决于公共组织权力构成的需要。

不同公共组织其管理层次多寡不一，但从实际状况来看，多数采取两种方法：一是分成上、中、下三级，如部、局、处；二是分成高、中、低、基四级，如国务院、省政府、县政府、乡政府。公共组织纵向层级的多少，往往受一个国家政治、经济、自然、历史、文化等多种因素的影响。除此之外，还受以下因素的制约：一是公共组织和公共组织领导的效能及权威；二是公共组织决策、规划和计划的明确及程度；三是沟通的技术设备的状况；四是权力结构模式的类型；五是公共组织管理幅度的宽窄。

我国国家行政组织是中央、省、县、乡四个纵向层次结构。中央人民政府是国务院。我国《宪法》第 85 条规定："中华人民共和国国务院，即中央人民政府，是最高国家权力机关的执行机关，是最高国家行政机关。"其次是地方各级人民政府。我国《宪法》第 105 条规定："地方各级人民政府是地方各级权力机关的执行机关，是地方各级国家行政机关。"《组织法》第 32 条规定："地方各级人民政府都对本级人民代表大会和上一级国家行政机关负责并报告工作。"地方各级人民政府实行省长、市长、县长、乡长负责制。另外我国从实际情况出发，在各少数民族聚居的地方，实行区域自治，设立自治机关，行使自治权。同时，实行原则性与灵活性相结合的原则，国家在必要的时候设立特别行政区。在特别行政区内实行的制度按照具体情况由全国人民代表大会以法律规定。

在现代公共行政组织中，无论是中央各部委等单一的行政机构或中央和地方政府的综合行政机构，其上下级之间都采用逐级授权的方式，上级机关通过法律或条例，将权力逐级授予下级。这种逐级授权有利于各级行政机关完成管理任务。

在通常情况下，逐级授权不会影响公共行政权力的集中。在层层授权时，必须考虑所授权力的幅度。对于较大的公共行政组织来说，由于其管辖的范围较大，本身就是一个复杂的系统，上级机关在授权时，应给予其公共行政主管某种程度的调整内部机构和任免干部的权限。

在进行层层授权时，上级行政机关必须保证在授权之后，下级机关确实有职有权。除特殊情况外,上级机关不应当任意改变下级机关已经作出的行政决定。上级行政机关应当通过层层授权,摆脱日常事务的纠缠,集中精力抓主要的工作。下级行政机关也应当使用好上级所授之权,凡能处理的事务,应该自行决断,而不能事无巨细一律上推了事。

实行层级制结构的纵向分权即韦伯所说的“理想型组织”也有其缺陷。这种结构使得权力的行使一律由上而下,由内及外,上级有指挥之权,下级只有服从之责。由于节制过严往往扼杀行政人员的主动精神和创造性;并且,上下往返,迂回曲折,公文旅行,花费时日,贻误时机,不能适应现代社会高度发展的需要。

附录:“雀巢”何以筑巢世界[①]

瑞士虽是一个只有500多万人口的小国,却拥有一个跨国巨型企业——雀巢公司,其从业人员多达22万人。

1997年度,美国《财富》杂志评选出世界500家大公司,雀巢公司以年收入482.53亿美元,位居第36位。如今,总部设在瑞士沃韦的雀巢公司其所属的分公司遍布世界五大洲的50多个国家,“雀巢”系列食品进入千千万万个普通家庭。

“雀巢”能在百余年的市场竞争中立于不败之地,与其策略的组织结构是分不开的。

一、注重当地资源结构

雀巢公司认为在所在国投资设立工厂,与当地共存共荣,这是最好的办法。所以公司在世界各国先以分公司姿态出现,建立工厂,慢慢在该地生根,赚得的钱与税金一样都投入该地,成为一股强大的力量。如此一来,该国政府、人民也会维护公司的利益,当

---

① 王建平著,蔡富有、赵启厚主编:《国外知识经济动态》,北京:中国经济出版社1999年版,第388—391页。

地的市场也就成了“雀巢”公司大展宏图之地。这便是雀巢公司的“当地”政策。

雀巢公司认为，当地工厂的出资者，在该地方都是该国信用与资金最佳的企业或人员。所以从一建厂开始，雀巢公司便从该地的出资者中挑选一个有管理才能的人，担当此地雀巢公司的经理，生产、销售的基本方针都由这位经理定夺。雀巢公司从工厂建设到广告、巡回销售、员工教育等，一切都只是提供必要的协助。然后，促销、广告便以排山倒海之势展开，迅速占领当地的市场。

在产品生产上，雀巢公司只是提供重要的技术，而原料的采购、各种添加剂的配制都是在本地完成，不仅如此，像瓶、包装袋及机械设备、输送工具、工作服等全部都在原地制造、购买。从最高领导层到员工都是当地人。巡回推销也要遵守当地人的原则。

雀巢公司的“当地”政策，重视了民族感情，是一种现实主义的策略。

这种就地设工厂并产销的做法，为雀巢咖啡成功地占领世界市场奠定了良好的基础。这一做法是雀巢营销策略成功的主因。

二、强化发展技术结构

雀巢公司虽然是靠研制奶粉起家，但却十分重视科学研究，以此来不断开拓新产品。我们经常在电视广告节目中看到的“雀巢咖啡，味道好极了！”这种产品如今已是雀巢公司的拳头产品之一。雀巢公司不断开发咖啡系列产品：有专为特级口味消费者制作的金牌咖啡；有满足嗜爱厚重口味消费者而制作的特浓咖啡；有不加咖啡因，但保留有咖啡真味的特制咖啡；有适合喝不惯咖啡苦涩味者，而用玉米糖浆、植物油、乳脂等制成的“咖啡伴侣”；甚至还有咖啡戒烟糖，等等。

为加强科学研究，除沃韦研究中心外，雀巢公司从 1982 年起在洛桑城东北角的韦尔-谢-莱勃朗建设一个规模巨大、设备现代化的新的研究中心。它由 168 家建筑公司经过 6 年施工后于 1993

年建成。现在,来自各国的科研人员聚集在这里,不仅研究当今的食品生产,而且已经开始研究21世纪的食品。

研究中心的研究范围相当广泛,分工明确。理论研究主要包括生物和营养学研究、生物实验、食品研究以及基础研究。研究的内容包括测定食物对人体功能的影响、人体对各种营养的需求、原料和加工程序,等等。

三、重视跨国选才结构

雀巢公司的销售额分散在世界五大洲,但公司登记资本股份的2/3却为瑞士人所拥有,并不准转卖。这种不成文的股份持有比例,主要是为了保证雀巢公司是瑞士公司,以防被外国人买去。

但是,雀巢公司在用人方面是不分国界的,只要有能力,一律起用。在雀巢公司7名副总裁中有两人是西班牙人,一人是意大利人,总裁赫尔穆特·毛歇尔是德国人。

毛歇尔早年就读于法兰克福大学,他一边在雀巢公司打工,一边完成学业。毕业后,由于他在成本控制和市场销售方面的业绩而崭露头角。1975年,他被任命为雀巢公司驻原联邦德国公司的主管。在他调到瑞士沃韦的雀巢总部任公司总经理时,雀巢公司原联邦德国子公司已经成为雀巢公司中规模最大、赢利最多的子公司之一。

雀巢公司起源于一些小而有发展潜力的小公司。毛歇尔说:"我们整个公司共有80多家子公司,负责管理这些公司的经理都有高度的自主权。通常我们买下一家公司时,就重金礼聘原来的负责人继续留下来服务,并在公司发展时,提供他们更多的发展资金。"毛歇尔对每个主管的安排不同,但对推动公司发展的人所给的关键在于奖励都很优厚,并规定公司的每个利润中心发展到一定规模时,就分别成立新的子公司,有效地占领新的地区市场,子公司还常常利用当地的管理组织。

不分国界的选取人才,是雀巢发展之根本条件。雀巢公司现有职工总数为22.58万人，其中在瑞士的只有7 000人。在沃韦雀巢公司总部和研究中心就业的2 500人分别来自49个国家，瑞士人占就业总人数的比例还不到3%。善于选用人才的雀巢公司，产品种类日益增多，企业不断发展壮大。

雀巢公司从1867年创业至今，已有120多岁，给人的印象却是经验丰富、阅历颇深的老翁。20世纪80年代以来，世界经济增长缓慢，但雀巢公司一直保持较高的经济增长速度和利润率。雀巢公司在国外的销售量占雀巢公司总销量的80%以上。公司的人士认为，雀巢公司是"跨国公司中跨国程度最大的一家公司"。如今的雀巢公司，好像血管内注入新鲜有活力的血液似的，创造力、机动力、发展力都有了一个全新的、长足的进步。"雀巢"正以一个崭新的姿态屹立于世界食品业中，并雄居榜首。

第四节　公共组织的幅度结构

公共组织的管理除了有层级结构外，还有幅度结构。管理幅度又称控制幅度，是指一名公共事务主管人员所能直接领导、指挥、监督的下级人员的数量与范围。对于管理幅度的大小，人们的看法不完全一样。L·P·阿尔福特认为一个行政首长只能正式指挥5—6人；L·厄威克认为每位主管人员的直辖下属不得超过5—6人。我国有好多从事实际行政管理的人也认为，行政管理幅度一般以6人为宜。

其实，科学的公共组织管理幅度并没有固定不变的标准，管理幅度或控制幅度的大小，取决于下列因素：一是管理者与被管理者的性格、知识、专业、技能、才干、精力、经验、习惯、性别、年龄、动机、作风等；二是组织的正式规定，如规章、制度、规划、计划、程序、纪律、责任、待遇、惯例、行政技术设备、文化氛围、人际关系、权力的集中与分散程度等;三是社会的总体发展水平、社会对公共组织的要求、社会道德风尚、意识形态、与公共组织有关的家庭、家族的意志等。

公共管理幅度的宽窄,在不同的管理层次是不一样的。从我国公共管理的经验来看,管理的层次与管理的幅度一般成反比。越是高层,控幅越窄,越是基层,其管幅就越窄。高层公共组织主要从事宏观决策和协调监督,控幅可以在 24 人以内;下层公共组织主要从事执行和操作,其控幅也可适当宽一些,以不超过 24 人为宜;中层公共组织主要从事指挥监督,其控制幅度不可太宽,一般以 12 人为宜。

随着公共组织管理人员个人素质的提高和领导能力的加强,公共组织效率增强,公共组织管理的幅度可适当加宽。这里的关键在于要提高上下级之间的沟通。一般地说,公共组织管理的幅度与层级间的沟通协调存在一定的联系规则。美国管理学家格丘纳斯认为:公共组织管理的管幅以算术级数上升时,上下级之间的沟通则应以几何级数上升。

我国公共组织管理上的一个突出问题是管幅一般偏大。各个层级的控幅为:国务院:1∶31;省政府:1∶80;县政府:1∶40。如果将公共组织在纵向上分为五级,层级的控幅可能会窄一些:国务院:1∶31;省政府:1∶11;地市政府:1∶9;县政府:1∶30。

公共组织的管幅是与专业化紧密相连的。要理顺公共组织横向上的分工,一个重要方面是要选好划分标准。目前,多数国家在对公共组织作横向布局时采用以下标准:一是功能标准。将功能相同或相近的工作归类组成一个机构。这种分类的好处在于公共组织权力统一,责任明确,政绩评估方便,行政效率提高,容易培养专才。但也有不足之处,协调困难,不利于综合,不利于培养通才。

二是程序标准。按工作程序或技术设备标准组建公共组织。这种划分方法有利于充分利用现代科学技术,节省行政开支。但不利之处在于容易造成重技术轻政策、重手段轻法律的倾向，还可能造成技术官僚。

三是地域标准。按自然条件、历史背景划分行政区，并在此基础上组建行政机构。这种划分的优点在于因地制宜，政令容易归一，且行政的综合功能强。但不足之处在于容易造成地方本位主义，甚至会出现挟地自重的现象。

四是人或物的标准。无论是以公共组织管理成员为对象，还是以物质条件为标准进行机构划分，其优点在于对象明确，职责清楚，从而有利于排除干扰，充分发挥个人的积极性。

第五节　公共组织权力结构

公共组织权力是政治权力的一种，它是国家行政机关依据宪法和法律所赋予的原则，依靠特定的强制手段，为有效地执行国家意志而对全社会进行管理的一种能力。公共组织权力是由少数人所执行的管理权力。公共组织权力的主体是国家行政机关，公共组织权力的目的是通过贯彻国家的方针、政策、法令、法律，来有效地实现国家的意志。公共组织权力的作用方式主要是强制性地推行政令。公共组织权力的客体包括所有的居民以及由居民所构成的社会组织和社会团体。

公共组织中的权力可从动态与静态两个方面来分析其结构。从静态方面来看，公共组织权力与其行使的主体相结合，形成一种网络状架构，它与行政组织层级结构的金字塔架构相一致。这种权力结构严格遵循上统下属、层层节制的原则，上级机关与下级机关之间存在控制与被控制的关系，下级的决策要呈报上级审批，行政管理人员必须训练有素，各负其责，各守其位。

不少行政学家很重视公共组织权力的这种架构，如德国的组织社会学家韦伯就认为这类“科层制”或“官僚制”是一种“理想的”

权力结构。但是,权力的静态结构不过是一种外在的结构,它只是权力实际运行的一种外在的表现。在公共组织权力网络状的架构背后是其运行的真正内容。

公共组织权力的真实结构必须从其运行的方向、方式、轨道、层次、时间和结果诸方面综合考察。首先,公共组织权力的运行具有一定的方向性,即公共组织权力的行使需遵循一定的轨道。在一般情况下,公共组织权力是自上而下运作的,其轨道呈放射状。从最高层出发,向中、下层运行,其轨迹正好是一座金字塔。

其次,公共组织权力的运行具有一定的层次性。国家行政组织体系从中央到地方具有严格的层次性。这种层次结构,使得从上而下的行政指令和由下而上的行政报告要经过若干中间的传递过程。这种行政信息的多层级传递,会产生出"衰减"和"折射"现象。公共组织权力运行过程中的层级传递,与公共组织权力主体的能量、中介环节的多少、权力客体的反作用的强弱有关。

第三,公共组织权力运行的时间性。公共组织权力的静态结构一般与时间无关,但公共组织权力一旦进入运作过程,时间就是一个重要的因素。行政效率实际上就是以公共组织权力在有限的时间内所起到的应有的作用来衡量。行政效率主要涉及公共组织权力在运行中如何节省时间的问题。这种时间的节约与公共组织权力运行的层次性,与公共组织权力运行的方向有着密切的关系。

第四,公共组织权力运行的效应性。公共组织权力运行总有结果。或者是符合事先所预定的结果,或者是未达到预先所计划的结果。公共组织权力的运行结果主要表现为行政管理对象,即公共组织权力客体对公共组织权力主体的服从程度。公共组织权力作用的结构既能反映出公共组织权力本身的强度,也能反映出公共组织权力实际运行的强度。

第六节　公共组织职责结构

公共组织是由人组成的。在公共组织中的人都必须在一定的职位上工作，而且要担负一定的责任。这就是公共组织内部的行政职责。每一个公共组织机构，都应当依据其管理、控制和服务的对象，将工作任务分解为各种行政职位。行政职位的着眼点是工作，而不是人。是因事设岗，设位择人，而不是因人设岗，以人建位。行政职位是基本单位，若干性质相近或相同的职位则可归为一组，即职组。若干职组又可按性质相近的原则归为一定的职门。这样，从职位到职组再到职门，形成了公共行政组织内的纵向职位分类。

凡占据某一职位的人，其行动必须按照规定的方式表现，否则，可能会导致行为出轨。组织职位的活动，也就是要求每一占据具体职位者，一定要按照规章中所指定的"公职"的权力，代表人物的身份，去实施与其地位相关的各种活动，包括向其他人发号施令在内，最终是达成应付环境，实现组织目标。因此，职位活动基本排除了个人的活动；这个"个人"必须是组织中的一名"成员"才被要求这样去做；他所服从的是一种非人格化的法律规章；法人群体的组织成员若需服从于某个"公职"的当权者，并不是服从作为个人的他，而是服从那个"职位"，因为权力是按照规章来授予的，服从那个"职位"就等于是服从非人格化的规章。然而事实上，除了组织计划要求某个公职当权者所进行的活动外，社会也在要求其表现要与此职位有关的一切行为，这就是所谓的角色面（Role Set）。

组织职位实际上代表了组织地位，它是按组织中等级的次序来进行安排的。一般来讲，组织职位会产生两方面的作用：一是居于高地位者，对其下属的影响或改变，远大于对其他人的影响程度;二是组织职位可以显示其发挥作用的范围或能力,同时也可使占据“公职”者有所作为,即有位才能有为。

光有纵向的行政职位分类还不够。在横向上,职位分类也很重要。横向的职位序列是职级、职等。同一职位的工作,其难易程度,应负责任的大小是不一样的。刚刚谈及到组织职位的作用,在此也必须说明一下组织地位的功能。一般组织地位具有两方面功能,即:一为估量个人的社会地位的高低,一为估量其声望的高低,该两方面密切相关,但又不相同。之所以要讨论这一问题,是因为为避免因分工不当,或是规则不统一,或是角色不明确等原因而造成的组织之间或非同一组织的上下级之间的冲突与紧张。这些情况,一般都是在组织进行整合调度或组织大型活动时容易产生。然而,在此时如能注意到发挥组织横向职位的功能作用,就能使问题得到平稳解决。

比如,某大学在筹备组织百年校庆活动时,就专门抽调了一名副校长来分管组建校庆领导班子的工作,同时也从各不同业务部门抽调了一些职级相当的各部处的负责人员,集结到一起工作。大学里平时会根据业务分工不同而设有若干个横向部、处级单位,各自基本自成体系,形成了自己的业务范围。但为了共同的总目标——校庆一百周年活动,如何使这些聚集到校庆班子内的同职级的人员彼此分工合作甚或服从对方的领导?这时组织地位就会产生两方面的作用:按分工,一方面,他们都需要完成自己正常主管的业务工作,同时又要听从那位副校长适时调遣突击校庆活动中的紧急任务,看上去他们都是扮演了组织“连接针”的角色,但更重要的是,也就是第二个方面,通过他们参与双重任务的实施,达到了执掌不同职能却能按一定的工作程序、规则标准促进全校上下的分工协作,整合管理,实现了学校校庆圆满的成功。

由此可见,横向职位往往在大型组织中更能发挥作用。诸如,跨国公司、学校、医院等等组织,应该注重横向职位功能的发挥。

第七节　组织结构形态的演进

随着环境和时间的变迁，组织的结构形态也会依循着某一方向而逐渐的改变。在探讨组织演进的问题上，进化论者认为，主要是由于外界的不确定因素增多，竞争愈趋激烈，到头来只能是优胜劣败、适者生存；但是有些组织理论学者则反驳此种看法，认为组织是不断演进的，其主要的动力是基于合作双赢或共赢而非残酷竞争或低贱经营，因此最能合作者得以生存。尽管众说纷纭，各有理据，但组织需循一定的方向与时俱进肯定是大势所趋，这是众家公认的，也有历史事实充分地说明。现将几种演进的组织结构形态简介如下：

一、家族制组织结构

历史上传统家族企业的组织目标和家族的目标是等同的。这种组织形态就像大圆球上立着一个小球。（如图5－5）小球代表握有大权的管理人员团体，他们主宰整个组织的各项活动，同时对组织中重要的事情进行决策，并要求大球内的所有成员无条件地服从他们的指挥并具体作业。组织中专业幕僚和中层管理人员极少，图5－5中介于管理人员和员工之间的细线范围内的人员便是指这个阶层的。下面大圆球内的员工们几乎没有专门技术，具体管理员工作业的工头也多半没有专门技术，且与员工混为一体，他们的行为完全受管理人员的指挥，称为混杂管理。对在大圆球内的这群员工来讲，没有任何升迁机会可言，他们的一生几乎就定位在作业工种；他们从事的工作基本上与他们的祖辈相同。该类组织的经营完全是为了追求控制

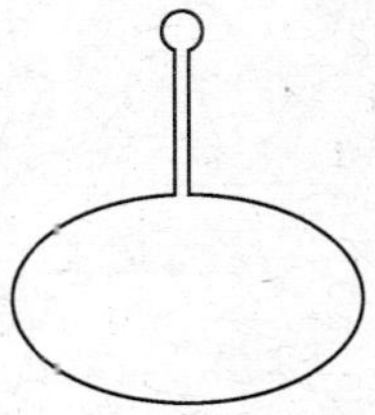

图5－5　家族制组织结构

组织的利益,利益当然是大家都希望并且也有希望获得。然而获得了利益或金钱并又可以进一步维持家族的地位和政治上的影响力,从而转化为给家族成员提供保障和良好的教育,包括对外交流或交换物质的条件。但这只是家族目标中的一个方面,因为家族目标有若干个,其中最为重要的也是最为根本和长久追求的是保证组织大权永久握在手中。因此,管理人员并不特别注重增加利润和扩大组织的机会,甚或采取放弃态度,因为一旦组织扩张,他们不免或必须聘请外人入围管理,而他们就担心有了外人介入会使他们的控制权被侵害或丢失。所以,一般的家族企业多半都为保证家族的地位而采用稳定策略。由此可见,这种传统家族企业的策略仅只适合于未开发的经济环境。

二、官制型组织结构

20 世纪的最初 30 年,随着工业化生产进程的加快,传统的家族企业组织结构已不能再适应整个企业运行过程,进而演变成官制式的金字塔型结构。(如图 5－6)针对当时的情况,组织学家韦伯就将自己研究的重点集中在:一个拥有众多成员的组织,怎样才能使得人们能遵照等级原则服从分工、听从指挥,而不考虑每个命令对他们自身的价值。他认为在这里起作用的关键是合法性的权力。接着他又比较研究了三种合法性的权力及其相对应的三种组织形态,并明确指出其中的官制组织在精确性、稳定性、纪律的严格性和可靠性等方面都优于其他任何形式的组织。

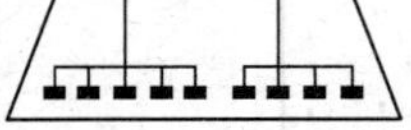

图 5－6　官制型组织结构

其实,官制的组织结构与传统组织结构的最大不同在于重视技术知识的运用及启用具有技术专长的人员充实到各级管理阶层,尤其是中层。在这类工业化的组织中,管理人员和专家与工人相比所占的比例逐渐增加。例如，在美国，1900年代是7名行政人员比100名员工，到1970年代则是25比100人。而在不到30年的时间内，斯威伏特公司则由500名行政人员对50 000名员工，上升为2 150名行政人员对75 000名员工。控制幅度逐渐在缩小，而管理人员和专家却在不断地增加，最终形成有规划、有分工、有控制和有技术的理性权力结构①。同时，低层职位也在逐步定义和结构化，慢慢地也就变得与传统的组织大相径庭了。由此，组织自然建立了相关的技术、责任、奖惩、升迁等制度，低层的员工亦可依据组织规则逐渐升迁到较高的职位。

这种理性组织结构的运作特点是将个人的能力与绩效作为衡量某人能否加入组织以及获得晋升的评判标准。当组织在决定某个成员能否晋升时，基本上是看成员的教育程度和经历。理想的状况是一位年轻的成员由基层干起，通过他努力的工作、优异的表现和逐渐累积的经验而逐渐被提升到金字塔的顶端。虽然事实上的情况往往并非如此，但这总是个理想的目标。所以说这种组织已经完全彻底改变了传统组织制度下依据家世背景决定某个成员晋升的做法，即：一个企业经理的职位就是相当于由后代从其父亲那里获得的基于财产继承权一样的一种遗产；在挑选和任命企业的管理人员时，企业所优先考虑的不是人们的专业知识，而首先是血缘关系。

为了要晋升那些表现优秀的基层干部，组织必须对他们取得的真正成就或成果与所追求的目标加以比较，进而评估其绩效。因为如此，官制理性组织就必须更明确地去制定组织的目标，甚至于使得组织目标变得更为狭窄并不受个人意志的左右。因此，组织制度的非人格化也就发展到了使得管理人和贯彻制度规章的人

① N. P. Mouzelis: ***Organization and Bureaucracy***, Chicago: Aldine publishing Co., 1967.

员都必须将个人的目标置于组织的目标之下;同时还被规定其所担任的官职是作为主要职业,凡不是任职者主要职业的“官职”,特别是“荣誉”职务不属于官制范畴;并还规定行政人员不得利用个人在组织中的职位,或花费组织的费用来谋取个人的私利;甚至,当个人利益与组织利益有冲突的倾向出现时,都会受到组织的质疑或群体舆论的谴责。

官制组织的另一特点是,人情味考虑得极少,把绝对的客观作为一条道德准则。管理人员被要求对待员工、顾客和供应商一律以平等的态度行事。组织也都是一视同仁地对待每个成员,不能因个人的社会地位和私人关系的不同而有所不同;管理人员不能徇私舞弊,因人情而有损公正;不论是陌生人或亲戚、朋友或特殊背景的关系人,在分派工作或购买物品时,均有相同的机会和给予均等的服务态度。这一特点或要求与按功论赏或晋升一样是很难达到的。但无论如何,在一个已经按惯例或先例给予生人、熟人不同待遇的世俗社会里,提出上述这一要求对于组织成员无疑相当于提出了一项重大革命。在传统历史中,能符合这一要求的并不多见,但是在许多现代的组织中,能够达到这个要求的却愈来愈多。而在民主国家中,这条规则显得特别重要,因为在那里所有的服务机构均被要求按平等、公正的原则服务,绝不允许因地位的高低而有所不同。可见,这种理性官制组织结构,能够有希望做到公平、合理。它较适合于庞大的、现代化的工业生产组织。

三、当代的组织结构

当代的组织结构多半是以金字塔型为主,但在一般组织中,常见的形态却是大金字塔上有一个小金字塔。(如图5-7)这种组织与官制组织不同的是在于更重视组织成员的文化素养,即学历和技术知识。在官制组织内,一个没有受过良好教育或是没有高学历的年轻人,可以从组织的基层做起,经过若干年的努力有可能晋升到组织的顶层。而在当代组织内这种情况却是很难找到。因为在现代社会中，要想进入管理层级，亦即是上层的金字塔，起码准入的条件就必须具有大学以上的学历文凭。拥有这种学历的年轻人，刚进组织时多是从金字塔的基层干起，他们担任专业幕僚或专家的职位，并不能直接走马上任管辖他人；假如他们的表现良好，则会被调到直线主管的职位，随后的升迁则依据他们的工作业绩而定。

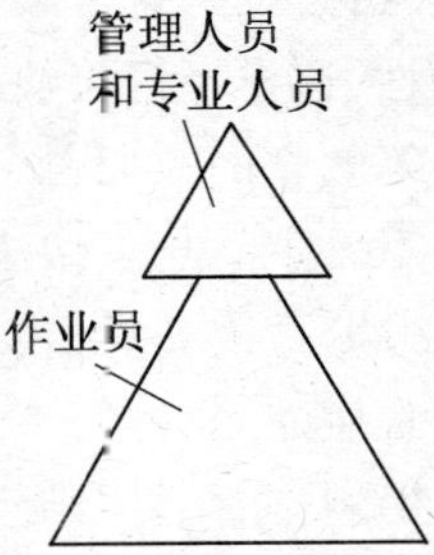

图 5-7　当代的组织结构

比如中国各级政府的公务员，一般都是通过大学毕业生分配时双向选择入围的，有些甚至具备研究生学历，刚进机关时就从基层干起，按分工担任某些与其学业对口的主管业务范围的幕僚，有些还会带职下到最基层锻炼、熟悉业务，增加感性知识；然后再回到刚分配时的岗位上工作，经过多年的努力，他们可以逐级提升，也有因业绩突出的而被很快提升到高层职位。近 10 多年来，也有通过公务员考试直接从社会各界广泛选择招聘机关管理人员，但也都有学历文凭的条件要求。这样做对于录用的公务员的文化素养标准是基本上能够保证了。据了解，当今的美国和日本都十分重视吸收具有高学历的人才到各组织当高级主管。很明显，拥有大学毕业学历的主管比例都在逐渐增加，而那些没有学历优势的蓝领或白领阶层的人会发现，要想自己升到领班或经理的职位将会越来越困难了。当然，并非每一个人都希望升迁——有的人还就乐意安于现状；有的人则自己创业，这些大多数自行创业的人并没有大学以上的学历。但总的趋势——一股重视文凭的潮流正在悄然兴起，这应该说是一个社会进步向上的反映。

但过分唯文凭论却是不可取，相应的还会带来适得其反的影响，这可以从三方面来讨论：一方面，若武断的限制没有高学历者进入管理层,这种政策无疑地是完全否定了一个人自学成才的可能性,这样不但将使组织失去许多优秀的人才,而且这些没有受过高等教育的人们也会觉得,领导的选人用人方式是僵化的、封闭的且不民主。这种做法将给社会带来许多严重的问题。另一方面,若过分重视文凭,还会造成大家标着干,因为有人为了标榜本部门的素质品牌,他会不分青红皂白地抢着招聘高学历人才,这种思想的影响,往往容易导致人才积压、人才浪费、成本增加,比如,一个门房保卫员或是商场营业员职位却招聘了一个研究生或者大学生来担当,他可能会因无法充分发挥自己所学的知识而感到苦恼;而如果让具备这种职位能力的人去干,可能还会干得挺好。这样做既可以解决了多数人的就业问题,也达到了人尽其才、减少成本、提高组织士气的社会和经济效益的目的。事实上,许多研究的结果均显示,一般低学历工作人员的绩效反而比较高①。这第三方面,是由于重视文凭而带来的炒文凭热,以致现代社会上有相当一部分人在不适时机地甚或不择手段地"抓"文凭、"混"文凭,还有人在"买卖"文凭或"制造"假文凭。这些现象在当今社会各个国家都有出现,并造成了相当坏的影响,对此,要加强法制建设和对文凭的监管力度以制止或杜绝类似现象。最后,在此,还要强调一下,提高组织成员素质与提高公民人口素质一样,都需要提高教育,但切忌惟文凭论;同时我们还要提醒或强调,追求较高的教育程度未必就能保证你必能找到一份特别有意义或待遇较好的工作,关键在于你要追求自己胜任的工作,往往才会能成就自己的事业。

四、未来组织的发展态势

未来 20—30 年内各种组织将经受传统向现代化、工业经济向

---

① D. F. Johnston, "***Education of workers: projections to 1990***", ***Monthly labor Review***, Vol. 96, No. 11(1973), pp.22—31.

知识经济的双重转型过渡和稳定发展磨合期的影响。根据美国组织学者沃伦·本尼斯(Warren Bennis)的观点,认为具体将有如下一些影响因素：第一是外部环境。迅速发展的全球市场化经济、高新技术、专业分工将使政府与企业必须分开;将产生出真正的混合经济的知识型企业;在浩大的工程和巨额投资面前具有相同买主和卖主的企业将越来越少。对于企业来说,它们的关系是相互依赖而不是相互竞争,是动荡不定而不是静止不变,是向大规模发展而不是维持小规模,是跨国经营而不是单个国家的。

其次,是人口特征。未来的城市居民中有2/3的人上过大学。由于职业淘汰率过高,成人教育将会迅速发展。一个工程师毕业后,每隔10年就会要求再教育;医生、行政人员每隔2—3年就要回学校接受先进知识的训练将成为一种常规。高等学校应当开设为经济界上层的成功人士进修的管理课程。同时,在未来的社会中,由于产业的经常变动,加上交通上的方便,人口的流动将变得非常频繁和迅速。

第三是工作价值观。在未来社会中,由于教育水平的提高和人员的经常流动,人们将更注重以专业知识投身于职业,在工作中,他们追求的是更多的参与、参政与自主权,包括自我价值的实现。人们将更为重视人际关系而不是亲戚关系。

第四是任务与目标。未来的组织任务将变得更加技术化、复杂化和无计划。依靠一个人去控制组织已不太可能了。组织将成为由专家参与合作的团体形式。组织目标也变得十分复杂。人们可能更多地忠诚于自己的职业价值和专业目的,从而组织目标更为多元化。

第五是组织结构。未来的组织在结构上会具有下列一些特点：一是将出现适应性很强的临时性系统;二是将围绕问题设置机构;三是更多地依靠专业人员的集体作用;四是组织内部的协调会更多地依赖身兼数职的复合型人才;五是工作集体的构成将不是机械的,而是有机的。

第六是激励。综上预测即表明管理的性质也因受环境因素影响而正在逐渐改变,包括结构形态也将会戏剧性的改变。对于多数人而言,在组织中不断的升迁即是成功的同义语已不具时代意义了。因为高层主管的重新集权和幕僚专家的增加,意味着管理人员减少,升迁的机会也会随之减少。由于管理职位减少,将使许多有能力的人无法成为直线主管,直接管辖下属。同时,暂时性专家小组解决专题的方式,也使人们升迁的机会减少。另外,拥有硕士以上的专业幕僚在他们的专业生涯中,也可能只有 2—3 次的升迁机会,即从助理专业人员、中级专业人员到正高或资深专业人员,情况和研究部门及学校非常相似。在未来大型企业中,管理人员和专业人员都将有类似的遭遇。正因管理职位和升迁机会的渐少,这将促使人们修订传统对个人事业成功的定义,即:不再以职称、地位和权势来衡量,而是更多地以知识水准和完成任务的潜能发挥情况作为标准。同时,每个人都要有对自己地位不确定性的心理承受意识,因为职务或是职称都将不再是向家人或亲朋好友炫耀或风光的工具了。在未来的发展中,组织中的激励机制将显得尤其重要。对于受过教育的人来说,他们追求的是有意义的、满意的和创新的工作,他们要求一种与这种需要相适应的、和谐的、灵活的组织结构。人们对工作团体的责任感会减弱,因为工作关系经常变换,团体只是一个短暂而易变的结构,人们将学会不断地发现新的组织交往形式。

由于受上述六方面因素的影响,未来的组织将会主要是一种有机的、适应性的结构形式。人们忠诚于他们的专业,人际关系不断调整,组织结构必须具有更多的自由度,并能及时适应环境的变化。要对这种组织加以管理,就必须认真培养未来的管理者。这种培训必须体现以下的要求:

一是训练管理者善于对付各种变化。通过培训使管理人员形成一种既有危机意识又勇于接受挑战,不断投身于革新的态度,把管理者培养成一批“会学习的人”。

二是训练管理者成为一个具有系统观念的人。通过培训使管理人员能从整个组织系统入手,去适应组织中角色的不断变换,协调各个子系统之间的关系,解决系统内部出现的冲突。

三是通过训练产生新的激励。这些新的激励主要指两类:一类是“塑造形象”,即在职业上受到同行的尊敬。这种工作上的上进心会提高组织成员对组织的忠诚程度。因为在一个好的组织中工作不仅可以满足个人参与组织的要求,而且更能满足其对职业的需求。第二类激励是自我实现的需要。这种高层次的需求与工作任务并无多大关系。要满足个人对自我实现的追求,就不能将培训仅仅看成是“一个修补工厂”,是为了解决“落后”的问题。认为教育有终点和成人已经完成教育的观念已经不再合时宜了。一个人只有终生受教育才能满足其自我实现的需要。

四是通过培训实现成人社会化。传统的组织理论只研究儿童的社会化问题,并错误地认为到了成人阶段就结束了社会化的任务,如果要讲成人社会化,只是暗指那种要根治儿时遗留下来的恶习的做法。但在现代社会中,人们的价值观、态度、伦理与道德等等方面都在发生变化。一个成功的人往往是很好地被社会化了的人,即对新的观念、伦理、价值能迅速适应的人。由于成人都在一定的组织中,因此,未来的组织应当成为成人社会化的最好的场所。组织应当在成人社会化的过程中承担起主要责任。

五是通过培训,建立和发展合作解决问题的团体。努力创造协作的气氛,培养人们进行有效的协作是未来组织的一项重要任务。协作是人们“协调一致”的行动,它是以人们之间的相互合作、相互支持为基础的。传统的观点认为,只要每一个个体是好的,放手让他们自行配合就行了。事实上,这样形成的组织,其内部的成员是孤立的,是一种假和谐和假民主,是一种“零的协作”。要广泛而持久地实现协作,就必须通过训练建立协作团体①。

六是通过培训形成总的组织目标。

之所以组织结构会不断的演进,是因为它一方面要适应不断变化着的环境,另一方面它又需要利用环境、改造环境。比如,家族组织的目标,主要的就是保证组织大权永久掌握在族长手中,因此这类组织不求发展。而官制组织,其目标是追求通过合法权力结构而达成控制成员,使得全体合力提高组织效率。当代的组织结构多是传统式和科层(官制)式的混合体,组织是由异质成员组成,他们中有些人具有大学以上的学历,有些人则没有。有学历的人中有些任管理职务,而有些是任幕僚专业职位;还有些也只当了普通工人。前两种人员虽然都有升迁机会,但职权性质也并不相同,即有权与无权;至于后一种当工人的人肯定容易埋怨组织不重视知识、不重用人才,使他学非所用。另外,一些无高学历的人几乎无缘问津升迁机会,但其中也有些人能自学成才,甚至能有很好的成就和成果;然而还有一些人虽无学历无成果,但他干他本行认真尽职也很行。针对这样一个异质群体的组织,关键只有通过培训,使得每个成员能很好地将自己定位在一个非常合适的职位上,同时组织要配合成员选准职位,形成双方的利益和责任的契约规范。合理定位,确保克服人浮于事,实现人尽其才和卓越经营、共享利益的最终目标。

未来的组织还应当通过培训形成团队目标的心智模式,使组织成员克服专业偏见,走出狭窄的行业胡同,以组织的总体目标来规范行为。

附录:育儿成本与企业培训——诺贝尔经济学奖得主加利·贝克

① Jay M. Shafritz, Albert C. Hyde: ***Classics of Public Administration***, 2nd, The Dorsey Press, Chicago, 1987, p.332.

尔妙析[①]

诺贝尔经济学奖得主加利·贝克尔用经济学的研究方法分析了养育孩子的成本问题。他认为,父母在生育孩子方面,同样在遵循着成本—效益分析方法,尽管不是有意识的在遵循。正因为如此,才造成富裕家庭的孩子较少,而贫困家庭的孩子较多。与贫困家庭相比,富裕家庭的父母一般都有很高的薪水,比较理想的工作环境,因此,为了养育孩子他们付出的机会成本无疑比贫困父母要高得多。同时,富裕家庭的父母总是对孩子有较高的期望值,愿意在孩子的教育等方面多花费支出,所以他们养育孩子的直接成本也是很高的。这样一来,权衡利弊,富裕家庭的父母就倾向于生育较少的孩子。而贫困家庭养育孩子的直接成本可以低到只是在大粥锅里加一勺水,孩子能活,长大能帮父母干些活,就是父母对孩子的全部期望。

对养育孩子的成本—效益分析方法可以推广到对企业职工的在职培训。在职培训,对人力资本的形成进行投资,只要与投资机器、设备、厂房一样能取得较高的收益,对企业来说就是有利的。当然,培训会增加企业先期的支出,减少先期的收入,但是,只要它可以大幅度提高企业未来的收益,或者大幅度降低未来的支出,企业就乐于向职工提供这种服务。贝克尔进一步将培训分为两种:一般培训和特殊培训。一般培训使职工在培训中获得的知识和技能,不但对本人有用,而且对其他企业也有用。例如军工企业培训的机械师,到民用企业也有用武之地。特殊培训又称专门培训,从专门培训中获得的知识和技能只能用于本企业,可以大幅度提高本企业的生产率,但到了外企业就派不上用场了。如宇航员、飞机驾驶员、导弹操纵人员等。贝克尔认为,一般培训的受益者是职

---

① “育儿成本与企业培训——诺贝尔经济学奖得主加利·贝克尔妙析”,载《新华日报》,2002-09-22。

工,因为他所获得的知识可以带到其他企业,从而增加职工自己的收入,所以这笔开支应由职工自己来应付,如果让企业承担,企业就有可能蒙受雇员流动的损失。但特殊培训的好处大部分被企业占有,所以费用应由企业支出。

至此,根据上述对组织发展趋势的预测,设想未来组织将会呈现如下四种结构模式:

1. 钟型结构

未来的社会可能会使组织呈现出极端集权的钟型结构(如图5-8)。这种结构会出现:中层管理人员的人数将会减少,决策时必要的知识和职权都集中于上层,中层管理人员只扮演传达和沟通的角色,承担人事和非技术性的责任。随着中层管理人员人数的减少,使得组织结构的中间部分变的非常狭窄。

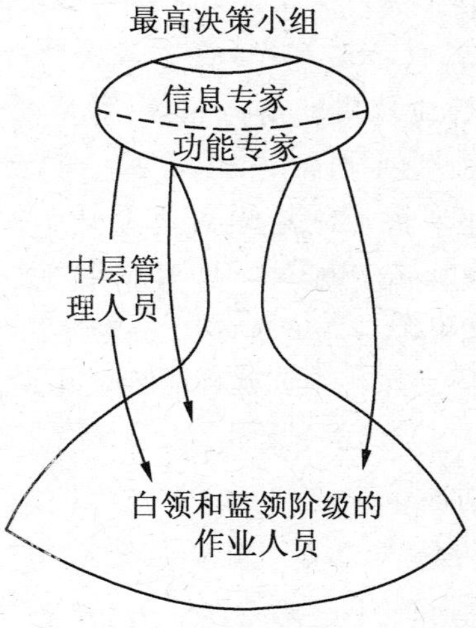

图5-8 钟型结构

产生这种预测的依据主要来自两方面:第一,高层主管中,拥有硕士学位的人数已逐渐增多。其次,由于专家的增多和新的信息技术的功能发挥,组织渐渐倾向集权。虽然,目前高层主管的决策仍多注重民主参与,但中层管理人员参与决策的机会确实减少了。电脑和管理系统的发展减少了对中层管理人员技术的依赖,使得中层管理人员除本职工作外有余力从事更多的规则及人际关系的协调。据一般中层管理人员的反映,他们认为他们所承担的工作比以前更为重要,且可获得更高的工作满足。

2. 直立腰鼓型结构

在未来社会中,随着技术的变迁和生产方式的逐渐自动化,控制组织的人将不再是工程师,而是知识工作者。这种趋势也逐渐的使组织的结构演变成为直立腰鼓型(如图5-9)。在最上层的是少数高级主管和一些拥有硕士以上学位的企业功能专家;在此之下的是一大批大学毕业的知识工作者;最下层的则是作业员。组织结构主要分成这三部分,他们彼此之间很难互相流动。

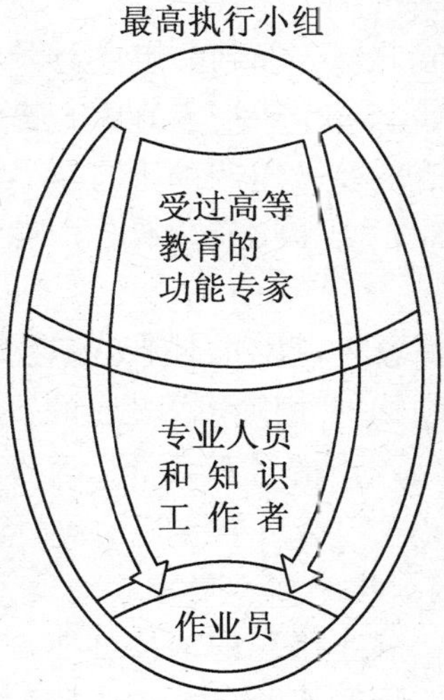

图 5-9　直立腰鼓型结构

腰鼓型的组织中，高层主管的工作性质类似于钟状结构的高层主管——召集小组，他们根据幕僚人员的参谋作用做出决策。这种组织中的幕僚和金字塔组织中的幕僚不尽相同，他们不固定隶属于某一主管。主管可以视需要和任何一位幕僚接触，并不受指挥系统和地位高低的限制。这就基本上打破了传统命令统一的原则界限。

在众多中层工作者的工作内涵方面，则显得相当不乐观。因为知识性的工作也将变得相当的机械化和形式化，同时对工作者产生的挑战是相当有限的。许多拥有硕士以上学位的工程师，现在便常抱怨他们是大材小用，其实，未来的情况会更加严重。未来的知识工作者将会更加的厌恶甚或反对管理，同时他们也会像目前的工人阶级一样，组成工会。这些预测最有力的依据是，过去30年来，白领阶级的专业人员正大幅度增加，而蓝领阶级的作业人员却急剧减少。

3．圆球协调型结构

最近数年来很流行的一句口号“民主参与”，其主要缘由是因组织中受过高等教育、拥有专业技术的员工逐渐增多，自然权力和地位层级也随之逐渐变化，故组织的形态也不再是维持传统的层级结构，与之相对应的结构将是圆球协调型组织状态（如图5-10）。

这种形态的组织意味着各个管理人员之间都能广泛的交流，而不必受地位的约束；同时组织中占多数的一般员工都拥有主要的职权，且有权选举组织中的管理人员。而管理人员仍将和传统组织的情况一样，可以享有较佳的办公设备和较高的待遇，但差异是已不如以前的待遇那样突出。更重要的是，这种组织的主管必须依赖于部属而存在，整个组织的结构已使得每位职员对于政策的决定都具有发言权，同时部属们既有权力更换管理人员，也有责

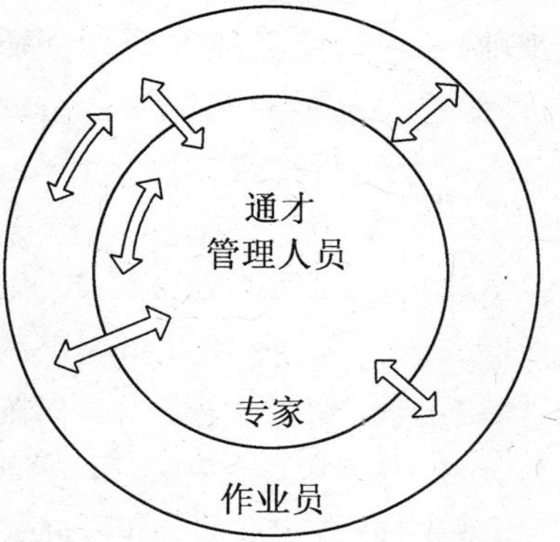

图 5-10　圆球协调型结构

任支持和协助他们管理①。

协调型组织可以说已成为当今社会的发展主流。民主国家的政治体系是一个最显著的例子,人民有权选举政府官员。在某些学校中,学院院长和科系主任也是经由选举产生的。在企业界最显著的例子该属欧洲企业的最近发展,尤其是南斯拉夫更是一个最好的例子②。他们实施的是社会化和资本化的混合制度,工人属于工厂的主人,关键是这种制度下的利润的增加对每个组织成员产生直接的激励作用。同时,他们都会认真选举一位对于他们目标达成具有最大贡献的人做为公司的经理。也就是这种制度实际上是一种集利益、权力、责任为一体的发展型组织管理链。

民主参与型组织的形态虽然已成为人们追求或企盼的主流,但或许有人还会怀疑这种形态的组织是否发挥其功能。大多数的

① 在美国科学促进协会(American Association for the Advancement of Science)一项会议中有关工人小组也将监视他们自己的工作——Philadelphia Inquirer, July 1, 1973.

② J. Mire:"*European Workers' Participation in Management*", ***Monthly Labor Review***, Vol.96, No.2(1973), pp.9—15.

员工都不满意管理者,因此经常发生改选的事情。例如美国工会领袖和国会议员,他们一经选任后往往会认为职位是属于自己所有,慢慢的便和选区的选民逐步脱离关系。组织中的管理人员也常会变得好像是自成一个体系似的。

4. 网络式结构

网络式的组织结构就是如同万花筒一般,随着环境的变迁而改变其形态。这种形态的组织,拥有一些固定的管理人员和各种不同的专家,并形成一个核心的领导群体。周围围绕着一系列不同形态的组织结构,包括有传统的层级结构、暂时性小组和矩阵结构型组织等。每一个单位的结构都与该部门的产品、技术、服务过程和外在环境相配合(如图 5-11)[1]。

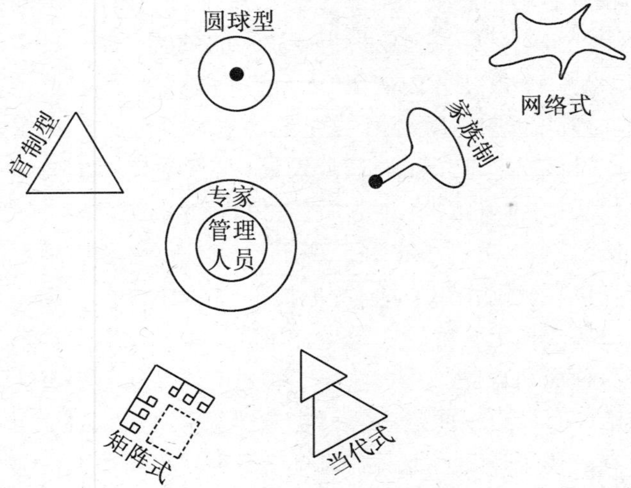

图 5-11　网络式组织结构

① 张承汉著:《组织原理——社会学探究》,台湾:台湾三明书店 1996 年版,第 346 页。

第八节　中国社会管理模式的构建与科层制

社会的现代化转型，要求构建现代化的组织管理模式。必须承认，由于改革开放，人们的组织文化提高了，价值观念增强了，竞争意识也大大强化了，这在很大程度上促进了人们对中国社会管理组织模式取向问题的重视。然而我们也必须看到同时发生的负面效应：组织观念淡化、社会责任感下降、伦理行为失范。这些现象的本质是：组织模式在变迁，组织文化在演进。对于这种现象，可以把它理解为转型时期社会现象的特殊反映。这表明人们必须研究传统的组织结构与现代文化的关系，从中探讨社会转型过程中组织模式的二元性特征，努力建构适合中国国情的现代科层制，以适应社会的现代转型。

一、科层制组织的特征及其优缺点

20 世纪人类主导的社会组织管理模式是科层制。科层制（又称官僚制）是建立在马克斯·韦伯的组织社会学的基础上的，它体现了德国式的社会科学与美国式的工业主义的结合，是“现代社会的世界性命运”。[①] 按照通行的解释，科层制指的是一种权力依职能和职位进行分工和分层，以规则为管理主体的组织体系和管理方式，它既是一种组织结构，又是一种管理方式。作为一种管理方式，科层制为现代社会的组织管理提供了有效的工具。马克斯·韦伯在对西方文明和东方文明进行广泛的历史研究和比较研究的基础上指出，任何有组织的团体，惟其实行“强制性的协调”方才能成为一个整体。基于此，他将官僚集权的行政组织体系看成是最为

① 安东尼·奥罗姆著：《政治社会学》，上海：上海人民出版社 1989 年版，第 71 页。

理想的组织形态,并预言人类在以后的发展中将普遍采用这种组织结构。韦伯设计的这种理性科层制组织具有以下五大基本特征:

(1) 专门化。在科层制组织中,作业是根据工作类型和目的进行划分的,具有很清楚的职责范围,它科学地划分每一工作单元和强调删除那些无用的重复工作,以及考虑到职能交叉的必要。各个成员将接受组织分配的活动任务,并按分工原则专精于自己岗位职责的工作。

(2) 等级制。在科层制组织中,拥有一大批官员,其中每个人的权威与责任都有明确的规定。这些官员的职位按等级制的原则依次排列。部属必须接受主管的命令和监督,上下级之间的职权关系严格按等级划定。

(3) 规则化。在科层制组织中,组织运行,包括成员间的活动与关系都受规则限制。也就是说,每位成员都了解自己所必须履行的岗位职责及组织运作规范。所以说,科层制组织所采取的手段最能有效地实现既定的目标,领导人一时产生的错误想法或已经不再适用的程序,都不大可能危害组织的发展。

(4) 非人格化。在科层制组织中,官员不得滥用其职权,个人的情绪不得影响组织的理性决策;公事与私事之间具有明确的界限;组织成员都按严格的法令和规章对待工作和业务交往,确保组织目标的实施。

(5) 技术化。在科层制组织中,组织成员凭自己的专业所长、技术能力获得工作机会,享受工资报酬。组织按成员的技术资格授予其某个职位,并根据成员的工作成绩与资历条件决定其晋升与加薪与否,从而促进个人为工作尽心尽职,保证组织效率的提高。

韦伯认为,从纯技术的观点来看,科层制能为组织带来高效率。从这一意义上可以说,实行强制性科层制是最合理的已知手段。它在严密性、合理性、稳定性和适用性等方面都优于其他任何形式。

（1）严密性。权力的层级结构制度可以确保决策制度的可靠性。位于层级结构中的每个成员都有明确职权限制，他们清楚地知道，如果发生了自己无法解决的问题，应当把问题转交给哪个部门、哪个职位；如果需要做出某项决定，那么决定应由谁来做出。这种严格按等级、法规运作权力的结果，可避免组织之间、个人之间职责不清，互相推诿的现象。

（2）合理性。科层制组织的按照层级节制的原则，保证组织成员按职责行使权力，使组织活动具有非人格化的特征。组织内部存在大批专家，他们拥有专门知识，再充分利用档案，这样，组织就有可能通过精确的计算对未来的事件进行可靠预测，从而使组织的行为建立在理性的基础之上。

（3）稳定性。在科层制组织中，专业技术知识的运用是它的一个主要优势，任何行政法令、决定、条例都有书面形式的规定和记录，详细而具体，具有很强的可操作性，从而保证组织行为的稳定性。

（4）普遍性。从韦伯创立科层制理论以来的半个世纪中，科层制组织的崛起已被证明是一个不可逆转的趋势，工业组织、政府机构、工会、宗教机构等一些大型的组织都经历了科层制化的历程。在当代工业社会，科层制组织仍为一种最普遍的组织形式。

尽管科层制已成为现代工业社会中最为普遍的一种组织形式，但在科层制运作过程中也产生了许多始料未及的逆向机能。因此，自从韦伯提出科层制理论以后，其观点便引起了广泛的争论。罗伯特·K·默顿指出，科层制的意图在于增强组织的可靠性和可预测性，它在强调通过规定和权力进行控制时，也可能会鼓励行为僵化、不愿意做出“有风险的”决策，从而使整个组织中个人和各级群体普遍存在防御性态度。菲利普·塞尔兹尼克则论证说，科层制实行控制所需要的授权可使组织中的下属单位产生狭隘的自我服务的观点,它造成了一种对整个组织绩效不利的后果。而阿尔文·古尔德纳研究表明,严密的监督在上下级之间造成了个人间的压力和冲突——这正是非人格化的规章最初想要防止的情况。此外,沃伦·本尼斯在他的《科层制的灭亡即将到来》一书中明确指出,19世纪后半叶和20世纪前五十年这一历史阶段中占据组织结构模式主导地位的正是"科层制",但是这种组织结构已与当前的社会现实脱节了,环境的不断变化促使科层制走向灭亡。不过,与本尼斯持相反观点的罗伯特·米威尔德则认为,"科层制即将灭亡"的观点言过其实。不可否认,许多组织的结构形式已经发生了变化,但是,这些变化并没有抛弃科层制组织结构。就像丘吉尔所说过的那样,"官僚制"是一种最坏的组织理论,但它又是至今仍没有过时,并且是惟一可采用的理论模式。

虽然对科层制的批评意见一直没有停止过,但有一个事实是显而易见的:科层制无处不在!绝大多数的组织采用的是科层制方式;除了极少数的组织外,它是最为有效的组织结构方式。科层制在现代工业社会获得了广泛的成功,那么,这种组织方式在中国的状况如何?在知识经济时代前景下,应如何建构中国社会管理的组织模式?

二、中国社会管理组织模式的二元性特征

曾有人指出,科层制在中国是"古已有之",西方的科层制是在仿效中国古代科举制的基础上建立起来的。科层制的产生曾受到中国科举制的启发这可能是事实,但科层制本质上是西方工业社会对社会管理组织形式的客观要求,是资本主义理性精神影响的产物。中国即使有所谓的科层制(韦伯称之为"准官僚制")也绝不是马克斯·韦伯所说的"bureaucracy"。

从社会学的角度来说,中国尚处于一个从传统社会到现代社

会转型时期,它既具有诸多传统因素,也具有一些现代因素。这种双重性及其所引发的各种问题自然也在中国社会的各种组织中明显地表现出来,并形成中国社会管理组织模式的二元性特征。这些二元性特征体现在组织中存在的双重异质性的组织结构,即组织的表层结构和潜层结构。

中国大部分社会组织都具有某些科层制特点,如专业分工、层级节制、规章管理等。这种由制度体系体现出的组织的表层结构,表现出一种科层制形式的合理性。然而组织在实际运作中,大多明文规定的原则又常常不能充分地发挥功能,有时甚至只是在形式上做一些表面文章。这说明组织公开宣称的原则同实际运作所遵循的原则是有一定的差异的。组织并不是惟一靠表层结构起作用,而且还受潜层结构因素影响。正如美国学者沙因所称的组织文化中的第三层次——基本的潜在假设一样,即当一些原则被反复用于解决问题后,就会成为理所当然的。当初仅仅为一种价值所支持的假设,后来就渐渐被当作是真实的。人们也逐渐相信事情本来就是如此办的。潜层结构是由一套非正式的,但却在发生效力并为组织成员所默认的行为准则所构成。它们虽然没有被组织公开宣布是有效的,但却在组织成员的交往中发挥着巨大的作用。正是由于组织表层结构的介入抑制着潜层结构,以致使潜层退居于组织的潜层。[①]

就组织规范而言,表层结构体现了现代组织管理的特性,而潜层结构则因袭着传统的特性——是人们在社会交往中自发形成的认同模式的直接反映。这种基本假设与美国学者阿吉里斯界定的"应用理论"是一致的。其潜在的、实际上对人的行为起指导作用的假设,是告诉群体成员怎样观察、思考和感受事物。基本假设像

① Jay M. Shafritz, J. Steven ott: ***Classics of Organization Theory***, 3rd Edition, Brooks/Cole Publishing Company, 1992, p.491.

应用理论一样是无对抗、无争论的；但是进一步重新研究“应用理论”就会发现它存在着内在的矛盾。这说明中国的社会组织尚未彻底摆脱传统家族式组织的性质，传统的社会关系仍能够在社会组织中发挥作用并具有十分重要的影响。由此看来，表层结构同潜层结构虽是异质的，但它们映衬与共，既相互依赖，又相互冲突，这可以说是中国社会组织中一种普遍存在的二元性结构矛盾。[①]

这种二元性结构矛盾的一个严重后果，常常导致组织中失范行为或偏离组织目标行为的产生。美国学者 F·利格斯在对发展中国家组织的研究中揭示了这种二元性的特点，并称这种二元性组织为“棱镜型组织”。在这种组织中，公开宣布的组织规则往往只是在形式上起着掩饰的作用，实际起控制作用的则是各种非正式因素互动的结果。[②]

尽管中国社会组织普遍都存在着二元性特征，但是在不同的社会组织中两种结构因素的存在状况具有不平衡性。在传统因素占优势的农村社区中，组织中的潜层结构往往会起到决定性的影响，比如，一些乡镇企业、基层行政机构要实施某项政策任务，有时仅凭正式的组织原则是难以执行，而非正式的小团体连接和传统的社会关系反而能对开展工作有着更大的帮助。然而，在现代化水平较高的城市社区中，组织要达到自己的目标，主要都依赖正式组织，依赖非人格化的规章制度。

从社会发展来看，中国社会组织的二元性有着它的必然性。转型社会结构的变迁、组织文化的发展和人际关系的协调，以及各种新思想、新理论的影响，等等，这些因素加在一起决定了各种社会组织只能是一个充满着矛盾的社会机体，而这些矛盾随着改革开放的发展，逐渐明显地表露出来，成为组织改革亟须解决的问

---

① Jay M. Shafritz, Albert C. Hyde: ***Classics of Public Admin istration***, 2nd, The Dorsey Press, Chicago, 1987, p. 499.

② 利格斯著：《公共行政生态学》，孟买：亚洲出版社 1961 年版，第 92 页。

题。具体地说,这些问题主要突出地表现在以下几个方面:

1. 人际关系的重要性与组织绩效的矛盾

人际关系的重要性是被人们普遍接受的经验事实,也是中国社会组织一个突出的特点。对组织成员而言,人际关系不仅是其立足于组织和开展工作的基础,而且也是影响其在组织中的地位和被评价的重要因素。因此,搞好人际关系与搞好事业成为个人选择的双重目标。但是由于个人的价值观不同,对人际关系的处理态度各不相同。(1) 有的人凭自己实干能力,赢得群体的支持,这种人的人际关系自然很融洽。多几个这样的人,组织绩效当然提高。这种人际关系在一般组织中都普遍存在。它体现了组织的正气。(2) 有的人确有才干,但与别人不合群,到头来使自己处于孤家寡人的境地,失去了别人的支持,使事业受损。而且这也会使组织受损。这种人际关系往往在知识型的专家学者身上表现更为突出。(3) 还有一类人,为图谋私利,打着组织名义结交私人关系,背地里不择手段地攻关,拉拢糊涂者合作或支持他(她)形成实力,或腐蚀意志薄弱的当权者,为他们合理合法的牟取私利提供方便,甚至为他们用权开路,打通各方环节,解决在别人看来无能为力的问题。这种人际关系对组织绩效可能也有所帮助,实质上却是用人际关系在玩权钱交易、权权交易,破坏组织文化,败坏社会风气,践踏法规法纪,从而有损于组织的长远利益。如许多媒体报道的那些"豆腐渣工程",在刚一开始确定由谁承接施工任务时在表面上也通过一系列严格的程序,并通过公开招标的形式选择承建单位。但实际上,中标者的选定却是主建单位与中标者之间暗箱操作的结果。最终,由于中标者不具备施工的资质条件,或是施工的不负责任,从而导致"豆腐渣工程"的出现。由此说明,在具有双重结构的组织中,违规行为常常既表现为失范又表现为符合规范。

以上所述表明人际关系不仅在组织中存在,而且对组织活动和组织绩效发挥着重要的作用。对于人际关系,如果处理得好,组织就能良性运行,提高组织效率。但是,庸俗的人际关系通常会影响组织士气,引起不必要的纠纷和冲突,容易导致组织利益和权威的流失,最终对组织绩效有害无益。

2. 组织文化与领导继任的矛盾

人们平常总得与组织打交道,然而人们在自己的组织生活中,却一直对许多观察到的或感觉到的东西感到困惑。比如,组织中存在太多的官僚主义,有些事情过于政治化,还有些方面表现出明显的非理性。要解决人们的这些困惑问题,关键要通过对组织文化的深入理解,并弄清楚组织中发生了什么,而且更为重要的是区分出哪些对领导是更要紧的问题。如果组织成员学会精确地分析组织文化,就能真正理解为什么组织做他们要做的事,为什么组织领导有他们常有的困难。

现代组织因领导任期届满或工作调遣等原因,组织机构中的领导或管理者的继任问题也会经常发生。因为继任前后的情况不同,所以结果也会有明显的不同。比如某皮鞋厂,原管理者推选一种宽松的管理模式,几乎不顾现行的所有规章制度。在那里,没有明确的提高效率、降低成本的方法。奖励,无论是物质的还是精神的,都与效率、生产没有必然的联系。总公司考虑到该厂的生产情况,换了一个管理者,并要求新经理务必提高生产率。新经理意识到他的前途将决定于企业增产情况,发现只有两种选择方案:

(1) 继承已有的模式:这使他可能在任何场合下都无法开展工作,因为他没有任何条件与员工个人联系。

(2) 推行已存在的但未被实施的规章制度。

新经理选择了后者。结果是,整个系统变成一个惩罚中心,公司内部关系变得非常紧张。这位新经理的继任带来组织内部的高度紧张,并使生产业绩相应下降。

对于这种组织情况来说,其组织文化可能反映出"初级群体"

的复杂性和个人行为定位的特征，相应的，其组织成员在对待新的领导严格执行规章问题上表现出缓慢或不予接受的态度。这似乎归之于组织文化受二元结构性影响的结果。由此看来，组织文化与领导继任之间的关系是十分密切的，但在组织发展的不同阶段，彼此形成的机制与程序又是不相同的。在组织发展的早期，领导人物的价值观和他们创业的故事对文化的形成具有特别的作用，而在一个组织的中、晚期即成熟或萧条的时期，新文化则往往是通过组织形象，尤其是领导形象的树立和对与过去决裂的原理、准则不断地阐述而逐渐培育起来的，所以二元性结构特征容易导致组织文化与领导继任之间的矛盾。

3．组织的潜层结构因素与人力资源管理的矛盾

当今世界各国都非常重视管理科学，目的就是为了提高综合竞争国力。然而要讲科学管理，第一位重要的就是人才，但是组织的潜层结构因素常常会干扰人才的发掘使用和正常流动，使组织内部不能保持公平竞争和提高组织绩效。比如，曾经拥有过帝国般辉煌的美籍华人王安电脑公司，在用人问题上就是因近亲繁殖，使得人才流失。

王安出于浓厚的父爱，对其长子王菲德寄予厚望，认为“虎父无犬子”，自己的子女是世界上最出色的子女，非常希望王菲德能继承父业，将王氏家族发扬光大。为了达到这一目的，王安曾安排其在公司各个部门熟悉情况，但王菲德经营素质欠缺而且刚愎自用，表现令人失望，王安却不顾他人劝告，仍令其接任父职，出任公司总裁。公司决策曾一时矛盾四起，曾跟随王安 20 年的营销能手愤然离去。与此同时，一系列附属性的家庭企业急剧膨胀，引起公司进一步动荡。一些董事规劝无效后，亦挂职而去，知识人才流失严重。1989 年 8 月，公司竟出现了令人震惊的奇事：股东联名控告王安父子营私舞弊。无奈之下，王安撤掉了王菲德，但此时公司元气大伤。1990 年 2 月，GEC 以最低价格收购了王安公司的海外

租赁融资作业机构。3月,法国的一家公司吞并了王安公司的分公司 Intecom Inc。同年8月,王安公司被迫向法院提出破产保护申请,向社会公开承认了公司的破产现状。

从王安公司的衰败可以得出的一个教训是:任何组织在任何人力资源方面,决不能搞封建世袭制,应以专业技术及个人的素质和业务能力的标准挑选人才。王安不希望庞大的家业大权落入他人之手,执意安排才智平庸的儿子执掌公司,形成封建家族式企业,是典型的中国家族观点的表现,与适应现代企业竞争的公司体制格格不入。现代组织惟有科学地选人用人,并不断培训员工,使员工能在劳动过程中既与组织保持热情的合作,又能为组织产生社会化的影响,只有这样,才能避免潜层结构因素与人力资源管理的矛盾。

三、建构适合中国国情的现代科层制

社会组织结构体制是社会环境总系统即社会环境与组织系统相互作用的结果,同时又是组织系统内的部分系统相互作用的产物。换句话说,组织管理模式一方面受环境的影响而变革,另一方面它又必须适应环境、协调内部,实现自我创新。中国属于世界现代化进程中的后发国家,既要能在知识经济时代背景下利用“后发优势”的难得机遇回应世界发达国家的经济与科技的挑战,又需抓紧发展落后的生产力,改变人民生活的贫困局面,无疑,只有发展才是硬道理。因此,组织模式的改革与组织模式的创新的目标取向,必须考虑在中国社会组织中普遍存在着二元结构特征的情况下,如何迅速发展社会经济,并努力通过创建新体制逐步制约这种二元结构特征的负面影响。因此我们寄希望于在改革科层结构管理体制并借鉴科层制的合理合法性的基础上,发育、创建符合中国国情的,力求保证稳定和发展的现代科层制。我认为,这一现代科层制的理论框架应具备如下几条规定:

1．现代科层制在实施原科层制法治和层级节制运作的基础上强化减少管理层次并强化民主制，实现法制与民主制及权威命令与信息反馈的有机统一

增强民主制，让成员拥有更多的参与、监督的权力，保证组织的运作既能实现法治，又能体现群众意志。由于种种原因，中国社会发展状况一直呈现高度不平衡，与此相应的组织方式是家长制与科层制奇特混合，甚至由于传统势力，家长制仍然在统辖着科层制，比如，一些现代化的大型企业，本该有着科层制的运作基础，却仍是家长的天下。如果说工业经济尚能给家长制留下些余地的话，那么在知识经济时代，家长制就失去了任何存在的理由。中国目前正处于建立社会主义市场经济阶段，科层制的法治和规章管理还是有相当合理性的，科层制在中国不是太多 而是太少。再强调民主制，或许能克服二元性构造成的人际关系与组织绩效的矛盾。

另外，加强正式与非正式沟通和民主信息反馈，通过定期召开班组讨论交流会，或找部分成员个别谈心，或领导亲自参加各种组织活动，采取对话式的工作方式，广泛听取群众的意见，发动和促进组织成员对组织目标计划谈建议、提看法，使得人人参与决策，个个当家作主，共享组织荣誉利益，共担组织困难风险，从而共同制约官僚主义行为，形成上下一条心。

2．现代科层制在坚持原科层制技术化管理的同时，实现与人格化管理的有机统一

原科层制仅强调技术管理，排除了对人的激励。增加激励机制，可赋予被管理者更大的权力和责任，培养人格化的情感作用，促进个人自觉投身到某些任务、计划和行动中去，从中获得成就，同时也给组织目标的实施注入了活力。目前，在我国的政治经济等领域内还普遍存在着严重的“初级群体化”现象和官僚主义，最根本的原因在于没有一套严格的正确评价人类创造性的管理体

制。所以,克服官僚主义,提高管理效率便成为体制改革的目标之一。要克服官僚主义,提高管理效率,当然要从思想上做好管理意识的转变工作,关键需要理解对话式的工作方式,释放和促进组织成员的活力和主动性;同时可采用领导例外原理,以使高级管理者不要将所有的权限都抓在一个人手中,而是尽可能采取集体领导,分工负责。作为高级管理人员,只需对例外事项具有决定权和指导权。这种例外原理的实施可确保领导避免大权独揽,集中精力抓宏观决策、集成管理、目标检查、内外协调,提高自己选择决策时机的能力;并充分发挥组织和成员的知识能力和创新作用,形成优化的团体。该条规定若能做到,或许能避免由二元性结构造成的组织文化与领导继任的矛盾。

3. 现代科层制以知识科学的方法管理人力资源

通过运用技术知识的优势,形成尊重知识、尊重人才的科技社会化的新时尚。对人员的录用和培养,必须保证素质、技术、知识和能力较为精良的人能被优先考虑。同样,招聘的各级领导,也必须具备优良的道德品质、丰富的实践经验、过人的决策胆略、超群的才能权威。同时组织还可以采用内部晋升、公开招聘、竞争上岗和轮换使用的方式,既促进员工积极进取,忠于职守,勇于承担风险,又能预防权力垄断的寻租行为滋长。另外,现代科层制特别要重视发挥与组织内外相关的专家学者的智囊作用。要求员工不断地获取新知识,自学成材,发挥知识和团体的整体效益。该条规定对克服由二元性造成的组织潜层结构与人力资源管理的矛盾是比较有效的科学方法。

4. 现代科层制要倡导学习

第一类,倡导个人学习,学习组织文化,学习职业道德、科学技术和运用信息,正确理解和认真执行规章法纪,改善人际关系,从而将被动执行带有强制性的非人格化制度变为成员实现自我价值的自觉行动。第二类,倡导组织学习,即:一是单环学习,它指组织成员在适应组织规范的情况下，对生产过程中出现的问题，能从行为上与组织保持一致的姿态，予以设法解决，以保证组织提高效率；二是双环学习——指组织成员发觉原有的“在用理论”已经不适合组织运转而需要重新建立新的规范时，一方面要理解接受新的规范，另一方面还要以新规范的战略尽快为组织发展新成果。通过学习，使组织成员减少对管理阶层的依赖、附和、从属和被驱策的心理，增强组织的凝聚力。

值得说明的是，上述五条规定，仅是对当今知识经济时代背景下，中国社会应有的组织管理模式的一种理论假设，这一理论思路仍然以科层制的社会管理组织模式为中轴，只是对其中不适合我国实际需要的部分进行了尝试性的理论修订和补充，其目的是期望新的组织能充分发挥人的个性和创造力，并使组织发展为既严格执法又充满活力的创新体系。在一定意义上，如果说社会管理组织模式的变革既是社会宏观结构变迁的动力，又是现代主流文明演进的归宿，那么，以上建构的社会管理组织模式似乎可以被理解为深化改革和实现可持续发展的一条主航道。因此，通过开发社会组织管理资源，提升社会能力，把握社会现代化演进中的这一规律性问题，是政策思维的战略性取向。

每一项有组织的活动，从小作坊生产到大系统工程，都会提出两个基本的但却相反的要求：分工和协作。正是组织职能将劳动划分成不同的工作，并对它们加以协调。

——作者

第六章 公共组织职能

公共组织职能在我们当今社会组织化过程中日益占有重要地位。学校、研究机构、公共设施、医院和其他公益事业部门，以及各专业、工业和商业协会等等。这些公共机构与企业性公司组织一样，都需要实施组织职能化管理。他们都要分派和挑选人员负责某个岗职的工作，并取得报酬——不一定称其所挑选或任命的岗位人员为总裁或经理，而是授予他们以负责人、管理人员或主任等职衔。

这些公共服务机构（就简单地这样称），包括政府行政机构在内，实际上都是现代社会需要尽快发展的部门。我们现在正处于一个由传统社会向现代社会转型发展时期，作为每一个生活在现代化、工业化、都市化社会的公民，谁都离不开公共服务机构的职能管理。这些机构的职能体现了现代社会的服务价值。因为现代公民追求和享受高的生活质量本身就充分表明了我们的社会在发展,而社会发展的基础就是依靠经济能力和生产效率的日益提高,它又是通过高效益的教育、保健、知识和活动能力来体现,而不是像传统社会仅仅满足于“衣食住”的温饱生活。

但目前公共服务组织的工作中有些方面尚不能令人满意。诸如,学校、医院、科研等机构基本上都在进行体制改革,一方面改制后的工作需要与社会磨合适应;另一方面改革动机的理念需要与实践验证的结果相吻合,只有这样才能使公众接受。因此,这应该要计算一下改革后的社会效益与改革本身成本效益的差,以免改革走弯路。比如,医院现在的开支预算仍像天文数字一样,尤其是高校的医院依然处于“负债状态”。实施医疗责任社会化后,又产生了医生的职业道德与敬业偏差的扭曲现象;而极个别病人的野蛮自利性也在悄然泛起。再如学校办学,是要教育质量上品牌,还是要教育上产业,如何摆正位置?这很有可能会给个别投机分子钻空子、做买卖。科研机构也是如此。所有这些问题,其实不只是哪一个国家的现象,可以说,每一个国家的公民都怨声载道,抱怨那些本来应为他们服务的机构管理不当,非常“官僚化”。[①] 由此可见,社会经济要发展,公共组织职能作用的正常发挥是关键。然而,重视公共组织的职能尤其要重视政府这个典范组织的职能。因为它服务于全社会并引导和指导各级各领域的公共组织职能的合理定位、协调、运作,提高社会效益。

本章将侧重对如下几个方面的内容进行阐述,即:1. 公共组织职能的特点与种类;2. 公共组织的基本职能;3. 公共组织职能调适;4. 从政府与市场的关系谈组织职能的转变。

---

① ［美］R·J·斯蒂尔曼编著,李方、潘世强等译校,《公共行政学》,北京:中国社会科学出版社 1989 年版。

第一节　公共组织职能的特点与种类

一、公共组织职能的特点

国家是社会组织的典范,它是根植于社会却又凌驾于社会之上的特殊的社会权力机构。公共组织作为社会组织的组织形式之一,在社会生活中发挥作用,它一方面使主体(和部分)的活动成为可能,另一方面又限制其活动的性质、方向、状况等等,使其在一定范围内,循着一定的轨道来进行活动。它的职能的能动性具有以下几方面的特点:

1. 宏观性与微观性

公共组织职能的典范代表——政府职能,它反映了公共组织在国家政务管理活动中的基本方向、根本任务和主要作用。它的宗旨是代表广大人民的利益,根据不同时期内社会发展的需要,依法行使国家权力,管理社会行政事务,推动经济发展和社会进步。这对于全世界每个国家来说,都是大同小异,惟有制度不同而已。我国自 1978 年改革开放以来,社会经济生活的各个领域发生了很大的变化,人民的生活正由温饱进入小康,但是整个经济形势发展并不很稳定,社会结构也发生了较大的变化。比如,城市化经营、国有企业改制、高科技组织攻关、部分工人下岗、成百上千农民进城、环境保护等,这些问题惟有通过政府制订指导性经济计划,建立经济、市场信息网络,以帮助企业提高国际竞争力,才能获得解决。显然政府要加强职能调控,做到宏观管住管好,这决定了政府职能的宏观性。同时,经济发展不稳定,一方面使政府财政收入减少,另一方面导致社会保障开支大幅上升,政府在入不敷出的情况下,为了既要保证社会稳定,又要促进经济发展,还要从长计议参与国际竞争，抓住发展机遇，争取迎头赶上发达国家并跻身于世界经济化的行列，那就需要调动多方面的积极性，挖掘可发展的潜力，其中需依赖企业或私有企业的内职外延，上下协力共同解决社会就业的问题，进而发展经济。亦即是政府职能要从微观上放开搞活，通过制度创新，促进技术创新，尤其是促进人力资源的优化组合的管理制度的创新，从而达到民富国强，振兴国家。这表明政府职能的微观性。

2. 集权性与分权性

很明确，公共组织职能设置的目标就是要使公共行政人员能有效率地使用资源。对于组织来说，无论是公是私，最基本的目的就是运用技术，去获得效率。其实，政府公共组织的问题也如同一般的组织问题一样，关键是要有一个有序的满意的分工，然后再探索和寻找出适当的协调和控制方法。因为，组织是一个大系统，它包括一系列的各个方面的活动，因此，需要对各种活动进行科学的管理才能达到运用资源的效率。这就体现了组织职能的集权性。为确保组织职能的集权作用，组织尚需要采取四条基本措施：一是理清应当执行的业务和工作；二是确定所需要的部门的职责和数量；三是选择具有战略眼光和开拓精神的领导者；四是建立一个权威体系以协调并控制各个部门的活动。

组织职能是提高公共组织效率的必要手段。由于组织成员各个个人的知识背景、技能以及时间和空间上的限制，任何一个人都无法单独去做组织所要求的任何一件事，即是说，具体的个人只能完成和承担一定范围内和一定量的工作。因此，必须在组织中实行“分部化原则”或“部门化原则”，从而有利于对部门的工作实行组织职能的划分。

组织职能的划分具有一定的标准。一是以目的为标准，依据组织设置的主要目的作为组合的基础。这种组织职能的划分的好处在于能提供一个让公众可以观察和审视的焦点，其缺点是组织目的比较难以划分,而且大的公共组织中各部门追求的目的也都很多样复杂。二是以部门的运行作为组合的基础。这种组织职能的划分强调的是专业技术能力和规范,其优点是符合专业化要求,受技术人员欢迎,其缺点是过分强调技术方面,会干扰组织目标的实现。三是以人或事为标准,依据所要处理的人与事作为组合的基础。这种组织职能的划分的优点在于能与服务的对象有直接的接触,其缺点是对于专业化有所妨碍,而且处理的人较为复杂,有时很难明确地分类。四是以地区为标准,依据行政所要管辖和服务的区域为组合的基础。其优点是易于协调该区域内的各项事务并能因地制宜地开展工作,不足之处在于可能导致管理者有褊狭的地区观点,妨碍公共组织的一体化。上述四条标准决定了组织职能的不同分工,这实际上决定了组织职能的分权性。但是由于组织是一个大系统,组织对职能的分工是为提高组织效率所采取的必要手段,而组织最终目的是为达到各职能整合后的最高效率的共同目标。所以,虽然组织的集权与分权存在矛盾,但两者同时又需要相互统一,至于谁优谁劣,组织应选择哪一种,须视具体情况适时灵活选择运作。

附录:集权和分权要比较两种决策成本

决策权是企业的资源。要提高权利资源的产出率,就需要借助另外两种资源,即信息资源和知识资源。充分的信息是正确决策的基础。因此,在企业权利资源的分配上,最佳方案应该是,将权力分配给拥有知识和信息优势的人,即按知识和信息优势分配权力。

在一个企业里,知识和信息一般都是分散的,每个人都只拥有某一方面或某一部分的特有知识和信息。知识和信息的分散化是由社会分工引起的。因此,要使权力与知识和信息相匹配,在企业内必须分权。如果不分权,就会出现权力的分配与信息的分布不对应的局面,就会导致决策失误。这种决策失误,可称为缺乏信息而引起的决策成本。

向拥有信息优势的人下放决策权,这是有成本的,这个成本就是代理成本。因为决策者的个人目标与企业的总体目标或者与企业老板的目标是不一致的。权力下放,掌权者有可能以权谋私,由此也会引起决策成本上升。这种决策成本可称为目标不一致引起的成本。

因此,企业的集权与分权,就要在两种决策成本之间比较,通过这种比较,找到企业决策总成本的最低点。这个最低点,也就是企业决策集权与分权的最佳位置①。

3. 体系性与独立性

组织职能是指组织系统的权力应发挥的控制的作用,主要涉及组织活动中的各种构成要素及其相互关系。随着市场经济的快速发展,传统的金字塔集权式组织已不太适应信息技术时代的需要,并逐步向扁平化的简权放权范式转换;在这个过程中,人们面临的主要问题是如何处理组织职能间相互交错、相互影响、相互作用关系。比如,为了提高组织的竞争力,首打其冲要进行技术创新,殊不知技术作为生产力要素之一,与其他要素既相互区别,又相互依附。因为技术要素必须依附于资本要素和劳动要素,技术只有固化于资本和劳动之中才能真正实现创新价值。资本为增殖而购买生产资料、劳动和技术,技术为资本增殖而不断创新。由于技术资本超额利润的实现完全归功于技术创新,所以技术资本逐渐从一般资本组成升为重要组成部分,有时甚至起到了决定性作用。诺贝尔奖得主、美国经济学家贝克尔教授认为:“发达国家的资本 75% 以上不是实物资本,而是人力资本。”可见,作为管理技

① 钟朋荣:《集权分权要比较两种决策成本》,载《新华日报》,2002 年 6 月 30 日。

术的职能,它与管理人力资源的职能以及与财务管理的职能之间的关系既是互不相干的,各自在不同的领域内发挥着不同的作用,充分显示各自的独立性,但彼此又是相互依赖的,彼此的依赖关系又使得各个方面的管理活动构成了一个完整的体系,从而显示了整个组织的体系性。

4. 继承性与变异性

无可否认,当代社会已成为高度组织化的社会,每个人都已成为组织的人。而组织的职能就是管理人类活动的系统。人首先作为个体,其次是作为必须在一定群体中生活的个体。人与人,人与组织,组织与组织之间产生的互动关系,即为人类的活动;而人类活动的目的就在于人类为了生存和发展。从根本上讲,人所做的一切努力都与他的利益有关。当人们将利益视为客体对象并通过组织去获取它时,这便是组织管理职能的工具性取向。利益是一定的客体对象或对象状态对于主体存在和发展的价值,是在具体的历史条件下客体与主体的现实关系。人的活动的直接目的在于掌握某种客体对象或实现某种对象状态,以便使之符合人的利益。利益作为人与外部世界交换的本质关系,具体地表现为人的多层次、多方面的需要。因此,社会总是按人性需要而发展,组织亦随之在不断的变迁;相应地,社会政治经济的发展和科学技术的进步,决定了组织职能所需作用的范围、管理工艺和方式,当然也不同。这就导致了组织职能的变异性。

但就组织的原始观念的内涵问题,尽管人类以其特有的耐心用几千年的光阴从建构它、雕筑它、到不断的修饰它,使其不能与往日同日而语,但其精神上的血缘关系依然在当代社会起着某种遗传的影响作用。因为人类活动的本能目的就是为满足人的需要,包括社会的需要、群体的需要和个人的需要。无疑,这种精神上的遗传作用反映出尽管人类在管理理念、管理认识上不断深化,并带来不同时期的管理变革,但其管理职能的发展方向始终具有时间上的长久意义和空间上的普遍实践意义，我们简单地称之为组织职能的继承性。

二、公共组织职能的作用

组织职能是建构组织的重要依据。组织职能是组织地形图上的定位标志，它决定机构的建立，指明组织运行方向。职能是否健全，运转是否正常，直接关系到公共组织工作的成效。

组织职能是一个体系，而组织既是由具有互动关系的人群构成的社会实体，又是由组织职能有机集成的管理体系。无论是公共行政管理还是企业、事业管理，都同组织联系在一起。凡有管理的地方，必有组织，决不存在没有组织的管理；同样，凡有组织，必定需要管理，也决不存在没有管理的组织。组织是一切管理的载体，管理方式不过是组织维持其存在和发展的形式。另一方面，现实的人是活着的人，人的活动构成人的存在形式。人的自觉活动都是有目的的活动，这种目的来自于人的本能的需要，因此，人会凭借自觉活动的结果来满足自己的需要。为了有效地满足人们多方面的像马斯洛所论及的随五个层次不断上升的需要，人们必然要求自己活动本身具有有效性，追求更高的活动效率。

正是人类对人活动效率的不断追求，进而又推动了人类社会进步。然而，“社会进步”涵义仅是人类组织处在某个社会阶段中的正在运行着的客观实际现象，它永远呈现中间程度的某种形式的表征标准。因为它比起它的过去阶段上的状况有发展了就称为是进步的，但比起它的未来阶段的状况又只能是未知数或许可能是落后的。人们只能人为地制定一定的量化标准进行定性的评估，可以比较鉴别出人类文明好坏之分的盛衰历史。并针对人类各阶段存在的组织现象进行分析，发现运作效果好的，认为这时的组织职能可以延续继承；发现运作效果不好的，认为这时的组织职能可能不适应变化了的环境，需要变革。由于社会总得顺着时代的脚步朝前发展，自然人的自觉活动总得不断地变化，组织职能亦随之不断变化，人的存在方式也随之而不断地改变。人的新的存在方式取代旧的存在方式，自然带来了组织维持和发展方式的改变。这意味着社会发展与人本身的发展是紧密相连的。所以活动既是人的发展的方式，又是导致组织发展的方式。

由此可见，组织是人与社会的中介，它的产生和发展，既是人的活动的结果，又是为不断调节人与人之间的关系、人与劳动资料之间的关系的结果。而组织的建立一般都是依据它的职能所决定。因为组织职能是一个体系，组织机构也相应表现为一定的有机体系。组织机构依据组织职能而建构，其实质又是由组织理性属性所决定的。组织职能好比组织地形图上的具体定位符号标志，一方面体现了分工和专业化，另一方面规定具体岗位的权限和职责，有利于提高组织的效率，进而达到组织实施战略管理。比如，中国目前正在进行实施的十五规划宏图，首先根据规划的总体目标确定各个部委的组织职能，接着依据组织职能调整各个领域的结构。政府机关改革，首打其冲的就是确定有效职能，再依据职能确定机构岗位，然后定编定人。最后精编减员，提高行政效率。由此可见，组织职能是建构组织机构的重要依据。

1. 组织职能是实现组织目标的手段

组织的目标任务一般都是通过组织职能的实施去实现完成。职能既是组织完成任务的能力又是实现组织目标的手段。因此讲，组织完成任务的过程即组织职能的运作，在对组织需要的问题上已经二重化了，这就是对满足的需要和对需要的满足。组织职能的运作是为达到原先制定的目标而完成任务，这决定了是它的自觉目的的一种需要，也是考验。但达到目标亦即实现了某种满足，这是一种趋利性的欲望，可以称之为对满足的需要；这种组织需要的二重属性决定了它将会积极采取手段达到目标。组织也像人一样，它也有一系列的不同层次的需要。而且它是在不断地追求着更高层次的需要。这种对需要的不断追求将会成为组织职能的实施动力。组织职能的运作就是力求实现对需要的满足的过程。当它的一种需要得到满足时,另一种需要又会代之而起。组织的需要是按一系列等级组织起来的:生存、发展、强大、受人注目、自我实现等需要。

在最低等级上的(亦称之为第一层次)是生存温饱需要,当它还没有得到满足时,是极为重要的。就像人没有饭吃时,索取食物就是生活的一切。当它迫切需要解决饥饿和温饱时,发展、强大等需要对它来说都不会起作用。但是,当它定期得到足够的东西(生产资源)吃时,寻找食物就不再是一种重要的动力。

当组织的生存需要得到合理满足以后,下一阶段的两个较高等级的需要就开始控制即激励组织的行为。其中的第二个层次就是成长、壮大的需要。这是一种自强的信念的需要,同时又是一种对尽可能最公正的机会获得的需要。当它获得参与社会资源分配机会时,它是很愿意冒险的。但是,当它有了生存地位后却可能更需要得到政府等公共组织的保障、保护和支持。

当组织的成长、壮大需要得到满足以后而不再为其物质福利担心时,这其中的第三个层次就是受人注目、自我实现的需要。这是一种归属的需要,同时又是一种努力发挥自己潜在能力的需要。持续的自我实现的需要又是一种具有创造性的需要。在现实生活中,这种最高级需要只能以极少数的机会、极弱的方式表现出来,对于相当多的组织来说,这种需要只能以放弃或休眠的状态存在。

比如海尔集团,虽然它是企业集团,但它的需要与公共组织是雷同的。它从1984年起步,当时拥有员工300多人,年销售额300多万元,到2000年时,它拥有员工3万多人,产品销往60多个国家,年销售额达400多亿,美欧市场占有率达27%,年增长率达80%以上。该集团的发展阶段大致分为三个阶段:第一阶段为1984年—1990年创名牌获得合理合法的地位,即生存的需要;第二阶段为1990年—1998年多元化竞争市场(发展强大的需要);第三阶段为1998年至今是国际化海尔(受人注目、自我实现的需要)。

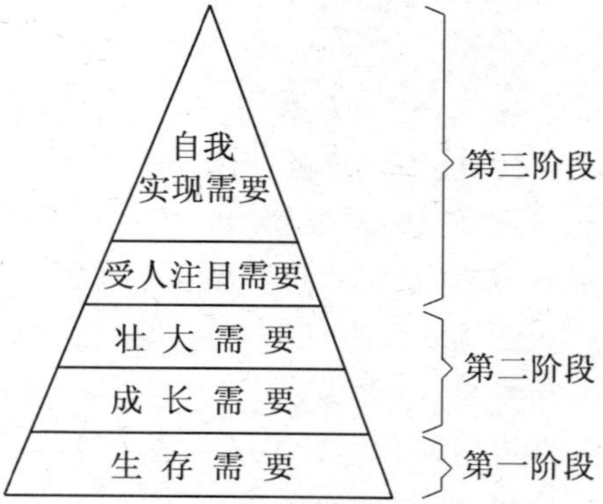

图6-1 组织的需要层次图

然而,组织对需要的满足大致又都包括两个方面:第一是自身通过职能的运作满足自己的需要,这是组织的自我满足。第二是在组织与人交换的关系中互相交换其运作的结果,从而使人的需要达到满足,这是组织职能使人与组织实现有效一体化而达到的相互满足。这些获得满足的人大致包含两个部分的人,即第一部分是组织内的成员,他们在执行组织职能完成任务过程中,对组织作出贡献,使得组织成功,自己也产生了业绩,达到自我满足;第二部分是组织的服务对象,他们接受组织的服务后获得需要的满足转而对组织的回报,使得组织获得受人注目、实现自我需要的满足,从而使得这些服务对象又能得到更多的需要的满足。显然,社会越发展,人的自我满足越带有组织的、社会的性质,而人与组织的相互满足作为交换的产物,显然是依靠组织职能来实施的社会活动和组织关系而达成的;也就是说,组织职能是完成组织任务的能力,同时又是实现组织目标的手段。

2．组织职能是科学管理的基础

根据客观历史过程，中国的公共组织管理起步并不迟，而且具有悠久的管理文化记载，只要翻开西方一些管理学的经典著作，它们都将我国的《三国演义》、《孙子兵法》及《大禹治水》等等吸纳在内，并且还作为重要的典范理论加以阐述。这是我们中国人都应引以为豪和自信的事实——中国的公共组织管理是有根有族的。但遗憾的是因为种种历史缘故，使得我们这门科学遭遇中断而耽搁了相当一段历史发展进程。由此而使中国的组织管理研究要比西方国家晚一大截。这也是我们中国人不得不承认的事实。所以，中国要想从与农业社会相适应的经验管理，直接步入与工业现代化相适应的现代化管理，尚需要一个循序渐进的过程。

因此，我们应该本着借鉴他人经验以更好更快地发展自我，是一个不失时机的上策良机。也就是换句话说，我们可以坐下来认真检验一下西方组织研究的客观发展过程，看从中能否找寻到一些科学规律值得借鉴或批判使用。从西方管理的发展历程来看，是先有科学管理，后有人本管理，这恐怕是具有规律性的。因为当一个组织处在一种混杂管理状态，如果想要提高组织效率，究竟从何着手，让成员干什么，怎样使他们提高效率等。单靠死命令或是体罚要挟能办好事情吗？惟有或当然需要职能化管理，使得每个人职责分清，各施其能，完成任务。为此，在泰罗时代，虽然组织理论还没有发展成为一个独立的分支学科。但在科学管理原理中，泰罗已经在不经意间讨论到组织理论问题。因为组织是管理的载体，没有组织就谈不上管理。因此，泰罗在研究科学管理时，不可能不涉及到组织问题。泰罗明确指出："在一个更复杂的生产组织里，也只有当这个生产组织在完成其生产中所耗费的综合支出维持在最低限度时，才能实现工人们和雇主的高度繁荣。"他认为，应该将整个企业运行过程分成两大部分：作业的部分与管理的部分。泰罗在回答有些人对他将管理叫做科学的问题时曾讲过：所谓科学就是将已经存在于头脑中的未加分类的知识加以正确的分类和组织。人们在管理中,可能是按照科学行事的,也可能是不按科学行事的。新的管理方法就是不按老办法行事,而是按科学法则完成任务。泰罗的按科学方法办事,主要表现在他第一次将组织中的管理职能与作业职能分离开来。

在《科学管理原理》中,泰罗得出了三点主要的看法:"① 用科学取代工人个人的主观判断;② 在研究、教育和培训工人,或者也可以说对工人进行一系列的试验后科学地选择和发展工人的个人特长,而不是听任工人自己选择自己和在漫不经心的状态下发展个人特长;③ 管理人员和工人进行密切合作,按照所发现的科学规律办事,而不是经常把如何处理问题推给工人个人去解决。"①

在这三点结论中,泰罗将组织中作业的职能与管理职能加以必要的分离。在旧的管理体制下,组织的作业职能与管理职能不分,实际上将一切都推给了工人,由工人按照他们自己的意愿去劳动,结果造成工作效率低下。泰罗倡导的科学管理体制,在组织内实行职能分离,经营人员承担计划职能,工人承担执行职能,从而使管理科学化。

对于管理人员来说,他必须承担以下任务:利用对时间和动作进行研究的管理技术来确定劳动过程中的科学规则;科学地选拔和培训工人;发展管理科学。而对工人来讲,其任务是:按照规定的科学规则进行作业;通过向计划部报告来支持管理人员的管理职能。到后期,泰罗又强调管理职能同作业职能的统一。在组织理论上,可以说是泰罗第一个提出了将任务管理与管理职能化相分离的观点。

泰罗将组织中的与作业相对应的职能专门化,即意味着管理

① 泰罗著:《科学管理原理》,上海:上海人民出版社 1982 年版,第 77 页。

成为一个专门的机构。所谓职能组织其实也就是管理组织。只有将管理变成一个同工人作业相对应的不可或缺的重要职能，才谈得上管理的科学化。

与泰罗同时代的法约尔也同样注重组织职能问题。他说，对于一个组织来说，大体上可以分成两大部分：物质组织和社会组织。只有在配备了必要的物资资源以后，社会组织才能完成它的一些主要任务与基本职能。法约尔进而还将社会组织职能作了详尽的阐述。他特别强调，社会组织必须讲究效益，但讲究效益的组织必须在充分重视人的知识和智慧的基础上，实施科学的过程管理。他将科学的过程管理分成计划、组织、指挥、调节、控制等几大基本职能。他认为可以从理论上来剖析管理人员职能；可以依据经验总结管理的一般原理；可以将原理扩展到实践中运用；管理原理可以为管理理论提供要素；管理是一种可以改进的技能；从实践中来的基本原理是可靠的；完整的管理理论既包括基本原理又包括其他有关的知识。

法约尔在强调加强科学的过程管理的同时，指出了社会组织应当完成如下系列任务，即：注意深思熟虑地制定并执行组织的行动计划；努力使企业的物质组织和社会组织与企业的目标、资源及需要相适应；建立一个一元化的、有能力的、坚强的组织领导；将组织中的力量协调起来以利于配合行动；作出清楚、明确、准确的决策；将每一个人安排到最能发挥其作用的职位上去；对每一个职位明确规定其职责；鼓励组织中的成员的首创精神与责任感；对组织成员所做的工作给予公平且合适的报酬；对出现的过失与错误进行必要的惩罚；教育组织成员严格遵守纪律；强调组织指挥的统一性；要求组织成员做到个人利益服从集体利益；对组织实施严密的控制；强调组织内部的物品秩序与社会秩序；注意同规章过多、官僚主义、形式主义、文牍主义等组织中的弊端作斗争。

显然，法约尔与泰罗都异曲同工地认为组织职能是科学管理的重要基础。但美中不足的地方在于,他们都带有更偏重理性的功利色彩,而有忽略人本之嫌。由此使得后来的重人本主义的学者更为突出人本管理。但这些学者虽然偏重关注人本管理,但也同时重视组织职能的科学化构建,比如,梅奥特别注重对组织中人群关系的研究。在梅奥以前,研究组织理论的学者们,或者是从事组织建构的实际工作者们,只强调组织中管理的科学性和严密性,而轻视人的主观作用,把人仅仅看成是机器的附属物。梅奥和他的同事则注重研究人的情感、态度,研究了人的个体行为和群体行为,从而提出与组织职能相关联的若干新的有关组织理论原理。

这些新原理主要包括下述内容:一是认为组织中的人是"社会人",是复杂社会组织系统中的具体职位的成员;二是提出组织中除了正式组织外,还有"非正式组织";三是指出新型的组织领导,其能力主要表现在通过提高组织中某个岗位的成员的满足程度来激励人的"士气"。这些富有创造性的理论,构成了组织理论发展史上的早期行为科学学派即初期人际关系组织理论学派的分支。

其他的人际关系学派亦都像梅奥那样,他们都从不同的视角探讨通过科学实施组织职能而搞好人际关系以至最终提高组织绩效。

直到今天,人们在讨论到组织管理问题时,无不都是围绕提高组织"效益"二字,而所要采纳的管理战略也无不都会提到科学管理、人本管理。其实科学管理更多地重视目标、计划、管理、控制,但也不等于不关心人;而人本管理更注重人的心理、情感、人际关系、团队精神,但也不等于不重视科学管理;而这两种管理也无不都是将组织职能作为组织结构调整或重塑的科学管理的基础。所以,当中国现阶段正处于由农业经济向工业化生产经济和知识经济双重转型时期,应该说尚需加强科学管理和人本管理的有机结合。而组织职能体现在公共管理的各个方面和整个过程,因此讲,组织职能是科学管理的基础问题,更值得重视。公共组织中的每个职能都扮演着连接纵横交错组织枢纽的连接针的角色,它们彼此之间既相互独立又相互影响,只要某一个局部出了问题就会影响全局;因此,通过它的作用,使得公共管理大系统中的各个环节环环相扣,节节相通。同时,在某一子系统组织中,它又是建构组织的根据,在它的作用之下,使得组织结构合理、职责分明、员工优化组合,这就能保证组织实施科学管理以至最终达到组织目标。

三、组织职能的种类

在人类历史发展过程中,人类由于本身具有自然和社会双重属性的特征,这种特征决定了人们一方面为满足自己本能上的需要,而从心理上强烈认识到行为能力的施展都需要有效的组织;另一方面,人的需要的本质是自由的,但现实中,组织人的需要会受到社会组织的分配的制约,表现出渴望公平的组织。所以说,社会、组织乃是标志着一定类型的人类相互作用。而个人的行为都是具有主观的意义。社会行为乃是行为者的主观意图与他人之间的互动,这样就造成了主观与客观之间的矛盾。因此,必须用客观科学设置的组织职能的合理性来规范和分工每个岗位上的成员角色,并以此评价或约束个人的主观行为,从而达成合理的社会行为。个人的社会行为构成了更大的社会组织结构的基本建筑材料。如果说,个人行为主要是合理性问题的话,那么,与社会组织结构相对应的社会组织职能则是一个相对稳定性的问题。但是,组织职能的稳定性仅仅是相对的、有条件的、不可能无限期地保持绝对的稳定状态。"任何领域的发展不可能不否定自己从前的存在形式"[1]。

组织职能的变动性作为同稳定性相反的性质,其实就是管理

[1] 《马克思恩格斯选集》第1卷,北京:人民出版社1972年版,第169页。

方式的不稳定性。而管理方式又是受文化的影响,组织职能的变动性同时也就是人类文化的变动性。文化作为人所创造的组织环境,它的改变是同组织职能、管理方式、人的活动的改变相一致的。人的本性和潜在的不测性决定了人类与兽斗,与自然斗,与人斗的无穷的自由度和自组性。使其能够保持着永不衰竭的活力并促使组织职能在一种积极的状态中形成变动着的、发展着的存在方式,同时也创造出五光十色的人类文化。因此,组织职能既是建构组织的依据,并引导生产新的人类文化理念,同时还遵循人类文化的理念并为之适应人类多样性的活动而进行变动。这种变动大致包括如下两种情况:

1. 在每一种管理方式本身个性存续的过程中,该种管理方式的产生、发展、衰落乃至消亡,即一种管理方式本身的变动。这是一种管理方式个性演变的全过程。从理论上说,如果没有外部因素的强加或干扰,每种管理方式都可以而且应当经历这样完整的自我变动过程。这类假设前提下的组织职能呈现出同质性的连续性。

2. 在并存的不同的管理方式之间,新的更有生命力的运作方式取代旧的相对落后的管理方式,成为人们首选的组织运行的管理模式。这种发生在不同管理方式之间的变动,人们称之为管理变革。也就是说,某种管理方式并非完全自然衰落或消亡,而是被其他发展起来的更有优势的管理形式所取代,人们称之为探索或重构的新的占主导地位的管理模式。这类假设前提下的组织职能表现出异质性的动态随机或跳跃性。

对于某个特定的组织来说,它的管理方式若有上述第一种情况向第二种情况变动并转变组织职能,表明了该组织的职能已从保守机械型转向创新发展型;另一方面,该组织职能转变或创造新的组织职能,也表明了该组织非常渴望营造自身较为急需的内在凝聚力和外在适应力。

一般说来,一个组织之所以要转变它的职能,这都与组织运作目的的变化有关。如果组织运作目的基本不变,人们转变组织职能的动因通常来自对组织运作效率的关注。即使在旧的管理方式下运作效率保持稳定不变,但由于其他管理方式能够给组织带来高效率,组织自身当然也可能倾向于转变组织职能。再者,组织为使自身增加内在凝聚力和外在适应力,显然就是需要两方面能力的增强:一是提高组织效率,增加利润,使组织成员能感受到组织的物质凝聚力;二是营造一种以人为本的内在激励机制,以形成组织的精神内聚力。有了很好的物质凝聚力和精神内聚力就能达到实现组织目的所需要的内在凝聚力。从而有了较强的内在凝聚力,也就像一个具备强健身体的室内运动员那样,就能顶得住野外的骤冷气候的温差变化,自然该组织就能由内聚力转为外化适应力。总而言之,组织转变职能,其关键的动因都在于对组织活动效率的追求。

其实,组织职能系统与外界环境的相互关系,以及组织职能内部各要素之间的相互关系都是一种互塑共生关系。对于某个特定的组织来说,作为一个系统,它的效率不仅与组织内部的效率有关,而且还与组织对外部环境的适应性有关。因此,组织职能系统需要实施两部分的平衡过程,即一是组织的对内平衡;二是组织的对外平衡(详见第九章第一节)。

组织为了寻求长远生存和可持续发展,还应将追求效率获得利润与承担社会责任结合起来。具体地分析一下行政组织,组织要拓展为由成员(公务员)、管理人员、投资者(政府、民间各投资者)、顾客(服务对象)、相关组织和相关公众群体构成的社会政治经济法律有机组织共同体。从组织系统的广义目标的角度来看,有机组织共同体的理念强调组织是为一种环境——社会服务的社会机构。这种特殊的但也是泛指的有机组织共同体理念下的广义组织目标大致包括三个方面:完成本组织的特定目标和使命;使富有工作活力的员工能有成就的机遇或结果;适时处理组织对社会的影响并承担对社会的责任。通过对这种系统性的目标的追求,作为有机组织共同体的某个组织来讲,不仅能获得组织内聚力,还应得到环境的协同性支持①。

总之,组织必须适应环境,并与环境不断产生互动。为了适应环境,组织有时就必须按照组织的各要素进行组织职能类型的适当划分。正如英国学者厄威克所指出的那样:“在进行这一工作以前,我们必须对组织有一个清晰的图像。这一图像能使我们直接面对这些问题:行政主管的工作是什么?他应该干什么?答案就是 POSDCORB。”

P 指规划(planning)。任何组织,其运行都须事先作出周密的规划和制定详尽可行的计划,否则会陷入头痛医头、脚痛医脚的消极应付的境地。

O 指组织活动(organizing)。组织的重要职能是将相同的工作岗位归为一个职位,将相关的职位合成一个单位,将单位构成一个部门,如此层层归并,最终形成完整的组织形态。

S 指人事管理活动(staffing)。任何组织都要进行人事方面的管理,其中包括对人员的选择、使用、培训。

D 指挥活动(directing)。组织的任务在于建立统一的指挥系统,确立各个层级之间的权限关系,明确各个成员的职责。

CO 指协调活动(coordinating)。组织必须对其内部的上下层级之间、平行层级之间的关系进行沟通和协调。

R 指报告(reporting)。组织须对其工作的成果加以记载、分析、研究、审查、评估,并形成文字报告。

B 指预算活动(budgeting)。组织要对其活动的费用进行事先

---

① Luther Gulick, Lyndall Urwick, eds: ***Papers on the Science Administration***, New York: Institute of Public Administration, 1937, p.13.

的计划,这就要求对预算加以编制、运用和审计①。

尽管有上述的众多原则,但是美国学者古利克认为:“原则并不是随意的。原则是科学的一部分。当对原则建立起充分的设定时,人们相信它是英明的真理。只有这样公共行政管理才能成为科学的组成部分,就像几何学成为数学的一部分一样。”

上述的各种组织因素在不同的组织中所占的比重是不一样的,依据组织中何种因素占主导地位,可以按组织职能对组织加以分类。古利克以公共行政组织为例,将组织分为四类:

一是目标组织。这类组织的设计与建立的重点是服务于一定的、非常明确的目标,如教育局、环保局、交通局等等。

二是程序组织。这类组织的重点是对工作中的某些程序加以管理,专门处理某些环节上的具体业务,而并无确定的目标,例如预算单位、总务单位、审计单位等等。

三是管理人、物的组织。组织的职能主要是对人或物加以管理。细分也可以划分为两小类:其服务对象主要是以人为主的管理人的组织;其服务对象主要是以管理物品为主的管理物的组织。

四是地区组织。主要是以具体组织这一实体所在的地理位置为特征或名称的组织,如伦敦地铁管理处②。

第二节 公共组织的基本职能

公共组织的职能是多方面、多层次的,涉及的范围很广,内容非常复杂,尤其是作为行使国家政权的公共行政组织更为突出,这里仅介绍一下它的几项基本职能。

---

① Harold F. Gortner Julianne Mahler, Jeanne Bell Nicholson: ***Organization Theory: A Public Perspective***, Wadsworth Inc., 1989, p. 67.

② 姜占魁著:《行政学》,台北:台湾五南图书出版公司1987年版,第104页。

一、政治职能

国家是阶级的统治工具，作为公共组织的组织形式之一的国家行政组织，它的政治职能是由国家的阶级性决定的。恩格斯指出："政治统治到处都是以执行某种社会职能为基础，而且政治统治只有在它执行了它的这种社会职能时才能持续下去"。在当今这个多极化政治格局的世界上，仍不存在所谓的"全民国家"。任何一个国家，不管是资本主义国家、封建主义国家，还是社会主义国家，都是代表一定阶级对社会进行统治①。

近年来，在政治社会学和公共组织研究中有一种倾向，即是人们总想寻找到一个理性的政治概念，使之既包含阶级社会，又包含原始社会和未来社会。因此，便把政治职能概括为社会价值的权威性分配或社会的自我控制方式等等。其结果便把无阶级社会和阶级社会的根本区别给抽象掉了。换言之，也就是把无阶级社会中的社会自我管理和阶级社会中从属于政治统治的政治职能的运作行为性质混淆起来了。他们认为，由于在我国剥削阶级已不复存在，就应当去探索更高层次的概念和规律以更好地说明现实。这种愿望是好的，但有一个问题可能被疏忽了，即我们的现实是距离未来无阶级社会更近些，还是距离刚刚结束（也可能尚未结束）的阶级社会更近些呢？如果是距离未来社会更近些，那么那种把阶级社会抽象掉的探索就具有重大的现实意义。但是如果情况恰恰相反，那么其探索就会流于空洞而无现实意义了。

那么，现实的情况究竟如何呢？事实是我国社会所处的现阶段距离刚刚结束的阶级社会要比距离未来社会近得多。而且应该说，文化的许多方面还处于同阶级社会相同的历史时期，这好比一辆车在以加速或匀加速前进，若以稳妥刹车方式停车时，它会在被

---

① 田兆阳著：《行政组织初论》，北京：中国政法大学出版社 1992 年版，第 60—67 页。

关掉油门后自然地凭着一股惯性力继续朝前走一段才会最后停下来那样的道理。究竟如何理解或解释,请学者们和读者们自己去分析,这里仅探索一些政治职能的作用问题。

政治职能既是体现政治统治的意志,又是政治统治的手段,其涵义是,按照政治权威某种特定的秩序和目标对于政治生活进行自觉地、有计划地约束或规范的各种方式的总和。即通过一系列的约束和规范,使政治生活的各个方面都能正常地按照某种既定的秩序和目标运行和发展。在存在着阶级统治的社会历史时期内,政治生活的秩序和发展目标都从属于整个政治统治的,是作为政治统治的特殊形式存在着的。

然而,我们现实的政治职能的运作是作为社会主义的政治管理方式和行为,自然是同阶级社会的政治职能的运作有质的区别的,因为它是由本着为大多数人谋利益的少数人对多数民众的服务。而阶级社会就是少数人为自己本阶级的利益对多数人的政治统治。但是我们现实的少数人对多数人的管理与阶级社会的管理形式上是相似的。这种说法也会随时代不同其意义而不同。等到将来我们的实际情况距离未来的无阶级社会比较近的时候,这种少数人对多数人的政治管理会有更特殊的意义。对于现实情况来说,意义并没有改变。也就是说,从政治管理本身的情况来说,社会主义社会的政治管理和阶级社会的政治管理,基本上是一样的。这也是我们可以借鉴和批判吸收西方的政治管理经验的根本底蕴。所以说,我国经过几十年的社会主义的发展情况还是如此,并不是什么不正常,这表明是由于时代的局限性造成的。就是说,我们现在以及今后的一个相当长的历史时期内,在经济方面和文化方面还不可能为改变这种少数人对多数人管理的现象提供充分的条件。不仅我国如此,当代世界的任何发达国家也都还不具备这种社会条件,即:物质文明达到供需平衡,精神文明达到人人乐于奉献,公平竞争达到促进组织效率提高。只有达到这种物质文明条件境界时，少数人管理的现象真的可能才会寿终正寝。

正因为如此，如果把直到目前为止的历史时代所存在着的少数人管理的情况，和未来社会的全体社会成员的自我管理等同起来，抹煞其间的本质差异，只能引导人们脱离现实而满足于空间抽象的议论。因此，为了适应现实的政治职能的运行过程，我们就必须对政治职能进行划分；同时在本书中将采用以政治管理替代政治统治的提法，以便让人们对无阶级社会中的少数人自上而下对多数人的有计划、有目的的约束的行为能从思想上予以接受，并能认识到政治管理行为的主体结构几乎都是各种性质不同、大小不等的金字塔型的结构形态，也是一种正常现象。

虽然，在书中选用了政治管理替代政治统治的艺术性，但作为少数人对多数人的政治管理仍存在一个名分的问题，也就是必须用从理论上说明少数人这种政治行为的正当性，来使人们从感性上接受政治约束或规范的必要性。从管理的主客体关系角度看，作为管理的少数人(主体)与被管理的多数人(客体)之间是个社会契约和主权平等的问题；这表明了少数人的政治管理行为是受多数人委托和授权的，所以是正当的。毛泽东同志曾就告诫全党：“我们的权力是人民给的……”。在这个问题上，社会主义国家和资本主义国家在运作的方式上基本上是一样的，没有什么区别。甚至资本主义国家在形式上还做得更认真一些。但正因为是形式，实质是有为名义或名分而做文章的意思。也就是说在名义与实际之间必然存在着矛盾，少数人的某种政治行为实际上不一定是正当、合理的。迄今为止，人类为了找到解决少数人管理的名分，就采用了选举的政治形式。

上述政治管理中的一些思想行为，可能都会给组织带来影响和结果。然而政治管理会依据管理主体的行为和目标进行设置，其大致分为两个方面，一是公共权力对社会也就是对广大人民群众的管理；二是公共组织自身的管理。公共权力对人民群众的管理,其政治职能主要采取行政指令、法制约束、分配调节、道德教化、公共权力对政治自治管理的渗透等。在社会主义国家中,首先表现为统治组织对社会生活和整个国家的领导和支配,并吸收民主参与;其次是公共行政权力和法制约束以及公共行政权力对自治的渗透等等。

公共组织自身的管理则表现为通常所说的公共行政管理,即通过对组织的政治职能的设置,使得组织中各部分之间的关系、人员的素质、行为的准则等能更好地适应政治权力的正常运行。

那么政治职能是通过什么手段来保持政治生活的秩序和目标呢,或是说政治职能起了哪些作用?概括讲,就是领导、决策、组织、协调、服务等等。

在此仅侧重探讨一下政治职能的领导作用。

经常人们在一个家庭中都会以一种不成文的职能分工,丈夫负责对外,大的主意由他负责把关;妻子负责主内,统管一切(也有不是这种情况的);老人和小孩也都有参与家事的权力。这种通过家庭中心分配领导权力,并通过分工负责制,形成了一个既有约束,互相包容,互尽职责的幸福美满的家庭。生活在其中的每个成员,虽接受约束甚或是忍受家庭规矩,但同时也能享受家庭的天伦之乐。这反映了即便是家庭也需要具有中心领导。一个国家当然也是如此。国家如同一架机器,由若干神经系统集合而成的有机体。组织职能就是这些神经系统,而政治职能就如是大脑神经系统,它担负着领导支配的任务。

从政治支配的方式看,政治职能的领导作用的发挥通常包含强制型、仁慈型、奖惩型和民主参与型四种。

第一种强制型的,是从任务出发以指令性方式进行领导的,它是与传统的组织管理理论相一致的,是把领导的政治职能局限在划分岗位责任,制定工作规程,培训人员,监督规章制度的执行,考核成绩等等。这种领导方式必然对组织成员监督防范、以压代管、动辄惩罚。这种领导方式一般适宜在公安组织、国家安全组织、军事组织内实施。当前,从国内看,虽然阶级斗争已不是作为主导矛盾,但由于国内因素和国际因素的影响,阶级斗争还将在一定范围内长期存在。在某种条件下,还有可能激化,一旦时机成熟,敌视社会主义的分子还会兴风作浪,比如法轮功这一邪教组织。通过它的诱惑和唆使,使得一些人迷途上当、受骗,扭曲人心。同时它还制造舆论、歪曲事实,造成社会影响和民心不安。对于这类组织,我们为了人民的利益、社会的稳定,就必须通过强制性的政治职能予以严肃的取缔。

再从国际看,帝国主义和霸权主义仍存在,它们的亡我之心不死,挑起战争的危险依然存在。从美国 1999 年 5 月胆大妄为地轰炸我驻南斯拉夫大使馆,使我驻南斯拉夫的 3 位记者死于无辜;到 2001 年 4 月 1 日又派军用侦察机侵入我海域领空撞毁我国战机,致使我空军飞行员王伟逼迫跳伞后下落不明。美国这种大国侵略主义的行径充分地反映了邓小平同志“发展是硬道理”的理论的英明,这个发展包含了政治职能既要领导经济发展,同时又要领导军事发展。只有当我们真正具备了自己经济上的强大实力和武力上的强制能力,才不会受人欺侮。这种受辱之气怎能使人轻易咽下去呢?因此,我们不但不应该削弱公共组织的政治职能,而且还须大力强化包括保卫职能和武力镇压职能,以有效地防御国外敌人的侵袭,镇压国内敌对分子的破坏,保卫国家的主权和领土完整,维护社会的正常的生产生活秩序,维护安定团结的政治局面。

我国是由共产党执政、多党合作的社会主义民主国家。社会主义制度是中华人民共和国的根本制度。禁止任何组织和个人破坏社会主义制度。

第二种与第三种仍属于权力型或命令型的,虽然领导采取了一些主动接近组织成员的行动,但实质上仍然是以任务为中心的。这些变相的以任务为中心的政治职能,其管理方式已不能适应现代组织发展的需要了。今天的世界各国无不把高科技作为竞争的能力,一些国家在激烈竞争面前尝试或推广“社会组织”的管理方式,从而获得了较高的效率。同时,由于高科技的发展,各种管理手段的现代化,整个公共组织管理的格局、管理组织形态和方式都正在发生变化,人们越来越不愿意接受外来的压力和上级领导的机械监督。社会变化更加强调要培养心理上健康成熟的独立人格。另外,在复杂的组织中,由于新技术的普遍使用,领导事实上需要各方面专家的咨询,决策时更多地需要下属成员的帮助或参与。所有这些,都要求向知识型的政治职能的转换或变革。

第四种是参与式管理,它是一种发展型的,能适应激烈竞争和培养独立人格的政治职能的管理方式。这种管理方式是以员工为中心的,无论领导者还是管理者都重视工作中的人际关系,注重社会心理和精神作用,注意协调组织成员的情绪与态度。其结果必然使组织具有极强的凝聚力,士气高涨,队伍稳定、效率较高。

有关政治职能的决策、组织、协调、服务等方面的作用在此就不一一作介绍。

二、经济职能

经济职能是政府行政组织的基本职能。国家政府是建立在一定的经济基础之上的政治上层建筑,它依赖于经济基础,并为经济基础服务。政府行政组织管理国民经济,组织、干预、协调经济生活,一方面是为了维护统治阶级的经济利益,巩固和发展自己的经济基础;另一方面承担起根据不同时空环境的变化,适时调节组织职能使之能够根据社会需要来发展生产,并把生产和消费统一起来,使经济和社会协调有序地向前发展,形成一种良性循环的责任。

恩格斯指出:“人类社会拥有极其丰富的生产力,这些生产力只要合理地组织起来,妥善地加以调配,就可以给一切人带来最大的利益。”① 当今社会正处于转型发展的特殊时期，社会主义国家都把管理国民经济作为首要职能。因为政治的稳定，文化教育事业的发展，人民生活质量的提高等等，都必须也惟有建立在经济发展的基础之上。我们只有通过组织职能把蕴藏在人民群众中的各种丰富的力量组织起来，协调发展，给人民创造增值利益。

我国政府行政组织的经济职能，是通过各级公共组织中管理经济的有关分支部门实施的。主要包括综合管理部门、职能管理部门和经济审计监督部门，实行对国民经济的全面管理。

我国政府行政组织的经济职能，根据党的十二届三中全会通过的《中共中央经济体制改革的决定》，可大体概括为如下九个主要方面：

(1) 制定经济和社会发展的战略、计划、方针和政策；

(2) 制定资源开发、技术改造和创新方案；

(3) 部署重点工程主要指能源、交通和原材料工业等方面的建设；

(4) 协调地区、部门、企事业之间的发展计划、经济和资源配置关系；

(5) 汇集和传播经济信息，实施和运用经济调节手段；

(6) 制定并监督贯彻经济法规；

(7) 规范并管理对外经济技术交流和合作；

(8) 统观全局系统，部署并推荐结构调整和体制改革；

(9) 整顿和规范市场经济秩序，等等。

这些职能涉及方方面面，无疑是必须的、重要的。事实上，国民经济在不同的运行阶段，它会随时空环境变化而变得需要有所侧重计划，这些已成为人们必须承受的一种无法摆脱的决策负担。因为一个社会只要让人们感觉到出现了经济问题，就往往都是经

① 《马克思恩格斯选集》第 23 卷，北京：人民出版社 1974 年版，第 367 页。

济职能与变化着的环境出现了偏差，这时就需要侧重加强某项突出的问题或薄弱环节的调整或处理，所以人们都应该也必须要重视国民经济运行过程中的不同阶段的经济职能的管理。为了使人们能够更好地把握和实施公共组织的经济职能，在此，我们将其进一步概括为如下四个方面：

1．决策和计划职能

经济决策是对未来的经济发展目标所作的选择和决定。在对任何一项经济发展目标作决策时，都会碰到这样一个很现实的问题，即能使行动者可以接受的行动方案一定要满足一系列的要求，这些要求就是约束。所以，作为经济职能之一的决策职能，它所承担的职责主要包括选择和确定国民经济总体发展的战略目标、战略重点和战略步骤；制定重大的经济和技术政策；确定经济体制运行的模式等。比如，我国政府在十五计划期间就将经济体制改革进一步深化，作为战略目标中的战略重点，并对战略步骤做了具体安排：其一是加快产业结构优化升级；其二是继续实施西部大开发战略，促进地区协调发展；其三是深化以国有企业改革为中心的各项改革。而且对战略步骤中所要实行的经济和技术政策及体制的运行模式做了指导性的明确。

计划是实现决策的行动方案或战略部署。通过计划可以达到统筹安排，既能保证重点也可兼顾面上，这既能达到平衡也可实施更好的约束，从而处理好协调和衔接国民经济各方面的关系，以利于分阶段地实现总体战略目标。决策和计划既是互动又是目的与方法的动宾搭配关系，都属于事前管理，其功能都起到了制约全局的作用并决定着长期经济建设的宏观效果。因此，决策必须严谨、科学、审时度势；而计划则须系统、周密、与时俱进、可行；只有做到这样，才能确保社会主义市场经济沿着正确的方向向前发展。

2．组织和指挥职能

中国正处在社会主义初级阶段，当前正在试图摸索建构符合中国具体国情的市场经济，换句话说，中国是一个直接由封建社会进入社会主义社会的特殊的后发国家，现在正在积极地向知识经济社会发展，它既有赶超的机会也有赶超的决心和一定的竞争能力。但贫穷、落后的根底客观存在并影响着或拖累着整体竞争的能力。所以像中国现阶段的社会主义经济，还必须建立在特殊含义的社会化大生产基础之上。统一管理国民经济仍然是中国行政组织的重大责任。因为只有依靠公共行政权威才能干预、协调整个社会经济活动，使市场、国有企业、私营（私有）企业、私有财产、财产权的历史分配、历史上确立的不平等阶级和政治的结构等等能够按照统一指挥的意志紧密的交织在一体，从而可以避免和克服在国民经济发展中，尤其是在商品生产和市场交换中的盲目性和杂乱无章现象[①]。比如农业生产。中国是一个农业大国，自改革开放以来，已由包田到户到联产承包责任制的实施，改变了农民过去那种分散经营的落后面貌；但怎样进一步科学种田，迅速推广新技术、新品种、新管理，保证增产、增收、增值，仍需要科学地组织生产和流通；合理地指导和指令一些生产基地的布局，以至统一开发、充分利用资源、引进新品种、推广新技术、加速资金周转、提高社会经济效益，以保证国民经济按战略有计划地发展。这正如恩格斯指出的那样，“当人们按照今天的生产力终于被认识了的本性对待这种生产力的时候，社会的生产无政府状态就让位于按照全社会和每个成员的需要对生产进行的社会的有计划的调节。”[②]这说明社会主义社会以现代化的大工业为物质基础，更大规模的直接社会劳动和共同劳动，就更加需要有总体的指挥和协调，更加需要社会组织管理，这种组织和指挥职能一般都是通过经济手段、法律手段、社会心理手段、指导和指挥兼顾的手段实现的。国家政

---

① ［美］查尔斯·林·布洛姆著，王逸舟译，《政治与市场：世界的政治——经济制度》，上海：上海三联书店、上海人民出版社 1995 年版，第 109 页。

② 《列宁全集》第 27 卷，北京：人民出版社 1972 年版，第 252 页。

府要努力成为强有力的组织和指挥的中心,就要不断地加强职能的修订和完善,并充分调动各级经济组织和广大劳动者的积极性和创造性,上下协力,同心同德,共同建设我们这个社会主义国家。

3. 监督和协调职能

监督和协调主要实施对决策目标和计划任务的完成情况,进行检查和落实,是一种经常性的事后管理。监督可使决策避免或减少失误,也可对失误的决策机制预防、补救或改进,通过监督可以及时发现决策是否正确和执行过程中有否失误,使得组织采取各种有效的协调措施,包括调整任务结构比例、目标进展速度和预期效益的关系,以达到决策和计划目标的实现。经济监督主要是抓好社会再生产的生产、分配、交换和消费四个环节的工作,以及各部门、各地区、各企业的经济活动。我们中国政府现在是处在转型时期的社会条件下,如果不受任何监督的全权往往是十分有害的。决策也必须按照一定的程序进行,以防暗箱操作,最终的结果落得少数人以权谋私、权钱交易或权权交易。事实证明,错误的决策或执行中的失误往往都是与缺乏有力的监督有着直接或间接的联系。诸如越权或滥用权力或程序上的错误等。当前应该也必须加强和完善经济监督职能。

协调是在监督的前提下,对监督中发现的问题进行的。协调就是要使组织决策目标计划中的一切工作都要配合。当前主要是要协调综合竞争力与产业结构优化的矛盾,这涉及如下几个方面:一要采用高新技术和先进适用技术,改造和提升传统产业。以此为原则前提,调整投资结构,调整投资规模,调整品种结构,确保支持重点,选好项目,不搞重复建设和单纯扩大生产力。二要加快发展信息、生物、新材料等高新技术产业。根据这一原则前提,协调抓好信息网络、新型电子元器件、集成电路、软件、新材料和中药现代化等高新技术产业化重大事项的组织实施。三是积极发展第三产业特别是现代服务业。按照这个原则前提,协调发展金融、会计、咨询、法律、服务等行业。逐步推行连锁经营、物流配送、代理制、电子商务等组织形式和服务方式，大力发展旅游业和文化产业。

4．评估和控制职能

组织职能某种程度上讲就是一种导向控制。这种控制和空调的恒温系统相近。恒温器记录着房子室内的实际温度，将其与所要求的温度相比较，并根据室内是偏热还是偏冷而将暖气关上或打开。一般组织中的许多活动也需要类似的控制——应当根据计划对实际结果加以评估度量和比较，然后采取纠正措施，以取得更接近于所希望的结果。

然而，对于组织进行的各种活动的控制，不可能简单到像所比喻的恒温器那样的一种机械过程。组织都会涉及人，而人又会与人、与组织、与社会互动，由此将使这一过程变得复杂化。所以，组织职能的实施往往受人的行为因素的影响、干扰最大。比如说，主管人是与实际工作成员都预先知道要对他们的工作进行评估，而且也都预先考虑到这些评估的结果——或者是好或者是差。因此，他们可能会做出特殊努力来取得预期的结果。所以说，评估是一种道德的民主的约束措施，它将使得组织成员都能接受或认同这种组织方式，并以自己的行为主动接纳组织的控制。但是，如果他们觉得评估不合理或不公平，控制制度就会给组织带来消极的效果。

评估和控制既依赖于又有利于其他组织管理过程——决策、计划、协调和领导等。一项没有确立目标和规定计划的活动，控制对它来说将毫无意义可言。若没有组织，本来就不存在对谁要评估，也不存在要谁对什么目标实施采取纠正措施，也谈不上加强组织协调和监督。同样，若没有有效的组织管理者的领导或指挥，即便整个世界都在评估，那也不会对具体某个人或某项工作产生任何影响。所以，整个组织过程——决策与计划、监督与协调、评估与控制是一个管理链，只有将这个管理链的各个阶段的活动都协调好，这个组织才能有活力，组织职能才能生效。

三、文化职能

文化职能也如同政治职能、经济职能一样，是任何国家的行政组织都具有的基本职能之一。在我国，文化职能主要是由公共行政权力组织批准建立相关的职能机构，负责对意识形态、教育、科学、文学艺术、新闻出版、卫生、体育等文化事业的管理。

1. 意识形态既属于政治范畴，又属于思想文化范畴

意识形态作为社会的观念(上层建筑)，是对一定社会经济形态以及由经济形态所决定的政治制度的自觉反映。在阶级社会里，意识形态直接或间接反映社会的经济和政治，体现一定阶级的利益和要求，对社会存在具有能动的反作用。所以有人称意识形态为社会的感应器。它会随环境动态变化而反映出各种行为形态。比如前些年由于对意识形态的斗争忽视了宣传教育，导致了资产阶级自由化的泛滥。这给了我们一个沉痛的教训，相应地也告诫了我们一个真理：抓意识形态管理时刻也不能放松！当前，刚跨入新世纪之际，经济全球化、世界多极化、社会信息化的潮流蓬勃发展，各种文化的碰撞和交融呈现出利弊互见的错综复杂状况。客观形势的发展实际上向组织文化职能提出了新的更高的要求。

因此，我们首先必须充分认识到精神文明和人口素质提高的战略地位，坚持始终以马列主义、毛泽东思想、邓小平理论为指导，决不允许在指导思想上搞多元化，同时也坚决反对僵化观念，一定要以我国改革开放和现代化建设的实际问题，以我们正在做的事情为中心，着眼于马克思主义的运用，着眼于对实际问题的理论思考，着眼于新的实践和新的发展。要把以科学的理论武装人民作为一项战略任务，坚持不懈地做好用邓小平理论武装全民、教育全民的工作。其次，要把培养“四有”社会主义公民作为根本目标。

坚持“两手抓,两手都要硬”,不断提高全民族的科学文化水平和思想道德素质。再次,要在加强社会主义思想道德建设的同时,把依法治国和以德治国结合起来,为社会保持良好的秩序和风尚营造良好的思想道德基础。

2. *教育是全球经济化时代建设的基础和战略重点*

教育是百年大计,千年大计。一个国家要发展,一靠经济基础,二靠人力资源;而教育好比是知识的聚宝盆,她从不停顿地为国家培养,输送人才,造就知识、繁衍科学技术,从而发展经济。所以国家的繁荣昌盛归根结底要依靠和发展教育。可以说,今天的教育就是明天的人才、明天的科技,而明天的人才造就知识产业、再发展科技,等于国家的竞争力和经济、社会效益,这就是促进人类发展的教育链。作为面对全球经济化时代的后发国家,中国就是要千方百计地努力使自身发展为知识全球化的强国,只有这样,才能跻身于世界先进国家之林,并立于不败之地。这就需要培养数以亿计的有文化、懂技术、会管理、能奉献的知识劳动者。要造就这样一支人才大军,只有依靠教育。这也就是所谓的“教育是百年大计、千年大计。”

我国对教育事业一直比较重视,专门指派由国务院下属的国家教育部,作为国务院的文化教育综合管理部门,负责掌握教育的大政方针和全面的规划与领导,对全国教育机构进行宏观指导和管理。近20多年来,我国的教育工作一直遵循三个面向的目标,也是以此作为公共组织管理教育的指导方针,坚持社会主义的办学方向,努力为社会主义事业培养德智体美劳全面发展的人才。从“九五”开始,我国对教育投资力度又明显加强,国家与地方政府还采取了按对半比例支持和共建少数名牌高等院校,使其尽快发展成为国际一流的大学,并支持引资或民间集资创建民办教育事业。到目前,应该说,我国的教育事业是有了很大的发展,但与先进发达国家相比还有差距,与社会发展的要求相比也还有很大的距离。我们仍要以面向现代化、面向世界、面向未来为目标,坚持改革、开放,力争多出文化精品,多出现代化人才,充分发挥教育的经济功能,发展科技的功能,精神文明建设的功能,推动我国的教育事业一直沿着社会主义大道向前进。

3. 科学是生产力,是社会主义现代化建设的关键力量

什么叫科学?科学是指有关自然、社会和思维规律的所有知识体系及其创造活动的总称。它包含数学、自然科学、人文社会科学和技术科学在内的所有全部知识与实践活动的总和。

的确,作为生产力的科学技术,它是改造自然、改造世界的物质力量,而同时,科学技术的知识科学体系作为一种观念形态,它又渗透进人们的精神生活,成为人们认识、了解自然、认识人类与自然的关系以及认识人类自身活动的精神武器。正是科学的这种"两重"特殊功能,使得人类越来越将它推崇为推动人类历史发展的关键力量。当前世界经济的蓬勃发展,很大程度上就是取决于科学研究的重大突破和进展。各国之间的综合实力竞争,实质也就是科学技术的竞争。人们不得不承认,科学技术的进步,不仅推动了社会生产力的发展,而且也改变着人们的思想、观念,同时促进了人们的社会关系发生相应的变化,并迟早要引起生产关系发生变革等,从而导致社会形态发生变化①。

回顾一下我们中国改革开放以来的发展历史,也可足以证明这一点。中国在20世纪70年代以前几乎很少与国外交流,那时的科学技术应该说也是非常落后的。而自1972年我国接待了美国总统尼克松以后,中国逐渐实施对外改革开放政策,使得中国的对外交流产生了具有历史上深远影响的意义。尤其到了1982年,中国迅速推进改革,先从农村责任田承包再到国企改制,广大科研工作者积极开展与国外学术界的交流合作,使得国际了解中国,中

① 何亚平主编:《科学社会学教程》,浙江:浙江大学出版社1990年版,第68页。

国也逐步迈向了国际，从而推动了科学技术的快速发展并增强了中国的科技竞争力。这一系列的发展，包括竞争力提高，与国际建立合作关系，自身的体制、结构等方面的改革等都应归功于科学技术的发展。一切的一切也都可以说明了科学是第一生产力，是社会主义现代化建设的关键。诚然，我们在不断巩固和发展具有我国国情特色的市场经济的当今，更应当自觉地依靠科学，使经济建设逐步转到依靠科技进步和提高劳动者素质的轨道上来。公共组织对科学技术的管理，必须通过制订科学技术发展的战略目标、总体规划和计划，组织团队力量对重大科学技术项目协作攻关，统筹安排基础研究和应用开发研究等；并在努力推动科技发展的同时，注重组织抓好科学技术的应用和开发研究，促进科技与生产的有效结合，使科技转化为现实的生产力。

4. 文学艺术、新闻出版、广播电视、卫生体育等都是社会主义文化建设的重要方面，精神文明建设的重要内容

公共行政组织对这些方面进行管理，关键是要坚持社会主义的政治方向，必须使广大人民群众都能认识到“我们这样一个伟大的民族，如果没有自己的文化这个‘根’，是不可能生存到现在的”[①]。坚持社会主义的政治方向，不等于是要死守住文化这个“根”，“死守住”是僵化的、教条的做法，就等于是在变相地出卖它，因为这样会使人产生逆反甚至于否定它；而应该是要不断地完善它发展它，这又必须使人们懂得，发展需要对文化进行修订甚至变革，但决不能一切否定，“当一个人把自己过去的一切都否定掉，就否定了自己的人格。”[②] 只有做到这样才算是真正坚持了社会主义政治方向。这是使我们国家能够稳定发展的前提。同时要把社会效益作为最高标准。

① 王升荣：《企业文化与现代管理》，北京：《中外科技》，1994年第1期，第19—23页。
② 何亚平主编：《科学社会学教程》，浙江：浙江大学出版社1990年版，第35页。

坚持社会主义政治方向这个前提既是方向又是条件基础；作为一个管理者要博学，世界趋势正朝向哪里？要有宏观的洞察力。邓小平同志他能在20世纪80年代末世界政治多极化的背景下，高瞻远瞩地提出中国需要什么，中国以后怎么走。什么“姓资的啦，姓社的啦”，他幽默成这么简单的一句话，“白猫也好，黑猫也好，会捉老鼠就是好猫。”他这个提法既很敏感，又很智慧，他告诉我们到底需要什么，不要再无谓地辩论，现在就是要做事，要实实在在地干一番事业。什么是真理？实践是检验真理的唯一标准。也就是实践成功的就是真理的见证。整个“南巡讲话”都是体现这个精神的。

今天我们还是一句老话：“发展是硬道理”。要发展就要干事业、讲成效。国际著名企业家、管理家、日本的松下幸之助先生讲过一句很有哲理的话：任何企业，国营企业也好，私营企业也好，合资也好，不赚钱就是罪恶。第一，企业赚钱才能缴税，国家有税收才能富强。第二，企业赚钱才有回收率，否则不能激发投资者。如果投资连银行利息都不能回收，投资就没有意义。这是对投资报酬率的思考。

全国上下要发展经济，一定要有利润观念。凡不能赚钱或对社会没有回报的组织就是有问题。红灯亮了，要找出到底是什么问题，是成本、人才资源，还是管理。

要发展经济必须加强如下四个层面的管理：① 市场运作从自由到有序需要规范；② 人们交换商品从需要到产生新思想需要认同；③ 参与世界多极化交流从新思想到新方法选择需要共识；④ 融入全球经济化潮流由方法到产生结果需要大局观念。这四个层面有时循环往复，有时螺旋上升，从而推动社会前进。

今天的中国应该创造一种既要以大局为重，又能各尽所能、各得其所，且又心情舒畅这样一种活泼自由的政治局面，让大家来产生共识，有不同意见欢迎，因为现在是多元化社会。多元不等于自己的比别人的好,也不一定别人的比自己的好。任何事物的存在都有其存在的价值,大家彼此尊重。但应从理性出发,加以判断,什么是中国目前、未来所需要的。新加坡的成功经验就是它每年都有很具体的计划,领导者心里很清楚。所以管理思想一定要很实际。

十三届四中全会以前,一些宣扬资产阶级自由化的作品畅行无阻,一些格调低下的黄色书刊到处泛滥,这些领域的不正之风愈演愈烈。这些年,通过对上述问题的整顿,取得了很大的成绩。但"法轮功"的歪理邪说、社会腐败现象的影响仍处在"树欲静而风不止"的状态。所以,我们对斗争的长期性要有足够的认识,时刻保持高度的警惕,加强对这些领域的思想政治引导和管理。文化事业只有坚持全心全意为人民大众服务,才能坚持社会主义的政治方向,确保它能服从、服务于社会主义现代化建设的总任务。

四、社会职能

社会系统是一种客观条件,它对公共组织的每一部分发生宏观的作用。但是公共组织的各个组成部分,却更容易受到某些特殊因素的影响。相当的特殊的因素往往就构成了一个特殊的公共行政组织职能系统的特殊环境。这个特殊的环境可视为社会的"公共事务",因特殊的行政系统的不同而不同,如立法行政、司法行政、政府行政、教育行政、军队行政、文化行政等都会有自己的特殊社会"公共事务"。这些"公共事务"纵横交错形成了一个社会"公共事务"网络,而最终能够协调并管理整个网络的组织即为公共行政组织。按照马克思主义的观点,行政是一种"公共权力",行政组织具有管理社会"公共事务"的职能,这是任何国家行政组织都具有的职能。可以想像,社会职能是公共组织除了政治职能、经济职能和文化职能之外内容最丰富的一项基本职能。它主要包括如下几个方面的内容:

1．指导社会生活

社会生活包括人们的物质生活和精神生活的内容、方式及习惯。如衣食住行、旅游、健美、娱乐、文化学习、智力开发、知识产业、技术创新等。社会生活影响到劳动素质，制约着物质生产关系，关系到精神文明建设。因此，在发展生产，满足人们物质文化生活需要的同时，行政组织要积极参与社会生活的指导，提倡文明健康科学的生活方式，克服愚昧落后和腐朽颓废的生活方式。目前城乡中普遍存在的婚丧嫁娶的铺张浪费，封建迷信活动抬头，盲目超前的高消费等。这些现象只有通过积极的引导，在自愿的基础上，由群众自己来解决，严重的要给予罚办。

2．保障社会福利

战后资本主义国家，由于垄断和竞争的发展，造成了工人失业和无产阶级相对贫困化等一系列社会问题。为了缓和矛盾，巩固资本主义统治，资产阶级政府采取了一系列福利措施，如失业救济、残疾退休补助、死亡抚恤、职业病防治等。瑞典还搞了一套从摇篮到坟墓的福利制度，真是五花八门。这些福利制度的实质，无非羊毛出在羊身上，是更加精明更为隐蔽的剥削“艺术”，企图巩固资本主义制度。但这些福利制度的实行无疑扩大了公共组织的社会职能的范围，在一定程度上缓解了社会矛盾。我国公共组织的发展社会福利的职能，与资本主义具有不同的性质，它主要是通过对社会福利、社会救济、社会保险等事业进行管理来实现的，包括制度、法规、条例的制定，贯彻落实的指导、规划和协调，资金的筹集、管理和使用等各项工作。比如，对城镇职工的保障措施采取个人、组织与社会共同承担。社会福利关系到人民切身利益，影响到社会安定，各级行政组织必须认真抓好。

3．提供社会服务

全心全意为人民服务是我国公共组织的根本宗旨。服务职能是由我国公共组织根本性质决定的。公共组织要为其他机关团体、企事业单位和全体居民提供社会服务，包括提供信息、情报、咨询等服务活动，也包括公共服务设施的建设和管理，如商业和服务网点、道路交通、基础设施、医疗保健、文化场馆等，这些与人民日常生活直接相关。这些方面都要由公共组织根据需要与可能，统筹规划，合理布局，加强管理，搞好服务，努力提高人民生活质量。城市政府要根据人民生活需要，积极组织发展新兴服务行业，如家政服务、商品邮购、承包搬家、室内装修等便民劳务项目，这样有利生产，方便生活，安排了就业，也引导了消费。

4. 维护社会秩序

为了保证生产和生活的正常进行，必须建立良好的社会秩序。维护社会公共秩序是各级公共组织的重要责任。一方面通过加强思想教育，规范行为道德等，启发人民自觉遵守社会公共生活秩序。另一方面，采取法律纪律等强制手段，并把两者结合起来。这是一种德治。要集中力量解决一些社会不良现象，如青少年犯罪问题、婚姻家庭问题、流动人口问题，以及赌博、娼妓、吸毒、黄色传播等低贱的犯罪交易问题。这些问题的解决，就从根本上维护了社会的正常秩序。同时要提倡树立良好的社会风气①。

第三节 公共组织职能调整

根据前述所知，政府公共组织具有很多具体职能，但主要有政治、经济、文化、社会四项基本职能。当这些职能得到正常发挥时，它们才能起到有效管理国家事务的作用。公共组织职能的发挥，由于受到主客观因素的约束，往往出现不正常。这就需要公共组织自身经常不断地进行调整、修订，以适应客观客体作用对象的各种选择，调适就是调整和适应，是一种主体自觉行为。但其具体行

① 何亚平主编：《科学社会学教程》，浙江：浙江大学出版社 1990 年版，第 74—76 页。

为将视如下具体情况而定：

一、组织职能障碍

公共组织职能之所以得不到正常发挥，多半原因是因为出现了职能障碍。公共组织职能的发挥一般是一个连续统的动态过程，出现或大或小的故障不足为奇。也可以说，组织职能发挥的过程就是障碍既不断出现又不断排解的过程。

公共组织的职能障碍，主要表现出职能过强、过弱、偏弱和无序四个方面的“症状”。职能过强就是作用于客体的强度超过了客体本身能够接受和理解的限度，这可称之为“臆样文章”或不合时宜。如我国在生产资料所有制的社会主义改造基本完成以后，仍然强调以阶级斗争为纲，这就必然造成政治职能过强。职能过弱就是作用于客体的强度不够，因而起不到应有的作用。如政府提出精简机构，本意是消肿增效，但精简的编外人员往哪里去、干什么、待遇如何保证或有所着落，这是使得被减员的对象走得放心，同时也使得在岗上的同志感到安心的关键。只有让走者放心留者安心，才能既使组织增效，又使组织的人员流动尤其是对今后机构整顿等各项工作的实施才更有说服力，否则适得其反。事实上，近几年的各级机关改革在人员安排上遗留的问题还是不少的，当然这当中也有个别官本位思想作祟，但组织协调职能过弱也是一个重要的原因。

职能偏弱就是作用于客观的功能出现了错位，该管的没有管住管好，不该管的管得过多过细。比如，自改革开放以来，我们有两大方面的工作做得相当不到位：一是误认为改革开放就该什么都开放，实际长期忽视了对人的思想教育。结果造成对外开放的大门敞开了，但由于窗子也大开了，纱门纱窗也不安装了，苍蝇蚊虫也都乘虚飞进来了，无孔不入，侵害腐蚀我们的思想和躯体，这方面的影响不能小看。二是宣传教育盲目地普及化。不管什么影响都可以引进，且都能毫无保留地让全民(包括幼小儿童)饱眼福，结果无形之中起到了教唆青少年犯罪的“教练”作用。这不能不算是一大职能失误的表现。

职能无序就是作用于客体的方式和过程的混乱，表现在空间上的高档和越位，时序上的节奏快慢无规则运作。在行使社会职能治理社会问题时，盲目从事，缺乏目标计划性，缺乏系统规范性，表现出头痛医头，脚痛医脚，忽视了综合治理和群体防治。在经济管理工作中，过分强调了经济手段和法律手段，忽视了必要的行政手段，使得事物走向了又一个极端，出现了有令不行，有禁不止，上有政策下有对策的现象。职能无序问题主要是发挥不稳定。有些工作并不是没有抓，而是抓得不得要领或是不得力，没有一抓到底，抓出成效。对待不正之风，人们早已“谈腐色变”，疾恶如仇，但有个别地区或有个别领导干部决心不大，胸无全局，措施不力，甚或阳奉阴违，惟己为大，不仅影响成效，而且影响了党和政府的形象和威信。

公共组织职能障碍表现是多方面的，影响它的因素也是错综复杂的。只有抓住其中的主要因素进行认真分析和解剖，找出产生障碍的性质及其原因，才能对症下药，治病除根。产生障碍的原因一般主要有如下三个方面：其一是组织结构问题，表现为机构臃肿、重叠，部门林立，职责不明，职能交叉、重复和空缺，以至于出现工作混乱、效率低下，扯皮现象屡见不鲜。其二是组织成员素质问题，包括政治、思想、知识、业务、作风等方面，具体说来如观念、信念、能力和态度等都直接影响组织职能的发挥。其三，是制度问题，表现为技术落后，人才外流，绩效评估、奖惩报酬、激励措施不力，尤其是缺乏对知识产权保护意识，以至于出现工作人浮于事、人心背离，组织气氛和士气都难以提高。

根据上述情况，要从根本上排解组织职能的一些障碍，也必须主要从三个方面做好工作。第一要加强组织的系统战略管理，调整机构，突出职能，消“肿”排“浮”；第二要通过教育和培训，提高人员的素质。要使组织职能能够得到充分的发挥，关键在于提高组织成员的素质。因为如果组织成员素质存在偏差，就会出现对工作不称职、不负责或是缺乏知识、精力和效率。一旦出现了这些情况，即便组织制定了很好的路线、方针和政策，也不可能顺利得到贯彻执行，那么组织职能发挥自然成为空中楼阁。第三要创新制度，通过有效的激励机制促进技术创新，促进人员将其知识和潜能得以充分发挥作用，达到提高组织效率的目的。

二、组织职能协调

职能协调是指对两个或两个以上的公共组织职能之间的关系进行调节的过程。公共组织职能对环境的作用不是彼此孤立的，而是相互制约、互相影响的。由于各自在系统中的地位和作用不同，构成公共组织职能之间的不同关系：

1. 平行关系，是指处于同一层级不同序列的公共组织职能之间的分工协作关系。政治职能和文化职能都是公共组织的基本职能，它们之间的关系是平行的分工协作关系。社会职能中的指导职能和保障职能，也是同一层级平行的两个方面，体现了分工协作的关系。

2. 主次关系，虽然处于同一层级，但因职能不同，其重要性也不同，职能之间表现为主次关系，主要方面决定次要方面，次要方面影响主要方面。在社会主义现代化建设的新时期，经济职能是公共组织的主要职能，相对于经济职能的政治职能、文化职能和社会职能则是次要的职能。

3. 从属关系，指处于同一序列不同层级公共组织职能之间的关系，次一级组织职能是上一级组织职能的组成部分，上一级职能包括下一级职能。政治职能和保卫职能、管制职能，就是这种从属关系。政治职能包括保卫、管制职能，保卫、管制职能是政治职能的组成部分。

4. 环节关系,指处于同一序列同一层级的不同公共组织职能,构成职能运行同一链条的不同环节,后一个环节是前一个环节的直接继续,前一个环节影响后一个环节,这样环环相扣,形成公共组织职能的动态运行轨迹。如计划职能、组织职能和控制职能,一环紧扣一环,哪一个环节出问题都要影响下一个环节,实质影响整体效能。

5. 交叉关系,指处于同一序列同一层级的两个公共组织职能之间部分交叉包含,互相制约,你中有我,我中有你,构成彼此交叉关系。文化职能中的教育职能与科技职能,政治职能中的保卫职能与管制职能,两个职能之间部分重合,彼此交叉,互相影响。

公共组织职能之间主要有以上五种关系。职能协调就是调节这些职能之间的关系,使他们之间彼此能够和谐发展,互相促进,形成合力,共同作用于公共组织管理的客体。当前主要应当解决主次不分和顾此失彼这样两个问题。

主次不分就是抓不住重点,平均使用力量,分不清主要矛盾和次要矛盾。这也是个思想方法和工作方法问题。抓主要矛盾也叫抓中心环节,公共组织在行使职能时要统观全局,突出重点,处理好主要职能和次要职能之间的关系。对主要职能要抓住抓好,以主要职能带动次要职能。主要职能和次要职能是相对的、有层次的、可变的。社会主义整个历史时期,公共组织的经济职能是主要职能,但在出现政治风波的情况下,政治职能应暂时成为主要职能,平息政治风波后,就应把恢复秩序和发展生产作为主要职能。

顾此失彼就相当于是理想主义和英雄主义,不讲协调和配合。引进了资金和技术,忽视了抵制资产阶级思想的侵蚀;发展了商品经济,忽视了克服商品经济可能产生的消极作用和不正之风,等等。这就要求公共组织在发挥职能作用时要掌握“弹钢琴”的艺术,注意职能间的平衡协调、过渡衔接、弹性和活力,做到张弛有致、抑扬顿挫，才能弹出一首美妙的乐曲。否则，顾此失彼，丢三落四，杂乱无章，只能是噪音①。

三、组织职能完善

职能完善是指对公共组织的整体职能进行宏观调整，建立一个职能齐全、分工合理、运转灵活高效的公共组织职能体系。公共组织的工作效率高低，关键在于整体职能发挥如何。

1. 要做到职能齐全

职能不全，就会出现空缺，致使某一方面工作没人抓，或抓得不力，从而影响整体职能的发挥。职能完善主要通过机构调整实现决策参谋咨询职能在我国一直没有引起足够的重视，常常是不谋而断，影响了决策的质量。重视并建立决策参谋咨询机构，补齐公共组织这方面的职能，是决策科学化和民主化的需要。公共组织的有些职能也需要健全，如一些承担监督、反馈、调节职能的机构要加强。总之，根据形势发展的需要，重点加强宏观经济管理的职能，如税务、金融、物价、审计、统计和工商行政管理，强化其职能，有利于在改革开放中对国民经济的宏观管理，避免出现大的经济秩序混乱。

2. 要做到分工合理

分工包括外部分工和内部分工。外部分工是指政府与党组织及社会团体等的分工。这里主要指公共组织内部的分工，即公共组织职能之间的职责划分，明确它们作用的对象和作用的范围。分工明确，可以避免争功诿过，弄虚作假。分工合理，既可以避免出现空格，也可以避免出现越位。如公共组织的决策职能和执行职能要适当调整，改变决策和执行不分的混乱状况。决策的职能应该强化，加强集团决策，建立科学的决策程序和体制。执行要与

① 何亚平主编：《科学社会学教程》，浙江：浙江大学出版社 1990 年版，第 78—79 页。

决策适当分离,机构要独立,队伍要精干,行动要迅速。当然,决策与执行分离只是相对的。这种相对性不是你我不分,而是合理分工基础上的协作。

3. 要做到运转灵活高效

公共组织整体职能发挥效果如何,不仅取决于具体职能的健全和分工的合理,而且还取决于整个职能系统的运行状况,也就是运行机制的完善状况。公共组织整体职能由各个具体职能有机组合,这些职能在运行中有自己的对象、方式和轨道,彼此之间相互影响,有时还会发生内耗和碰撞。为了减少摩擦和撞击,加强宏观调控是非常必要的。一方面要建立并完善运行规则,做到有章可循,就像体育活动的比赛规则那样,参加比赛者必须遵守,以维持一定的秩序;另一方面,加强监督和裁判,及时发现问题,纠正错误,调整机制,保证运行畅通无阻。只有从宏观上协调具体职能,才能起到放大总体职能的作用。

总之,公共组织职能的调适,就是针对职能的不正常、不协调、不完善等问题,采取有力措施,及时进行调节和修正,保证职能的正常发挥,促进公共组织管理的健康发展。

第四节　从政府与市场的关系谈政府职能的转变

一、社会的纵横坐标轴

社会本身是一个由多方面的因素、关系、过程所组成的最复杂的有机系统。但是,社会系统中的各种因素在作用或功能上并不是同等的。近年来,国内外相继刮起了一股"文化热",文化的概念被过分地扩充了,其作用被不恰当地夸大了。甚至,科技的与教育的影响也被人为地扩张了。从古至今,无论在农业还是在工业社会中，真正起到推动历史前进作用的，或者说是起着经常性的影响作用的还是政治与经济。而在现代社会中，这两大因素又进一步明晰化为政府与市场的作用。

之所以要强调现代社会这一带有时间色彩的词语，是因为，只有在经过了20世纪最后三四十年的曲折与风雨以后，人类才第一次全面地接受了社会主义市场经济这一事实。社会主义政治与市场经济曾经有过共同的遭遇。它们都被看作是可怕的幽灵，被咒骂、被攻击、被围剿。社会主义政治曾被资本主义当作幽灵。在200多年的资本发展史上，记载着的差不多全是资产阶级企图消灭社会主义政治思想及其制度的种种阴谋和尝试。在社会主义从其科学思想到政治制度建立的100多年的历史上，也记载着无产阶级憎恨资本、市场经济，并采取种种措施将其摧毁的事实。

但是，在20世纪行将结束、人类正整装迈向充满希望的21世纪的时候，无论是东方还是西方，都承认了一个曾经不愿承认的事实：社会主义政治和市场经济都不是幽灵，它们都是活生生的事实。两个曾经被看成是敌对的、水火不相容的东西，今天正在一个无论是文明，人口，还是国土面积都是世界之最的伟大民族中走向融合。这不能不说是人类历史上的一个奇迹。

但是，我们终究还仅仅处在这个奇迹的开端上。还有许多未知的东西要我们去研究。在这些未知的文明中，有一个荆棘遍地、令人望而生畏的区域，这就是市场经济与政治改革。正像几年前，谁谈市场经济，谁就要冒被扣上一顶自由化的帽子的风险一样；今天谁去谈市场经济会向政治改革提出要求，他也就要冒点风险。但是，这的确是一个重大的问题，它要求一切捧着社会主义饭碗的人在吃饱以后去认真研究。

在当今的地球上，所有的民族国家内，有两个组织是最大的，或无所不包、无所不在的：一个是政府，其有形的网络伸展到社会共同体的每一个角落；另一个是市场，其无形的触角联系着社会生活的一切领域和方面。

当然，将社会分析简化为两大要素，只是为了在分析问题时更为简化和更为清晰，并不是说在现代社会中可以不要其他条件了，特别是精神的、意识形态的、政党的、政治制度的种种因素仍旧是十分重要的。

在通行市场经济的现代社会中，正是政府与市场作为纵坐标与横坐标，支撑起整个社会，其互动关系构成了社会共同体变化、发展的动态函数式。对于一个已经较为定型的社会来说，其稳定取决于这两大坐标的吻合和均衡状态；对于一个正处在转型时期的社会来说，改革的进展则取决于这两大坐标轴的资源互补。

二、马克思主义政治经济辩证原则的有效性

在马克思主义的社会历史与经济学理论中，经济与政治的关系既是唯物的，又是辩证的。经济永远是基础，经济决定政治，政治不过是经济的集中表现。同时，政治也不是完全是消极、被动的，政治具有巨大的反作用。

马克思本人运用这一基本原理对市场经济已对具有较为完善形态的自由资本主义进行了分析。只是这种分析较多的出于政治的主要目的。马克思从分析中得出了资本主义必然灭亡，无产阶级的社会主义革命必然胜利的政治结论。问题是，马克思过多地看到市场在资本主义制度下对社会奴役、剥削，并在私有制下造成生产过剩危机的一面，从而对市场经济一概加以否定。

今天我们在对现代社会的经济与政治关系或其转化形式即市场与政府关系进行分析时还必须回到马克思。我们决不能因为当年马克思运用这一原理分析自由资本主义时，曾经得出过社会主义要取消市场的结论，就因此而将他的这一正确的原理简单地抛弃掉。

政治与市场的关系是矛盾的关系，政府在现代市场经济的社

会中，是完全渗透在市场之中的一种公共行政组织。这就造成了现代社会的一种奇特现象：市场内部存在着一种无法分离的、但的确在表面上又是同市场相排斥的力量。而从人类已有的经验来说，想用简单的方法来处理市场与政府的关系都是失败的：一种方法是不断扩大政府，其极端形式就是消灭商品、消灭市场，只要政府，从而达到政府与市场的绝对统一。另一种方法是不断缩小政府，最好形成一个“什么事也不管的政府”，只要市场，从而达到市场与政府的绝对统一。

既然迄今为止人类所尝试的这两种方法和思路都是行不通的，那么，我们就应当不是从市场与政府相对立去思考问题，而应当从两者的有机统一去寻找出路。将市场作为基础，作为社会运行的内容，将政府作为经济的集中表现，作为市场运行的公共形式。并以此来思考政府职能的转变。

三、中国改革进程中政府与市场的互补

中国社会的转型绝不是按照某些西方学者在上世纪 60、70 年代从“西方是完形、是典范”这一虚假前提出发所设立的所谓“传统→现代”的范式来进行的。这一范式在前苏联和东欧国家中曾被很多政治家和学者所迷信，所搬用。其结果或者是社会混乱，或者是国家崩溃。中国社会之所以能顺利地并成功地实现转型，其根本点在于我们没有请西方人设计所谓的“休克疗法”，没有去搞什么“全盘西化”；而是从中国的实际出发，处理好了政治变革与经济变革的关系，实现了社会变革时期政治与经济的有序互动。

中国社会的改革从总体上来说，可以以 1992 年邓小平南巡讲话为界分为两大阶段：从上世纪 70 年代末到 1991 年底为第一阶段，所进行的是计划经济体制下社会的政治、经济变革；从 1992 年到现在为第二阶段，所进行的是市场经济体制下的政治、经济变革。

非市场经济取向的经济改革与政治变革的关系由于在20世纪中叶所建立的社会主义制度都无一例外地采取了以人为的方法消灭市场经济的政策,因此造成以政府运行取代市场经济运行的局面。一旦这种失去市场支撑行政命令式经济趋于崩溃时,政治与经济的体制改革就获得了必然性。

社会主义改革既是体制变革,同时又是社会从传统向现代化转型。在这一时期中,政治与经济的互动关系一般说有三种选择:

一是政治变革先行,然后才是经济改革,或称政治改革先行论,或政治改革超前论。

二是政治变革和经济改革同步进行。

三是先让政治有一个相对稳定期,先行的是经济改革。

第一种是前苏联在改革中的尝试。其结果是失败。

第二种是一小部分人的看法,在动乱中,曾经以极端的形式出现,甚至提出政治民主超前说。

第三种是中国所经历的过程。政府相对稳定,以其作为经济改革的保障环境,同时又可成为资源的补充。这种战略选择使得改革的设计师和具体执行者有可能培育出市场经济。中国的市场经济的形成有两股力量牵引:一是经济利益自动的驱动机制;二是政治制度的制造机制。

在体制中,政府与市场的互动轨迹:

起点:政府吞没经济;以极端形式实现政府与市场的统一。

第一步:传统改良型政府与作为一种机制的市场共处,在经济上出现计划与市场的矛盾;在政府体制上,出现基于财政节约的改良与维护计划复旧的互动:精简—膨胀—再精简—再膨胀。

第二步:利用政治权威和象征的特殊感召力,强行推开市场经济,强制市场出现。产生市场先行,政府与市场矛盾、摩擦。

中国的市场经济不是一种原生的市场经济,而是一种派生的市场经济。其特征是具有中断性与跳跃性,起点低,内生匮乏,外力起决定作用。

第三步:市场发育,进入自然成长时期;政府改革,其目标是适应市场。

四、目前中国政府职能转变的困难

目前,无论是学界,还是政府部门讨论得最多的是市场经济有哪些是不管的,即市场经济的"盲点";市场经济会造成什么样的盲目性,即市场经济的"混乱"。政府的作用就是去补充市场经济的"盲点",去收拾市场经济的"混乱"。争论只是在政府是搞得大一点还是小一点。赞成政府搞大一点的人常常举出东亚国家的例子,仿佛东亚国家经济的持续、高速增长是强大政府积极干预的结果;赞成将政府搞得小一点的人,则举出欧美的例子,仿佛欧美过去经济的发达是由于政府什么也不管的功劳,而现在欧美经济的衰退是因为它们扩大了政府所导致的恶果。这实际上仍旧遵循着将市场与政府相对立的形而上学的思路。

政府的确有自己的角色特征:政府的支柱是权威,其基础是行政权力,其决策是集中的,其形象是公众利益的代表。市场有自己的角色特征:市场的支柱是竞争,其基础是利润,其决策是分散的,其形象是各自利益的代表。

市场经济对于政府具有排斥的倾向。政府是代表国家行使公共权力的机构体系。政府代表社会的公共权威,它有资格对社会资源进行权威性分配。政府具有某些与市场相排斥的特征:一是公共性。政府的公共权力凌驾所有的社会力量之上,尽管政府的机构是由社会个体组成的,但它的公共性决定了其一般功能在于维护社会的公共利益,解决社会的公共问题。二是普遍性。作为行使公共权力的政府,其功能涉足到社会的所有个体,具有普遍的特征。一定地域范围内的各个社会个体,只能在同一个政府下生息,享有一定的权利并履行一定的义务,接受政府公共权力的管辖。三是强制性。强制性是公共权力得以成立并运行的基本保证;国家之所以成为国家,政府之所以成为政府,正是因为它掌握了强制性的权力。根据这种强制,政府可以协调社会的矛盾,可以分配社会公共资源,可以维系社会的正常秩序。四是非赢利性。是否以赢利为目的,是区分市场行为与政府行为的重要标志。国家是一定阶级的国家,是以维护一定阶级的经济利益为其根本宗旨的;但是,它代表公共权力,从事社会的公共管理,政府行为必须以非赢利性政策目标为依据。也就是说,政府在其履行社会职能时,并不计也不能计直接成本和收益。

但是只看到政府具有与市场相排斥的特征的一面是片面的。事实上,政府与市场是一对矛盾,它们固然有相对立、相排斥的一面,但也有、而且最主要的有相统一的一面。看不到两者统一的一面,就无法真正地将政府变为保证和促进市场经济发育、成长的根本功能。

五、政府职能转变过程中的主要难点

中国的市场与政府,在目前的情况下,都是不完善的、甚至畸形的。现在的政府是适应消灭市场经济、搞完全的行政命令经济而建立和完善起来的,其功能主要不是提供市场经济发展的条件,相反,它的主要职能是限制和扼杀商品生产和市场发育。而现在的市场经济,则是靠政府的权威、靠制度的创造机制来维系的,这种市场经济带有幼嫩性。目前对政府职能转变最直接的动力,并不完全是来自市场的需求,而主要是来自政治的需求和解决国家财政的短缺。

调整、取消不适应社会主义市场经济体制的政府职能,重新塑造政府管理社会和经济的新形象,是一场深刻的革命。阻碍政府职能转变的障碍主要有以下几个方面:第一是人们观念转变的滞后性与长期性。在高度集中的计划经济体制下形成的许多观念不

可能一下子破除干净,在计划经济体制下,政府是经济活动的组织者、决策者、指挥者,企业的人、财、物皆由政府统管,政府是经济活动的主体;而在市场经济体制下,企业具有自主经营、自负盈亏、自我决策、自我发展的权力,它成为经济活动的主体。经济活动主体的改变,使政府原先所控制的某些权力,或者下放给了企业,或者交给了市场,有些部门不再具有指挥的权力,而只有服务的功能。这就使政府部门中的一些干部产生失落感,甚至找出种种理由不愿放权;另外,资源配置的基础性作用从计划转向市场以后,长期靠指令性计划工作的同志一时无足所措,他们陈旧的知识结构和习惯势力对依靠供求关系与价值规律的资源配置方式加以抵制;加上几千年形成的官本位观念,政府机关对"管理、指挥"比较熟悉,而对市场条件下大量出现的"引导、服务、依法行政"的观念却非常生疏。要使上述的种种观念转过来,需要有一个或长或短的时间。

第二是作为社会组织管理者、国有资产所有者和经营者的政府与企业的边界难以确定。在市场经济体制下,政府干预市场和进行宏观调控主要有三种手段:一是政府自己办企业,直接参与供给,这时政府是"运动员";二是通过行政指导和制定政策,这时政府是"教练员";三是制定克服市场失败的有关法律,维护市场的有效性和公正性,这时政府是"裁判员"。过去,在计划经济体制下,政府上述三方面的职能即社会组织管理者职能、国有资产所有者职能、国有企业与经营者职能是集于一身的。市场经济的体制下,这三方面职能与企业的关系要划分清楚。对于国有企业经营者的职能,政府必须还给企业;国有企业所有者职能,原来在计划经济体制下,分散在各个管理部门,如投资决策权在计划部门,主要干部任免权在组织人事部门,预决算的审查在财政部门。这种国家与企业的产权关系不明确,国有资产的保值增值的责任不清晰,企业内所有者代表缺位的状况,必须迅速改变。虽然各省、市已成立了国有资产管理机构,但其职能与综合经济部门、专业经济部门的关系,与投资公司的、资产公司经营公司的关系必须理顺。

第三是条块分割的过渡行政干预。减政放权以后,实行财政包干,“分灶吃饭”,加上政企不分的管理方式,使部门、地区受各自利益的驱动,追求小而全的产业结构,运用行政手段封锁流通渠道,阻止本地资源流动,使用行政权力保护本地区落后产品,限制、排斥外地产品进入市场,干预企业横向联合,严重阻碍统一大市场的形成,这种状况只有加快政府职能转变,实行政企分开,并实行中央与地方的分税制,淡化部门间、地区间的利益,才能逐步打破条块分割,促进各类市场的发育。同时还要杜绝用行政命令的方式,按长官意志去圈地建市场。

六、政府职能转变中战略机制的培育

政府职能的转变的一个重要方面,是要在行政系统与其环境之间建立起新的动态平衡关系和能量交换关系。要做到这一点,就必须在职能转变的战略方向上确立若干体系。一是要从静态到动态,构建政府与社会的双向运动体系。使具有法人地位的企业、对资源配置起基础作用的市场、具有完整的间接调控职能的政府三位一体,协调运行。二是从分散到集中,完善中央与地方的二级调控体系。要按照分散与集中适度结合的原则,建立中央与省、自治区、直辖市为主的宏观调控系统;在坚持效率的原则下,再构以间接调控为主的宏观调控的一致性。

七、政府职能转变中行为机制的塑造

从计划经济体制向市场经济体制的过渡,要求政府行为合理化、规范化、科学化,要做到这一点,就必须建立起适应社会主义市场经济规律的、能合理规范和约束政府行为的新机制。一是要建立权力制衡机制。任何一种管理权力,都必须加以合理的制约。

同样，对各级政府机关的权力应当进行严格的检查、监督和评估。二是要形成法律规范机制。要通过《行政法》、《反腐败法》，使政府任意干预企业、公民经营活动，任意侵害企业、公民正当权益的行为受到法律的制约；使各种权钱交易、以权谋私、贪污受贿等非法行为受到法律的制裁。三是要建立健全评估导向机制。要建立健全的新的政绩评价尺度和制度，政府工作的评价主要由国家的主人、经济上的纳税人来进行。四是要强化责任约束机制。各级政府要建立任期目标责任制、决策责任制、公开办公制、政府官员个人财产主动申报制。

八、规范市场经济条件下政府职能的途径

转变政府职能要从实际出发，职能的转变不是对传统职能的全盘否定，而是对它的"扬弃"。一是要保留部分原有的职能。这种保留不是原封不动，而是按市场经济的要求进行局部的调整与更新。二是要加强部分原有的职能。这种加强要与改善结合起来。三是要增加新的职能。要增加在计划经济体制下政府所没有的职能与职责。四是要转移部分职能。同级政府部门之间凡是职能交叉重复的，要转移合并；凡是能由社会承担的管理职能，则应交给社会。社会应当大力发展各种自治性的中介组织，如行业协会、会计事务所、审计事务所、律师事务所、知识产权专利事务所等。

最终使政府与市场在四种机制即交换机制、权威机制、说服机制、道德机制上统一起来。人类曾经以政府消灭市场而达到政府与市场的绝对统一，后来则以看得见的手同看不见的手为分界的政府与市场的对立。现在人们要实现政府与市场相融合的政府与市场的再次统一。这时的政府就会失去政治性质而与社会完全融合，政治消失在经济与道德生活之中。

人确因与他人共存而改变，他的才能不可能在其自己独处的情况下，光靠其自己而发展起来。

——塞缪尔·T·柯勒律治

行为是相互依存的、反射性的、有条件的。

——玛丽·帕克·芙丽特

第七章 公共组织行为

组织行为的发展如今已迈入全球化阶段。全球化象征着交往范围的扩大，其不同以往历史之处在于，它将地球变为“村庄”，并借助跨国公司、资本市场、信息网络等新的方式，在民族国家之间形成一些新的组织行为的内在联系。这些联系蕴含合作与冲突、机遇与挑战等种种复杂情形。它们既是对组织行为历史的扬弃，又是对组织行为未来以极大的影响。关注全球化，不仅要看到它的经济、文化影响，更要看到经济、文化往来中组织行为的变革和发展，并将其置于组织行为的历史背景中加以考察或反思。[①]

① 鲁鹏著:《文明、全球化与人的关系》，北京:《哲学研究》，2000 年第 1 期，第 18—24 页。

第一节　公共组织行为的研究及其发展

一、公共组织行为的缘由

自20世纪30年代末起，随着科学技术的不断进步和工业的巨大发展，传统的组织理论已显现出它的落后性。因为传统的那些学者们包括泰罗、法约尔、韦伯等人都把组织成员看作是仅为获取物质利益而参加组织活动的"经济人"。其实，任何一个组织中的任何一个成员，他(她)除了物质需求外，尚有其他各种需要，比如:安全的需要、受人尊敬的需要、爱的需要、自我价值实现的需要等。因此，人们自然就会在组织中结成一定的正式关系，同时，还会形成非正式的关系。

正是从人的本能需求的角度分析，一批管理学家开始从人群关系入手研究个人的和群体的行为，并提出了人作为"社会人"的假设命题。也正是在这段时期内，社会科学研究中掀起了一股行为主义热潮。组织理论对人群关系、人的行为的研究明显地受到当时在经济学、政治学、社会学、心理学等学科中流行的行为主义的影响，从而带有强烈的行为主义的色彩，所有这些，到了20世纪40年代末就导致了一门新的知识即组织行为科学的诞生。由此，对公共组织行为的研究日益引起世界各国管理学家的普遍关注。人们把实证研究上升为理论，进而用以指导公共组织管理实践。

二、对公共组织行为研究的意义

研究公共组织行为的思想，在某种意义上讲，是一种伴随物质生产过程所发展的组织观念的结晶。组织行为主要又起人与人之间的关系的连接针作用。因此，人际关系是研究公共组织行为的重要内容。一般而言,有效地公共组织管理都将注意力集中在下级所产生的问题中有关人的因素上,集中在有效地建立具有远大目标的人际群体上。这被称为公共组织的“雇员中心论”。可以说重视人的因素,是现代组织管理的基本特征之一。公共组织行为就是为了有系统地研究人类在组织中表现出来的行动和态度的一门科学。

怎么样对公共组织行为进行系统性研究?首先,就是研究组织成员的行动或是行为,以及态度。在员工的表现中,主要有三种类型的行为相当重要,分别是重视生产率(或生产能力)、无满意感,以及缺乏忠诚心。生产率的重要性显然就是能为组织出多出好“产品”。无满意感和缺乏忠诚心也同样会影响组织的工作产品的质量和数量问题。因为员工如果对自己的工作没有满意感,就不可能安心本职工作,那么他就不可能也不想为工作尽职,自然就无法给组织带来高效率。更成问题的是对组织缺乏忠诚心,如果成员都想离职,可能会给组织增加成本开支,并且会迫使组织只好雇佣经验较少的人。这种情况下的组织效率自然不会很高。

其次,研究公共组织行为同样要关心员工的工作满足问题,工作满足是一种态度表现。为什么要关心员工的工作满足?亦有三方面的原因,即:(1) 工作满足可促进生产率提高。(2) 工作满足可消除对工作的无满意感,使员工安心并积极工作,从而达到提高组织效率的目的。(3) 组织领导或组织对人力资源的管理要从“雇员中心论”出发研究人性化管理。实际上是要求员工认识自身所担负的使命和任务,将自己的工作看成是对组织具有重要意义和富有挑战性的。组织成员一旦感受到自己具有存在的价值,能得到满意的报酬,就能激发出积极性并热情参与组织目标的实施。

第三,研究公共组织行为还需注重研究组织问题。心理学和社会学等学科也在研究行为,与这些学科相比,公共组织行为特别要关心组织中与工作有关的行为。公共组织是一个有计划而具有协调性的正式结构，是有意识调整了的两个人或更多的人参与其中为了达成共同的目标，所表现的行为或各种力量的系统。每个组织各有不同的职权关系与分工。这些组织包括制造业、企业和服务业的公司、学校、医院、教堂、军队、慈善组织、地方与国家政府机关。而公共组织行为的领域则包含了上述这些不同组织中的个体行为。

三、公共组织行为的研究及发展

对公共组织行为研究也像其他学科一样，有着自己的研究领域。要了解公共组织行为科学的研究与发展，可以从三个方面着手。

一是从公共组织行为研究与管理实践的相互关系着手。作为公共组织自身的管理，主要包括人、财、物、知识等，构成人与物两大因素，形成物与物、人与物、人与人三大系统。物与物系统，研究物与物的合理配置、使用，使得物为组织乃至社会共享、增值或再造。人与物系统，研究人对物的有效管理、合理控制，使得物供所需、物用无害。人与人系统，研究人的心理，注重人性管理，形成提倡分工协作，减少人浮于事。力求人尽其才，达成个人自我的实现与组织效率目标实施的一体化。正是在这一实践的或实际操作的基础上，才产生出公共组织行为，它不仅具有多学科性，而且具有多层次性。

第一个层次是个体行为。这是公共组织行为的基础。组织是由人组成的社会体，个体是形成组织的单位细胞。要使组织良好运作，关键在于细胞健全且有活力。这种活力来自成员的受到组织诱因激励的反应，而组织的诱因就是能满足成员所需的物质内聚力和精神凝聚力，简称为组织吸引力。这种组织的吸引力与单位细胞的活力二者之间的关系既具有相辅相成的相互作用，又呈现正相关的函数等式关系。所以我们研究公共组织行为，重点要研究个体行为及其对工作的满意度,以便动之以情、晓之以理、行之有效地做好人的行为的组织协调工作。

第二个层次是群体行为,这是组织的中间层次。在长期的生产活动中人与人的个体间的互动慢慢形成为一种群体。它是一种客观存在的自然现象。群体分核心、边缘和外围分子三部分,核心分子具有领导号召力。有时群体也会形成一股较强的力量。所以对群体的管理要因势利导,要使管理的目标和活力得到群体的理解和支持,关键在于与群体行为的一般规律相吻合一致,这就需要重点研究群体内聚力和非正式群体问题。

第三个层次是组织行为,这是公共组织行为的最高层次。公共组织行为是由个体行为和群体行为组成的,但又不完全是由个体行为和群体行为累加而成。作为一个整体的组织,它的行为具有以下特征:(1) 在劳动、权力以及沟通责任上有分工,分工的方式既不是任意的,也不是传统的,而是围绕某一特定目标加以精心设计的;作为组织成员个体或团体都必须要为实现组织的目标而努力尽职;(2) 具备一个以上的权力核心,用以指挥组织成员的行为,以促进组织目标的实现;这些权力核心要不时地考核组织的绩

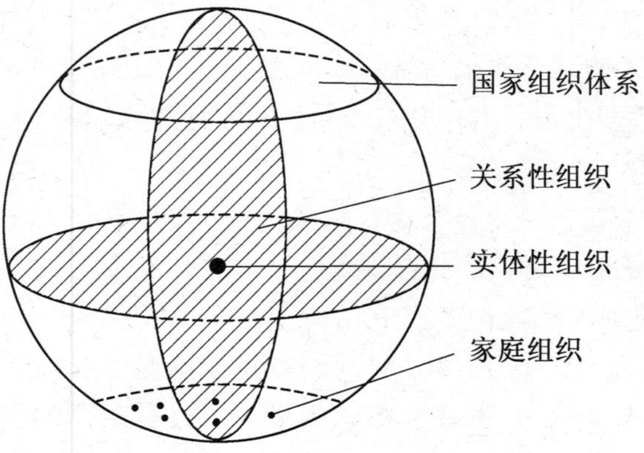

图 7-1 社会组织图

效,必要时调整组织结构以增加效率;(3) 实行成员优胜劣汰制,对掌握知识、技术的成员,要使他们拥有专业性的自主决策权,并通过竞争机制促使他们取得成就,享受精神与物质奖励;对不胜任的成员通过轮训、降职、撤职的方式加以更换。因此,要研究最高层次的组织行为,只有从最为宏观的视角对组织化的社会行为加以透视,其内容是分析人的组织化特性、社会组织化的趋势、社会组织的结构类型及其组织成员的互动和需求的趋势。

以上三个层次的行为不是相互排斥,而是相互补充的,并共同构成公共组织行为的大系统的主要内容,所以研究公共组织行为应将这三个层次结合起来有机地加以系统的研究。

二是从研究公共组织行为与相关学科的关系来看,组织行为领域的建立,得益于下列学科的贡献,它们是心理学、社会学、社会心理学、人类学,以及政治学等。心理学的贡献主要对个人或微观层次分析提供了理论依据,其余的一些学科则帮助人们对宏观的概念能有较深刻的了解(指对团体运作的组织和程序)(见图7-2)。

综括了研究公共组织行为领域所涉及的各学科的分布情况(或贡献),探索到它们彼此间将呈现如下一些关系:

(1) 心理学。心理学是一门研究、测量和解释人类和其他动物行为的学科。心理学家以研究的方式尝试了解个体的行为。该领域内有很多学者对研究公共组织行为做出了很重要的贡献,或者持续为研究公共组织行为增加知识。这些学者包括:学习理论学家、人格理论学家、咨询心理学家,尤其最重要的是工业与组织心理学家。

早期工业心理学家关心组织成员的心理疲劳、厌烦,以及其他和工作条件有关,而会妨碍工作绩效的因素。近些年来,他们的贡献扩展到学习、知觉、人格、个体决策、训练、领导效能、需求与激励作用、工作满足、绩效评估、态度测量、工作设计及工作压力等。

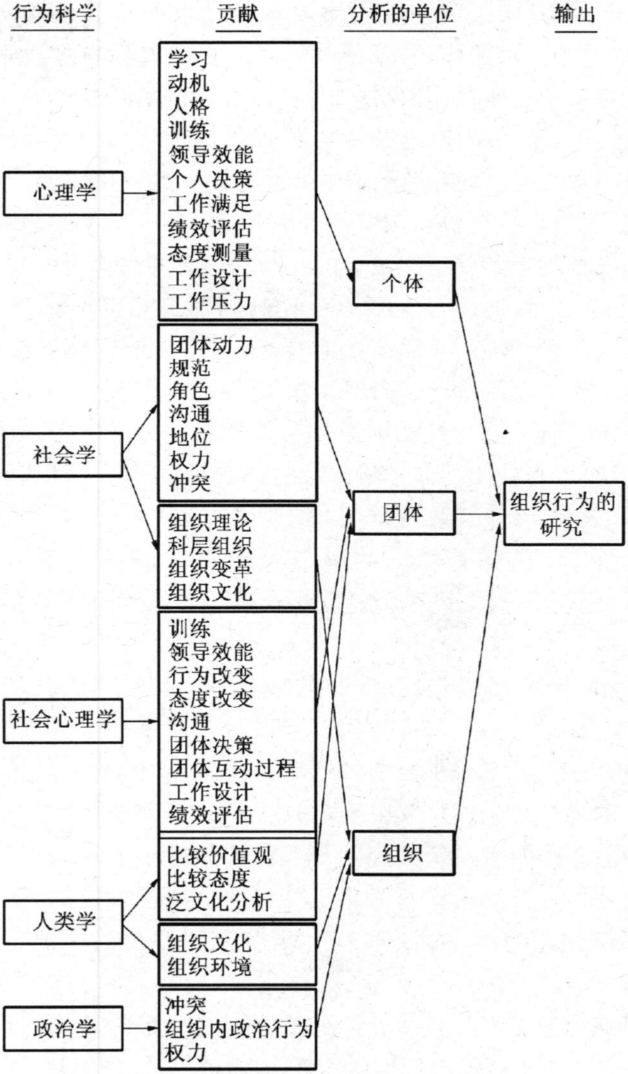

图 7－2　组织行为的学科领域

(2) 社会学。心理学家将注意力集中在个体，而社会学家则侧重研究个体所处的社会系统，并分析、解释局部环境中的个人困扰和社会结构中的公众问题，以及个人怎样扮演着自己的角色。换言之，社会学是研究人与由人构成的社会之间的互动关系。社会学家对研究公共组织行为最大的贡献，是对于组织中团体行为的研究，特别是正式和复杂的组织。在研究公共组织行为领域内，社会学家所提供的有价值的知识贡献主要有：团体动力、组织文化、组织结构与形态理论、科层组织、沟通、等级、地位、权力及冲突。

(3) 社会心理学。社会心理学是在社会学、心理学基础上形成的一门边缘性的交叉学科。它将焦点放在人际之间彼此影响所产生和发展的社会和文化行为的变化及其规律。尤其重视研究"变革"。社会心理学家研究了"变革"如何实施，以及如何减少障碍而增加对"变革"的接纳。另外，社会心理学家对个体态度的测量、理解与改变、沟通形态、团体活动能够满足个体需求的途径以及团体决策程序等方面做了极其深入的研究，对研究公共组织行为科学的贡献非常卓越。

(4) 人类学。人类学是借助研究社会来了解人类及其活动。人类学家对文化与环境的研究能提示或启示人们了解不同国家与不同组织中的人们，由于各自受本土的环境的影响，在处理某些问题时，各自所持的价值观、态度和行为具有明显的差异。目前，人们对于组织文化、组织环境，以及不同国家的文化差异的了解，有很多都是得益于人类学家的努力，或是使用了人类学的方法。

(5) 政治学。政治学对公共组织行为研究的贡献经常被忽略。政治学研究政治环境中个体和团体的行为，进而促进人们对组织中的各种行为的了解。政治学较注重研究结构性的冲突、权力的分配，以及人们如何为了个人的利益去获取、利用权力等。

三是从公共组织行为本身的研究内容来看，公共组织行为科学领域包括三个方面：(1) 个体：学习、动机、人格、个人决策、工作满足、态度测量、工作压力；(2) 团体：团体动力、规范、角色、沟通、地位、权力、冲突、训练、领导效能行为改变、态度改变、团体决策、团体互动过程、工作设计、绩效评估、比较价值观、比较态度、泛文化分析；(3) 组织：组织理论、科层组织、组织变革、组织文化、组织环境、冲突、组织内政治行为、权力，等等。

由上可知，公共组织管理主要是对人的管理。要管理人，必须研究人、了解人、掌握人的行为动态规律及趋势，所以就必须研究公共组织行为，而要研究公共组织行为当然就要了解它的领域以便有的放矢地提高对组织成员行为的预测、引导和控制，从而协调个体、群体、组织行为之间的相互互动关系，以致更好地调动人的积极性和增强群体凝聚力，进一步推动社会主义精神文明和物质文明建设。

第二节　公共组织行为的特点与作用

一、公共组织行为的特点

公共组织行为除了具有人类行为的一般特征，如自主性、动机性、目的性、坚韧性和随遇性外，还具有其固有的个体性、互动性、整体性和稳定性等几个特点。

1．个体性

公共组织必须具有一种对人的联系规律的协调的特别功能或技巧，尤其在当今，它建立在一种新的进步的公共组织行为的基础上。就组织本身而言，不能忽视科学方法、定量和定性分析，以及效率工程等一切现代管理方式。近年来，对人本主义的研究都是建立在对机构体制进行研究的基础上，其实，它本应当建立在对人们如何共同行为的研究基础上。我们不得不考虑到，组织，并不是什么机械的事物，更不是抽象的观念和思想，或者单独的个体的"人"，或者除了整体的人之外的任何事物，而恰恰是"人"，正常的、普通的人的行为的系统。[①] 新的公共组织行为科学的重要性就在于它认识到人是它的宇宙、世界的中心和塑造者。它将周围所有的组织机构都看成是隐藏着的，并且都必然要遵循它的逻辑本质，即：未来的起点必定是人，而不是物。所以，对一个组织而言，其行为方式不管是群体行为，还是组织行为，都是以个体行为为基础，都由个体行为组成，并通过个体行为表现出来。

2．*互动性*

人与人，人与组织，人与社会总是处于不断的联系之中的，因为没有人能与世隔绝地独立生活，比如，人从刚一生下来就要到民政部门或公安系统登记户口，到病老去世时仍需由国家注销其户籍。也就是说，现代的人是公共组织的人，人的所有联系都得在组织中进行，即便不完全是局限在某一组织内进行互动活动，因为社会系统就是由无数组织组成的系统，对于某个具体的单位组织而言，它处在无数个组织的环境之中。由此，我们可以进一步理解这样一个事实：人的联系的规律就是客观逻辑规范的组织规律。长期以来，人们一直努力试图理解个人与社会的关系，现在可以由"个人联系的规律就是组织的规律"可逐步了解到，若没有个体的人的存在，社会也就不可能会存在。这是一个不使人感到奇怪的事实。因此，对传统的公共组织行为与现代的公共组织行为要有质的比较区别：传统的公共组织行为是建立在相互分离的个体基础之上，对个人独立的思考、感受和判断进行的研究；而现代公共组织行为是建立在组织社会化的个体基础之上，对人与人的互动、人与组织环境的共塑、人与全球化的共享和竞争进行研究。既然

① ［英］葆琳·雷汉姆主编，向桢译：《管理学的先知——［美］玛丽·帕克·芙丽特》，北京：经济日报出版社 1998 年版，第 237—239 页。

我们知道没有所谓“一个独立分离的自我”这样的个体情况存在,① 既然个体是受相互的内在作用而行动的,那么,我们就要认识到由人与人的互动,到彼此整合,以致共同形成公共组织行为的互动性。这种互动性不仅表现在人与人之间,而且还表现在个体行为、群体行为、组织行为之间以及它们与外部环境即社会行为的互相作用之中。

3. 整体性

由上可知,现在的社会格局已形成了没有“一个独立分离的自我”存在的这种现象,同样地, 在我们的周围,也不存在被模糊地想像成一大群人的“社会”。对于某个个人,他总是在与某个组织发生联系,而不是与“社会”发生联系。想一想,我们自己在什么时候真正地想到过“社会”? 难道我们每个人不总是自然地想到自己在所属的理事会里或者大学教师队伍里、妇女教授联谊会里,或者高校学生辩论队中、我们的组织生活中、我们的课题项目中所扮演的角色吗? “社会”对于我们每一个人而言都是许多团体或组织。② 事实上,人是一个经验的复合体,自然,在每一个人的身上,都有着许多个自己。因此,社会作为一个团体或组织的集合体,理所应当地包含着许许多多的社会意志。人们对事业、对前程、对名声以及对物质利益的追求,诚然渴望能投身到一个和谐协调有效的组织中,每个个人的这种渴望就是希望通过组织生活、组织与组织、不断扩大的组织、不断统一的组织,总之是靠组织来满足自我实现的愿望。通常所说的人在精神上依靠组织,物质上也要依靠组织 ,这实际上就是指个人与其所在的组织之间的精神联系和物质依赖关系。个人与社会的最重要的联系正是通过自己所在的组织的中介而实现的;它们是塑造人类生活的潜在因素。因此,公共

① [英] 葆琳·雷汉姆主编,向桢译:《管理学的先知——[美] 玛丽·帕克·芙丽特》,北京:经济日报出版社 1998 年版,第 239—243 页。

② 同①,第 244—249 页。

组织行为不可能以传统的行为作为当今组织社会化的公共组织管理的依据。

最近,我参加了一次在国内召开的"非营利组织问题"的国际学术研讨会。当时与一外宾互递名片时,我因未带去名片而只好在他的通讯录上写上我的姓名、家庭电话。结果这位美国人看后特别提出,要我补上所在单位及电话,还要我补上我自己的学术职务,以便联系。作为外国人本不习惯问及别人的私生活情况,为什么这位外宾却在今天主动要我补上自己的详细情况呢?简单地想一下,这位学者外宾肯定是为了以后与我书信联系的方便。他在写信给我时,必须先要写中国,然后写南京大学,再具体写上系里的地址,最后写上我的名字,才能确保要联系的人就是我本人。可再想得详细复杂一点,如果他向别人打听或介绍到我的情况时,也许他要将南京大学的地理位置、学术地位,以及他对我本人接触的印象等都有可能凭他的接触印象介绍给别人。这从侧面正说明了个体的人与组织内在关联的整体性。就好比,某个大学培养的毕业生被分配到某个单位工作,与在这个单位的其他年轻人一比,如果这位毕业生品性好、能力强、积极肯干,人们会啧啧称赞他本人的同时会连同他曾就读的大学也一并赞扬进去,就会夸"某大学校风好,到底是全国的名牌大学,培养的学生素质就是比其他学校的棒"。但如果某毕业生能力弱、表现差,人们对他产生的印象不好,这时的人们也会在讲这个毕业生不好的同时会连支夹肉地把这个毕业生曾上学的单位也会骂得一塌糊涂。这当然可能是一些带有偏激或片面的人的观念,但也使我们从中进一步悟出了一个客观道理:公共组织行为的整体性决定了个人的行为,个人行为往往都与组织行为融合在一起,是息息相关的。由此可见,公共组织作为由特定形式组织起来的相互协作的人群关系系统,自然有它的行为系统。这个行为系统,从总体而言,是一个动态发展的有机整体。

4. 稳定性

新时代的人都在企求一种新状态,问题在于——经济全球化的时代将采用什么样形式的状态。或许谁都不能提供答案,只能靠大家来摸着石头过河,除非已经有人对此进行了研究,并且发现了其中的规律。但有一条可以肯定,新的公共组织行为更加前进了一步,因为在现实生活的重压之下的跨国企业家、务实的政治家、制宪立法及司法的成员等等,所有这些人都必须将他们的公司建立在新时代背景下的组织集体行为原理的基础上。也就是在信息高科技快速发展的当下经济全球化的时代,一方面,我们要为继续解决我国经济和社会生活中存在的矛盾,提高抵御各种风险的能力,形成安定团结、稳定发展的局面而努力;另一方面,我们要为反对霸权主义、强权政治,不断增强我国在国际事务中的作用,履行我们维护世界和平与促进各国共同发展和实现世界普遍繁荣的国际责任而努力。因此,不论发生什么事情,国际也好,国内也好,只要不发生大规模的外敌入侵,都必须突出发展的主题,始终坚持以经济建设为中心不动摇。发展是我们跟上新世纪步伐的时代主题,而稳定性是发展的先决条件和保证。公共组织行为既然是一个动态发展的有机整体,我们就要通过对行为过程的管理,将组织内可能因受环境因素影响而表现出的一种或几种行为倾向,协调统一,形成坚持发展和保证发展的稳定性。

那么,我们以什么样的发展速度以及我们在多大程度上去实现我们的公共组织管理的目标?这取决于我们对人拥有的创造力量,并且,通过个体的每个个人自己与别人联合起来形成一个新的组织、一个崭新的组织的能力而获得这种力量。

有一种组织被称为整合型组织,它们实施集体主义精神战略值得研究、借鉴和吸纳。当前好多企业都仿效或实施的这种整合型组织的集体主义战略。这种战略告诉人们,关于合作与竞争的传统观点成效已不很显著了,原因是合作与竞争被放到了一个比过去的组织更大或特别大的综合体之中就不太适宜了。我们正在转入一个集体生活的时代,殊死的竞争已不合时宜了,今天的世界所需要的,正是一种合作的理念。整合型组织是以满足顾客需要为导向,以快速响应市场变化为主旨,摒弃以分工理念为基础的传统组织结构,遵循企业再造和并行工程思想,利用先进的制造技术、信息技术及现代化组织管理手段,最大限度地实现技术和管理的功能集成,实现集体主义效能最优的组织形式。当然,整合型组织之间也存在着竞争,但是,它们之间的合作正在开始占据一个相对而言越来越大的空间。

在南京与上海的牛奶合作经营中就充分体现了这一点。南京有一家卫岗牛奶公司,生产的牛奶在南京及周边地区乃至全国远近闻名;而上海的光明牛奶公司,在全国也是名声显赫。论这两家公司的实力,可以说不分上下,而技术上应该说都有互补的长处,若以传统的合作与竞争恐也难以双赢。它们从一开始就一改过去通过贵买贱卖的方式,既注意避免了传统的那种互相竞价、抢购资源和抢占市场的低贱竞争风格,也克服了通过合作仅为了互通或互补有无或长短,而是本着一种集体主义精神合作。因为上海是国际大都市,人口多,外资企业较多,正常市场需求量可以说是供不应求,原来销售额已达到了高顶级的水平,即使在技术上再改进也不会再增加显著的效益。而南京卫岗牛奶公司,牛奶生产资源比起上海丰富,销售渠道一直畅通,经营效益也已达到了相当高水平,但还有增加生产的潜力。双方都看准了合作双方的有利能力和条件,它们利用先进制造技术互补的优势和现代化管理手段,尤其注重人们对高质量的饮食水平的追求心理,打出了精制的环保食品的品牌,使得从品牌到质量、口味及服务信誉都赢得市场客户的信赖和赞誉,用它们的话讲,“集体主义精神使我们做大了这块蛋糕”。应该说,这样的竞争本身就产生了一种合作的共生效应,这种共生效应归根结底是集体主义精神的结晶。

作为一个组织,不管它是整合型组织,还是其他形态的组织,它的行为都是总体的,是一个过程,因而都是相对稳定的。当然,不排除在瞬息万变的时代,组织内可能甚或会表现出一种或几种行为倾向,这是受环境影响的必然表现。但是这种变化到头来都会由个体行为和群体行为循序渐进地演变成集体主义的公共组织行为。这个由个体行为和群体行为的演变逐渐完成的全过程正表明了公共组织行为的整体性特征。

二、公共组织行为的作用

人们可能要提出一个问题,公共组织行为到底在公共组织管理中能起什么作用?一般的人认为公共组织行为关心的是人际技能的发展,但公共组织行为真正的作用是解释、预测和控制公共组织中人的行为。

1. 行为解释

当我们去问一个人或是一个团体为什么会做某件事情的时候,我们的目的在于寻求解释。从公共组织管理的角度来说,行为的解释在公共组织行为科学的几个作用中也许是最不受人重视的,因为解释是发生在事实之后。但是如果我们要了解某一现象,那就必须从开始尝试去解释它。同时,我们会用我们对这个现象的了解去找出事情发生的起因。譬如说,前一段时间我们中学同学聚会,宴请一位来党校学习的老同学。交谈中,得知这位同学在地方工作业绩突出、经验丰富、潜能得到发挥,可以想像,他这次来党校学习是为进一步提升所作的“充电”。我们都很欣赏他的精神干劲。他还向我们提出希望,能为他在地方工作提供科技信息等方便条件。看得出来该同志大有想干一番事业的精神和心理行为。可事隔几个月后,听说这位同学由党校学习回去后不久却辞职进京,到一家公司任职去了。

这一上一退的突然信息使我倒对这件事产生了想问个个中缘由的念头。于是我借一次出差的机会顺道到那同学工作的地方做了一点小调查,一位当地工作人员告诉我,某某同志本是由党校学习回来后可能提升到市政府当副市长,但不知何原因未能如愿;恰好当时北京某公司需一位副经理事职人员,年薪10万,另加福利;恰好该同志的一个朋友在那公司任总经理,竭力地推荐他当副经理,所以某某同志就辞职去那公司任职了。很显然,这位老同学辞掉工作的原因主要有两条:一是对地方政府的任职安排有看法,使其对工作感到乏味;二是对北京公司的薪水待遇丰厚的欣赏,也有可能他找到了自己能发展的定位。不管情况如何,对于地方政府来说,如果这位同志的确是一位具有培养前途的青年骨干,就因这次安排不妥而使他离开,从而使地方流失了人才,这是值得惋惜的事。对于这件事,假如地方政府采取行动或是合理安排或做好思想工作,都可以改变这些情形。由此可知,行为的解释可给组织带来另外两个连锁的作用:

第一是为思想政治工作提供科学依据。

改革开放以来,我国由计划经济体制向社会主义市场经济体制过渡,引起了思想文化、意识形态特别是道德行为的深刻变化。应该说,改革开放从根本上改变了人们的思想道德行为,促进了道德进步。同时,市场调节的自发性和盲目性,也使一些既有的价值观念、行为模式受到怀疑、否定,逐渐失去对社会成员的影响力和约束力,反映在各个组织内即出现了一些不尽如人意的现象,如,一些人道德失范,拜金主义、享乐主义、极端个人主义思想滋长;一些人对是非善恶评价标准仍认识混乱,过去被推崇的道德价值观念如大公无私、勤俭办厂、爱厂如家等受到置疑;一些人思想腐朽泛滥,如权钱交易结伴舞弊、贱男滥女苟合营私、行贿受贿狼狈为奸,还有封建迷信猖獗肆虐、歪理邪说欺世孤行等。因此,社会转型期的思想道德不能长期出现真空地带,从而决定了,新旧交替间的思想政治工作更需紧迫加强。[①]

思想政治工作是一切工作的生命线，是我们党的优良传统和政治优势，也是公共组织管理工作的重要保证。

思想政治工作与公共组织行为研究之间的关系，就好比是药理学与解剖学之间的关系。组织行为研究就像解剖学那样，对组织成员的心理行为进行解剖分析，从中找到成员行为受环境影响后的变化规律及趋势（即人的道德问题、认识问题和思想问题的动向）。而思想政治工作就如同药理学那样，根据病情研究是什么“病”就开什么“处方”，也就是根据成员行为变化的规律，研究如何解决人的道德问题、认识问题和思想问题，提高人的思想政治觉悟。思想政治工作的思想科学化、有效性的优势，就在于运用了公共组织行为的作用之一——“行为解释”技术知识。组织就是依靠了运用技术知识的专家们或专职人员们去不断地分析研究组织中所产生的行为表现的连结缘由，进而针对个人的行为适时恰到好处地做好思想工作。

简而言之，“行为的解释”是做好思想政治工作的重要依据。

第二是能够充分调动人的积极性。

随着经济形态的改变，人们不仅愈来愈关注以人为本的组织管理思想，而且也愈来愈注重以人为本的组织管理战略。20 世纪 30 年代末，在梅奥领导的霍桑实验中，人们发现生产效率依赖于职工情绪，职工情绪又依赖于组织中的人际关系，而形成组织中人际关系的一个重要因素是监督人员的监督方法。其实人不一定都非得要领导来监督或靠权威下命令要他执行任务，人更多的是需要自己出自于内心配合组织或乐意为组织做事。到 20 世纪 60 年代初美国学者利克特通过社会调查研究，提出了与传统的权威管理不同的参与式组织管理方法，并总结了高效管

---

① 《以德治国》，载《经济日报》，2000－04－02。

理组织中的支持关系,他认为在一个组织中,如果下属从实际经验中感受到上级是支持和重视他们的,每个人都有价值,那么职工就可能对领导作出积极的反应,相应地,领导对成员的和谐协作也感到是一种支持的组织气氛。在这种情况下,组织的工作环境就是支持性的,这时的领导和同事也是支持性的。一旦在组织中形成这种支持关系,每个成员的态度就很积极,各项激励措施就能较好地发挥作用。组织内部充满了协作精神,组织的效率自然会提高。

到了当代,被《财富》杂志评为"最吸引员工的公司"的思科更有其独到的战略,他们曾在招聘广告上写着:我们永远在雇人。思科在短短几年的时间里,吃掉了60多家公司,而且从来不大规模解雇员工。在首席执行官约翰·钱伯斯看来,收购"最主要买的是人,而不是产品"。思科有个留住人才的秘诀:平等、信任。首席执行官钱伯斯也有专机,却是自己掏钱买的,他乘航空公司的飞机出差时都是只坐公务舱,从不坐头等舱,即便是用自己的飞机出差,他也只按一张公务舱的价钱报销,其余自己掏。这种强调"平等"的做法能使员工有"同等权力"或"主人"的感觉。在工作安排上,思科并不规定非常死的作息时间,而是相信许多员工即便在家里办公也能办好。这是彼此信任后形成的默契,双方都能形成越来越强的责任心。

其实在我们中国,历来有着重视人的作用的传统,我们不妨一起来重温一下毛泽东同志的一段语录:"世间一切事物中,人是第一个可宝贵的,在共产党的领导下,只要有了人,什么人间奇迹都可以造出来"就可足以说明了这一点。在毛主席的这段语录中,提及的"在共产党领导下,只要有了人,什么人间奇迹都可以造出来",更强调了共产党是重视人才、尊重人才、依靠人才建设祖国的。至此,不难看出,古今中外都把人放在首位,都想充分调动和发挥人的积极性、主动性和创造性。为了做到这一点,一是从管理的方法论角度，凭借“行为解释”的功能，来加强人的心理活动与行为的管理，从而调动人的积极性。二是从心理学角度，想法提高人的心理能动水平即人的积极性问题，首先需用行为解释来弄清人参加组织的动机和需要，然后采用激励的方法引导人们的正确动机并尽量满足其需要；促进人的心理能动水平即积极性的提高，另外，还要采取行为解释来理清组织中的人际关系问题，并力求协调好公共组织内部的人际关系，以致创造良好的心理环境和气氛，把组织的整体行为引导或凝聚到实现组织目标方向上来，只有这样才能最大限度地调动和发挥公共组织成员的积极性，去圆满地完成各项任务。根据上述情况，公共组织行为中的“行为解释”作用与充分调动人的积极性是一种连锁递进关系。

2．行为预测

行为的预测是把目标放在未来的事件上。行为预测是想了解一项行动会造成什么样的结果，包括组织结构改革和更换领导角色人员等；不排除会有很多可能存在的风险。怎样才能保证改革成功及选准组织领导人员，方法会有很多种，但通过测评组织员工对于不同变革方式或对于某些人选的反应，可以预期哪一种方式或人选会让组织成员的抗拒减至最低，这将足以能帮助组织或组织领导做好决策。这种尝试去评估组织成员对于改革或改选领导的反应如何的过程，实际上就是在从事预测行为的活动。比如，日本知名的松下公司，有很多成功的管理经验，其中就有一条注重感情投资和感情激励。当你完成一项重大技术革新，当你的一项建议为组织带来更大效益，老板会不惜代价地重赏你。松下公司建立的“提案奖金制度”非常有特色，每年职工提案达 66 万多条，其中被采纳的约占 10%，奖金达 30 多万美元。这种成功的经验充分体现了该公司特别重视对民意行为的预测并采纳。

第三节　公共组织的个体心理

一、个性的若干理论

未来的组织像如今一样将在一种不确定、竞争激烈、业务复杂的环境中运作，它的生存能力取决于日益多元化劳动者的共同努力，其特征是管理人员和员工都具千差万别，并坚持自己的主见被认可。对此，作为管理人员，更需要一种“学科性折衷主义”——因为人们已经十分熟悉的众多理论研究方向各自具有独特的功能和局限性，从而不再幻想有哪种单一的、统一的理论模式能够解决全部社会组织问题。[①] 从这个观点看，管理者了解一下各种不同人性假设的理论研究是很重要的。了解的范围越大，对管理实践运作越有主动性。

处在不同时代的管理人员或管理学家，他们都会根据不同时代背景的环境，来决定组织的有效性运作战略，并将对他们管理的员工有一个基本的人性假设，从而根据他们看待员工的思维来决定组织有效性程度，这种对人的本性的假设又基本约束着管理者的行为。因此，由于时代环境的不同就出现了如下各不相同的一些人性假设：

1. 经济人假设及发展

对人的因素问题最早引起重视并明确提出来的是美国的一位社会心理学家和行为科学家道格拉斯·麦格雷戈（Douglas McGrogor，1906—1964）。麦格雷戈在1957年11月的美国《管理评论》上发表了《企业中人的方面》，对“经济人”的概念做了界定，

---

① ［美］刘易斯·A·科瑟著，石人译：《社会学思想名家》，北京：中国社会科学出版社1990年版，第5页。

进而还提出了著名的“X 理论”和“Y 理论”。他认为这两种人性假设恰好表明了专制的和民主的两种互为矛盾的主管人员对员工看法的行为。① 麦格雷戈认为传统的组织理论将人的活动动机归结为经济动机。其代表人物是泰罗。泰罗及其继承人认为组织成员是为了满足经济的需要而参加组织的,工人是为了获取最大限度的工资收入才去劳动的,人在组织内主要行为动机是经济动机。这是一种“经济人”假设。这种传统的组织理论对人的看法的假设可以概括为以下三个方面:(1) 一般人的天性是厌恶工作,一有可能就逃避工作。(2) 基于人的天性是厌恶工作的假设,人们认为对绝大多数人必须实行强制、监控、指挥和惩罚,只有以此作为威胁才能使人们为实现组织目标而作出一定的努力。(3) 人因为一心想逃避工作和责任,所以宁愿接受指挥。② 麦格雷戈将传统组织理论中上述的三大假设称为 X 理论。

麦格雷戈认为传统组织理论所论及的种种行为尽管在工业社会中比比皆是,但这绝不是人的天性。人之所以如此,是西方社会的工业组织、流行的管理哲学、实施的政策和措施等造成的。传统的 X 理论正是以错误的因果关系为依据的。在这种传统的人和人性的假设下,组织的管理往往呈现出两个极端。一个极端是管理人员是“严厉的”或“强硬的”,管理行为中充满着伪装了的强迫和威胁、监督与控制。另一个极端是管理人员是“温和的”或“软弱的”,管理行为则是充满了宽容,满足人们的要求,以求相安无事。“严厉的”做法存在问题,过分的压力引起的是反压力,产生的是敌对情绪和巧妙的怠工;“温和的”做法也存在问题,它常常导致放弃领导,对工作实绩漠不关心,人们的期望值越来越高,从而难以得到满足。

---

① [英] 葆琳·雷汉姆主编,向桢译:《管理学的先知——[美] 玛丽·帕克·芙丽特》,北京:经济日报出版社 1998 年版,第 130 页。

② 同①,第 131 页。

麦格雷戈认为，随着社会的不断进步，随着“人际关系理论”的出现，人们已经日益意识到早期的组织管理在许多方面是幼稚的，它如同循序渐进式教育的早期阶段一样，带有幼稚的和不成熟的特征。然而，人们也发现，在简单地放弃传统的以指挥、监督和控制为主要特点的管理模式之后，还没有找到较好的替代模式。仅仅将“强制”换成“温和”并没有从根本上解决问题。事实上，强调人际关系，强调工业民主，并不等于要求让每一个人都去决定一切事情；同时，仅仅靠消除不满、分歧并不能保证组织自动地兴旺起来。由此，麦格雷戈指出，传统组织理论和管理战略的有效性可能已经用完了，如果不在理论上做出重大改变，就无法取得新的发展。

麦格雷戈认为，尽管在20世纪的前半个世纪中，社会科学的发展还未能像自然科学那样取得重要突破，但是，在社会科学的许多特殊领域中有关人的行为的知识已经得到一定的积累，从而有可能对其作出概括。

基于这种考虑，麦格雷戈提出了有关“人性”的新的假设即“Y理论”。这一假设认为：

① 在工作中消耗体力和花费智力其实与游戏或休息一样是十分自然的。一般的人并非天生就厌恶劳动。那些可以加以控制的工作条件，既可以成为人们满意之源，也可能成为惩罚之源。

② 外部控制和惩罚的威胁不是使人们努力实现组织目标的惟一手段。人们在自己对目标负有责任的工作中能够实现自我指挥和自我控制。

③ 对目标负有责任是与成绩联系在一起的报酬的函数。其中最为重要的是报酬，例如自我意识和自我实现的需要，都是努力实现组织目标的直接产物。

④ 在适当的条件下，一般人不仅能学会接受责任，而且能够

学会主动承担责任。逃避责任、缺乏进取心、强调安全感一般来说是经验的结果,而不是人的天性。

⑤ 在解决组织问题方面,多数人而不是少数人具有发挥相当高的想像力、独创性和创造力的能力。

⑥ 在现代工业生活的条件下,仅仅部分地利用了一般人的智力潜能。[①]

麦格雷戈的Y理论,其所强调的组织管理不是静态的而是动态的,所强调的人的特性不是一成不变的而是成长的与发展的,所强调的人的选择性不是单一的而是多样的。与X理论相比,Y理论着重指出了一个最为根本的事实,即在组织之中,对人们之间合作的限制不是对人性的限制,而是对管理部门如何认识其人力资源潜力的独创性的限制。

麦格雷戈指出,Y理论的有关假设是向人们提示了可以采用一系列新的管理政策和管理做法的可能性。他认为应当以革新的思想与措施来运用Y理论。他并提出了如下四方面的思想和措施:(1) 实行分权化和授权。这一革新的作用在于使组织成员免受传统管理中过于严密的控制,使他们有一定程度的自由来指挥自己的行动并主动承担责任,从而满足自我实现的需要。(2) 扩大工作范围。这一措施主要在于鼓励组织内的基层成员承担责任,从而为满足他们的社会需要和自我需要提供机会。(3) 参与咨询管理。实行这一措施目的在于鼓励组织成员把创造性力量投向组织目标,使他们在某些涉及自身的事务上具有决策权,这样做的结果同样是为组织成员满足社会需要和自我需要创造了条件。(4) 实绩评价。这一措施与X理论不同的是评价中包括了自我评价的内容。组织成员可以对照自己确定的目标进行评

---

① Jay M. Shafritz, Albert C. Hyde: ***Classics of Public Administration***, 2nd, The Dorsey Press, 1987, p.260.

价,从而鼓励个人在实现组织目标的过程中主动承担更多的责任。①

2．社会人假设

“社会人”的假设是出自美国组织理论学家、行为科学的创始人乔治·埃尔顿·梅奥的思想。梅奥通过领导和参与长达10多年的“霍桑研究”,对科学管理时期的泰罗主义提出了批评。他认为在工业发展的野蛮阶段,技术与物质利益起着巨大的作用。但在工业文明时期,人们之间合作的本能会得到发展。组织中的人绝不是单纯的“经济人”,他们是“社会人”。人的合作是要通过组织表现出来的。他在1933年发表的《工业文明里的人的问题》一书中首次提出了“社会人”的假设概念。

梅奥以“霍桑研究”的资料为根据,提出了与“经济人”相对应的“社会人”的假设。人是一种社会存在,在社会上生活的人绝不是孤立的存在物,而是作为某一集团的成员或分子去参与社会生活的。“社会人”不仅要求通过劳动获取收入,而且作为人,他还需要得到友谊、安定和归属感,“社会人”是结成团体而行动的。梅奥指出,正因为组织中的成员是社会的存在物,因此,组织的效率与人的态度、情绪有关。

传统的组织理论认为生产效率、作业方法、作业条件三者之间存在着单纯的因果关系。而“霍桑研究”表明生产效率与工资、工作时间、休息时间、作业条件的变化并没有多少直接的关联。只有那些将社会看成是一群乌合之众的经济学家们才会得出所谓的必然结论:物质刺激是人类惟一有效的动机。事实上生产效率同组织成员的情绪有着十分重要的关联。情绪是组织成员在工作中所得到满足程度的函数。组织成员的满足程度越高,情绪就越高;情

① Jay M. Shafritz, Albert C. Hyde: ***Classics of Public Administration***, 2nd, The Dorsey Press, 1987, pp.139—143.

绪越高,组织的效率也就越高。

所谓组织成员的满足程度指的是他们对安全感和归属感等社会需要的满足程度。它主要取决于两种因素:一是成员的个人情况;二是车间的情况。前者往往受家庭生活、社会交往等方面的影响;后者则受人际关系的制约。梅奥从实验中得出结论:“所有人的安全和稳定的感觉总是从成为一个团体的成员的保证上得来的。如果丧失了这个,不是任何金钱上的改善和职业上的保证所能抵偿的。”①

3. 自我实现的人的假设

继“霍桑研究”、非正式组织研究之后,一大批新的人际关系学派们开始对组织成员的欲望和动机产生兴趣。虽然相互间也存在较大差距,但他们有一个共同的方面,即都将人的活动动机归结为“人的自我实现的需要”,以“自我实现的人”取代了“社会人”。新人际关系组织理论在很大程度上吸取了心理学家们的研究成果,尤其是马斯洛(Abraham H. Maslow,1908—1970)的人的“需要层次论”的成果。马斯洛认为人有一系列的需要:生理需要、安全需要、爱情需要、受到尊敬的需要、自我实现的需要。后来麦格雷戈对此作了详尽的阐发。他指出人是一种不断地追求需要的动物,当他的一种需要得到满足时,另一种需要又会代之而起。人的需要是按一系列等级组织起来的。随后心理学家阿德佛(P. Alderfer)针对马斯洛的理论中的一些不足,依据他对工人进行的大量调查,提出了ERG理论。阿德佛认为人的需要不是五种,而是三种:一是生存的需要(Existence Needs)。它主要是包括食物、空气、水、工资、工作环境在内的维持生存的物质需求。这是人的最基本的需求,相当于马斯洛的生理及安全需求。二是关系

① Jay M. Shafritz, Albert C. Hyde: ***Classics of Public Administration***, 2nd, The Dorsey Press, 1987, pp.104—105.

需求(Relatedness Needs)。它主要指个人与同事、上级、部属、朋友及家族之间建立并维系良好的人际关系,相当于马斯洛关于友谊、爱和归属的社会需求。三是成长需求(Growth Needs)。它主要指个人通过创造,在事业上取得成功等等来表现自我,相当于马斯洛的自我尊重和自我实现的需要。

阿德佛认为,人类的这三种需要并不是如马斯洛所讲的是生来就有的,而是通过后天学习才形成的。人的这三种需要也不一定是按照由低向高逐级上升的,在一定条件下,需要可以越级发展,如人可能在没有归属的情况下,先产生自尊的需求。另外,阿德佛特别指出,人的需求既可以存在从低层次向高层次上升的提升程序(Fulfillment-Progression Process),但同时也存在遇到挫折的退化程序(Frustration-Regression Process),比如人得不到好的相互关系,就下降为安于生存需要。

麦格雷戈吸收了包括马斯洛、阿德佛在内的一大批心理学家的研究成果,并对人的不同层次的需要进行了考察。他认为人的需要可以编成一系列层次,按其重要性排一个等级,位于最低层次的需要是生理需要。当生理需要合理地得到满足时,下一个较高层次的需要开始支配人的行为。这就是安全方面的一些需要。当人的生理需要和安全需要都得到满足后,社会需要就会成为其行为的重要激励因素。这就是归属、交往、认可、友好、互爱的需要。在较低级的各种需要合理地得到满足以前,社会需要是不会成为激励因素的。而超过社会需要的则是对管理人员和职工本人都有极大激励作用的需要,即自我的需要。它有两种:一种是与一个人的自尊有关的需要,即自给、独立、取得成就、追求能力、追求知识的需要。二是与个人的名誉、地位有关的需要,即对地位、得到别人承认、得到别人了解、得到同伴们应有的尊重的需要。最后,是处在人的需要层次顶端的自我实现的需要。这是一种努力发挥自己潜在能力的需要。持续的自我实现的需要又是一种具有创造性的需要。在现实生活中，这种最高级的需要只能以极少的机会、极弱的方式表现出来，对于相当多的人来说，这种需要只能以休眠的状态而存在。

麦格雷戈认为，在现代工业社会中，大多数人感到其较低层次的需要未能得到满足，人们将他们的潜力投入到为满足这些需要的奋斗之中，而自我实现的需要则达不到自觉认识的程度。对于个人来说，其生理需要得不到满足就会生病，而这种情况对于其较高层次的需要来说也是一样。安全、交往、独立或地位方面的需要得不到满足的人也会生病，这些病也会产生后果。比如，人的消极状态、敌视行为、推卸责任等等都是这类病造成的后果。如果把这些也归之于天生的“人性”，那就大错了。

管理者应该根据组织成员需要的层次性要求，正确地加以动机激励。当一个人的较低层次的需要已经满足时，那些曾经对其起过激励作用的力量就不再是激励的力量了。因此激励的重点也应当转向社会需要和自我实现。如果此时管理人员依然将注意力集中于满足生理需要，以为金钱是惟一的激励手段，那是一种错误的估计。

麦格雷戈还认为，“胡萝卜加大棒”的激励理论与X理论的特点是一样的，在某种条件下，可能会取得较好的效果。但是，一旦人们达到一定的生活水平和人们主要受到高层次需要的激励时，它就会失去效用。管理部门可以创造条件，使人受到鼓励，使个人能够自己去寻求这种满足；管理部门也可能不去创造这些条件，从而使个人受到挫折。

但是，提供条件绝不等于“控制”和“指挥”。现代科学技术创造了很高的生活标准，可以充分满足人们的生理需要和安全需要。一旦这些低层次的需要得到满足以后，管理部门原先的“控制”功能就失去意义了。指挥与控制，不管是温和的还是强硬的，都不适合于激励。对于那些将社会需要与自我需要看成是重要需要的人来说，指挥和控制的激励价值是十分有限的。[①]

4．复杂人假设

美国的组织管理学家沙因(Edgar H. Schein)对人性假设理论提出了一种综合性的分类。沙因是美国著名的管理心理学家，曾在哈佛大学获心理学博士学位，后被聘为麻省理工学院管理与组织心理学教授，并任该校组织研究会主席，同时还兼任美国专业考试委员会组织心理学学历资格审查组主席、美国心理学会与社会学会理事、美国应用行为学研究所与国家培训实验室研究员。沙因不同于其他学者的是，在经济人、社会人、自我实现的人之后又提出了复杂人的假设。他认为复杂人人性的假设表明，人是复杂的，人们的需要和潜在的欲望是多种多样的，而且人的需要是随着年龄的变化而变化的，是随着扮演的角色的改变而改变的，是随着所处境遇的不同而不同的。

沙因认为，这四种特性各有长处，也各有缺陷，对于不同特性的人，应当采取不同的管理方法。复杂人假设的基本观点是：人的需要是多种多样的，它会因人的发展阶段、生活处境、情景、时间的不同而变化；由于人的需要与动机的相互作用，从而形成了复杂多样的动机模式、价值、目标，人们总是在不同的层次上去理解激励的；组织成员可以在自己的经历中获得新的动机，这些新的动机是他自己的原始需要与其组织经历相互作用的结果；人们可以在非常不同的动机下，全心全意地参加到组织中来，对组织来说，它可以获得最大效益，对个人来说，他从中获得了满足；组织成员会对各种不同的管理策略作出反应，不存在惟一的一种正确的管理策略。针对复杂人组织应采取一种特殊的管理方式：组织管理者要有权变观念，以现实的情景作基础，实行多变的和灵活的策略；管

① D·S·皮尤著，彭和平等译：《组织理论精粹》，北京：中国人民大学出版社 1990 年版，第 319 页。

理者应根据不同成员的具体情况，因人而异地实施管理，不能千篇一律；管理者的管理措施和方法必须是多种多样的，针对不同的情况，进行不同的控制、激励和指导。[①]

二、个体差异与测试

个性是指个人所具有的并经常表现出来的特征性的行为模式。因此，人与人之间的个性差异是很大的，也就是，每个人都具有自己独特的心理特点，且都以不同于他人的行为模式与思想方法来对待客观事物。正如中国有句古语："人心莫测，各如其面。"研究和测试公共组织中个体心理差异，乃是为了量才使用、人尽其才、因人施教，以达成提高公共组织管理效率的目的。

现代组织心理学家将个性定义为个人的比较稳定的心理特征的总和，它包括态度、性格、气质、能力、知觉等方面。因此，要研究和测试个性的心理特征主要也将这几方面作为切入点。

1. 态度，是个人对某些客观事物、情境、人员、团体、组织或制度所持的评价与行为倾向；表现在，人们会对某些客观对象做出固定反应的相对稳定的态度倾向，诸如，肯定或否定、喜欢或厌恶、赞成或反对等。

态度既然是个体对于地理环境中的客观对象所产生的评价与倾向，那么，一个人必然会对他所处的环境中的各种事物拥有多种态度；而个体的各种态度综合起来便形成了他的相对稳定的行为模式，即：个体对客观对象的认知、情感和意向所持的态度倾向。比如，某单位的老总王先生，本对现代的年轻人持有一些偏见，但近期刚分来的小李的工作表现，使王先生改变了原有对年轻人的看法。在与小李朝夕相处的日子里，他从小李的身上看到了这位年轻人所具备的胸有大志、敢于创新、乐于奉献的优良品德和较强的工

---

① H.E. Schein: ***Organizational Psychology***, Englewood Cliffs, N. J. Pretice Hill, 1980.

作能力。是小李的行为感化了王先生,也是王先生对小李的认识和了解而决定重用小李。王先生从对小李的认识、理解——认知;到对小李产生好的印象——情感;再到决定把小李作为骨干培养、重用——意向的整个过程,说明了老总王先生对青年小李的态度。

由此可见,态度不是与生俱来的,而是通过个体后天学习或感验获得的。换句话说,态度的形成关键取决于信念和价值因素。也就是人们对客观对象的态度往往取决于他对客观对象的感验和考虑取舍的意义的大小。此外,团体成员的态度往往也会影响主管人员决策的态度。

总之,组织中的个体实际上受很多因素的影响表现为可能有成千上万种态度,但公共组织行为所关心的仅是和工作有关的态度。这些态度包括工作满意、工作投入。若个体能对工作满意,意指他既认同他的工作并积极参与,也认同组织目标并忠于组织。无疑,测试个体的态度,主要看其对工作的满意度。

附录:过桥[①]

一位心理学家想知道心态会对行为产生什么样的影响,就做了一个实验。

首先,他让10个人穿过一间黑暗的房子,在他的引导下,这10个人都成功地穿了过去。然后,心理学家打开房内的一盏灯。这些人看到了房内的摆设,都惊出一身冷汗,这间房子的地面本来是一个大水池,水池里有十几条大鳄鱼,水池上方搭着一座窄窄的小木桥,刚才他们就是从这座小木桥上走过去的。心理学家问:"现在,你们当中还有谁愿意再次穿过这间房子呢?"没有人回答。

过了很久,有三个人站了起来。其中一个小心翼翼的走过去,速度比第一次慢了很多倍;另一个颤巍巍的踏上小木桥,走到一半

---

① 靳小鹏:《心态和行为》,载《新华日报》,2002-07-18。

时,竟趴在小木桥上爬了过去;第三个刚走几步就一下子趴下了,再也不敢向前移动半步。

心理学家又打开房内的另外九盏灯,灯光把房内照得如同白昼。这时,人们看见小木桥下方装有一张安全网,由于网线颜色极浅,他们刚才根本没有看见。"你们谁愿意现在通过这座小桥呢?"心理学家问道。这次又有五个人站了出来。"你们为何不愿意呢?"心理学家问剩下的两个人。"这张安全网牢固吗?"这两个人异口同声的反问道。

很多时候,成功就像通过这座小桥,失败的原因恐怕不是力量薄弱、智能低下,而是面对周围环境的威慑,很多人早就失去了平静的心态,慌了手脚,乱了方寸。

2. 性格,是个人对现实的稳定的态度和习惯化了的行为方式。某些人善于满足而被动,而某些人善于讲话且爱挑起事端。当我们以满足、被动、讲话、挑斗、忠诚、野心、喜好攻击等词汇来描述一个人的特征时,我们实际上是以性格特征来区分个人。

根据心理学家已对个体性格进行多方面研究并提出的6种主要的性格特征(见表7-1),显然,每个特征都存在着两个相对的极端,例如:含蓄——外向。另外,这6种特征中基本上总能找到与某个个体固有的行为相吻合的。因此,这些特征可以用来测试个体的行为。但有一点需要提及的是这些特征必须和情境联系,才能特显特征对行为的影响。遗憾的是,至今对于这些特征和组织行为之间的关系,尚未弄清楚。

表7-1 六种性格特征

性格形态	职业
1. 实际型(Realistic)——喜欢从事进取的行为,需要利用身体的技术、力量与协调。	林业、农业

续　表

性格形态	职　业
2. 研究型(Investigative)——喜欢从事思考、组织与理解等活动,较不带直觉与情感。	生物学、数学、新闻播报
3. 社交型(Social)——喜欢从事人际间的活动,而非智能性或体力上的活动。	服务业、社会工作、临床心理学
4. 传统型(Conventional)——喜欢从事有规章制度的活动,愿意为组织或是拥有权力与地位的人而牺牲自己的需求。	会计、财务、大型企业管理
5. 企业型(Enterprising)——喜欢从事以语言影响他人或得到权力与地位的活动。	法律、公关、中小企业管理
6. 艺术型(Artistic)——喜欢从事表达自我、艺术创作或情感性活动。	艺术、音乐、写作

一般来说,有四种性格属性能更好地解释和预测组织行为。它们分别是:控制观念、权威主义、权术主义,以及风险偏好。

(1) 控制观念,包括内控和外控两种类型。内控型是指某些人相信自己的命运应该也必须由自己主宰。这些人的意志比较坚强,但对世界看得比较冷漠,更多的只相信自己不求依赖别人,他们很重视机会也会积极去寻找发展的机会。而外控型是指某些人认为自己的命运是受别人控制的,机会的获得与否一概听天由命。这些人一般来说对工作的满足感较低,他们对组织也较为疏离,对工作也不想投入。当这些外控型的组织成员如果被评定为绩效不佳时,他们会埋怨是领导或别人对他的偏见,或者他们会找出推卸责任的理由称是同事或其他缘由影响了他们的行为,而这一切却不是他们自己所能控制的。内控型的人如果在工作上得到绩效不佳的评价,他们则会认为这是自己行为所造成的结果。持控制观念的人一般表现出或是满足或是被动的特征行为。

(2) 权威主义,是指对权势的崇拜和渴望的信念。极端权威主义的性格,表现在观念上较为僵化,对上谦恭退让,对下恫吓威胁,不信任别人,上下级之间的联系极为罕见,上下级在心理上是格格不入的,大多数决策由组织最高层制定。当然,只有相当少数的人是极端权威主义者,所以不要轻意给什么人下此结论。不过,值得注意的是,一个居于高职要位的权威者,如果在其任职期组织绩效不好,倒要关注或测试别人的认知、情感及意向的信念和价值观,以及时处理好复杂与多变情境的工作。但是,如果是组织结构比较严密或大型组织化的工作,作为权威者则必须采用集权方式并按法规条文进行组织运作。上下级之间也需要交换意见,对成员尽量采用鼓励的方式,偶尔也采用惩罚的手段,以促进员工用自己的实际行动来认同权威主义,也就是只有使员工真正能信任权威主义性格,他们才能够表现得很好。权威主义性格表现出的行为特征大体上或是忠诚或是喜好攻击。

(3) 权术主义,是指某些人为了达到自己追求的目的,可以不择手段进行权谋的企图。权术主义性格的人的思维趋于自我臆断,与人保持情感上的距离,对上态度毕恭毕敬,汇报情况报喜不报忧,千方百计讨得上级的欢心;对下采用恩赐手法,以使下级在取得业绩或晋升时常以感恩的态度回敬他,或以此来网罗更多的人心。这些人决策时也会听取下级的意见,但多半以自己的意图定位取向。对待权术主义掌权者,必须通过监督机制约束其权力或权欲,并以制度规范党风和行风,进而以行风文化规范职业道德和员工品行。只有通过自上而下树形象、创行风、立道德。再经过自下而上认识、理解行为,从而形成上下协调一致,使我们的组织乃至社会健康良性发展。

其实,组织中亦有持权术主义的普通成员。对待他们,我们又如何评价并因势利导呢?如果发现了他们在工作中表现出的特别技术和能力,就要给予肯定、激励,让他们参与技术创新,并享受技术决策权，这可使他们充分发挥自己的生产潜力。如果发现他们有“只为目的而不择手段”的行为，就要通过职业道德文化规范他们有所不为或有所为，则可使一些不良行为能被处理在萌芽状态。当然，对“为了目的不择手段”的行为，在绩效评估中尚无绝对的标准给其定论，人们将很难预测权术主义者的绩效。权术主义性格者经常表现出或是挑斗或是野心的行为特征。

(4) 风险偏好，是指为达目标而敢于承担可能发生的损失的态度。又分高风险偏好与低风险偏好两种。相比之下，高风险偏好者比起低风险偏好者会更快速做出决定，并在决策时较少对相关的信息进行反复比较分析。组织领导或管理者可依据员工的风险偏好来分配或安排其工作。举例讲，高风险偏好者可适合担任证券公司的股票控盘员，这类工作需要快速下决定。低风险偏好的人则较适合做人事或审计工作。持风险偏好性格的人往往决策果断、办事利索，追求目标更新。由上可知，个体的性格显然各有不同，很自然地，每个人适合的情境和工作也不一样。根据这样的逻辑推理，心理学家认为员工的性格与职业环境的相容性会影响到员工的工作满意感或对组织的忠诚心。经过研究，他们提出了六种性格搭配模式。该模式主张：① 人和人之间的确会出现内在性格上的差异；② 各种工作具有不同的形态；③ 个人的性格形态如果能和工作环境配合，则满足感较高，较不易离职。

3. 气质，指人们通常所讲的活泼、稳定、急躁、压抑，是人的高级神经活动类型特点，在行为方式上所表现出的典型的、相对稳定的活动动力的心理特点。[①] 诸如速度、强度、指向性等。依此逻辑，具有某种类型气质的人，他会以自身稳定的心理指向性对待各种不同活动的内容的。而不同类型气质的人会对相同活动的内容表现出不同的心理活动动力。但是，无论什么样气质的人，都有

① 罗锐韧、曾繁正主编：《组织行为学》，北京：红旗出版社 1997 年版，第 52 页。

喜、怒、哀、乐的行为表现。中国有句人生四大乐趣的俗语:“久旱逢甘露,他乡遇故知,洞房花烛夜,金榜题名时”。这表明人都会追求幸福快乐,当遇到愉快的事情就会表现出精神振奋、斗志昂扬;相反,人也都会忌讳不幸和痛苦,当遇到曲折或悲伤的事情就会情绪低落、悔恨泄气。因此,应该指出,人的气质基本类型的划分是相对的,它与现实生活往往互相结合。人类正是经历无限沧桑,因而个体将以一种类型气质为主,也兼有其他类型。即便某个人在相同场合参加相同的活动也会有不同的表现。比如,某人在获悉亲人突如其来的车祸丧身的噩耗时,正在参加一项庆祝活动的他,即使佯装镇静,尽可能压抑住内心的痛楚,但与往常的喜悦表情相比别人还是能感觉到他今天出场的气度是有明显不同。显然,人的气质与其生理基础密切相关。彼此间的差异由人的高级神经类型所决定,受人的意识状态所制约。

人们通常把气质分为四种基本类型,即:多血质(活泼型)、粘液质(稳重型)、胆汁质(急躁型)、抑郁质(压抑型)。这四种类型的气质在此就不一一详述。

附录:女人必须有自己的事业①

刘永好,希望集团总裁。他的妻子李巍一直是个神秘低调的女性。刘永好曾经毫不讳言的称赞她是“中国最有魅力的女人”。《女报》第3期刊登对李巍的专访,现将有关专访内容介绍如下。

1978年秋天,我从华西医科大学毕业后,分配到一所机械干部学校当校医。不久,与在那里当物理老师的刘永好相爱了。然而我和刘永好的相爱却没有被朋友和家人看好。在他们看来,刘永好出身于一个小县城,只是德阳一所工业中专毕业生,家里又有一些历史问题,和我根本就不相配。但那时候,爱已使我不再有丝

---

① 甄鸣:《女人必须有自己的事业》,载《报刊文摘》,2002-03-17~19。

毫犹豫。

相识半年后，我们把各自的被子抱在一起就结婚了。家里最奢侈的东西就是我当姑娘时，攒了几个月的工资买的那块英纳格手表。新婚的日子是甜蜜的，刘永好是那么浪漫深情的一个人。常常在傍晚下课后，我挽着他的手臂，在夕阳染红的郊野小路上散步。“李巍，我要帮你实现一个女人所有的梦想。”刘永好说：“相信我，这一天不会太远。”

1982 年我跟着永好回四川新津老家过年。吃完年饭，兄弟几个偶然议论起来，现在的鹌鹑蛋真卖得起价钱，鸟蛋那么大小，居然比鸡蛋还贵，而且购买者趋之若鹜，许多农民因此走上致富之路。

“我们也养鹌鹑！”不知谁说了一句，却立即引起了四兄弟的响应。说干就干。春节的鞭炮的硝烟还弥漫在城郭村落的上空，永好就将我那块英纳格女表变卖了 185 元，家里自己装的收音机也一起卖了，与三位哥哥卖自行车的钱加在一起，凑了一千元。在老家新津三哥的家里搭起了一个鹌鹑饲养棚。

鹌鹑蛋越下越多了，销路成了问题。永好就跟着三哥刘永行跑市场，在成都的大街小巷沿街叫卖。不巧碰上他教的一些学生，当时还不像现在这样，一个教师沿街吆喝卖鹌鹑蛋，在学生眼里绝对是尴尬和耻辱的事情，永好窘迫的把头埋得低低的。晚上回到家里也精神全失，整个人都蔫了。我鼓励他说：“永好，抬起头来！我是你的妻子，我都不觉得耻辱，甭管别人怎么看、怎么想。经商并不下贱。在西方社会，衡量一个男人成功的标准，还是看你能挣多少钱呢……”

永好在我的话里抬起了头，目光里有感激和感动。其实男人也很脆弱。那个时候他需要的就是一点理解和信任，我的支持对他来说就显得格外重要。

刘家兄弟的生意越做越大，到了 1988 年，他们四兄弟已经挣了1 000万。成立希望饲料集团时，刘家四兄弟开会做的第一个决定就是刘家所有的媳妇都退回家去，不许参与干涉刘家兄弟商业上的事务。

这是刘氏家族的第一道铁律，我能够理解。尽管那时我刚刚从学校辞职回家，陪着10岁的女儿作画、学琴，开始了相夫教女的8载岁月。

做一个幸福的女人，应该知道进退取舍。对于永好的事业，我的感觉也并不迟钝，我与他的看法尽可能保持默契，当然这种默契不是伪装出来的，更不是不平等的迁就和迎合。

前几年，永好准备介入医药领域。与韩国的一家医药企业作了前期投资准备，光考察就花去了100万，永好的智囊团队也纷纷看好这个项目。我却不以为然。就在刘永好在北京准备与韩国的这家企业签订协议时，他最后一次打电话给我，征求意见。我在电话里冷静同他谈了三点看法：其一，没有必要做高利润的产业，越高利润越高风险。其二，刘氏希望集团必然在历史上留下去，搞医药纵使现在管理到位，难道就不怕我们百年之后，假冒伪劣产品亵渎了自己的一世英名。其三，我做过医生，中国的药物试验和审批体制不健全，一片小小的丸剂，人命关天，如果出了问题，必然砸希望的牌子。最后一句话，三思而行，情愿不介入，也不赚这个钱。刘永好思虑再三，最终接受了我的建议。

1996年夏天，女儿飞去美国求学。一天，我对刘永好说："永好，我该出山了，去干点事业。""借我2 000万。"我恳请丈夫。

"没问题，明天就划过去。你随便玩，输了当学费。"刘永好豪爽的答道。"你以为你老婆会输吗？"我反问他。"不会！"刘永好哈哈大笑，"李巍是谁的太太呀。"

翌日，我立即花200多万，将一个朋友的排版中心买了过来，建立了一家印刷厂，注册了四川彩地印刷有限公司。随后，我又到大小凉山播种万寿菊，生产天然黄色素出口。

重新出山6年，我有了自己的事业，在李巍的名下注册了6家公司。我不仅还清了丈夫的本钱，每年还有数百万的纯收入，无偿的归到了丈夫的新希望的账面上。

新千年的一天，我们四川女企业家协会开会。姐妹们专门让我谈谈如何做一个幸福的女人，我走上讲坛，侃侃而谈："时下有种说法，当中国富豪的太太难，守住自己的婚姻更难，越有钱自己越不幸福。我不这样看。今天我可以毫不掩饰地说，我是天下最幸福的女人。首先刘永好的素质好，给了我一种信心。第二，无欲则刚。一个年过40的女人应该知道进退取舍，不能什么都想挽住。青春已经不再，美貌已被风雨吹走，靠什么捍卫自己的婚姻？就两个字：气质。这绝不是仅凭年轻貌美就会与生俱来的，它是年龄、经历、智慧和素质的和谐，有了这种气质，再多美貌年轻的女人也不可能将你的丈夫从家里抢走，因为患难夫妻好比各自身上的一个肢体，没有哪位男人会因为别的女人的诱惑，而砍掉自己的手脚。但是紧要的一点就是，女人必须有自己的事业。不然在家里做一个专职太太，做好饭恭候丈夫回家，他回来晚了，不回来了，你都去审问，这种婚姻的城堡总有一天会崩塌的……"

"李巍，你讲的太好了。"坐在观众席上的永好站起身来，带头为我鼓掌。

4. 能力，是指个体能胜任某项工作的主观条件。我们经常听到有人这样抱怨，"我真想办成此事，但就是心有余而力不足"，或是"此人给他位，他却占着茅坑不拉屎"，这分明是站在主体角度分别抱怨的主体和客体，第一种是认为自己无能，这种自我叹息更多地是对某种现象不满意的发泄；第二种是议论别人无能，这更多的是对任人惟亲的用人现象或一些社会的腐败现象的不满情绪的表露。

个体完成某项工作的能力需依赖两个方面的因素，第一是该人的天赋即先天所具备的潜能因素;第二是该人的技术即后天习得的可发展其潜能的才华。

能力是中性的,只有通过某个人参加某项具体活动,才能表现出他的能力如何。比如,最近中央电视台在"聊天"栏目中采访青年钢琴手李云迪,他才 18 岁,却能一举获得"国际肖邦比赛"一等奖的殊荣,这是多少年多少代钢琴家仰慕的金榜令牌,却被这个可算是乳臭未干的毛头小伙儿"抱到"了。在主持人倪萍循循善诱的聊天中,方知李云迪在此之前不知获得多少次奖,凡每次参加比赛,获奖机会均与他结缘,且每次高等级奖几乎成为他的专利。辅导李云迪的但老师对培养李云迪付出了很多辛劳,他很关心也很了解李云迪。但老师对李云迪有两点中肯的评价:一是李云迪具有弹钢琴的天赋,二是李云迪出生后生长的环境使他能有很多学习机会,加上他能抓住机会很好地体验,并使自己的技术不断提高,所以他成功了。李云迪很谦虚,认为自己尚年轻,取得的成绩仅是起步,仅作为学习和信心提高的机会,所以只要他能恪守这样的诺言,他会向更高目标攀升的。由此看来,天赋是能使个人有效地完成某项工作的内在的主观条件,而技术是凭借学习和接受培训,为天生的潜能转换成有效的工作成就的实际本领。

图 7－3　能力＋机会＝成功

由于每个人的先天天赋和后天条件不同，决定了个体之间存在着很大的能力差异。考虑到能力的个体差异和各种工作岗位的不同要求，公共组织行为很注重个人能力与实际工作匹配的问题。从组织管理的角度看，组织一经成立就要很好的生存和发展。它不是光聚集人或给每个人任命职务或职称，能使组织运作就是目的，而是怎么选人、用人，知人善任，不断培训，使组织成员的思想、道德、技术与组织绩效共同提高。显然，若个体能力低于实际工作要求，不仅不能很好地完成任务，个体也有不能胜任的苦衷；若个体能力超过实际工作的要求，不仅使人才浪费，也会引起个人不满意情绪，影响效率甚或离职。因此，能力测试是合理用人，达成组织效率的重要手段。①

三、个体行为的控制

对员工行为进行控制，实际上是指对人的一种管理方法。同时它也是一种与文化理念相互渗透的管理艺术。

近几年，在面对日趋激烈的市场竞争中，各个组织的管理层都力图通过为员工制定新的目标和激励措施来刺激其成员为组织业绩作出贡献，具体表现在决策目标，制定岗位责任制，引入技术创新机制，实施绩效与利益对等挂钩的评估管理。持职上岗者，享有什么职权，承担多大责任，应该完成多少工作业绩，达到什么目标，获得的回报待遇（酬金、晋升、奖励）怎样体现他应该享受的权力。权力的分配、竞争或获得均通过设岗、评估进行，达到量化、客观、民主、透明。

面对一系列全新概念的组织的新的压力和激励措施，以及所要完成的组织定岗职责任务，员工们必须以一种不同于以往的方式思考、感知和工作。而此时的组织又应怎样对员工的行为进行

① 杨锡山等著：《西方组织行为学》，北京：中国展望出版社 1986 年版，第 85—88 页。

管理?

对员工的行为进行管理,根本的原则是理解员工。因为只有理解员工才能关心员工;只有真正关心员工才能赢得员工的拥护和信任,员工才能与组织同生存共命运。因此,主管人员应该离开自身的本位,站到成员的角度看事物——换位思考——人们才能从制造这些二元对立的体制内挣脱出来,从而淡化或消除自己也有份参与建造出来的对立面;只有这样,真正的工作,也就是建立在以现存事物为视角并以关照现存事物为目的的历史上,才可以开展。"换位思考",在心理学学科领域中,是一种所谓的"自我观念"的经验解释,它与情感自觉、自我认识及行为修正密切相关。

1. 情感自觉

"情感自觉",是指生活在某个组织或某种文化氛围中的人对其环境情境具有自知之明,并对他(她)所在的组织的发展历程和未来有充分的认识。

当前经济全球化和科学技术的迅猛发展,深刻地改变着世界,也改变着中国。面对这样的变革时代,不管我们愿意与否,必须以一种新的观念思考中国的未来。诚然,作为希望员工能够尽责任投入工作的组织,必须接受这样的事实,即情感自觉对于新时期的行为管理方式是至关重要的。传统的管理教条认为员工被分类为"积极"的情感,才是组织注重提倡的可控性因素。而当今的行为管理应该懂得管理就是管理人的内心感受。每个组织能否在动态变化中求得更好地生存并发展,问题并不在于每个员工的心理是否"积极",而是看他们怎样面对动态变革。事实上,那些最为成功的企业组织所揭示的,就是它们更多地通过组织价值观来联接所有的员工,而价值观最终无外乎是成为员工情感自觉的信念和感受的信条。

附录：一个情感自觉的成功人才的故事[①]

他几乎认为，自己是世界上最丑陋的人。该死的牙齿！该死的残废！他一方面不停的诅咒着自己因患脊髓灰质炎而留下的残疾和参差不齐且突出来的牙齿，一方面常常戴口罩和减少抛头露面的机会来掩饰。看到一脸笑容的陌路人，他会以为是笑话他。同学们的游戏和交谈，他从不参加。甚至当老师喊他回答问题或背书时，他也手足无措，一言不发。自卑的他被同学们戴上了“可怜虫”这样一顶桂冠。

一天，父亲把他叫到了身旁，指着一堆粪便对他说：它很难让人接受是不是？他点了点头。父亲拿起一把铲子，在一棵瓜藤旁挖了一个坑，把粪便放了进去。过些日子以后，父亲又喊住他，让他看已经结出了好多个瓜的瓜藤和另外的只结着很小的几只瓜的瓜藤。父亲拍着他的肩膀说：有些事是不可改变的，比如粪便的臭，但它可以作为肥料，催生出又大又多的瓜，它的价值是不臭也不难看的石头所做不到的，是不是？他思考了一会儿，便知道父亲的用意了。

从此，他不再自卑。他把全部精力和聪明才智都用在了学习上，后来，他的丑反成了他引以为傲的美，在各种场合让人们很容易就记住了他，就喜欢了他，就敬佩了他。即使被别人无限的夸张和取笑，他也引以为乐事。

他就是曾任美国总统的罗斯福先生。同样的牙齿和残疾，为什么既让人自卑又使人自信和骄傲？无疑，牙齿仅仅是牙齿，残疾也永远不会改变，不同的是看待它的视角、态度和由此而引发的思维定势。美丑在一念之间，决定自己命运和一生的，也因一念而迥异！

---

① 晓晓：《命运只在一念间》，载《新华日报》，2002－07－20。

2. 自我认识

自我认识是指对自我评价后的自我定位。人们要认识自我,并不是一件容易的事,因为认识本意是对某事结果的认知,但认识却是人们的内心心理过程,当他们很想准确地报告内在过程时,他们采用的是因果推断,而不是差异比较认识。

既然自我认识是一件不容易做到的事,那么组织行为管理为什么还要特别重视自我认识呢?主要涉及如下三方面内容(这是个体自我认识不得不考虑的内容):

(1) 物质自我——是指人因生理需要而产生的自觉物质需求的意识。比如某人若有多少天未有食物下肚,当他发现了某店铺面包时,他又没有钱买,这时他会迫不及待地趁人不注意时抓起面包就吃。如今对一般人来说,解决温饱已经不是个大问题,他们更多地是在追求外表和装饰。这可称得上是心理上追求的一种外在仪表美。

(2) 社会自我——是指个人在社会上享有的名誉和地位。一般说来,当今个人所处的社会地位是由某人的职业、知识、权力及收入报酬等因素所决定的。这种个人对自己所处的社会地位的自我知觉,又称为人的角色知觉。

按理讲,在一个社会中每个人的职位虽有不同,但地位都是平等的,其实不然,由于受资本主义和传统的封建思想影响,人们的头脑中仍有较强的官本位和拜金主义的低贱世俗观念。这些人仍按职业的差别、职位的高低、收入或报酬的多少来区分人的社会地位。所以在组织群体中不乏尚有护强欺弱、捧上压下的势利小人存在。

(3) 精神自我——是指对自己的知识、智慧、能力及个人素质的认识,包括上进心、人格、道德、情感等。

一个组织的主管要有意识地鼓励自己的员工尤其是年轻的员工,不要只注意或太注意讲究吃穿,追求物质自我,而应更注意追求社会自我和精神自我。一个组织说白了就是人的组织，它像一架大型机器，不管它是什么时代什么形态的机器，它都需要螺丝钉的组合搭固；螺丝钉虽小，但大机器缺它不行。螺丝钉如果生锈了，自己废了不算，一架大机器也有可能因它（或未及时更换它）而报废，那就会造成极大的损失。所以每个个人都要有一点精神，每个个人的主动性、积极性，以及潜能性发挥出来就体现出一个组织的活力。

当然，还需对社会自我、精神自我的内容和标准进行确定。我们提倡以德守法，树新风、立正气，发扬民族主义精神，不做金钱名利的奴役者；我们追求高尚的道德和人格，以诚守信，实现自我价值。

目前，正处于经济全球化时期，市场机制运行的动力一定程度上正是个人对自己利益的追求。我国的改革开放已给人们带来了巨大的经济利益，大多数人生活水平提高，国家实力增强，个人自由相应扩大。但是，组织成员中追求物质自我偏重的人数比例占有相当多数，这也反映了一些人在社会自我和精神自我追求上的空虚。

组织领导对员工的自我追求不要采取简单的压制办法，也不要放任自流，而是要根据心理学的自我认识的规律，因势利导地做好工作，这样才能把组织成员的精神自我激发出来。

附录：一技之长受用终生[①]

贝尔蒙多出生在巴黎一个贫困家庭。他天生迟钝，学无所成。为此，他的母亲一筹莫展，望子成龙的热情也日益锐减。贝尔蒙多十几岁的时候就被迫辍学，面对母亲疲惫的脸，他除了懊恼沮丧，就是把家收拾得一尘不染，做些点心以博得母亲舒心的笑。在家无所事事，他就摆弄几个苹果，做成几个可口的甜点，这不但没有

---

① 文清：《一技之长受用终身》，载《新华日报》，2001－03－17。

博得母亲的称赞,反而使母亲对他的前途更加忧心如焚,进而对他放任不管,认为他是一个可有可无的人。

一个偶然的机会,贝尔蒙多去了巴黎一家非常豪华的大酒店做小伙计,他相貌普通,又无特长,谁都可以对他指手画脚,后来他去了餐饮部当了一名打下手的小厨师,帮助一位甜点大厨师洗水果、配调料。当时他会做的惟一一道甜点就是把两只苹果的果肉放进一只苹果中,那只苹果就显得很丰满,而外表上一点也看不出是两只苹果拼起来的,果核也都巧妙地去掉了,吃起来特别香甜。

一次,这道特别的甜点被一位长期包住酒店的贵夫人发现。她品尝后十分欣赏,并特意见了贝尔蒙多。这个一直不被重视的憨小伙,激动地表示他将再接再厉,以不辜负贵夫人的赏识。

贵夫人虽然长包了一套最昂贵的套房,可是一年中也只有加起来不到一个月的时间在此度过。但是,她每次来这里都会指名点那道贝尔蒙多做的甜点。

那几年,巴黎的经济萧条,酒店里每年都裁去一定比例的员工。然而,毫不起眼的贝尔蒙多年年安然无事——那位贵夫人是酒店最重要的客人,而他,可爱的贝尔蒙多是酒店里不可或缺的人。

酒店举行豪华庆典的那天,每个大厨师做了自己的一道拿手菜。轮到贝尔蒙多时,他仍然精心做了那惟一一道甜点,对着家属席中的母亲,泪盈于睫,喃喃地说:"我是一个很普通很普通的人,我曾想给母亲带来一点点不同,可我没有做到。我希望今天,当我在这个平凡的岗位上,为自己争得一席之地时,母亲能尝尝我十年前就做过的甜点心。"

在众人的注目中,那位年迈的母亲眼里含着幸福的泪花,一口一口地细心品尝这道该酒店远近闻名的招牌佳肴。她终于知道,贝尔蒙多不是一个普通而碌碌无为的人。

该故事充分说明了一个道理:对自我定位的认识比较客观的

人往往就能成功。

3. 行为修正

行为修正是指应用强化理论设计的用于改变员工工作行为的方法。所谓强化理论,是通过组织学习或培训,促使员工运用或借鉴条件反应原理,将学到的新思路新方法直接应用于工作实践产生结果,并造成一种组织气氛,使那些能产生积极或令人满意的结果的行为,在组织内得到支持或发扬;相反,那些会导致消极或令人不满意的结果的行为,在组织内受到制约或压缩。显然,管理者会选择一种标准来评估员工的行为,并以此来奖惩。例如有效的工作行为能为组织创造业绩的,称之为积极的或好的,应受到奖励或表扬;而无效的工作会给组织带来不好影响的,称之为消极的或差的,应受到惩罚或批评,严重的要处分。强化理论,也有称之为有效的条件反应理论,最早是由著名心理学家斯金纳(B. F. Skinner)提出的。20世纪70年代后西方一些大公司纷纷重视和运用该强化方法,比如美国航空公司、国际电话电报公司、国际商用机器公司、组合国际电脑公司普洛克特及福特汽车公司等这类大公司都采用了强化方法,并取得了初步的但又相似的结果。

中国很多组织或企业公司在此期间也都适时赶上世界潮流的班车。比如中国高等学校对教师的教学科研绩效行为管理就是采用的正强化分法。具体设计的情况大体如下:

(1) 绩效审核制度。通过审核,找到了学科的改造和教学改革的重点,本学科具有哪些方面的学术潜力,所要选择的学科发展的人力潜在优势。例如,社会学专业存在招生和分配问题。该专业属于包容性比较强的学科,而社会就业需求的专业面相对来讲比较窄,用人单位多半想要挑选专业更对口的,因此社会学专业招生和分配很困难。对此,将社会学专业课程设置作了适当调整和充实,将社会工作方法和实践运作中急需的理论和技术性的课程作了加强。现在该专业变得很受社会欢迎。所以,这种绩效审核方法,不仅能促进组织绩效的提高,还能为将来绩效的测定提供一种具体而客观的基本依据。

(2) 建立共同的期盼。高校是一个大系统组织。它一般设置有各个部、处、院、系,并通过这些子系统的分工、协作,在为社会培养人才和提供高水平成果的运作过程中充分发挥教师作用。在高校工作的教师多半都有一种特别的职业感:他(她)既是人才培养操作工,又是人才工程的测量者,还是社会发展的质检员。因为教师总是不断地为社会教书育人,所以,称之为操作工;同时需要不断地接受社会的反馈意见,测试培养的人才能否跟上发展形势需要,这又可以称之为测量者;再有,现在已是经济全球化的知识时代,人才素质是检验各个国家综合竞争力的根本问题,因此,高校教师在培养造就人才的同时,更需要为社会发展把好质量关,所以又称之为社会发展的质检员。

社会急需人才,教师肩负重托,高校的运作方向就是营造一种共同的人类期望工程。假设同在一所高校工作的教职员工即便隔行如隔山互不搭界,或是彼此竞争甚或互不信任,但惟一共同的心理是都想要做社会上受人尊重的人,并努力使社会接纳自己所在的学校组织,所以每个教师都会为学校给自己所安排的岗位尽职,这正和麦格雷戈所言"自我价值实现"与组织一体化的组织行为内涵完全一致。

(3) 确定岗位职责。近年来,高校对教师的教学,工作与课程设计或对教师的科研工作与承担课题任务及完成情况,以"效率"、"可评审性"等为目标的压力越来越大。学校管理职能部门给每个员工具体都设置了岗位职责,规定了任务所要达到的绩效目标和标准,并以岗贴补助金与绩效评估直接挂钩。鼓励员工参与制订绩效标准并参与评估。每个年度的考核,先是由个人述职,然后民主评估,最后学校审批。这样做既使每个员工很好地总结自己在工作中累积的经验和教训,又使群体在共同评估中大家都能知此及彼，好差是非都有个透明度，自我就可以为自己准确打个公正的分，从而使员工更好地认识到，组织团体目标的达成是靠大家共同努力的结果，且团体又是个人努力获得成功的基石和保障。由此，也可以说明，评估绩效的方法是行为管理的一种道德技术。

(4) 把上级最后对绩效评估的结果公布于众，使得员工的行为得到尽快的强化。比如，业绩显著的员工将得到表彰，同时还会获得较高额的奖酬金或岗贴。这种强化方法实际上是通过提倡“讲究效率、公平竞争、多作贡献”的行为风尚，从而达到使员工进行行为自我控制。所以，行为管理又是一种与文化理念相互渗透的管理艺术。综上所述，对员工行为进行控制，实际上是指对人的一种管理方法。但是传统管理理念是将控制的员工完全置于客体对象考虑，当今的行为心理学是将控制的员工吸纳为共同自觉情感、自我认识、自我行为修正和自我行为控制的主体，主管人员与员工都要接受一个强化后的事实，即人人都要把自己所在的组织看作是自己的家，惟有形成把组织视为家，才能出现人人为组织，组织为大家的成功集体。

第四节　公共组织的群体行为

一、群体概念及其分类

1. 群体概念

群体是人类社会最普遍的现象，也是人类社会组织最基本的活动形式；但它的含义又并不仅仅是指人群的集合或类聚，而是展示了人际关系互动的独特模式。换句话说，群体是指本质上具有认同感的两个或更多的人，通过一定的人际关系结合起来进行共同活动而产生相互作用的集合体。它是人们社会生活中的具体单位。它对群体中每个人的行为都有明确而相同的目标和期望。

尽管“群体”一词已被人们广泛用于社会中的各种单位，但它还是有更具体的含义。比如，在一个春暖花香的季节里，你只要偶尔去环顾一下公园四周，自然就能发现许多人群的类聚。有些人在跳老年健身舞；有些人围在一起传神地演唱古典戏剧；一群七八个穿着运动衫裤的青少年，像是刚参加球赛完毕，在回家的路上边走边谈赛球的经过；还有三五成群散步者、漫游者。公园的左侧，可以见到有些家长正逗着小孩在做嬉戏游戏；向正前方的绿草地看去，满地都是自成一体的人群围着野餐。这里，你能确定哪些是社会群体呢？

围在一起跳舞和唱戏的人不一定是社会群体，因为他们没有形成一种社会结构，他们也不受某种组织文化期望的约束。他们也不一定彼此熟悉，除了共同娱乐或锻炼身体外，他们之间没有什么互动和联系。组织心理学称这种群体行为为聚合。

不过，在公园的这些场景中，倒还确实存在两类社会组织群体。其中，赛球完毕的那一群青少年很可能是一个群体，因为他们具有共同的行为方式与角色期望。或许他们是代表一个学校准备参加地区或全省的中学生运动会大赛的训练队，他们中有领队的队长，其他在比赛中分别担任的球队成员角色，成员一般都得听从队长的统一使唤。他们的服装、交流的话语、风格、行动以及团队群体精神，与那些仅仅是聚合在一起的人有着明显的区别。另有，那些围在一起共进野餐的人也可能是一些群体，也许他们是一个家庭，或是亲密的同学、朋友约定的野外聚会或娱乐活动。

其实，从古到今，中外都有一种人类认同的群体行为——朋友聚会。一般都以轮流做东的方式延续这种活动，大家聚在一起，共叙友情共同祝福。群体人数不等，少到3—5人这种聚会，是以交往作为核心活动，目的是联络感情，加深友谊。

2. *群体类型*

现实社会中的群体形式的确有很多种，且因其功能和活动过程的不同,而对其成员的影响和作用也不一样。相应地,人们对各种不同群体的评价取向也产生了各种分歧。因此,区分群体类型以便改善组织管理是非常必要的。

(1) 初级群体和次级群体

人们最早将群体区分为初级群体和次级群体两大类。所谓初级群体,指的是一个规模相对较小,但目的却有很多,成员的交流、互动是经常的、面对面的且是比较随意的,在那里存在着非常独特的、强烈的群体认同感,并形成了具有亲密的人际关系的这样一种社会群体。

初级群体是由美国社会组织学家 C. H. 库利(Cooley C. H.)首先提出。他在 1909 年撰写的《社会组织》一书中使用了"Primary"这个词就是用来表示"最初"(first)。他认为,家庭和儿童嬉戏群体是每个从娘胎里来到人世间的人们所遇到的最初的社会化主体,他相信这类群体对于个人的人格、社会性及其思想意识的形成是至关重要的。因此,库利把这类群体看作是"人性的培养所"。这类群体主要有如下几种:(A) 家庭,它是初级群体中最特殊的也是最重要的一种;(B) 其他初级群体大体上包括孩童期的同辈群体,如一块儿办"娃娃家"的那类儿童嬉戏伙伴;青少年哥儿们;一些邻里朋友和社会交往友人;在较大型或复杂组织中的非正式团体,比如,同事、派友和同学、知音群体。

自库利首次使用这个词以后,初级的含义已经有了一定程度的扩展。比如有人将这个词扩大到用于家族企业或类似于血亲纽带关系的裙带群体;也有将成员拥有认同感的同乡会、校友会、运动团体等,都作为初级群体来分析。

相对而言,初级群体比起正式的社会组织或次级群体更表现出如下一些明显的特征:

① 初级群体的形成一般是一个本能需要的自然过程,并不是社会给予的外加压力或人为规范的准则。比如母亲喂养儿童是天

职。儿童饿了就会向母亲索要。儿童很小的时候以哭表示要吃；稍大点，撅着小嘴，口头提出要吃。

② 初级群体内成员间的交流、互动是直接的、面对面的、也是经常的坦诚地进行的。比如导师和研究生互动，就是贴切地体现了上述内容。教授要指导研究生写论文，他需要直接的、面对面的向学生提供或提出思想路线，这无疑需要坦诚的对待，且为了写好论文也有可能需要导师与研究生经常交流交换思想。

③ 由于初级群体成员间经常的面对面的互动，自然也会增进了感情的交流，所以常有人称某某教授爱生如子，这是对初级群体中成员间的自然的关系的恰如其分比喻。

④ 初级群体内成员间的互动尽管频繁，感情真诚，认同感强烈，但他们并不需要遵循严格的群体规范，也没有也不需要有什么明文规定。

⑤ 在初级群体中，因为包括了广泛的角色和利益，各种角色行为及其人格基本都会在群体活动中表露无遗，而且还有深刻的情感联系，所以初级群体的成员一般是亲密无间的别人不可替代的。尤其是在家庭、配偶、知心朋友等关系密切的初级群体中，成员的替代几乎可以说是不可能的。当然如果是选教授当导师就有所不同了。当某位研究生发现了某位教授的水平相对差些或是其待学生缺乏耐心，那么该研究生就可以去选其他的认为是他更崇敬的另一位教授。

继库利之后又有其他一些社会组织学家，从研究社会组织结构的角度提出了“次级群体”的概念。所谓次级群体，是指其成员有目的、有组织的按照一定的条约规则建立起来的社会群体。

次级群体的特征几乎在很多方面恰恰与初级群体相反，它不受地缘、血缘、亲属、家族等方面关系的约束，成员间的互动或关系的形成基本上都出于一种理性目的的选择。因此，次级群体中成员之间的关系多半恪守于契约方式，态度鲜明地为达到目标而表现出务实的行为；成员彼此间基本不可能随便直接接触，也不会提供感情支持。另外，在次级群体内，有严格的组织结构和规章制度，群体成员的活动必须遵照规章、秩序，成员间的互动行为只能按严格的分工行事，彼此联系的对方并不是作为个人的"他"（或她），而且是具体的职位角色。在现代社会中，这种关系越来越普遍。人们最为熟悉的社会组织就是这种次级群体。①

表 7－2　总结了初级群体与次级群体的差异

	结构特征	运作过程	成员关系举例	有关群体
初级群体	身体的接近	完整的人际关系	丈夫—妻子	家庭
	成员较少	自发性	亲密朋友	邻里
	持续时间长	非正式社会控制	亲密工作群体	工作小组
	共同的规范和价值观	表意性行为	父母—子女	帮派
	具有共同目标			
次级群体	无身体的接近	片断式角色关系	学生—老师	大学一年级新生
	成员众多	仪式性	官员—下属	军队
	在有限的持续时间内联系	正式社会控制	老板—工人	公司
	有限地分享规范和价值观	工具性行为		
	有限的共同目标			

（2）实属群体的参照群体

实属群体是个体实际归属的或是当下实际参加的群体。参照群体是个体在心理上攀比或取向的群体。个体把这种群体的价值、标准作为自己或群体行为的参照目标或规范，并不断地将

① 周晓虹著：《现代社会心理学》，上海：上海人民出版社 1997 年版，第 331—333 页。

作为主体个人或群体的实际情况与之进行比较的一种“参照体”。

“参照群体”是由美国社会学家H. 海曼(Hyman H. H.)首先使用。他在1942年撰写的《地位心理学》一文中第一次使用这一概念来表示个人在确定自己的地位时与之进行对比的社会群体。他客观地指出了,有些群体内的部分或个别成员,虽然参加了某个群体,但该群体并不是那些成员满意的选择,于是乎他们就会以其他群体作为他们的理想标准参照体。

其他的一些社会学家也专门对参照群体的功能作了探讨,并提出了参照群体具有比较功能和导向功能的特别见解。比如H·凯利就认为,参照群体的比较功能就在于它已建立了一定的行为标准并促使个体攀比追赶这一标准,参照群体的导向功能就在于它使个体通过权衡自己与他人在价值与行为上的比较标准,从而悟出自己在群体行为中该怎么想、怎么做?这无形中已对个体的价值取向和群体行为发挥着导向功能的作用。换句话说,这种参照群体已对个体产生着战略规范的作用。

应该说,参照群体理论对当今仍具有很重要的现实指导意义。我们现在正处于全球经济化时代,每个个体及每个群体都处在瞬息万变的不确定的动态环境之中,原有的群体规范或文化力都会受到新的环境的左右或约束,而参照群体理论恰恰起到了现实的指导作用。比如,某个改制后的国有企业如何走向世界,它的文化理念或营销战略是什么标准?其实全球500强中就有一些参照群体可供它参照。又比如,对在同时代下分别在私营企业和政府机构工作的两个大学同学来讲,如何使他们正确认识自己的事业前程,或是说,怎么能使他们的心理上得到平衡。10年前,在政府机构工作的同学,可谓是位高职显待遇优,令人羡慕的更有风光在,百里也难得挑此一。可以想象,那位下海从商的同学与其相比肯定自愧不如。而如今是,时运风水轮流转,有志者有能力者,有用武之地也，往日从商的平民同学，一时间成了众所公认的成功者。若以收入报酬评价比较，是政府工作好，还是从商经营好？孰优孰劣？是满足？是剥夺？是平衡？是空虚？可以想象，参照群体对个人的态度和行为取向的影响是无时不在的。

(3) 正式群体和非正式群体

有关正式群体和非正式群体的划分是由乔治·埃尔顿·梅奥首先提出的。梅奥是经过深入研究了人的情感、态度，人的个体行为和群体行为后，将群体区分为正式群体和非正式群体的。他认为正式群体是指根据组织的既定目标，并为实现目标所要完成的任务，将成员进行合理分派而组成的正式的群体机构。所以，组织内部的正式群体是为了执行组织所赋予的特定工作而经过精心设计组成的。一般而言，正式群体是由上级组织审批并明文规定其编制和组织形式，规定其正式编制成员的岗位职责和权利义务；规定分工负责的领导进行统一协调活动的集合体。正式群体的成员必须从事由组织目标所规定的业务活动，并受到明确的规范标准和奖惩制度的约束和激励。

非正式群体是指人们在长期的交往包括生产活动过程中，自然形成的一种未经官方批准或规定的自发组织。梅奥认为，人不仅是一个"经济人"，而且首先是一个"社会人"。"社会人"绝不是社会生活中的孤立存在物，而是作为某一团体的成员或分子去参与社会生活的。"社会人"不仅要求通过劳动获取收入，而且作为人，他还需要得到友谊、安定和归属感，"社会人"是结成团体而行动的。梅奥通过霍桑实验发现，任何组织内部都不可避免地存在这种群体。因为群体成员除了工作以外，尚有许多个人的需求，要通过与其他成员之间的非正式交往来满足。所以非正式群体建构的基础在于群体成员在一定时期内的交往中，某种共同的利益、共同的观点、共同的目的、共同的社会背景，乃至产生某种共同的兴趣而使他们自然自愿地集合在一起。换句话说，非正式群体是感情、安全、兴趣爱好和共同利益的联结的纽带。[1] 这种群体虽不是明文规定的，但它一般都有潜文化规范影响或制约着群体成员的行为，凡违反者必然受到群体的冷漠、蔑视和排斥；并具有畅通的信息渠道能够使信息迅速传递；还具有强烈的感情基础、群体自卫性和排外性；有自然形成的、群体成员都一致拥护的核心领导人物，这类领导人不需论资排位，甚至可能在正式组织中仅是一名普通老百姓。非正式群体不一定都能保持稳定和平衡状态，可能有时是相当不稳定甚至于成为一种不安定的因素。

梅奥等人认为，非正式群体对某个组织和个体行为的影响和作用可能是积极或正面的，也可能是消极的或负面的，每个组织领导不要回避或感到唐突，或是轻率地对待，或是将其视为具有破坏性的“小团体”而禁令，而是要以积极的、坦诚的态度为其创造条件，使其目标与组织目标融为一体，或尽可能协调一致，因势利导用好非正式群体的这种力量。如果方法使用得当，可使非正式群体的正功能得以巩固；也可使已形成的负功能扭转局面，化消极为积极作用。也就是说，如果能战略性、艺术性地处理好与非正式群体的关系，即可对其成员产生特殊感应力和影响力，从而可使组织达成良好的效果。

(4) 松散群体、联合群体和集体

这类分法是由前苏联组织心理学家彼得罗夫斯基(A. B. ПЕТРОВГКИИ)提出。他是依据群体成员间互动关系的紧密程度及其影响作用，而将群体划分为松散群体、联合群体和集体三种群体层次的。松散群体有两种：一种是指人们虽处在同一正式组织内，并已在时间和空间上结为群体，但对所进行的组织目标、绩效似乎漫不经心、无所用心，也无所作为，与世无争，上下级、

① ［英］葆琳·雷汉姆主编，向桢译：《管理学的先知——［美］玛丽·帕克·芙丽特》，北京：经济日报出版社 1998 年版，第 104 页。

成员间一团和气，组织结构松松垮垮，组织成员士气不足。这种群体又被称为散懒团体。另一种是指人们仅在时间和空间上结成群体，有时也可能在一起进行共同的活动，但成员间并没有统一规定的准则，也无共同的目的，基本上属于偶合的普遍群体。比如，乘坐同一车厢的旅客。松散群体又被称为低等影响层次的群体。

联合群体是指人们所选择参与的共同活动，既具有促使某领域或某学术团体的群体士气提高的积极意义，又是提供个人潜能发挥或个性化发展的用武氛围的这样一种群体又称中等影响层次的群体。群体活动的影响往往与主要成员的业绩声望有密切的关系。比如，学术团体。

集体是指人们有目的有选择地结合在一起而进行既能使个人发展或得益，也能产生社会影响或意义。这可称为高级影响层次的群体。这种集体的成员要善于学习，尤其需要具备团队合作精神，才能形成真正的集体。

将群体划分为不同影响层次其目的在于引导群体在实践运作中借助一些理论来指导或参照一些经验实证，以更好地实施各自的组织目标。

(5) 内群体(in-group)和外群体(out-group)

主要是依据群体成员对自己与群体的关系密切程度的主观感觉和态度来划分。

内群体和外群体(即“我群”和“他群”)最早是由美国社会学家威廉·G·萨姆纳(William Graham Sumner)1906年在《民俗论》一书中提出的，其目的是用来描述群体成员对自己人和他人群体的感情。群体成员将他们自己的群体称为“内群体”，对它怀有特殊的忠诚感；同时，他们以怀疑的眼光看待其他群体，将其视为“外群体”，并认为它没有自己的群体那样有价值。每个人都希望找到自己群体内的优点，这反映了我们对肯定性自我形象的需要(泰杰菲尔和蒂尔内，1979)。获得类似的自我形象对群体成员来说极为重要(罗特斯坦,1990)。[1]

群体成员和非群体成员的区分依赖于明显的群体界线。界线经常以某种特殊的语言表现出来。它有助于群体成员形成团结感,并且与其他群体成员区分开来(邓金,1984)。[2] 有些群体界线是有形的,并能够为一些符号和礼仪习俗所强化。比如:僧侣的衣服就是其群体界线的符号。

(6) 小群体和大群体

主要是依据群体的规模来划分。

小群体就是小到能允许其成员以个体为基础进行互动的群体。"小群体"是1955年哈尔(A. P. Hare)、鲍葛塔(E. F. Borgatta)和贝尔斯(R. F. Bales)合编的《小群体》一书中首次提出来的。小群体的主要特征是:成员间有面对面的联系,行为上相互影响;成员间具有浓厚的感情关系;成员行为受到共同认可的群体规范的制约。小群体和初级社会群体在成员间直接互动上是一致的。但小群体和初级群体是有区别的。首先,考察的角度不同,初级群体考察的角度,是指人际关系方面是基本的、直接的、初级的关系,是人接触社会最先进入的群体,给予人的影响最大;而小群体考察的角度,则是从规模上看,以区别于人数众多、机构复杂的大群体。其次,小群体的范围比初级群体更大,如同乡会是小群体,但不是初级群体。[3] 美国社会学者西奥多·M·米尔斯认为,小群体是更一般的社会系统,它不仅是微观系统,而且基本上是大社会的缩影。它们微观地反映了社会的许多特征。仔细研究这些微观系统,可以构架理论模型,然后应用到较难直接接触的社会中去,发展一般

---

① [美]戴维·波普诺著,李强等译:《社会学》,北京:中国人民大学出版社1999年版,第188页。

② 同①。

③ 奚从清、沈赓方主编:《社会学原理》,杭州:浙江大学出版社1989年版,第163页。

社会系统思考方法。[1] 而大群体一般指规模较大、人数较多、人员之间没有直接互动的群体。最典型的群体是统计群体，如年龄群体等。

二、群体内部的行为

根据分子动力学原理，群体好比聚集在一起的若干具有活性的分子团那样，彼此相互碰撞、相互互动，在这种不断运动着的过程中，有些分子相互吸引，有些则相互排斥，也有些单个处于游离状态，这实际上就是群体内部表现出的千姿百态的行为——亦称人际关系。因此，有必要对群体内部的行为作经常的分析，从中探索出个性与团体互动行为的规律及其特征，以利于组织管理者对人事的配备和工作的部署。

1. *群体内部关系*

因为群体是由两人以上或若干人组成，所以由人与人之间相互联结、相互作用所构成的群体行为，自然有它的一定的关系表现模式。在此，我们想利用"社网图"来分析群体成员行为的状态及该群体结构的紧凑程度。"社网图"是 1934 年由美国社会学家雅各布·莫里诺创立的用以表示群体内成员间行为密切程度的示意图。"社网图"上的每一个圆圈表示一个群体成员：联通线表示他们之间的行为关系，双箭头表示相互选择，单箭头表示单方面选择。

莫里诺认为，当人们与别人交往时，首先考虑的问题是，对方对我是否友好，赞成还是反对我。这种主观接纳或排斥的态度，是决定人与人之间的关系的关键。莫里诺根据这一假设，制订了一种由群体成员自行填报的调查表。内容分成为"吸引"、"排斥"和"不关心"三类，要求群体的成员填报：他在组内喜欢谁和不喜欢，

① 刘豪兴主编：《社会学概论》，北京：高等教育出版社 1992 年版，第 215 页。

愿意(希望)和谁一起工作以及不愿意(不希望)和谁一起工作。根据访问面谈与意见调查表中收集的资料,莫里诺绘制出"群体成员行为关系图",如图 7-4 所示。

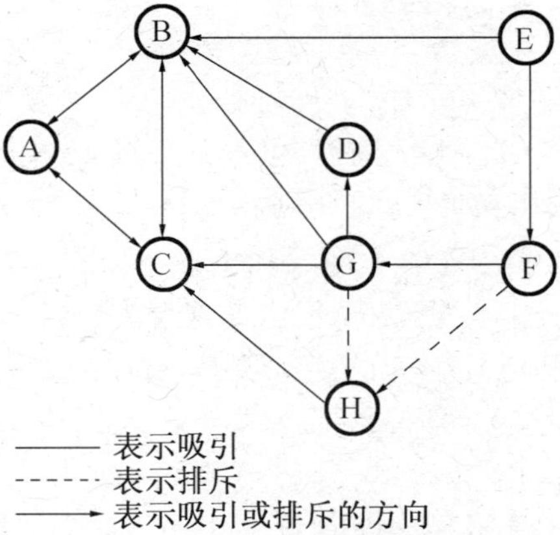

图 7-4　群体成员行为关系图

根据图 7-4 表示一个八人小组的成员行为关系,可以得出几种情况:A、B、C 可能是这个小组内的一个小集团,他们三人互相吸引、关系密切;B 可能是这个小组的众望所归的领袖,因为 A、C、D、E 和 G 都倾向他;E 和 F 互相接近,但他们与其他成员的关系很少,群众对他们不太喜欢;H 可能是一个孤立的人员,群众对 H 是排斥的;E、D 和 F、D 彼此不关心。

由此可见,借助这种行为关系图可以分辨出谁是领袖人物,谁是孤立者,以及其他的关系组合;从而有助于了解个体在群体中的社会地位、领导力、适应性,以及成员彼此间吸引或排斥的心理。进而帮助管理者决定人员的工作分配,改进群体的组合。[①]

① 甄鸣:《女人必须有自己的事业》,载《报刊文摘》,2002-03-17~19。

附录：1+1为何<2[①]

法国农业工程师林格曼曾经设计了一个拉绳实验：把被试者分成一人组、二人组、三人组和八人组，要求各组用尽全力拉绳，同时用灵敏的测力器分别测量其拉力，结果，二人组的拉力只是单独拉绳时二人拉力总和的95%；三人组合的拉力只是单独拉绳时三人拉力总和的85%；而八人组的拉力则降到单独拉绳时八人拉力总和的49%。

"拉绳实验"中出现1+1<2的情况，明摆着是有人没有竭尽全力使真劲儿。这说明人有与生俱来的惰性，单枪匹马的独立操作，就竭尽全力，到了一个集体，则把责任悄然分解、扩散到其他人身上。社会心理学家拉坦经深入研究认为，这是集体工作时存在的一个普遍特征，并概括为"社会浪费"。看来，诸如"众人拾柴火焰高"、"人多好办事"、"人多力量大"一类说法也有例外。在人力资源管理中如果忽视这种"例外"，必然造成人力物力的浪费。

2．群体信息沟通

为了研究群体内部的行为，我们还可以通过群体凝聚力来分析一个群体内成员行为关系的亲疏。因为为了保持群体成员的整体性，就需要保持群体凝聚力；而要强化群体成员的整体性，就需要强化群体的凝聚力。美国社会心理学家L.费斯汀格认为，"群体凝聚力是使成员保持在群体内的合力"。具体地讲，群体的凝聚力是由群体核心内聚力、群体成员对群体核心的向心力、群体对其成员的吸引力、群体成员之间的亲和力等以一定的结构方式组合在一起的合力。

造成一个群体的凝聚力的因素是多方面的。除了群体组织、结构的完整和合理，其功能正常、有效的发挥是首要的因素以外，

① 郭晓东、杨柳青：《1+1为何<2》，载《中国青年报》，2002-05-26。

群体成员利益、需要、目标、思想、情感等等的一致性，群体中不同的甚至是矛盾的因素的平衡、协调和互补，群体外部的物质环境和精神环境，包括其他社会群体的压力或刺激等等，都能成为保持或强化群体凝聚力的重要因素。其中群体规模的增长也会导致群体凝聚力的下降。因为，群体规模的扩大，在群体内部形成亚群体的可能性也将增大。群体的规模越大，这种离心力就越强。

群体凝聚力大小可以通过群体内部信息沟通方式来判断。一般而言，群体内部的信息沟通有两种基本类型：分散型和集中型（见图 7－5）。

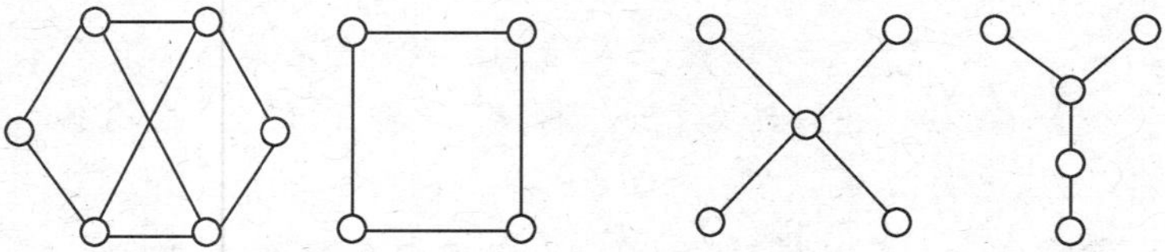

（分散式）　　（集中式）

图 7－5　群体信息沟通型

分散型沟通网络中，群体成员能广泛地参与沟通，在平等地位上传递并享受信息，有浓厚的民主气氛，但是凝聚力相对较差；而集中型沟通网络中，多数成员之间不能直接沟通，难以平等地传递并享受信息，群体成员的地位不平等，民主氛围相对而言较差，但是因其有核心人物，所以凝聚力较强。群体在确定采取何种沟通方式时，应该根据不同性质的群体以及群体的具体目标而定，扬长避短。

群体规范的遵从情况直接反映了群体的凝聚力。我们可以发现，群体中总有一部分成员出于各种原因，不太遵从群体规范，他们对群体目标的认同程度很低，行动上总是游离在群体之外。

3．群体规范与角色行为

群体规范指的是群体成员遵循的行动标准。美国学者

S. P. 罗宾斯认为:“群体规范让群体成员知道自己在一定的环境条件下,应该做什么,不应该做什么。从个体的角度看,群体规范意味着,在某种情境下群体对一个人的行为方式的期望。”①

群体规范最初可能是自发形成的,也可能是群体内部正式规定的。虽然它不像社会组织的规章条文那样正式,但一旦形成,就会反过来对群体发生作用。这种力量的作用是广泛而持久的。齐美尔就曾指出,群体的规模越大,它对个人越表现为一种异己的力量。在二人群体中,尚不存在超个人的组织结构,‘你”、“我”均不受外来因素的制约。在三人群体中,一个人就可能不得不接受另外两人强加于他的东西。在一个大型群体内,规章制度、法令法规则是作为一种“外在的”、“客观的力量”,约束着每一个成员。② 群体通过这种制约来维系群体的整体性。

当然,群体规范只是在群体范围内才被认可,可以说它是属于一种亚文化规范。③现实生活中,群体规范与其他社会规范之间发生冲突,常常会导致社会秩序混乱,引起社会结构的动荡。

角色是根据行为关系模式而决定的成员个体的地位和义务。因此许多群体规范以角色期待的形式出现。而角色是社会系统中最小的单位,它指的是与人们某种社会地位、身份相一致的一整套权利和义务的规范行为模式,同时它又构成社会群体的基础。不同角色的设立和扮演者是一定的个人,个人的行为会随着所扮演的角色的不同而不同,这一方面表明角色是群体对成员行为的期望系统,另一方面角色又是占有一定地位的个体对自身的期望系统。

---

① [美] S·P·罗宾斯著:《组织行为学》,北京:中国人民大学出版社 1979 年版,第 240 页。

② 刘玉安主编:《西方社会学史》,济南:山东大学出版社 1993 年版,第 198—199 页。

③ 陆学艺主编,苏国勋、李培林副主编:《社会学》,上海:知识出版社 1996 年版,第 95 页。

不少学者都试图搞清小群体中产生的一般角色。齐美尔曾详细地探讨了三人群体中第三者所扮演的角色。他认为第三者可能扮演中间人、仲裁人、从中渔利者、分裂者或征服者四种角色。中间人与另两个成员都直接发生联系,从而使原来已有的联系得到进一步加强。虽然中间人这种角色并不能解决冲突,而只能起到联结冲突双方的作用。如果冲突双方不可能达成和解,这时候就需要一个有权威的第三者扮演仲裁人的角色进行调停,并对冲突作出裁决。当然,也有第三者会利用两人之间实际的或潜在的冲突来增进个人的利益,那么他就是一个从中渔利者。如果第三者有意在两人之间挑拨是非、制造冲突,以便对双方分而治之从而获得支配地位或其他的利益,这样他便成了分裂者或征服者。

另外,罗伯特·贝尔斯(Robert Bales)等人通过对小群体的研究发现,在每个小群体中都会产生一些相同的基本角色。每种角色都以不同的方式对群体的任务或活动作出贡献。一些人扮演着说话者的角色以保持交谈的继续。另一些人为群体出主意。还有另外一些人也维持着交谈的继续进行。最受人喜欢的人扮演着协调者的角色。①

4. 人际关系基本倾向

美国心理学家舒尔茨(W. C. Shultz)曾于1955年对人际关系基本倾向提出了基本设想,并在1958、1967年加以发展和修改。他认为具有社会属性的人,不可能脱离群体而单独生活。人们生活在社会中,不但在衣、食、住、行等生理方面的需求必须依赖别人的协助才能获得满足,在社会与心理的需求方面,也必须依靠别人才能得以满足。舒尔茨认为,在一个群体中,常会发生各种不平衡的现象:可能是对领导人员不满意,可能是觉得个人的欲望不能满

① [美]戴维·波普诺著,李强等译:《社会学》,北京:中国人民大学出版社1999年版,第182页。

足,也有可能是成员或领导彼此争权夺利、甚或发生冲突等等。一般对这些问题组织往往是头痛医头、脚痛医脚,就事论事地处理。而实际上很多问题是由于人际关系不协调所造成。他经过研究表明,在人与人的交往中,每一个人对待别人的态度与方法,不尽相同。由于各人有不同的动机、知觉内容以及思想、态度等,人们自然形成了特有的对人际关系的基本倾向(FIRO),也可称为人际行为特质。舒尔茨将这种人际关系需求分为如下三类:

(1) 容纳的需要(the interpersonal need for inclusion)。这是希望与别人建立并维持相互容纳的和谐关系的欲望。基于这种动机所产生的人际行为的特征是交往、沟通、容纳、归属、参与等。这种人倾向于与人共处,结伴群行。与此动机相反的人际行为特质为:孤立、退缩、疏远、排斥、忽视等。这种人宁愿单枪匹马,离群孤行。

(2) 控制的需要(the interpersonal need for control)。这是为达到权力方面的需要而有意与别人建立并维持的人际关系的欲望。其行为特征为:运用权力和权威,影响、控制、支配、超越和领导别人。成员与此动机相反的人际行为特质为:无所上进盲从他人,忽视权威,强化秩序。禀赋这种特质的人愿意受他人支配、领导。

(3) 情谊的需求(the interpersonal need for affection)。这是与别人建立感情方面的欲望。从本质上说,情谊仅是两个人之间的关系,在企业环境中较少公开显露。其行为特征是:亲密、友好、热心、照顾等。与此动机相反的人际行为特质为:冷淡、厌恶、憎恨等。

舒尔茨认为这一人际行为关系理论,对于组织管理人员测定群体成员的适应性(compatibility)有一定的参考或借鉴价值。比如把能够在一起和谐工作的那些人能理想化地组织到一个群体中,那么就可以减少或避免群体中人力的抵消。

舒尔茨还将人在这三种需求方面的行为表现,又分别划分为两个方面:一方面是主动的表现者(expressed, 以 E 表示),例如我需要社交活动,我需要权势,我祈求领导别人、支配别人;另一方面是被动地接受别人的行动者(wanted,以 W 表示),例如希望别人同我接近,等待别人领导,欢迎别人支配。所以三种需要可以分成为六种基本人际关系倾向,如表 7-3:

表 7-3　人际关系基本倾向

表现 需要		E	W
		主动(向别人发动行为)	被动(宁愿别人发动行为)
容纳	I	高:个体向别人主动交往 低:个体不向别人主动发动交往	高:个体期待别人接纳自己 低:个体不期待别人接纳自己
情谊	A	高:个体要求对别人表示亲密 低:个体不愿对别人表示亲密	高:个体期待别人对自己表示亲密 低:个体不期待别人对自己表示亲密
控制	C	高:个体要求支配别人 低:个体不要求支配别人	高:个体期待别人领导自己 低:个体不期待别人领导自己

$$FIRO=(E^I,W^I,E^A,W^A,E^C,W^C)$$

一个容纳动机很强而又行为主动者(E^I),将是一个喜欢与人交往、积极参与社会活动的外向型人。如果他的情谊动机也很强(E^A),则不但喜欢与别人相处,同时也关心别人、爱护别人、寻求友谊,因而在人际关系上,能左右逢源,受人爱戴。

对人际行为特质的了解,有助于预测人与人之间可能发生的交互反应,从而采取适当的配合协调,这是建立良好人际关系的基础。

三、群体之间的行为

影响群体行为的因素,既把群体当作一个整体,又分别从群体与群体、群体与组织角度来考虑相互间的互动行为。这些因素是相互联系着的。比如,群体的规模很可能会对其他群体同时又对组织的构成产生影响;相应地其他群体构成对本群体乃至组织的规范又会产生影响。

1. 群体之间

我们不仅要了解群体内部的关系，还需要了解群体之间的关系。因为，群体之间的关系是连接不同群体之间的桥梁，并且会显著影响到群体行为。影响群体关系的因素主要有：第一，相互依赖性。群体之间相互依赖程度决定了群体之间协作的可能性。第二，目标取向。不同群体成员的背景和不同程度的思考方式也与群体间协作程度有关。在目标取向基础上，不同群体的认识各不相同，这一点使得具有不同认识的群体之间产生冲突。

这里我们将着重分析一下群体之间的冲突关系。一般来说群体之间主要存在两类冲突：一是同类群体之间的冲突，二是不同类群体之间的冲突。前者一般是由群体的具体行动引起，因为它们不存在目标差异方面的问题。后者则源于目标取向的不同以及由此而来的价值上的不协调。

关于群体冲突的问题，齐美尔认为，群体冲突有它的特殊的社会功能，各群体之间的冲突有时不仅能够使各群体内的矛盾得到缓解或解决，而且还可以促进各群体之间保持相对的独立性和明确的界限，从而促进了群体的团队精神的提高。在现实中，群体间的冲突越激烈，它们之间的界限就越明确，这就有利于保持整个系统的协调与平衡，使整个系统的整合程度得到加强。但齐美尔也提醒人们注意，在社会群体中，两个群体之间的竞争往往容易导致两者的相似。[①] 同时，群体之间冲突将对各群体内部成员关系状态带来重大的影响。当一个内部存在冲突的群体与另一群体发生冲突时，可能导致两种情况：要么是群体内部冲突各方暂时妥协，一致对外，结果群体凝聚力增强；要么是外在冲突加剧了原有的冲

---

① 成伯清著：《格奥尔格·齐美尔：现代性的诊断》，杭州：杭州大学出版社 1999 年版，第 65 页。

突,在行动方面形成新的矛盾,最终导致群体的瓦解。可见,群体之间的冲突并不总是消极的,而是会产生很大的连续影响的。

2. 群体与组织

齐美尔认为,为了消除群体规模扩大所带来的离心力,为了防止一个大型群体的分裂,在这个群体内就必须建立专门的整合机制,就必须通过正式的管理使群体内部的互动得到协调。这样,在群体内部就会形成超个人的科层式的组织结构。

由此,我们可以得出一个结论,群体与组织的主要区别在于正式化程度。组织成员之间互动关系主要是由那些正式的组织规范、章程和制度来维系和规定的。

在所有社会组织中,无一例外地存在着各种非正式的人际关系和群体。著名的霍桑实验所揭示的就是组织中群体的活动及其功能,并解释了社会组织和社会群体之间的关系。在实验中发现了工作班组的群体气氛对于工人劳动积极性的发挥有着直接的作用。群体中的成员如果为了符合正式规章而冒犯了成员之间关于工作进度和产量的默契,那么,他就会受到冷落。霍桑实验典型反映了社会群体与社会组织之间的关系:首先,群体之所以在组织中存在,是因为组织中的成员依然需要保持面对面的直接互动关系,而群体规范比正式章程更为直接全面,因而对成员行为具有决定作用。其次,群体提供给组织成员表现个性、情感交流的领域,通过满足成员的需要来促进他们合理地调节自己的行动,正确理解组织目标、价值和规范。第三,群体与组织的规范也会发生冲突,这样群体的活动必然会有悖于组织的活动。同时,当群体的开放程度较低时,它们之间的一致性就差,易产生冲突。

第五节　群体的决策行为

决策是为了实现一定的目的,但具体的目的又是作为实现最终目的的一种手段。西蒙就非常重视决策，他将组织理论研究的重点放在研究组织的决策上，他指出“管理就是决策”。的确，在组织管理中随时随地都会面临着决策的问题，而这些问题是不得不去完成的事。比如组织的目标如何确定，一旦目标确定后，下一步又该做什么，由谁去做、怎么做等问题。可以说，决策的正确与否直接影响组织绩效乃至生死存亡。

然而，群体决策的行为既不是自发的，也不是非结构性的。即使是在最松散最不具结构性的群体中都存在着设置好的行为模式。在现实生活中，我们往往发现 1 + 1 不一定等于 2，也就是说我们无法根据群体结构对于群体行为进行准确的预测。群体是人的集合，而结构只是对此进行静态的反映。因而我们必须从动态角度寻找群体决策的行为规律。本节将从群体决策和群体领导两方面论述群体的决策行为。

1. 群体决策

决策一般分为个体决策和群体决策。然而群体中的许多决策是由群体作出的。

群体决策是指在群体活动中，群体针对遇到的问题而做出判断和决定的过程，是群体动作过程中的一个重要环节。

群体决策的过程一般经历四个明确的阶段：定向阶段。在定向阶段，群体被引到问题上来，并对一些事实进行分析。评价阶段，在评价阶段，成员对问题作出估计，并对其他人的观点作出反应。第三个阶段，即做出决定阶段，在这一阶段，群体开始谈到解决问题的办法。在达成共识的斗争中，既可能产生派系也可能建立了情感。当决定最后得出，第四个阶段就开始了。在第四阶段，群体试图重新恢复到开始时的和谐关系。[①]

① ［美］戴维·波普诺著，李强等译：《社会学》，北京：中国人民大学出版社 1999 年版，第 184 页。

一般而言,群体决策与个体决策相比较具有以下优点:第一,群体决策的信息来源广,信息具有多样性,通俗地说群体决策就是集思广益,可以弥补个人的不足,以改善、提高决策效果。第二,群体决策的结果容易被接受。因为受到决策影响的人和将来要执行决策的人能够参与到决策过程中去,他们就更愿意接受决策,并鼓励别人也接受决策。① 但是,社会学研究表明,群体决策也有不足之处。首先是从众压力,群体表面一致的压力和群体成员对保持群体和谐一致的高度关心导致群体成员自觉不自觉地受群体意识的压制,在决策时一味追求观点的统一,结果这妨碍了成员对问题作出符合实际的评价和分析。其次,责任不清。由于群体决策是由成员通过集体讨论所作出的,责任被分散到各个群体成员身上,结果是"集体决策,集体负责"。这很容易使群体作出具有冒险性的决定。因此风险的承担者不再是个人,而是作出一致决策的群体,这一现象有时也会成为"风险转移"(the risky shift)。②

2. 群体领导

群体领导,是指在群体内部关系网络中处于中心位置,并能对群体其他成员进行引导和施加影响的角色,他们可能是正式的,也可能是非正式任命的,而且那些非正式的领导的影响力虽然来自正式结构之外,但是他们的影响力与正式影响力同等重要,甚至更为重要。因此,群体领导是社会学关于群体研究涉及最多的主题之一。它既是群体结构与成员关系状态的反映,也涉及到群体运作的主要特征及影响作用。领导将权力作为实现群体目标的手段。领导要达成一定的目标,权力是促使他们实现目标的手段。领导对权力的运用各有千秋,根据领导对权力的运用方式不同,可以将领导分为两类:一是工具性领导,引导群体为达到最终目标而

① [美] S·P·罗宾斯著:《组织行为学》,北京:人民大学出版社 1999 年版,第 250 页。

② 陆学艺主编,苏国勋、李培林副主编:《社会学》,上海:知识出版社 1996 年版,第 186 页。

奋斗；另一种是表意性领导，他力求群体的团结与和谐。我们还可以从制度创新角度把群体领导分成两类：一是交易型领导(transactional leaders)，他们通过明确角色和任务要求指导或激励下属向着既定的目标活动；另一类是变革型领导(transformational leaders)，这些领导鼓励下属为了群体的利益而超越自身利益，并能对下属产生深远而不同寻常的影响。[①]

很多关于领导的研究都集中在领导是怎样获得成员认可的这一问题上的。早期的群体研究大多集中在对领导的个人气质的研究，如领袖魅力的领导(charismatic leadship)理论。但是这类理论忽视了群体情境对领导的产生与发挥作用的重要影响。后来，与其成员关系的融洽程度被认为是重要因素，因为这一因素决定了能否获得成员一致认可，以便权力得以顺利行使。总之，无论怎样，群体成员的认定本身对于领导是十分关键的。这也说明群体中成员关系维持的特殊性和重要性，同时还说明群体成员关系的协调对群体活动、对成员个体的发展都具有非常重要的实际意义。

① ［美］戴维·波普诺著，李强等译：《社会学》，北京：中国人民大学出版社 1999 年版，第 340 页。

任何管理都要求进行某种统治，因为要实现管理就必须把发布命令的权力交给某个人。

——马克斯·韦伯

第八章 权力、冲突与沟通

组织的有效性运作往往是离不开权力的使用，而权力的使用过程又往往都是为了组织利益而履行其责任，因此讲，组织目标的实施自然将利益、权力和责任综合为一体。但是组织在行使其权力过程中，如果仅就组织内部而言，分工导致了职权范围的不同，并在职权的基础上形成了物质资源分配的等级差异，只要存在着这样的差异，不管客观上公正与否，都会导致冲突。冲突存在于人与人，人与组织，组织与组织之间。若组织出现了冲突，就必须要解决冲突，沟通方式就是解决冲突的游戏主角。本章将主要讨论权力、冲突与沟通等三方面问题。

第一节 权 力

权力，一个贯穿整个社会发展的字眼，早在

2 000多年前的战国时代，韩非子主张的“势”、“法”、“术”，皆是权力二字的充分发挥。韩非子说过：“夫有材而无势，虽贤不能制不肖。故立尺材于高山之上，而下临千仞之谷，非材长也，位高也。”足见权力的重要性。

一个组织的存在，在某种意义上来说依赖于其权力的存在。换句话说，组织和权力具有其共同的含义。当我们联想到组织效果时，组织即是最强有力的工具。对于人们共同遵守的组织原则而言，组织亦是权力的机制；对于资源分配而言，它们又是政治体制。权力只在优先权与未有优先权之间分配。在 Minstybog (1983)准则中，我们认为权力即是组织的内涵和外延。

一般人对权力的运用常持有暧昧的态度，在许多方面，权力是最令人迷惑的现象。一方面，权力是稳定的、永恒的，某些掌权者，则会拥有丰厚的权力资源以维系其权力；另一方面，正如 1989 年东欧剧变和 1990 年前苏联解体一样，集权也能以令人惊讶的速度被推翻。那么，究竟权力的本质是什么，如何定义，它有哪些种类，互相之间关系怎样，在组织中又是如何分配的，其表现形式如何，本节将就上述问题展开论述。

一、权力在组织中的本质

1. 权力的定义

权力既是一种物资财富，又是影响不论是有理还是无理的行为和事件的能力，是具有多种含义的概念。权力是一种过程，它只有在被运用时才能被发现，它是供不应求的，因此是常被用来交易的对象。弗伦奇(French)和雷文(Raven)曾于 1959 年和 1965 年提出过权力的六项基础：

(1) 强制的权力：奖惩的权力，威胁的权力和利用自身的职位强迫他人活动的权力都是强制权力的资源；

(2) 报酬的权力：即来自领导人对资源控制的权力，如控制人力资源，提高工资报酬、影响提升和职位等；

(3) 合法的权力：合法的权力在遵循组织规则的范围内行使，通常由组织的权威来运用；

(4) 榜样的权力：这种权力取决于领导人个人的才能和人格魅力。人际关系的处理的技巧和他人的情感支持是这种权力的资源。

(5) 专家的权力：这种权力来源于知识，也有人称之为智慧的权威。这种权力建立在其他专家对该领导人专业水平认可的基础上。

(6) 信息的权力：这种权力来源于关于人、事件或其他有助于预测未来事件和行为的信息背景资料。

由上可见，权力仅在拥有权力的人与受权力影响的人相互作用时存在。我们知道，组织的决策过程是人与人相互影响的政治过程，而影响他人即是权力的运用。由于权力的运用至少涉及到两方，因此权力的定义必须从企图影响他人者(甲方)和被影响者(乙方)两个方面来观察。甲方又可称为主体或使力者，而乙方称之为客体或受力者。主体或客体可以既是个人又是组织团体。所以，我们可以认为权力是调动和有效运用资源的能力。

同时，权力又是一种综合运作过程，权力变化是一个关系的变化，只有在权力付诸实施时才有意义。一个人或集团不可能单独拥有权力，只有在涉及到别的人或集团时，就像当一个人或团体不得不占领另外的人的领地时。权力关系包容了多于个人之间权力之外的东西，以组织为例，必须考虑团体间权力关系，这一点非常重要。权力在不被运用时，只能保持一种相像的特质，即相当于一种威慑力的能力。

2. 权力的种类

权力涉及主体和客体两方面，而主体又可分为团体和个人，一旦明确此点后，即可按弗伦奇和雷文的权力基础分析法，将权力分为强制的权力、报酬的权力、合法的权力、榜样的权力、专家的权力、信息的权力等六类[①],这里就不再对每种权力赘述,但有一点必须说明,即主体的职位和个人权力要能够发挥影响的效果,必须转化成客体认可的权力。组织和个人通常是通过对权力资源的控制而拥有权力的。权力资源包括以下几方面内容,即:(1) 职别或位置;(2) 个人魅力、气质;(3) 专业技术;(4) 机会,或许这是可使获得权力基础的各种因素的组合。

权力资源一般是借助权威及影响功能而发生作用,反过来它又可作为区分权力的基础及分类。事实上,许多权力的运用都是明确的,而另有一些也很普通,这就使得问题变得较为复杂,比如大学校长,其权力与建筑设计师即不同,虽然他们都各自拥有智慧、技术,但其资源不同,权力形式即不同。兹将上述两种角度观察的权力归纳于表 8-1 中,以说明彼此之间的关系。

表 8-1 主体和客体视角的权力种类及其关系

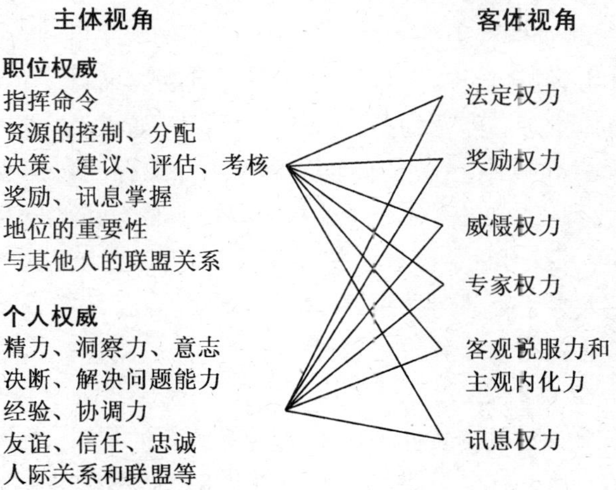

① G. Yukl: *leadership in Organizations*, 3rd, Englewood cliffs: N. J. Prentice-Hall, 1994, pp. 156—158.

二、权力关系

权力的关系，可用权力的主客体间依赖关系及组织的内外结构两方面来阐释，它们间有一一对应的水平型关系，有相互影响的互动型关系，同样也有复合型关系。水平型权力的关系则是基本的，也是我们比较熟悉的类型，比如：组织内部、职员之间和一些专业组织之间处处都有。

1．成员关系

在现代组织关系结构中，成员已越趋年轻化，受过更多的正规教育，越发关注仪表及举止，比起组织中的管理层更具有上升性。这就构成了冲突的基础，即成为权力关系的一部分。另就不同于一般现实中的冲突而言，当成员试图实施其某些想法时，权力的指向性就更为突出了。

权力有时也被某些人用以实现其个人企图。在我们所研究的组织中，发现拥有权力的人事部往往都会控制着提升机制，尽管他们握有权力，但也会担心，担心成员由于重视之而产生很多看法，从而使得原本悉心经营的某种模式变得不尽如人意，或超常规运行。由此不难看出，在同一权力关系中实际上存在着两类不同形式的权力，即：主体对客体作用的权力及由客体对主体的作用的权力。由此，一系列冲突将会存在于其中，而且使权力更为重要和可贵。一旦人事主管部门发现这些冲突无处不在，其间必将出现一次巨变。这就是相互影响的表现。

2．专业组织关系

由于组织必须在某种程度上控制着所有的成员，条例的执行对专业人士而言就变得非常难了。如果组织试图通过某种专业制度来实施法律控制，专业人士倒反过来可能会有能力来反对和抵制它。这些均是在许多组织中常见的难题，而这一难题可以通过允许专业人士自我控制来解决，使一部分专业人士作为一个集体对他们单位的工作负责,从而形成一个有责任的体制。

此种责任体制是在组织内部发展一种双梯型的奖励体制,在这种体制中,提升专业人士并不是单纯把他们提升到行政体制的高一层的职级。这样实施使得专业人士能安心在原单位并积极的争取得到发展或进步。对专业人士的奖励还可通过公众和对专业的参与来实现。组织应多提供各类方式。当组织中的专家层提高时,专业权力也随之上升,组织中的专业人士会继续为他们以及他们的观点寻求更多的权力。

3. 小集团和联合体

小集团是权力体制中重要的组成者。个人利益通过贯穿在组织之中的个人成员来组成小集团而实现。小集团有保卫组织成员实际利益的作用,同时也可保护他们对某种假想利益的期望,并使之得以实现。

小集团也可能会以组织中显著的差异为基础。组织中不同部门分别处理不同的事务,比如在一个公司实体内,有市场主管,有销售代表,有后勤管理人士等。销售代表在这一层内部具有某种程度的一致性,而与其他管理人员区别开来,这种内在的一致性和与外部的差异性就容易形成集团。

在一些组织中,许多权力会集中于某些个人或小组的联合体上,成员会为追求其共同利益寻找同盟而走到一起。小集团和联合体的存在并非偶然,它首先源于成员的相互影响和沟通,这些小集团和联合体亦可随着组织对成员的控制、影响而变化,如组织提升或调离某个成员,会打乱小集团原先存在的基础,但反过来亦会对组织内部权力的分配产生影响。

三、权力的运用

权力和一般固有工具一样,同样有获取、运用和丧失的一般过程。权力的获取,从个人角度讲,一方面可通过自身体质、知识、经验等个人素质的培养，增强对别人的影响力，另一方面则可通过谋取某种地位来获得。这当然需要个人踏实的奋斗，但良好的人际关系的建立和运用也是必不可少的。获权是为了用权，运用权力可以直接或间接改变他人的观点、态度及行为，促使组织进步。当然，若由于个人的僵固性以及环境变化或权力的误用、滥用，同样可造成权力的丧失。本节则主要从组织中权力的总体认识着手，着重剖析其在组织中的运行过程。

1. 权力总量

权力总量作为某个组织内部各种权力的联合权力，服务于组织之中，对组织中的人力、物力等各种资源起到支配作用，其总量随着时间的推移亦是不断变化的，但在某一相对时刻，却是一个平衡的整体。就如一个池塘中的一群鱼类，我们可以把池塘看作某个组织，而其中的鱼类总和即是其权力的总量，随着时间流逝，鱼的总量亦会不断变化，或变多，或减少，或这种鱼增加，或那种鱼数量变少，但在某一固定时刻，各种鱼的数量都是一个固定的数目，谁主沉浮显而易见，这当然还不包括外力的影响。

在权力总量中，还有一点是不容忽视的，即权力的扩张。第一种情形是外界的权力扩张作用于组织。第二种情形是组织内部条件的变化，如结构变化促进组织成员间相互作用和影响等。增强组织对环境的控制会使组织在其权限内作出更多的服从于组织成员控制的决策，从而增加组织更多控制量的可能性。这种越来越多的来自组织内部的控制机会，会使越来越多的成员加入组织并与组织相一致，并且增加他们实施控制和服从控制的兴趣。组织成员可能更多地尝试实施控制，并同时更多的成为其他成员控制的对象。外在发展会使组织内部的一系列因素受到影响，这种影响有助于形成组织成员的更高层次的参与。组织内部更高层次控制有助于增强组织的力量并增强其在环境中的权力。

组织内权力总量一般不会产生剧烈的变化，即使出现典型的导致权力总量增加或下降的因素,它也不会产生突然的变化,除非发生灾难事件会导致权力总量急剧变化外,在通常情况下,权力总量的变化是渐进的。

2. 权力分配

在一般组织中,权力的分配均会依照组织机构的金字塔式结构由上而下进行"A"字型分配的,但权力的大小并非绝对按照由上而下的顺序依次递减,其中有若干因素影响着权力的分配。那些能够很好地应付不确定因素的部分、不可替代的部分、组织工作流程中处于核心地位的部分,将拥有权力不断增长的优势。组织内单位或个人依照他们应付不确定因素的良好程度得到或丧失权力。

在任何情况下,权力都是组织的重要组成部分。有关权力转移、分配的认识还必须明确两点。首先,已经建立起来的等级制度的重要性和集中化程度不能被忽视,应付不稳定因素的程度与水平权力关系有密切联系。当然,垂直权力关系亦不容忽视。第二,一旦组织中某一单位或个人因成功应付不稳定情况而获得权力,它(或他)会尽力去维持其权力,早期的成功给予一个单位或个人凌驾于其他部分或个人之上的直接便利,因为它(或他)已经有了更多的权力。事实上,一个组织形成中的环境是相对稳定的,创业部门的背景、组织内部各部分的权力也是相对固定的。一个组织化单位的权力、地位及其对他项权力产生的预测作用,是显而易见的。对决策者或经营者而言,掌握权力与不愿权力被削弱是同样重要的。

权力有自我永恒的方面,但权力绝不是一个静态现象,即使是在相同的人事状况下,如果考虑到不同层次的不同系列人员的问题时,问题变得会更加复杂,高层管理的变化会对整个组织产生重大影响,特别是当新的领导者想去利用前任领导的权力基础时,人事更替必然会导致权力关系的不稳定性。

组织中权力分配除了有上述问题外，仍有许多问题影响到权力系统在一个组织内资源的配置，包括如奖金、预算项目、人事安排等。奖励配置受权力系统影响，它会尽力使现存系统得以维持。

3. 低等参与者

“水能载舟，亦能覆舟”。组织中低等参与者的权力一般很小，但却客观地存在着，而且不能忽视。这种权力亦可能是导致组织失败的根源，亦或是取得胜利奇迹的源泉。

低等参与者权力产生的第一个渊源是专业化知识和人员的不可替代性，第二个来源是在工作中表现出来的才能、态度和兴趣。另外诸如个人所拥有的吸引力、控制力、亲和力亦能产生、增长此种权力。

第二节　冲　　突

哪里有利益，哪里就有冲突，而哪里有权力，哪里的冲突同样不可避免。权力的运行，必然会有参与，有服从，同样有冲突，本节将就权力运行的诸多结果，尤其是对冲突作出具体的阐述。

一、权力关系的结果

1. 服从和参与

一个组织，在相对静止的某段时空内，在其权力正常运作的情况下，其权力运行的最明显的结果即是服从，因为只有服从，一个组织才能维持它的正常运转和发展。服从，这个普遍意义上的权力关系运行的结果，比起冲突来更易发生，也更是较长时间地发生。可以说，服从是组织得以维系的心脏，是组织存在的基础。

在组织中，服从当然有多种原因，屈从于权力的服从则是最最重要的表现形式，而服从也会导致最直接的结果，那就是参与。有研究表明，当组织能够在其成员中形成道德参与，那么他们对组织的服从就越高,特别是在自发性组织中更为明显。

一个把教会作为一个自发性组织的研究小组,就教会的运行方式作出了研究。在这种运行方式下,教会领导者追求诸如公民权利和社会公正等,而其成员并不一定追求这些利益,此时的服从或道德参与基本上来自于成员对教会领导者地位的服从。在一些教会中,基于等级权威而产生的更为正式的服从可归因于成员对其领导者的信仰。而进一步的研究发现,教会组织中的控制总量与其成员对组织的服从有关,那些服从和满足于组织的成员声称,由于领导者对组织实施了更多的控制,因而对他们的服从既包含了组织成员对组织增加了道德参与,又提高了领导者对下层参与者的权力控制程度,从而导致了权力总量的增加。

可见,在组织中,控制是不言而明的。控制产生协调,从不同的利益和成员的潜在散漫的行为中创造出秩序。规范确立组织的行为标准,而控制则能使成员服从,并使得规定得以实施,从而赢得组织成员的更广泛参与。服从和参与是紧密相联的。自发性组织依赖于道德参与,当组织成员被鼓励并确定参与时,道德参与会明显增加,自然就成为最明显的服从。

服从,这对于一个组织来说是十分必要的。在一个组织中,百分之百的成员服从于组织及其权力是不可能的,而对于某一个成员来说,他每时每刻都服从于组织权力也是不太可能的。一旦服从,你必须惟命是从,诸如按时上班,不缺席、不迟到、不私事公办……,总之无数个“不”字会接踵而来,天长日久,很多服从,有些就演变成不太服从,甚至是不服从了。一旦不服从,冲突便自然而然地产生了。

2. 冲突的含义

冲突一词有很广泛的含义,比如观念的冲突,指观念的不一致性;组织间冲突,表明某两个或几个组织间因矛盾激化而相互敌视的状态。事实上,在一个组织内部,也没有哪个能避免冲突的。冲突是组织环境的产物,是系统的产物,但并不必然是系统功能失调的产物。冲突并不总是惹是生非者所致,相反它取决于结构因素,是变化的本质的组成部分。哪里有人类的聚集和相互作用,哪里就必然会发生冲突,不管组织的性质和规模怎样,总会出现冲突。冲突是一种有影响的过程,它既有所期待的结果,也会产生一些不会受到欢迎的结果,因此必须理解冲突,管理好冲突,而不是回避和消灭冲突。

3. 冲突的产生及其基础

冲突在组织中是经常出现的,或许是个人的,或许是个人间的,或许是小集团和联合体之间的。随着组织的结构、角色、态度和模式形成,冲突也就被固定了。不管是何原因,不管采取何种形式,冲突的来源在于一些人们主观认为的或确实存在的利益差异。

在一个普通社会组织中,劳资关系,即工人与管理者之间的固有冲突是组织生活的重要部分。而技术差异和种族差异也是冲突的固有来源。

组织中冲突并不仅仅限于个人间、小团体间,组织形式与组织性质本身有时也会由于其相互不适应而产生冲突。

心理学家卡茨(Katz)曾指出组织冲突的三个组织基础。第一个是"产生于组织内部各种子系统的功能冲突"。这种形式包含了一个事实,即差别使人们或各单位之间产生不同甚至对立的利益。第二个冲突的来源是各个单位有相似功能,这种冲突可以是有益的,也可以是破坏性的,当有相互依赖的任务时或者是当时一个任务有不对称的或不平衡的相互依赖关系时,冲突也会产生,而这些均来源于组织成员间的水平权力关系。

卡茨认为的第三种冲突是来源于组织内不断争夺地位、声望、金钱等利益集团之间的冲突。在一个组织内部,全部成员或集团均满意于报酬的情况是较少的,因此基于此点上的冲突也就会常有发生。

此外,由于缺乏沟通导致交流不畅也会产生冲突。经常会听到由于某人和某人之间由于长期缺乏沟通而产生误会,最终导致冲突。组织内部也是同样,如果组织成员间天然存在的种族差异、报酬系统、监督形式、参与程度等不能得到有效的沟通,同样也会产生冲突。

冲突也会由不同的职业集团的差异而产生,如不同岗位、职业之间,或者组织中不同集团的不同权力而产生,但一旦冲突发生,其原因就可能千变万化,或许上述诸多原因一一皆有,亦或其他。

4. 冲突的表现过程

冲突作为权力运作的一种表现形式,并不是一开始就会公开化的,冲突的演变是缓慢的,它是一系列连续的阶段组成的动态过程:

(1) 潜在的冲突,即冲突的预备期

(2) 知觉的冲突,这时人们发觉存在着冲突的条件,这种知觉可能是错误的,或者可通过防范性的行为,抑制真正的冲突。

(3) 感觉的冲突,这时人们感到存在着冲突。

(4) 明显的冲突,这时是冲突的高潮,冲突已正式公开化。

(5) 冲突的后果。

冲突在各种组织、各个时期表现也是不同的,但主要有三种产生原因,即因为不能达到最理想的选择;因为各种选择的结果不稳定;因为不能比较各种选择。而冲突过程中共有四个组成部分。第一是参与部分,冲突必须有两方、两个个人、两个集团或两个组织。第二个组成部分是冲突领域,可视为社会系统中的整套合适可能的状态,如果冲突中的部分之间有一种特别的权力关系,一部分比另一部分拥有更多的权力,那么冲突领域包括对现在状态的维持,还包括各种替代性条件。这些替代性条件包括每一部分得到权力或失去权力或因对方失去而自己得到权力。在此过程中,无论冲突解决还是继续冲突中的部分也很少会保持原来的组织中的地位。

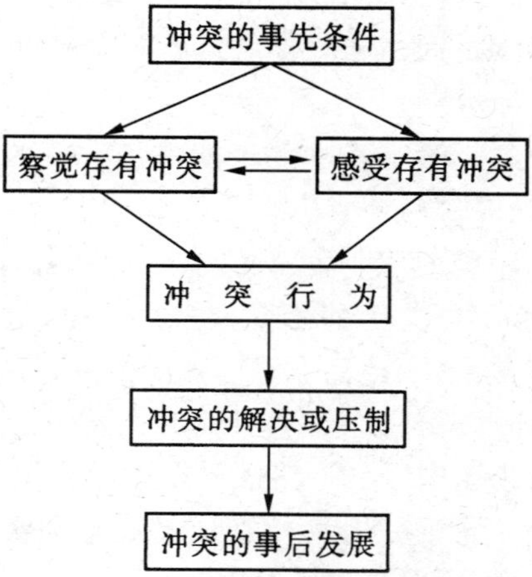

图 8－1　冲突过程①

第三个部分是冲突动力，即冲突中的每一部分会对那些在冲突中使它感觉到与其他部分相比的差距，进而调整其地位。当冲突动力产生时，冲突领域会扩大或收缩。冲突也会"四处转移"，同盟关系会被收买而形成。在国际关系中我们可以发现这类例子，如一个国家会加强他冲突的努力以期待或针对他们对手的行动，而冲突很少会被限制在最初参与的国家间。在组织内同样有如此现象发生，正如全力以赴导致破坏的战争一样，在组织中由劳资冲突最终导致卷入的组织解体。尽管冲突方式仍然相同，但所投入的能量是不同的。

冲突的最后一部分是管理、控制或解决冲突，从而导致冲突的结果。在研究冲突结果前，我们先来分析一下不同层次间的冲突表现，即冲突的层面。

① Alan C. Filley: ***Interpersonal Conflict Resolution***, Scott, Foresman and Company, 1975.

5. 冲突的层面

前面我们分析过冲突的参与部分，有个人间 有集团间，有组织间。

(1) 个人层次的冲突

这包括个人的内心冲突和个人之间的冲突。组织中的个人，一旦进入组织之间必然产生千丝万缕的联系包括心理上的联系，而一旦个人需要和组织所给予的酬劳之间出现不相一致时，也即成为冲突产生的条件了。

冲突也会因为个人不满组织的各种选择，不能接受其选择而产生，这种不满越严重，个人冲突发生的可能性就越大。一般来说，期待和成就之间的这种不一致发生以致使组织成就较低的时候，冲突最容易产生。不过如果组织成效、成就不断提高，期待也在提高，这时如果人们的需求被抑制，那么也会产生冲突。而这种个人内心的冲突往往是个人之间冲突的产物。组织本身创造了个人间发生冲突的环境，组织拥有基于个人成就之上的劳资系统，但一个组织中的成就并不是独立的，它是互相依赖的。

(2) 团体层次的冲突

个人在组织中，自觉或不自觉地都会参与或分属于某个团体，个人之间的冲突亦可能转化为团体的内部冲突，工人与工人之间及其所属的团体之间目标或认识的不同或两者都不同是要求参与决策、产生团体之间的冲突的必要条件，因为缺少任何一个这样的条件，就不会有决策问题。即使如果有参与决策的要求，但如果所有人认识相同，就不难作出决策。同样即使人们的目标不同或认识不同，但如果人们没有参与决策的要求，他们也就会独立地行动。在实际的组织情形中，两个条件一般均可能具备，因此，产生了团体之间的无数冲突。

(3) 组织层次的冲突

组织层次的冲突同样分为组织内部的冲突和组织之间的冲

突，组织内部的冲突则包括所有个人的内心冲突、个人之间的冲突、团体内部的冲突、团体之间的冲突，它们可能扩展到组织规模的冲突，转变成更高层次的冲突。组织之间的冲突则是一种更表象的、在社会上更易见的冲突形式，暂且不去讨论。

6．冲突的结果

冲突最后的要素是冲突的结果，当冲突双方的接触停止，冲突的结果也因而产生。冲突的解决方法又是多种多样的，很难肯定哪种方式能永远消除冲突，说不定一个冲突的解决同时也预示着下一个冲突的产生，甚至导致更多的冲突。

对于冲突的解决方式，一般认为有回避、缓和、压制、妥协和积极面对等五种方式，这里不再展开论述，但有一点必须强调，即冲突的解决，无论是对任何一方参与者，解决好坏及其影响如何都不是固定的，即某次冲突的解决，并不代表对这方有利而对另一方不利，因为这些都是相对的，种种冲突会促使组织不断的完善自身，不断更改和创造内、外部生存环境。

组织冲突是不可避免的，它对于组织及其成员而言，其后果也是难以预见的，一方面，组织中各部分间冲突在某些情况下会增强组织的表现。对于冲突的管理同样可视作对组织管理的有力的工具。相反，由于冲突产生的原因不同，它同样可能会被组织中某个集团或某些个人利用，用以成为争取获得组织权力、压迫别的集团或个人。冲突后果是正常的，对个人和组织而言，它既有积极的作用，也有负面的影响。

附录：正视冲突，自信成功[①]

那是在音乐圣地维也纳举行的一场世界一流水平的指挥家比赛。当时，初出茅庐的小泽征尔凭借着精湛的指挥技艺，与另外两

① 矫友田：《正视冲突，自信成功》，载《新华日报》，2002-08-31。

位选手进入了前三名的决赛。他们将分别指挥同一支世界一流的乐队，演奏同一首具有国际水平的乐章，从而角逐出一名金奖。另外两名选手在小泽征尔之前上台，他俩在指挥完毕，都赢得了舞台下面热烈的掌声。然而，评判台上的那些作曲家和评判委员会的权威人士却一直保持着沉默。

当小泽征尔上台指挥时，他突然发现乐曲中有一处错误，而在场的那些权威人士却并不承认。他考虑再三，坚信自己的判断是正确的。于是，他朝着评判台大喊一声："不！这一定是乐谱错了！"他的喊声一落音，评判台上那些高傲的评委们立即站立起来，向他报以热烈的掌声，祝贺他在大赛中夺魁。

原来，这是评委们精心设计的圈套，以试探指挥家们在发现错误的情况下，是否能够坚持自己的判断。前两名选手也意识到乐谱有错误，但正是因为他俩都缺乏坚信自己的勇气，而与金奖失之交臂。

人生之路漫长而曲折，面对一次次抉择与考验甚或遭遇冲突，有的人优柔寡断，甘心随波逐流；而有的人则坚信自己，敢于正视现实，其结果，幸运之神往往会把开启成功之门的钥匙，悄悄交到后者的手中！

第三节　沟　　通

沟通是组织最重要的组成部分。组织作为一个采用权力来协调成员以达成组织目标完整的信息加工系统，如果没有沟通，它只能是一个各种信息各自散落的集合体。

一、什么是沟通

1．沟通的定义

沟通可赋予组织结构以生命力，因此有人把沟通称之为组织的血液。它是把组织中互相依赖的各个部分维系在一起的一条动脉。一旦它停止运动,组织活动就不再存在。“沟通”一词作为一般词语被用于表示很多事情。在组织中,沟通的含义可定义为是一种权力者想要影响接受者的行为的信息。通过沟通过程,当权者要使一种思想传递给接收者,以使接收者改变其原有行为,或表明一种因接受了沟通意见后而形成的态度。

沟通的过程是一系列信息交换的过程,它可能发生在两个或多个个人之间、团体之间或组织之间。

2. 沟通的重要性

组织内的沟通是组织有效性的绝对的决定因素,它是组织的发展能力、有效地运转的能力。它产生于组织内部强烈的组织化和个性化。各种形式不同的组织结构形成各种操纵信息的机制,沟通在其间起到信息交换和意旨传递的不可缺少的作用。

沟通的出发点主要有两点:拉近管理者与成员的距离,把关怀传递给每个人的同时,弄清每个人的潜力、优势,以及其对职业发展的兴趣,以便把合适的人选安排到合适的岗位上;将最及时、最准确的信息告诉或传达给当事者的同时,听取他们对实施信息方案的意见,关心和了解他们的执行情况的可行性,以便上下紧密配合,达到提高效率的目的。

沟通对于上级管理者及其工作是极其重要的,这些沟通包括同上级的、同级的、下级的,也包括口头沟通、书面沟通及其他各类形式的沟通。总之管理者的业务绝大多数是沟通。

组织之间的沟通与内部沟通同等重要。组织之间的人及他们的观点越是不断增多,沟通就变得越重要。即使组织之间在机械程度较高的体系内,沟通也理所当然地成为机器发展和使用的原因。就像工人必须在使用机器时接受命令、传递等方面听从指挥那样,而一旦某方面工作确定下来,其他的沟通就显得不必要。

对需要通过沟通获得信息的组织成员或组织,组织沟通时都必须用正确的感情向他们提供准确的信息。

二、沟通过程

沟通是一种信息传递的过程，它至少要有两个人才能实现。首先必须是发送者或起源者提出某类思想，并用某种语言表达出来，然后再考虑传递出去，使得接收者收到它、理解它，直至采取行动。当然，这一系列因素并非每一项都是可以一眼看出的，但必须承认，沟通过程是一个动态的和连续的过程。

1. 沟通过程中的因素

从整个沟通过程来看，其要素主要有(1) 来源、(2) 信息、(3) 渠道、(4) 接受者、(5) 效果、(6) 反馈。

(1) 来源，即信息的制造者，它可能是个人、团体或组织。制造者将自己的意图译成某种密码，传递给接受者。

(2) 信息，它是对沟通具有现实意义的必备之物，但它也有可能在传递过程中被削弱甚至改变、转变成其他信息。

(3) 渠道，渠道是信息传递的通道，它有很多种形式，有大众媒体，也有人际之间的交流渠道。其畅通性很大程度上决定着沟通过程能否实现。任何沟通渠道中的不良阻碍，都将或多或少地影响沟通的结果。

(4) 接受者，接受者对于沟通过程来讲，是相对于发送者而言的，但同时，接受者也可能是信息的发送者。

(5) 效果，信息传递给接受者，其理解、消化如何，完全决定于接受者。

(6) 反馈，任何沟通都是一种动态的、双向的过程，接受者理解消化信息后所作出的反应，再传递出去，即是反馈。

2. 沟通模式

(1) 垂直沟通

对于任何组织而言，垂直沟通最易引起注意，在组织操作过程中很重要，它是极其重要的组织化要素，它又可分为向上沟通和向下沟通两种形式（如图 8－2）。

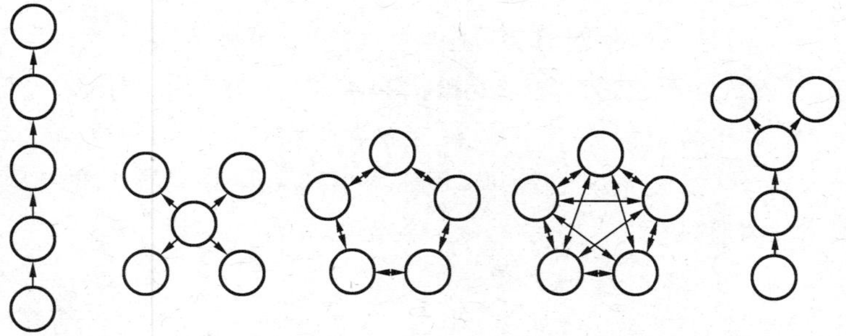

（a）链式　（b）轮式　（c）环式　（d）全渠道式　（e）Y式

图 8－2　沟通形态

① 向下沟通。向下沟通有五种要素，第一是日常工作过程中正常的工作指导，一般通过会议、命令、文件等上传下达的机械方式进行。第二个要素包括工作任务的布置及处理组织关系的基本原理。不同的人的个性多少会影响沟通的效果。如果组织成员习惯于沉默寡言，那么其获得沟通的信息就会很少，组织就会出现要么下属不能理解信息，要么直接向他们下达任务并指点其该怎样去完成。如果给予成员太少的信息，并且缺乏对整体了解，那么成员很可能和工作及组织本身产生疏远感，因此，组织就要注意将消息保证传达到成员并使他们充分了解和理解。

第三个要素是组织之间的互动交往程度和实践，它是上下沟通的媒介之一。而个人的业绩或接受情况如何则是向下沟通体系的第四个要素。最后还必须明确的一点是向下沟通还必须让下属接受并相信组织目标，使他们积极投入到有目的的体系中。一个组织，要重视向下沟通，首先从上级来讲，就必须应该要有十分明确的组织目标，再由领导者通过行政、人事等一些途径或手段将组织目标传递给组织成员，使成员共同为组织目标，为组织整体行动而行动,上传下达,共同前进。

向下沟通发生在向上和向下的任何水平上,在任何水平上均可以有很多个性化的东西,因各种因素不同而不同。

② 向上沟通。向上沟通同向下沟通一样重要。向上沟通有很多形式,诸如请示、报告、会议交流等均属于此类。但从中可以看出,上、下级关系始终贯穿于诸多沟通形式中,很显然这种等级关系常常是向上沟通的一大障碍。不管是谁,他和他的上司讲话,总不可能像在家中和自己父母讲话那么轻松和随便,上司和父母,虽然均是自己的上层,但与上司的等级关系直接影响到自己的一切前途、命运。在一般情况下,如果有某种消息对自己或同行有害,是不会对上司传递这个信息的,而对父母却不同。

向上沟通和向下沟通相比,还有一项特殊的过程,即大多数向上沟通均具有一个中间传递的特殊过程,即中间过程。例如一般人见不到市长、省长,而市长也不会轻易见到总统或主席或国王首相,其中间却必须有一个过渡过程,这个过程绝大多数情况下起到收集、整理向上沟通的信息,并对信息进行加工、提炼、过滤、简编的作用,使上级不至于被大量的"超肥"信息所压垮。但同时,这种加工简编有时在对信息进行"减肥"的同时,也将大量的有效信息给"流产"了,以至于上司无法真正或全面的了解下级所需要沟通的信息,从而影响决策,影响上下级关系。

大家知道,在通常上下级的关系中,上级与下级的沟通是很难真正坦诚相见的。因为毕竟"忠言逆耳",上级绝大多数不愿听到下级有什么令人不悦的语言;而下级当然也希望通过某些言行来获得上级的赞扬而不是批评;因为下级都会害怕穿小鞋或丢掉乌纱帽。因此,在组织沟通中,下级对上级的批评是很少见的。

以上问题归结起来使得组织沟通变成复杂多变。既然等级在组织中是结构性问题,它会带来强烈的定势倾向,"管理者、管理职员"这类词语指出了等级制度的分明,而等级越是分明,组织沟通也便变得越为复杂、扭曲。

当然,等级制度对于沟通也有其有益的一面。由于等级制度的存在,促使各种形式的沟通,如会议、汇报、定期信息交流等正常存在。由于等级制度在上下级之间形成一种必须沟通的理由,促使上下级之间不停的以各种方式进行沟通;并且上级将所得到的信息再次传递给其他下级,从而使整个组织中信息通畅;而下级们也因能及时了解信息而能够理解领导决策、组织重大事务处理等,使得组织健康发展。

(2) 水平沟通

在组织中,沟通不仅仅局限于对上和对下沟通,水平的或同层次的沟通在组织中极其普遍且重要。在以往的学术研究中,绝大多数学者的眼光均对上下沟通有所垂青,而很少注意水平沟通,即使在一个组织中,其沟通大部分属于水平沟通。有研究表明,在一个组织中,如若此组织所处的阶层越低,其内部水平沟通就越盛,因为在基层组织中,同等水平层次的人群更易沟通,不管是在组织生活中还是私人感情方面,其相互信任度越比上下之间要高些。而且同一阶层的人群,相互之间也更易接纳相同的性格,使彼此沟通更为类似,沟通起来也易于进入角色。

区分一个组织的次等阶层内部的沟通和众多次等阶层与阶层之间的交流是很重要的。阶层内部的沟通对整个组织功能的有效运行相当重要。一般情况下,一个组织完全把全组织的各项任务、各种细枝末节都非常周到的处理好,这种可能性相对较小,这中间必然有许多问题需要协调、讨论。此时,在相同阶层的人们之间进行水平沟通就显得至关重要。

在许多阶层构成的集团中,人们不难发现,如果某一集团中成员间相互关系融洽、成员之间相互理解、支持,那么这一阶层所构成的集团就比其他集团拥有更高的权威。精神性的力量常常促使人们与相同阶层的人进行交流、同舟共济。

然而，和许多事物一样，个人与个人在同一阶层内的水平沟通也存在一些负面的影响。由于缺少核心领导和自上而下的系统性，同阶层之间人们往往缺少训练，在对一些重要问题进行沟通时，往往很难作出合理的、具有统一性的决定，长期下去很容易造成组织内部的分裂。

我们用抽象的条款去描绘水平沟通，是较为容易的。事实上，绝大多数水平沟通和垂直沟通是相互交融、密不可分的。同样，相同阶层的人群的沟通还有另外一种"跳板原则"的水平沟通形式（如图 8－3），这种形式明显的对于运行过程中的所有协调都是至关重要的。这种沟通可发生在不同组织的次级阶层的成员之间。在几乎每一个可预见的组织形式中，沟通首先会被设想到用等级制度来进行，因为很自然，如果两组织（或多组织）要有重大事宜相商，一般状态下均会相互派出各自的元首、长官前往沟通，而这样的沟通仅仅是浅层次、仅局限于某一问题的沟通，这样的沟通只能算是一种侧面的沟通，与组织内部上下垂直沟通或水平沟通的深度和广度无法相比，但却又不得不存在。这种沟通的形式也是多种多样的，如谈判、酒会、互访等（如图 8－3）。

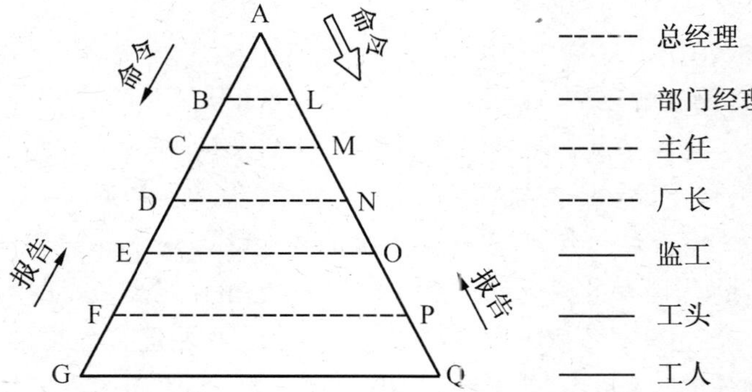

图 8－3　法约尔的联系板原则

在一个组织中,沟通的同时也可能孕育着冲突。例如在一个电子集团内,领导阶层与专家之间和与普通技术人员之间的沟通都是不一样的 。每个人在他自己熟悉的领域中都是有所见地的,但领导层在沟通时,更多的可能看重沟通对象的层次,所以沟通的结果有时并不能形成最后代表一线意见的处理决定,反而被一些高层官员的协调意见所取代。更有甚者,即便在沟通之前,虽与某些技术人员作了沟通但相对于最终结果而言或许这些技术人员所提看法对组织决策的抉择是毫无意义的(因为他们的观点丝毫未被采纳)。然而一次次的沟通与结果的冲突也促使了组织的发展,或许这次你未被采纳,但下次或许会因意见很突出且很集中而可能会被采纳了。事实上人人都有这样的被采纳和不被采纳的机会,阶层与阶层之间也是这样,只不过高阶层(领导层)相对获取的机会较多罢了,这也就更加说明多层次、深层次沟通的重要性。

这里就以我们居住的城市来说。一个城市,其规划的重要意义不容置疑,其权威性也应不容降低,但有时由于沟通不佳而导致的冲突却会使之有所影响。例如一个城市的大型体育馆建在城南与建在城北确实需要认真讨论,如果专家规划论证后确定城南适宜,而最终高层决策者还是把它定于城北,其相互之间必然需要专家与专家之间的水平沟通、高层之间的水平沟通、专家与高层之间的沟通,但最后还是由高层来作倾向性意见,其相互间冲突是必然发生的。这种情况在现今许多城市中均会发生,有人认为沟通不够,有人认为破坏了规划的权威性。但无论你如何沟通,不选甲就选乙 ,总是会有冲突,所以选择正确的才应该是规划的初衷,而沟通的目的就是为了获得正确的意见,而不是相互让步。

一个组织的垂直和水平方向的沟通共同创造了沟通的复杂性。沟通的过程可以在实验室条件下被研究,有关组织性的特征,它对于这样的实验大概最具可行性。人们总是想尽全力在某种实验室的孤立的情况下最有效率地去研究沟通系统。而往往许多实验室研究较适用于沟通的垂直及水平方面的原因，是由于最主要的焦点均被人为设置在沟通任务的协调方面。事实上，越为复杂的工作，沟通的网络系统的建立就越需要时间。这些发现对我们颇具启发意义的重要性就在于不管沟通是水平的还是垂直的，等级制度在诸多方面均会起到不可忽视的作用。

总结以上各类沟通，我们仍可利用一个简化的自行车轮来简单描述沟通模式。一个车轮就好比一个组织，轴心是组织核心，通过等级关系的钢丝将各成员分散到轮子上的各个点，轴心与各点之间的沟通可比作垂直的上下沟通，而轮上各点之间的沟通可被视为水平沟通，不管是上下沟通和水平沟通均无处不在、无时不在，否则轮子就成为一只扁巴巴，组织也将不成为组织。

三、沟通存在的问题

应该清楚，组织中的沟通并非完美无缺。往往沟通不佳的基本后果就是当信息通过系统时，信息就会被转变或有所改变。这就意味着信息的最终受众在接受信息时收到的并非完全意义上的最初始的信息，从而扭曲或破坏了沟通过程的目的。

一条信息，从起点传到终点，中间过程对这条信息的作用可能使这条信息增加内容、减少内容、歪曲其涵义，这都是有可能的，我们称这类现象分别为超载、删除和歪曲。

1. 超载

在一个组织内部，沟通所遭遇的一些障碍问题中就包括有超载。假设，信息超载了，随后经过更加详细的讨论，也能推导出在传递一些信息时原料被删除后的状态，但超载往往导致部分组织中机制的相应调整，遗漏、删除信息和歪曲信息则相对具有不可调节性，有“巧妇难为无米之炊”之感。

当超载发生时，一种有效的处理方式就是排列，即把收到的信息元素按照某种标准重新排列，以便让接受者能真正吸取有效信息。而一个有效信息排列的建构就是先前人们所惯用的过滤过程,包含对那些信息的优先处理做出规定。组织内的沟通发生在高度结构化的结构中,当沟通的输入超过了能传递的限度时,沟通便会中断,这与车辆超载便会翻车有着同样的道理。因为在组织中,每一点的信息进入沟通框架,并和其他的信息相融合,所以超载过多就成为信息在所有其他部门无效的根源。我们可以拿金字塔模拟一个组织模型,以金字塔的基础比作为一大堆杂乱无章的东西,好比大量超载信息进入组织沟通系统一样,当信息在组织中上下传递时,必然会被过滤和缩减,同时信息也会对金字塔塔身结构产生一定的影响而最终到达塔顶即组织高层,这时信息必然比初始状态要少得多。这是指沟通寻到信息完成的状况,如超载过度,则会塔倒石散,因此,此间问题并非信息流被限制,相反问题可能是超载。解决这类问题的方法并非消除沟通障碍,而是减少沟通甚至堵塞沟通途径。

这里不妨举这样的例子来说明减少沟通有时确实是很有必要的。某城市标志性山脉的主峰欲建一标志性建筑,这一议案被提出时立即招来正反两方面的激烈讨论意见,有同意建的,列举建的若干好处,并提出了若干修建方案;有反对者则提出了许多反对理由,这样层层讨论极有可能使讨论最终限于形式甚至中断而不了了之或一拖再拖,这就相当于超载翻车了。亦或如果讨论层层上报并一一记录后交与最高决策者定夺,正方、反方各种各样的理由,中和的、偏激的、不温不火却带有调侃味的,形形色色,必然会影响决策者决策。到了此种情况下,我们可以下一结论:与其如此,不如减去中间沟通过程,直接由决策者定,是建还是不建反而易下结论。当然,我们并不必去评判决策者最后结论的正确性,因为建与不建本身就是有分歧的,不可轻易判定谁对谁错。

2. 删除

沟通的最大障碍是沟通的当事者所使用的删除信息方式。删除可能导致信息失真、遗漏、省略,这是常有的事。可以想象,在组织内部如果信息内容被改变或减少后会产生何种影响?但往往下级一般都愿意为向上级提供所喜欢的信息而适当故意隐瞒其他信息;同样上级有时也会把应该向下沟通的信息加以修饰。在这样的情况下,广开言路是极其重要的,偏听偏信极易造成对组织的不良后果,而主张充分利用向上、向下沟通以及水平沟通才是上策。

3. 歪曲

和所有信息传递一样,歪曲是组织中沟通的另一障碍,它也常常会阻止信息的流通甚至产生裂变,使得红的变成黑的、短的变成长的、正确的变成错误的,从而改变原有信息的根本含义。值得注意的是,这种歪曲不仅在垂直沟通中经常出现,在水平沟通中也同样会产生。组织把精确的沟通作为决策的依据,这对于组织起着决定性的作用,如果决策是建立在某些被歪曲的沟通之上,组织必然会由此受到伤害。"小洞不补,大洞吃苦",去伪存真则成为组织领导者实施权力的必备能力之一;否则,无论他有多高的才能和领导艺术,他也不能把组织引向正确的前进之路。

四、沟通的应对

在任何一个组织中,要想达到完美的沟通是不太现实的。多种因素会造成沟通无法在"实验室状态"下进行,这就需要人们更多地去研究如何才能使沟通更好的进行的问题。但实际上,我们还可以反其道而行之,比如说当沟通无法进行或严重超载、歪曲时,我们可以干脆不要沟通,而直接应对。比如有一信息要从 A 传到 D,从中要经过 B 和 C,那么我们完全可以不采用 A 到 B 到 C 再到 D 的模式,而直接由 A 到 D。在现实中,一些组织的等级制度要求请示汇报不能越级,而必须逐级进行。其实有时在处理关键问题时,小兵完全可以直接找将军汇报就是这个道理。

沟通性质问题和建设性的解决方法都是对组织至关重要的问

题。沟通也受其结构和过程因素的决定性影响。许多精确的沟通并不能使得组织更有效率。组织中沟通的核心是确保正确的信息能在第一时间内到达最需要此信息的人,这个过程是完美的但又是永远不会实现的。这就要针对具体情况具体分析。

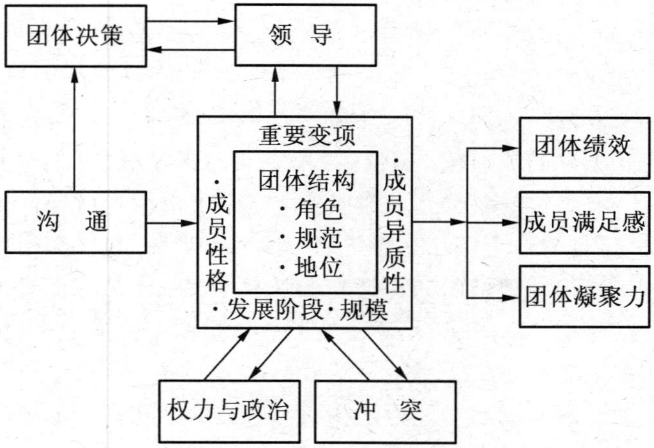

图 8－4　团体行为模式

附录 1：成功的一半[①]

被列为美国企业界十大名人之一的 IBM 创始人华德森常说：作为一个企业家,毫无疑问要考虑利润,但不能将利润看得太重。也必须自始至终把人放在第一位,尊重公司的雇员并帮助他们树立自尊的信念和勇气,这便是成功的一半。

在 IBM 的种种措施中,良好的沟通机制是独具特色的。只有良好的沟通,才能确保职工的认同感和忠诚,使员工感觉到自己是公司的一员,而不只是依令行事的雇工,这样才能发挥员工的积极

① 新晴:《成功的一半》,载《扬子晚报》,2002－08－02。

性和自主意识。对上级而言，一是要深入基层，自华德森起，IBM的领导人就经常深入基层，以亲切的态度了解基层员工的愿望、不满和目标，从而提高士气；对于下级，则鼓励员工向上级，直至向公司总裁陈述。这样，在公司内形成良好的民主气氛，不仅解决了具体问题，而且增强了团结。公司还设立了意见箱，拓宽沟通渠道。这不是一个形式，因为事实上，IBM每年可收到十万张意见卡。通过沟通，使员工确认自己在公司中的价值，是IBM成功的重要因素之一，因为对于企业最可怕的事情就是员工缺乏工作热忱。IBM通过帮助员工看重自己，从而为企业带来莫大利益。

附录2：沟通交流　成功向导①

一位在商场上屡屡失利的年轻人对自己失去了信心，他就去问当地很有名气的企业家："你是从什么时候开始起步的，什么时候开始发财的？"企业家笑着说："我和你一样大的时候还是个靠给别人打工的小混混呢，还没有你这么大的抱负呢！"

年轻人不甘心地问，那你说我现在都快三十岁了，再重新开始还行吗？而且我还有很多外债。企业家说，我给你讲一个我知道的人的故事吧！

这个人在52岁以前一直很落魄，他也尝试着自己干事业，可总是受打击，后来干脆就给一家工厂做销售员。52岁那年的秋天，他在吃午饭时来了灵感，因为他发现他常去吃饭的那个饭店的一种汉堡包非常畅销。于是他开始回家琢磨怎么样创办一项专营汉堡的快餐店，他费了几个晚上设计出一整套管理方案。并马上凑足了50万元，买下店面、制作方法、专利以及招牌。为了改装店面，他举债300万。要知道那时候他对饭店这个行业还是一个门外汉。但他有的是雄心斗志，为了成功，他出马联络专卖店的连锁

① 中渔：《沟通交流，成功向导》，载《新华日报》，2002－02－02。

店，以致富的保证和美好的前景来吸引与他合作的人。在他的激励和管理下，各专卖店全都拧成了一股绳为他效力。他们的努力马上得到了认可：为确保与广告宣传一样的新鲜美味，一个汉堡包从制作到出炉必须50秒，不多也不少。结果他们都发了大财，这个52岁的老头也成了大亨：销售金额累积300亿。

年轻人的眼睛里充满了惊奇。企业家继续补充说：这个老头就是美国佛罗里达州的克洛克，他经营的汉堡包就是闻名全世界的麦当劳。克洛克的成功告诉我们：无论你处于何种境地，只要你有眼光，有勇气，起步永远不晚！

附录3："汽车王国"中的福特[①]

亨利·福特出生于1863年，父亲是个农夫。福特从小就喜欢摆弄机器，时常帮助父亲修理农业机械。但他对上学和农业工作都不感兴趣，十几岁就出去打工，受了不少磨难。1903年6月，他与几个具有开创精神的年轻人聚集在一起，在底特律车库里成立了一个只有10名雇员的小公司。创业初期，公司非常艰难，甚至处于破产的边缘，直到底特律的一名医生购买他们的第一批货时，公司见到了希望的曙光。

在公司成立的前几年，福特是公司的总工程师。1906年，由于K型号轿车的失败以及福特与公司原总裁在未来开发和生产上发生了分歧，该总裁离开了公司，福特购买了他的股份，自己拥有公司股份的58.5%，成为公司新的总裁。这时公司尽管遇到了很多困难，但仍坚持不断改进和提高产品质量。1908年，改进后的T型号汽车很快获得了成功，使公司发生了巨大的变化。以后的19年，福特公司共销售了1 500万辆T型号汽车，使其成为国际汽车业巨人。

---

① 《"汽车王国"中的福特》，载《新华日报》，2002-08-24。

在公司迅猛扩张的同时，1907 年又开始生产卡车和拖拉机。1919 年亨利·福特的儿子 EDSEL 出任公司总裁后，于 1922 年收购了林肯汽车公司，1925 年生产出用于美国第一家商业航空公司的 199 架第一代福特三马达飞机，1932 年成为历史上第一个成功地将 V—8 引擎一体化的公司。

1942 年，公司整个投入到支援战争中，国内的生产暂时停顿。在 EDSEL 的带领下，福特公司生产出了超过 8 600 架四引擎 B—24“LIBERATOR”轰炸机，57 851 个飞机引擎，27.8 万辆吉普车，同时还生产了坦克、反坦克军火和其他军火设备，这种状况持续了 3 年。

1943 年，EDSEL 去世，亨利·福特重新出任总裁，直到战后第二次退休。他的大孙子小亨利·福特于 1945 年 9 月 21 日出任公司总裁。在小亨利·福特领导生产出战后第一辆汽车的同时，他开始了公司重组和分散集权的计划。

事实证明，小亨利·福特正是将福特公司从家族企业转向现代化股份制公司的理想人物。同其祖父在公司开张伊始解决问题所采取的方式一样，小亨利·福特计划重新组建汽车公司。他的战后公司重组的扩张计划很快恢复了公司的活力。

小亨利·福特的才能在于他能发现人才、重用人才并能在快速变化的组织调整中将他们用于有用之处。例如，他重用了就职福特公司 15 年之久的 ERNIEBREECH，聘用了 10 个年轻的空军情报部门职员，引进了将定量分析和现代管理科学带到福特公司来的金融学家。

1956 年 1 月，福特公司走出了决定性的一步——公司上市。公司共有 1 020 万份股票由经纪人公开发售，这成为历史上最大的一次股票发行。投资家们抢着收购了价值 6.407 亿的股票，或大约 20%的原本为家族公司的股权。到 1956 年 2 月 24 日，福特公司共有大约 35 万个新股东。

美国的汽车业自1964年4月17日起发生了永久性的变化，这一天在纽约的世界博览会上推出了一种全新概念的轿车，这就是福特汽车公司生产的FORDMUSTANG。它的加长汽车引擎盖、缩短的汽车后厢以及赛车特征，立即引起了人们的狂热，也更坚定了福特公司产品计划者们生产具有青春活力的轿车类型以吸引战后年轻人的理论。

到1996年，世界上超过37万人每天在福特公司的工厂、实验室和办公室工作。全球网络内1.5万名交易商在超过200个国家和地区销售福特公司的产品。福特公司的年销售额超过了许多工业国家的国民生产总值。

领导活动是任何社会生产方式的一个不可缺少的因素,存在于“凡是直接生产过程具有社会结合过程的形态……的地方”。

——马克思

第九章 公共组织领导

领导,古今中外重视之。而公共组织领导——作为一种社会行为产生于人类的共同劳动,它也属于领导范畴。世界各国的组织理论家们都比较注重研究它。因为组织领导既是一种影响或说服成员,为达成组织目标而努力的影响力或说服力;也是一种组织程序或过程,使成员在某种情况下,乐意选择或遵从组织目标,并为达成组织目标而接受指挥、引导和影响。本章将着重介绍领导本质、领导素质、领导形态、领导发展理论及现代领导的修养与艺术。

第一节 领导本质理论

领导活动是人与动物的区别所在。动物适应自然的生命活动,是把自己统一于自然界;人认识和改造自然的组织活动,是把自己和自然界统一于社会。人们的社会生产和生活从来都不是孤立进行的,而是通过组织进行的。所以在这种社会共同劳动和生活中,必然会出现领导活动。正是通过有领导有组织的人的劳动才能创造社会,从而也就创造了劳动得以实现的生活环境和在这一环境中无限发展的可能性。但是,人类的社会实践是历史的发展的,不同时代的领导活动总是具有新的特征和新的发展方向。相比较而言,有些是有着本质区别的。

一、领导的二重属性

领导是一种力量,它具有如下几个方面的功能:

(1) 意志凝聚力。领导活动搞好了将可成为一种“粘合剂”,可以把上下左右、广大成员紧紧地粘合、团结在一起。这是一种凝聚功能和向心功能。(2) 导向力。可为员工的价值观和行为作导向,同时引导员工为实现组织目标而积极投身于活动。这是一种导向功能。这种自然的领导活动实际上已将人对主体的人的人化和人对客体的人的人化两个方面有机地结合在同一过程中进行。换句话说,通过领导活动,人不仅从自然界索取广泛的生活资料(物质关系),而且从自然界索取同人的新的生活需要相联系的生产资料(包括非物资关系)。所以领导活动首先具有一定的自然属性,是一定的自然的质的定在。只要人类开展共同活动,就有社会分工,自然就需要有领导者统一协调、引导、指挥、整合。这已被历史上的一些唯物主义者所认同。比如,霍尔巴赫就说过:“人乃是自然界中对人最有益的东西”,“社会对于人的幸福是有益的和必要的,人不能独自使自己幸福,一个软弱而又充满各种需要的生物,在任何时刻都需要他自己所不能提供的援助。”爱尔维修也说过:“人为了养活自己,或者为了减少自己对于狮子和老虎的恐惧必须与别人联合起来。”[1] 马克思更有精辟论述，他指出“一切规模较大的直接社会劳动或共同劳动，都或多或少的需要指挥，以协调个人的活动，并执行生产总体的运动——不同于这一总体的独立器官的运动——所产生的各种一般职能”。[2] 的确，人类有史以来所进行的各种组织活动，无一不需要领导，诸如：乐队指挥、军队执行打仗任务、行政部门的日常工作以及企业（包括小作坊企业）的工业生产。这种对具体部门成员的引导、指导、协调，乃至对社会大系统中各种组织的协调属性，是由人类社会发展的自然规律所决定的。它体现了各个社会组织的领导活动都具有社会系统中的一般的、共同的属性，故称之为领导的“自然属性”。

其次，领导活动不仅具有自然属性，还具有社会的属性。关于这一点，在斯大林那里就能得到更好的证实。在斯大林看来，“社会生产是由两个方面组成，这两个方面虽然是不可分割地互相联系着的，但却反映了两种不同的关系，即人们对自然的关系（生产力）和人们在生产过程中的相互关系（生产关系）。只有具备生产的这两个方面，才能有社会生产。不管在社会主义制度下或其他社会形态下都是一样的”。[3] 这是从一种较狭隘的意义上，或者说是从经济的角度谈论社会生产的；如果我们从更广泛的意义上，从组织社会哲学的意义上讲社会生产，讲领导活动，那么我们就会发现，人与人之间的物质关系固然是一种最基本的关系，但人类自有阶级以后，在物质关系的基础上又形成一定的政治和思想关系。这种经济、政治关系不仅渗透于领导活动之中，而且还规定着领导活动的社会性质，故称领导又具有社会属性。

领导的二重属性并不是指两种领导活动，而是指同一领导活动包含有两个方面。客观上并不存在只有单一属性的领导，因此，

① 北京大学哲学系编：《十八世纪法国哲学》，第650、496页。

② 《马克思恩格斯全集》第23卷，北京：人民出版社1974年版，第367页。

③ 《斯大林选集》下卷，北京：人民出版社1979年版，第586—587页。

人们只有弄清领导的二重属性必然性才能把握特定社会的领导关系。所以说,了解或研究领导的二重属性具有重要的现实指导意义。因为如果不了解领导的"自然属性"的一面,就无法理解领导活动一般的和共同的规律,这就有可能会草率地对待或否认领导关系的某些共同的特点,从而就有可能会忽视或不能很好地吸收社会历史中积累下来的领导经验。相应地,如果看不到领导的社会属性的一面,很有可能会将各种不同性质的领导活动混为一谈,或许会导致走向误区。

二、组织领导的本质

公共组织领导,是人类历史上的一种新型的特殊阶层。有关公共组织领导的本质,马克思在总结巴黎公社经验时就特别指出,他们是"社会的负责的公仆"和"社会本身的负责的勤务员"。很显然,马克思是将社会主义领导定为双重身份,即一方面将他们视为普通的公仆和勤务员,他们在组织内仅是普通成员的一分子,但必须全心全意为社会公众服务;另一方面,他们拥有明文规定的职位和权力,肩负着领导、指挥、组织成员进行集体活动的重大责任,是具有权力和责任的公仆和勤务员。为了较全面地认识公共组织领导的这一本质,我们有必要对领导关系的社会基础做一系统的分析。

就中国而言,执政领导就是中国共产党。尽管刚开始时,共产党的领导地位并未确立,当时社会主义的生产关系和国家制度也没有建立。但它作为无产阶级政党的代表,本身同广大群众就同属于被剥削和被压迫的阶级,是阶级兄弟和革命同志的关系。中国共产党的根本宗旨是全心全意地为人民服务;目标是为人类的解放而奋斗终生;理论基础是坚持以马克思主义作为指导思想。这支无私无畏的革命先锋队,所具备的觉悟性、先进性和富有牺牲的服务精神,正是公共组织领导关系中最本质的东西。这种新型的领导关系一直是在革命斗争中产生的，也是在革命斗争中不断成长和壮大的，并逐渐形成了自己的组织系列原则，即：坚持理论与实践相结合；坚持走群众路线，保持同广大人民群众的密切联系，并按照民主集中制原则组织起来；坚持批评和自我批评的优良作风；坚持党内保持紧密的团结并规定严格的组织纪律性，努力从思想上、政治上始终与党中央保持一致；坚持走社会主义道路等。这种新型的领导方式，使得民主革命取得了伟大的胜利。应该说，取胜于坚定、坚强，更主要的是取信于民，有着坚如磐石的群众基础，进而这也为社会主义时期的领导关系的建立打下了良好的基础。

由上可知，独立、民主、富强是中国共产党自始至终的三位一体的奋斗目标，不可或缺。随着革命的胜利和社会主义制度的建立，公共组织的领导关系也得到了确立；中国共产党随后陆续抓了如下三件主题任务。首先，抓政权建设。作为执政党，要使自身居于领导核心地位，必须建立自己的政权。只有建立了自己的国家政权——无产阶级专政的新型国家，并掌握着领导权，才能有权利、有能力领导人民，保证人民当家做主人，从而才能使我们这个民族国家独立、民主、富强。这种执政的使命决定了公共组织领导在人类历史上所肩负的革命重任，这就是一种名副其实的社会公仆角色。

其次，抓民主建设与完善。尽管民主革命已经取得胜利，特别是剥削阶级作为阶级也被消灭了，但是民主独立和人民整体层次上的民主仍待健全和完善。此时的执政党只有抓好民主建设，才能充分发扬民主，才能依靠群众的力量，进而才能充分发挥社会主义制度的优越性，提高社会生产力；从而巩固我们这个民族国家的独立、民主、富强。自然，这种执政职能将由以阶级斗争为主发展到以抓经济建设和组织社会生活为主的转变，显示出公共组织领导在社会转型过程中的重要作用，也表现出它是能为群众尽心尽职的公仆和勤务员。

第三,始终注重解决社会发展中所凸现的侧面——民富国强。从社会主义的新中国政权建立开始到当今经济全球化大环境下实施市场经济体制,中国共产党一如既往地建设有中国特色社会主义理论及其指导下的实践,始终牢牢抓住,并认真解决着社会发展中所凸现出来这一侧面,继续为中华民族的独立、民主富强谱写新的篇章[①]。

可以预计,在新的世纪里,随着经济全球化的浪潮,中国共产党将会在整个世界交换的格局中扮演着新的职能角色。一方面边不断总结经验,边摸着石头过河,以便更好地推动中国人民的民族独立、人民民主、民富国强的发展;另一方面在不断地抓住机遇、开展国际合作的同时,圆满解决在个体层次上实现民主的任务。到了那时,社会主义中国将会以全新的面貌屹立于世界之林,中国共产党将会成为对人类作出巨大贡献的有功之臣,难道这还不能被称之为人民大众的公仆和勤务员吗?

其实,称公共组织领导——中国共产党为社会主义公仆和勤务员,还有如下几层含义:

(1) 从政治关系上看,中国共产党尽管手中掌握政权,但他们总是视人民群众为国家的主人,而把自己的权力看成是人民群众给予的,自身所做的一切都是为了人民,为了人民群众当家作主的。他们与人民群众的关系好比种子和土地,何时何地都与人民群众结合起来,在人民中间生根开花——贡献力量,与人民群众分工合作。所以,尽管公共组织领导手中握有人民给予的职权,并享受着与职权相对应的报酬,实际上其根本利益和人民群众是一致的,因为他们是人民群众的种子,植根于群众服务于群众,换句话

---

① 童星主编:《科学社会主义的理论与实践》,南京:南京大学出版社 1998 年版,第 298 页。

说,除了人民群众的利益之外,他们别无其他的私利的追求。

(2) 从经济关系上看,自改革开放以后,中国共产党一直致力于带领广大人民群众一起建设具有中国特色的社会主义,也就是从中国的实际出发,坚持社会主义的本质,使之民族化、本土化并全球化,以有利于生产力的发展和人民生活水平的提高,从而推动社会主义社会前进。为此,中国共产党确立了社会主义的经济基础是以公有制为主体、多种经济成分并存互补的社会结构;认为公有制并非只有全民和集体两种形式;除此以外,还允许探索和实施新的合作制,包括集团所有制、各种劳动服务公司、多种经济联合体(农村承包责任制、企业承包经营、租赁经营制)和股份制等社会主义公有制的新形式;提倡并推广知识型组织。显然,上述所提倡的或是所努力的结果,只是为了有利于生产力的发展和人民生活水平的提高,领导者完全是作为人民的公仆而尽力,一方面在简政放权,另一方面增加服务内容并提高服务效率,不仅没有借助在市场经济搞活的情况下以权谋利,而是仅作为人民群众中的普通成员,享受着与老百姓一样的待遇。从这一点看,中国共产党可以称之为毫无私心的公仆领导。

以上就是公共组织领导能够取信于民的关系基础,当然也是它的本质特征。因此它的根本属性就是要为人民服务,当人民大众的公仆和勤务员。

三、公共组织领导的地位和作用

现实的人都是活动着的人,而人的活动却又构成了人的存在形式——一个复杂的社会系统组织,而组织正是连接人与社会的中介。自觉的人的活动一般都是有目的的活动,这种目的来自于人的需要,人企图凭借自觉活动的结果来满足自己的需要。为了达到满足人民群众多方面的、不断发展着的需要,人民群众必然要求组织领导的有效性,追求更高的组织活动效率。人类文明的兴衰,除了自然界非人力所能改变的因素的制约外,就组织领导而言,无疑取决于它的职能地位及其发挥的作用,也取决于其中所体现的组织领导效率的作用。

1. 引导

引导,是组织领导必然具备的最基本的职能地位和作用。其实,组织不是一个一般的系统,而是协作系统的核心部分。协作系统相当于一个企业,它是由组织系统、物质系统、人的系统构成的一个更大的整体。由于组织是合乎自觉目的的人的活动的系统,所以组织领导的引导职能在整个协作系统中起着核心作用。协作系统中的其他部分如由机械设备、材料等构成的物质系统,虽然已被划分在组织系统之外,但通过组织引导,使物质系统成了组织活动的可利用的资源,从而具有了价值。如果没有物质系统的支持,企业组织就不可能创造出任何经济效益。在协作系统中,还有由经营者和组织员工组成的人的集团,虽然它也被划分在组织系统之外,但同样经由组织引导,人的集团被组织起来,使得人的系统成为组织活动的人力资源,从而具有了意义。在协作系统中还有社会系统,这也是一个组织与其他组织交换效用的系统,也由于组织的引导,使其通过参加组织活动而具有了存在的价值。

要使组织引导能真正起到有效率的地位作用,组织系统尚需建立组织的共同目标。这种组织的共同目标对组织来说不仅是必需的而且是充分的。所谓共同目标,又称组织目的。传统的组织领导理论将职能地位看作是组织的基本要素。人们习惯于通过具体岗位职务的划分和分配来进行组织设计。而现代组织理论把共同目标作为组织的基本要素。任何一个组织,其重要的是组织目标的确定、分割和变更。没有目标就没有协作;没有目标,就无法了解和预测要求个体采取什么样的行动和应当作出什么样的决定。组织中的每个个人采取什么行动,做出什么决策,都是由组织目标决定的。

2. 指挥

指挥,是指组织领导按照目标管理原则和综合一体化原则要求下属组织或成员个人贯彻执行组织的决策,促进他们在争取个人成功的同时也达成组织目标的实施。同时使下属组织或成员个人在实践中体验认识到,这种指挥是组织活动作为复杂的系统在结构和功能上所需要的一条有序的条理性。指挥是组织领导更具体、更直接的职能地位和作用;是领导权力的突出表现。马克思在论述资本主义生产管理的二重性时指出:"凡是有许多人进行协作的劳动,过程的联系和统一体都必然要表现在一个指挥的意志上,表现在各种与局部劳动无关而与全部活动有关的职务上。就像一个乐队要有一个指挥一样。"① 为保证社会组织活动的有序性和有效性,"只有使成百上千人的意志服从于一个人的意志"②,这就需要能代表广大群众利益的公共组织领导的统一意志的统一指挥。随着社会的发展、科技的进步,公共组织日益扩大,其涉及的领域越来越广,公共事务日趋复杂,人员亦不断增加。尽管要求政府简政放权、转变职能、改革体制的呼声越来越高,但事实上,有史以来统一意志和统一指挥就是组织领导本质的必要性和重要性,却在当今会更加突出。

比如,传统的组织理论提倡自上而下的组织领导方式,认为指挥就是一种权威,并将权威解释为组织领导对部下发布命令和下达指示的权力。法国的管理学家亨利·法约尔就讲过,所谓权威即是领导发布命令,指挥职工服从命令完成组织分配的任务的能力。这是一种非人格化的强制模式。而现代组织理论提倡自下而上的组织领导方式,认为指挥能否产生权威作用主要取决于组织成员的认同。美国现代组织理论学家切斯特·巴纳德就指出过,组织领

① 《马克思恩格斯全集》第25卷,北京:人民出版社1974年版,第64页。

② 《列宁选集》第3卷,北京:人民出版社1972年版,第521页。

导的指挥权威取决于管理人员分配部下的命令是否能为部下所接受。这是一种重视人的心理行为的民主管理模式。

现代组织理论强调,领导作为组织的核心,必须具有指挥的权威性。所谓权威就是存在于正常组织中的一种秩序。如果一个企业的经理或一个公司的总裁能使他的部下听从指挥去执行任务,那么在执行人员身上就体现出领导者已建立起权威。因此,指挥是否具有权威性,其检验的标准不是发出指挥的人,而是听从指挥的人。一些经理之所以失败,是因为他们没有能在组织内部建立起体现权威的"秩序"。当多数人感到领导的指挥不利于或者有悖于他们的个人利益,从而不再对领导表示支持时,领导的指挥权威也就不存在了。

有人认为,当今正处于知识经济全球化时代,在发达的市场制度下,所有的资源都可以凭借自身能力参与公平竞争,所以不应该再存在特殊的人指挥别人的劳动。持这种观点的人,往往有两种理论误区:一是认为市场等同于自由的人;二是自由的人就不应该接受任何人的指挥。其中,自由论者可能会回答说接受组织领导的员工仍是自由的,因为他们是愿意接受这种权威的。但他们却忘却了一点,在市场经济制度下,人与人、人与组织的关系往往通过契约合同的方式签订的雇佣劳资关系,一旦签订的合同关系确定,实际上拿工资的雇员必须接受某个组织的商业企业制度权威的指挥而进行劳力交换或付出。事实上,这样的组织指挥对某人来讲又无自由可言或起码不是完全自由的人。那么该某人也许会想,在该公司里仍是少数人以标准的官僚制模式指挥着多数人,"我"应当从一开始就不该选择进去。其实,市场制度并不是所指"市场等同于自由的人"的涵义。

或许有论者会说,与企业组织雇主的权威不一样,作为国家——公共组织的权威总是会以一种制度强迫别人服从指挥,是非人格化的。不排除有些群众仍会以老套的见解去看待组织领导的职位权威，对权威已形成了一种“成见”。但我们也应看到，不是所有的群众都有同感，甚至于绝大多数人，还是自愿接受组织领导指挥的。即使有时也会讨厌或抱怨权威的约束，但终究因理解执政领导是代表人民的利益，是为人民大众创福利而采用这种权威来维持整个组织运作的秩序，个人只有依赖或是相信这样的组织领导权威才会使组织有希望。由此，我们相信有论者会能理解“自由的人就不应该接受任何人的指挥”是不符合现实意义的。

根据现代管理经验，在一般情况下，组织领导的指挥是保证组织活动的有序性，而组织活动的有序性是同活动的有效性相联系的，因而会促进组织活动效率的增长。人的自觉活动的目的并不是与组织活动的总目的完全一致的，有时甚至于是不一致或分歧很大的。这种不一致性往往会影响组织活动。因此，领导的活动和指挥在于使整个活动由过程到结果，即由投入、成本到产出、效益，内在地通过程序和秩序而达到效率。换句话说，领导的指挥是让成员个体从心理上认同“个人必须承担建立‘物之秩序’的责任”，或者说“政权的一切和平的起源都等于人民的同意”①。显然，指挥的有序性既是人的自觉活动的内在要求，也体现了组织活动的基本的规律性。具体表现在如下几个方面：

(1) 计划的有序性。计划是组织活动目的的具体部署，它一般是经过对客观市场广泛扫描并跟踪、监察和论证评估后所做出微观活动的决策来安排。这是由宏观到微观的活动计划的有序性。

(2) 组织的有序性。组织是对活动目标的具体实施，它将根据组织自身的人力物力等条件因地制宜地进行分工分配并整合行动。这是由静态到动态从对活动计划的有序性到转化为组织的有

① 汪行福著：《走出时代的困惑—哈贝马斯对现代性的反思》，上海：上海社会科学出版社2000年版，第46页。

序性。

(3) 过程有序性。过程是组织达成活动目的的具体运作,它将根据组织自身目标计划的约束和要求不断地与其外部环境所需接触对象发生互动作用。这是由主体和客体相互作用的过程的有序性。

3. 协调

协调,是指领导及时将人与人、人与组织、组织与组织之间出现的各种矛盾、冲突进行协商调解,使各项工作、各组织之间和谐地发展。

社会生活中的人与人、人与组织、组织与组织之间一般都存在着分工与合作的关系,但有的能合作默契,有的却有分歧、矛盾,可能有的还会有冲突,所以需要组织领导的引导和指挥,其实协调也是其中不可缺少的一大作用。传统组织理论既重视分工协作,也很重视协调,认为通过分工可使每个个体专心致志地钻研自己的业务,从而熟练处理自己所从事的工作,达成提高完成任务的效率。有分工又必须有协作才能达到组织整体效率。而协作的因素就是靠组织领导如何使出招数来协调成员,使个体变为动力,形成合力。比如“拔河”,每个运动员都会按分工在指定的位置使劲,但结果不一定成功,原因是需要有指挥者协调,使大家的力气往一块儿使才行。可见,协调就是指领导通过及时地调整,使有关工作能让成员或组织彼此和谐配合,从而顺利地完成任务,达成组织目标。这种协调是传统组织理论针对较为稳定环境中的静态组织所采取的一种方法,的确是能对组织目标的实施起到积极的推动作用,但对今天市场体制下的动态组织进行协调时,领导如果采用组织平衡理论去做就更为奏效了。组织平衡理论认为,组织一旦建立,其最终的目的就是组织的存续。只有组织保持平衡了,组织才能发展,反之组织就会衰弱。所谓组织的平衡就是贡献与诱因的平衡。诱因具有使组织的参加者经济的和非经济的动机得到满足

的效用。如果诱因和贡献平衡。组织的参加者就会对工作产生积极性。因此,组织的平衡可以用下列的公式来表示:

贡献≤诱因→组织存续和发展

诱因和贡献的种类和内容非常多,并且因组织成员的不同而相异。对于经营者来说,其贡献是向组织提供经营服务,作为报酬,将获得工资、高级职员的奖励和对事业欲望的满足感等诱因。对于职工来说,其贡献是提供一定时间的劳动,作为报酬,将获得工资、福利设施、晋升机会等诱因。消费者的贡献是购买企业生产的产品或服务并支付报酬,消费者得到的诱因是产品或服务的价格和质量。销售者的贡献是协助企业组织加强产品的销售,得到的诱因是,除流通过程的赚头外,还有资金方面的照顾、经营方面的指导和回扣。

当组织成员的贡献与诱因大体相当时,他们就能与组织协作,从而贡献会继续创造出来;如果诱因小于贡献时,组织成员就不满,对组织就不进行为达到一定目的的协作,组织就不能存续。当然,当诱因大大超过贡献时,虽能调动积极性,但由于入不敷出,组织最终会衰弱下去。

大体上组织协调或平衡是由两个过程构成的:一是整体适应环境变化的过程;二是创造诱因并将其分配给成员个人的过程。前者与生产有关,后者与分配有关。组织的效率不仅与组织对内部的平衡有关,而且还与组织对外部环境的平衡有关。因此,组织领导的协调过程可以分为两部分:一是协调对内平衡;二是协调对外平衡。

组织平衡 { 对内平衡——组织劳动生产率(Ⅰ)
　　　　　 对外平衡——组织效率 } 组织劳动生产率(Ⅱ)

图 9-1　组织平衡图

组织的对内平衡是成员个人或集团谋求满足个人动机的个人

目的同组织目的之间的平衡，其协调的目标是组织的劳动生产率；组织的对外平衡是同组织成员之外的经济、技术和社会的外部环境之间的平衡，其协调的目标是组织效率。

对内平衡。对内平衡是指有效的分配诱因，确保给每个成员的诱因与贡献的平衡。对于诱因可以从经济的和非经济的两方面加以区分。人们往往重视经济诱因，但是组织平衡理论却认为："近代，尤其是现代，虽然强调物质的诱因，但是，物质诱因如果得不到其他诱因的帮助，或超过生理学上的必要标准，它就会变成没有力量的诱因。"非经济的诱因是超越最低物质诱因的、确保个人为协作而努力的主要诱因，它包括职位的晋升、荣誉、威信和权势欲望等等。非经济的诱因主要表现为下列几类：理想的满足，集团的一致性，参与的感觉，团结的状况。

对于诱因，可以通过刺激和说服的方法来合理地分配。对于诱因的客观方面，运用刺激的方法；对于诱因的主观方面，则运用说服的方法。对于说服，可采用三种方法：一是运用强制的方法；二是证明诱因的合理性；三是向成员灌输新的动机。

组织的对外的平衡。组织的对外平衡，是指组织与外部环境之间保持平衡。一方面，如果以协作系统（企业）的子系统（组织）为对象，协作系统的其他子系统如生产系统、市场系统等，对组织来说就成为其外部环境，组织应与它们保持平衡。另一方面，把整个协作系统看成是组织，将经济、技术、社会看成是组织的外部环境。

第二节　领导素质理论

领导是组织活动的先导者、组织者，包括领导管理者和普通成员。因此组织领导者的素质对于组织工作至关重要。某种意义上讲，这是关系到小到一个企业组织，大到党和国家的兴衰存亡的大问题。领导素质主要包括政治、思想、道德、知识、心理、能力、体质等方面的内容。

一、思想作风

社会主义国家的公共组织领导，他肩负着社会主义现代化建设的组织者、指挥者的重任，所以是社会公共组织的掌舵人。因此，领导的政治思想作用是领导者的政治、思想、道德和文化修养等全方位的反映。作为社会主义国家公共组织领导的政治思想作用主要包括如下几方面的内容：

1. 坚持实事求是的思想路线

一切从实际出发，理论联系实际，不图虚，不图荣，不盲目跑步前进，但也不能慢悠悠地像老牛拉破车。在领导二作中，坚持实事求是的思想作风，就是认真并调查研究，掌握基层一线的情况，并经过科学的分析估量，再制定正确的政策。当今正处在全球经济知识化的时代背景下，恰逢我国又刚加入 WTO，作为组织领导，必须要有远见，要有“逢山开路、遇水搭桥”的精神，但仍然还需要保持传统时代的诚信精神。各行各业的领导，都要坚持实事求是，切忌主观臆断，既不要一哄而上，也不要等待观望，畏首畏尾。

2. 密切联系群众的作风

中国共产党从夺取政权的第一天开始，出生入死，就是为了无产阶级的革命事业，就是为了人民大众的翻身解放，而从来就没有考虑自己的私利。所以，在几十年的革命和建设过程中，各级领导都把联系群众当作一种力量的源泉，并同人民群众已形成了鱼水相依、血肉相连的关系。随着社会的发展，科技的进步，今后不管什么时候，建设具有中国特色的社会主义是全国人民的长远共同目标，各级领导在制定方针和政策时，仍需认真倾听群众的意见，一切从群众的利益出发，一切要与群众商量。只有相信群众，依靠群众，才能做好领导工作，从而也才能更好地建设我们的社会主义祖国。

3. 批评和自我批评

批评和自我批评是我党的优良传统。近二十年来,改革已经给人民大众带来了更大的经济利益,大多数人民生活水平提高,国家实力增强,个人自由扩大。在我国市场体制下,每个人的利益都受到保护,个人利益一般只能通过人们之间的合作来实现,也就是通过交换,彼此从中得益。这种人际关系使得全社会的财富不断增加。但比起市场经济前,人际间的处世准则也有了改变。因为个人利益和财产的保护,既有法律方面的,也有道德方面的,而且还有习惯文化方面的。所以,在市场经济中出现了种种丑恶现象,包括制造假冒伪劣产品、借钱不还和毁约等。显然这也是放松政治思想作风建设的表现。在当前,我们正面临着端正党风和社会风气的艰巨任务,我们更需要批评和自我批评这个武器。开展批评和自我批评,就是实事求是的行为体现。现在党内也存在这样一些不好的风气:有的人只求过得去,不求过得硬;有的人明哲保身,但求无过;有的人只求稳定过渡,另攀高升;有的人看似正人君子,其实是势利小人;更有甚者,有的人只能许他"州官放火,不许百姓点灯";抓别人爱小题大作,对自己在冠冕堂皇的幌子下随心所欲。若能实事求是地对待批评和自我批评,面对上述这些不良风气,我们各级领导就要本着从实际出发,明确提倡什么、反对什么,在重大的原则是非问题上,不要回避绕弯,态度暧昧。但是方法要讲究,力求言之有据,不能挑起群众斗群众。各级领导对来自各方面对自己的批评,不论其态度好坏,方式是否得当,只要他们是善意的,都要持欢迎态度,并且要做到有则改之、无则加勉。即使是不符合事实,甚至于是错的,也要耐心听完,并加以解释。决不能以某人的态度或方式上有不妥之处,而加以否定人家的批评意见,或是寻机报复。

二、道德品质

中国共产党深知，在多党合作制下，作为执政党的他们就是公共组织领导的核心。而公共组织领导是负有行使公共权力、维护公共利益、履行公共责任的使命的人民公仆、勤务员，追求的是社会公平和正义，因此自身就应以"为政以德"作为原则标准。

在新世纪帷幕刚刚拉开之际，江泽民同志在与出席全国宣传部长会议的同志座谈时，全面阐述了一个极其重要的治国思想：我们在建设有中国特色社会主义、发展社会主义市场经济的过程中，要坚持不懈地加强社会主义法制建设，依法治国，同时也要坚持不懈地加强社会主义道德建设，以德治国。在2001年春天的两会上，党中央经过广泛征求两会代表的意见后正式确定了一个全新的理念，即"以德治国"。朱镕基总理在给该届两会所作的报告中，在"十五"计划纲要草案中，都明确写入了把依法治国和以德治国结合起来的治国方略。

可以想象，在我国社会主义现代化建设跨入新世纪的时刻，中央两位主要领导人先后发出了"以德治国"的伟大号召，这一方面说明了"以德治国"是我国治国方略的重要之举；另一方面它像春风化雨，使中国特色社会主义事业的全面发展插上新的翅膀，如虎添翼。

"以德治国"，应当理解为重在"为政以德"，实现社会主义政治。具体地说，就是以道德义务约束执政，以道德权力制约、监督各级官员，克服和防止权力的腐败。因此，我们应当恢复、继承中华民族的传统美德。孔子德治的核心是教化、"正己然后正人"[①]。只有领导树立了道德权威，才能影响和带动全社会的文明教化。解放初期，我们党的各级干部发扬艰苦朴素、全心全意为人民服务

---

① 李贵如："简论孔子的管理思想"，北京：《中央财政学院学报》，1996年第4期。

的作风，很快就一扫国民党旧社会的污泥浊水，转变了社会风气，这就是中国德风弘扬的明证。

应当指出，道德不只是个人内在修养的自律，更是社会道德舆论所形成的社会权力的外在强制力。之所以有些意志薄弱的当权者敢于无视组织规定，却害怕群众举报，就是慑于舆论的道德压力。“舌根压人”，众心势不可挡，这都是道德作为一种社会权力的威力。

如何“以德服人”，在当代既要求组织领导带头真正做到依法治国、依法行政的模范德为和德行，使民眼见为实，以实敢信能信；又要求以清正廉洁、恪尽职守的实际行动去服务于人民，服务于市场经济。这才是当代组织领导的道德品质的真实体现。当前群众反映最大最强烈的，也是涣散人心的问题，就是党内出现的一些不正之风和腐败问题。对某些公共组织领导来说，根源就在于他丢掉了或忘记了一个“德”字。

我们可以将人生比喻为一个核算系统，并进行量化估价。人生基本可以划分这样几个科目：事业、家庭、情感等等，又分设了许多账户，记载着事业追求上的坎坷、家庭的阴晴圆缺、情感上的苦辣酸甜。人生的体验是一本流水账，当人们对走过的道路阶段性回顾时，不妨看作是即时的转账，有时账面一碧万顷，有时波澜起伏不定，“不平”的原因多数发生在内部——个人心中。个人与社会的关系包含着“索取”与“奉献”，相当于“借”“贷”，双方并不总是相等。有的人一味向社会索取，甚至恶意透支，如成克杰、王宝森，即便手持了金卡，奈何私欲膨胀，贪得无厌，所犯的罪行怎能“冲正”了得！有的人无私奉献，吃的是草，挤出的是奶，如孔繁森、汪洋湖，工作、生活的程序容量很大，惟独“自己”占比很小。把人民群众的利益放在第一位的，老百姓没有忘记，在心里为他记一本账。从那历经复核、监督的账簿中凸现的，是一种高尚的情操，是执著的追求，是人生一笔可贵的固定资产。只是这笔资产需常做备份，以防丢失，要与时俱进，切莫折旧！人生苦短，当到了有一天向生命之源头报帐的时候，希望我们每一个人都能通过天地对接的电子银行拿到一份端端正正的日志，这份日志上没有违章操作的记录，没有停机的空白，序时，真实地记载了个人走过的每一步——速度有紧有慢，方向不能迷失。

三、知识素养

合理的知识结构，是领导者必备的基本条件。领导者的决策能力、指挥能力和组织能力的高低，在一定程度上都与知识水平和文化素养的高低有着密切的联系。经营管理现代企业或事业的领导，都必须具有较高的社会文化知识、科学专业知识和管理科学知识，才能在不确定的环境变化中以远见的理念建设富有中国特色的社会主义现代化。

1. 具有马克思主义的理论素养

文化理论是领导的精神食粮，而马克思主义理论是领导的灵魂。中国几十年革命和建设实践证明了马克思主义是可以同中国的具体实践相结合的，所以邓小平同志曾在我党十一届三中全会上发表了题为《坚持四项基本原则》的重要讲话，其中强调了"必须坚持马列主义、毛泽东思想"。这就指明了，我党更要建好并依靠这支坚持走社会主义道路的、具有专业知识和能力的干部队伍。而作为这支队伍中的每位组织领导成员都应该或当然要熟悉和掌握马克思列宁主义、毛泽东思想的基本理论和基本思想，包括马克思主义哲学、政治经济学、科学社会主义等。因为马克思主义揭示了事物发展的普遍本质和规律，指明了事物发展的趋势和方向，这种从不同角度所阐述的基本原理对中国建设和发展具有现实理论指导意义和实践意义。但是"马克思主义必须发展。我们不能把马克思主义当作教条，而是把马克思主义同中国的具体实践相结合"，"离开自己国家的实际读马克思主义，没有意义"，"独立自主才真正体现了马克思主义”。[1]

2. 具有广泛的科学文化知识

哲学家培根说过：“读史使人明智，谈诗使人聪慧，演算使人精密，哲理使人深刻，伦理学使人有修养，逻辑修辞使人长于思辨。总之，知识能塑造人的性格。”对此，我们应当学习并遵照培根的教导，尽可能用全人类的科学文化知识武装自己。

首先，要有一定的社会文化知识，主要包括中文、历史、哲学、地理、社会学等知识。这些知识一方面可以培养或塑造人的正确的世界观和意识形态，另一方面有助于拓宽人对事物认识的视野并提高战略思维能力，这对科学管理或组织发展可产生无法估价的增值效应。比如，我国因为刚刚加入 WTO，改革开放的力度仍在加大。在开展国际交流、处理国际关系中，尤其需要借助社会科学研究一些国际事务中所涉及的问题，诸如，某些国家的人文、地理、环境背景、社会文化理念及其地缘政治制约因素等。这可减少或避免像过去有时显得在国际事务中的不老练。甚至可变不利条件转为战略上的有利条件。中国过去由于缺乏社会科学研究，而导致在处理国际关系中不能展示理论上的指导性、外交上的创新精神和国际事务中的主动性的情况比较明显，这也是中国在利用国际准则、规则和组织为自己创造有利条件方面犹豫不决、缺乏灵活性的部分原因。中国只有掌握了一些在国际上联盟的技巧，才有可能巧妙地利用多边安排来达到自己的外交目的[2]。

其次，组织领导还必须注重掌握一定的自然科学知识，主要是指数学、物理、化学、天文、地理、生物技术、人口生态学、电子集成和计算机科学等基础知识，尤其要重视学习或研究当今颇受人类重视的交叉科学——系统论、信息论、控制论和知识经济论等基本

① 《邓小平文选》第 3 卷，北京：人民出版社 1993 年版，第 191 页。

② 盛利军：“中国与美国：非对称型战略伙伴”，载［美］《华盛顿季刊》，1999 年夏季号刊。

原理。俗话说,“读书破万卷,下笔如有神”。领导若能掌握相当的知识,他才能有能力去超越思维,融会贯通或触类旁通地将知识运用于工作之中。马克思有句名言:“哲学家们只是用不同的方式解释世界,而问题在于改变世界。”学习知识的目的不在于掌握并解释,而更需要去运用和发挥,使它增值变为更多的财富和资源,这也是我们所处的知识经济时代的要求和重托。

所以,领导者知识素质具有时代性、层次性的突出特点。所谓时代性,是说一代之治有一代之才,不同的历史时期和不同的社会问题或不同的任务,对领导者知识素质有不同的要求。领导者只有掌握某个本行的知识,才能慧眼寻机或慧眼揽才。比如,江西余江果喜集团总裁张果喜,二十年前还是一个年轻的乡下木匠。有一天,他走进上海市第一百货公司商场。由于第一次来上海,琳琅满目的商品让他眼花缭乱 。他突然看见货架上摆着一个箱子,他上前仔细一看,是一个樟木箱,不用尺子量,以木匠的眼光一看便知是 28 寸。出于好奇,他叫服务员取下来看看,香樟木,箱面上刻有“龙凤呈祥”图案,漆是枣泥漆,问价钱,答曰:260 元。服务员还算有耐性,补充道:这种箱子是进口货,已脱销了,这是只样品。而在他的家乡,樟木箱的价钱是以“寸”来计算的,一寸一元,28 寸,28 元;而刚才那只,一经雕刻,竟能卖出十来倍的价钱,而且供不应求!他想,我为何不试一试?终于,他壮了壮胆,返回商场找到那位服务员,告诉她,他是一家木器厂的厂长,他们厂也生产这种樟木箱。服务员说:你拿几只样品来看看。小木匠回到老家,搬出家中包括为姐姐结婚备下的樟木板,请来两位民间雕刻师傅,精心加工。四只精致的雕花樟木箱子制作完工,随车托运至上海“一百”,商场负责人看过样品,当即签下 200 只的合同。这一笔生意净赚了一万多元,使小木匠率先成为当时尚属凤毛麟角的“万元户”。就这样,这个与父亲一起以制作农具为主兼做樟木箱养家糊口的小木匠,在家乡办起来第一家木雕厂,雕木箱自上海而推向其他大城市，进而东渡扶桑 。资本日积月累，商艺触类旁通，由木雕到铜雕、金雕，日后又投资房产、娱乐业、餐饮业，不到十年时间，他已成为商业巨腕。20 世纪 80 年代末，他被评为全国劳模、全国优秀青年企业家、全国“十大富豪”；南京紫金山天文台以他的名字命名一颗新发现的小行星，美国《时代周刊》载文称他是“中国的艾柯卡”。20 年过去了，回顾艰辛而辉煌的创业历程，张果喜总会想起那只改写了他命运的木箱。那只箱子静静的摆在商场里，川流不息的顾客也许都看到了，而只有张果喜的慧眼看到了那只木箱背后隐藏着的巨大商机，并且抓住机会立即行动。这就是成功者的不同凡响之处。

所谓层次性，是说对处于不同层级、承担不同职责的领导者来说，知识素质要求也是不同的。美国管理学家罗伯特·卡茨（Robert Katz）提出了领导者必备的三种素质，即：管理技能（分析和预测能力）、技术技能（从事业务能力）、人事技能（处理人力资源能力）；并将分别处于低、中、高三个层级的领导者应具备的技能结构进行了划分，他认为，领导者随着职位的升迁，所要求的技术技能相对减低，而管理技能要求相对提高（参见表 9－1[①]，表 9－2，表 9－3[②]）。

表 9－1　组织领导人必要能力的相对重要性比较表

领导人类别	能　力（%）						
	管理	技术	商业	财务	安全	会计	总计
初级企业	15	40	20	10	5	10	100
小型企业	25	30	15	10	10	10	100
中型企业	30	25	15	10	10	10	100

① 朱立言：“素质理论及公共行政领导者的素质—行政管理学的热点问题”，《人大复印资料“管理科学”》，2000 年第 4 期。

② 孙耀君主编：《西方管理学名著提要》，南昌：江西人民出版社 1992 年版，第 77 页。

续　表

领导人类别	能　力（%）						
	管理	技术	商业	财务	安全	会计	总计
大型企业	40	15	15	10	10	10	100
特大企业	50	10	10	10	10	10	100
国家企业	60	8	8	8	8	8	100

表 9－2　各种规模企业领导人必要能力的相对重要性比较表

领导人类别	能　力（%）		
	管　理	技　能	人　事
低	18	47	35
中	31	27	42
高	47	18	35

表 9－3　各种组织管理人员所需能力重要性比较表

领导人类别	管理阶层管理人员需要具备的能力（%）						
	管理	技术	商业	财务	安全	会计	总计
工人	5	85			5	5	100
工长	15	60	5		10	10	100
车间主任	25	45	5		10	15	100
分厂长	30	30	5	5	10	20	100
部门领导	35	30	10	5	10	10	100
经理	40	15	15	10	10	10	100
总经理	50	10	10	10	10	10	100
政府部长	50	10	10	10	10	10	100
首相	60	8	8	8	8	8	100

3. 具有科学管理的知识

领导乃是管理者，专家者也。各级领导者都应当既要成为懂得管理业务的通才，又要了解所管理的本行业领域知识的里手，那才配称得上是人们所企盼的“内行”。所谓“内行”的标准大概可以用四个“化”来表示，即：知识化、专业化、科学化、现代化。列宁对领导者的管理知识素养问题极为重视。他曾经对苏共党内某些领导人的轻浮作风、不注意总结实际管理经验、缺乏科学管理的现象进行过尖锐的批评。他指出，“对我们来说，那些虽然是资产阶级的但是精通业务的‘科学和技术专家’，要比狂妄自大的共产党员宝贵十倍，这种狂妄自大的共产党员无论白天还是黑夜随时都愿意起草‘纲领’，提出‘口号’，发表完全抽象的言论”。列宁表示，这样的共产党员，“我宁可拿出几十个来换一个老老实实研究本行业务和有学识的资产阶级专家”。[①] 列宁所讲的本行是指那些能够管好组织工作的领导，都必然了解他所管理的领域的业务，也就是要知其然才能所以为然。这并非要求每个领导必须成为某个专业的专才，而是要加强管理意识，善于学习，掌握管理知识，以便懂得管什么内容，运用什么管理方法，怎样去引导或指挥成员去做工作。

因为现在社会发展速度加快，公共生活中的科技含量提高，因此公共组织领导只有不断学习，不断了解新的业务知识，这样才能掌握本行业工作的特点和规律，以至在管理过程中比较懂行在行，从而带动下属完成组织目标任务，提高组织绩效。这里着重谈一下管理意识。作为现代组织领导，应该要有机遇、风险、危机意识。首先，机遇意识表现在要充实内涵、通览大局。因为现代领导正处于知识经济时代，如果自己知识贫乏，就无法有所远见地去预测或及时认识到伴随社会发展所带来的机遇。

① 《列宁选集》第4卷，北京：人民出版社1972年版，第746页。

附录："万金油大王"胡文虎——虎标万金油[①]

1882年1月，胡文虎出生于缅甸仰光，原籍福建西南永定县金丰里忠川乡，客家人。父亲胡子钦早年漂泊缅甸，1908年，在仰光开设"永安堂"中药铺。他继承父业执掌"永安堂"。此时，他已随父亲学了十几年中医、中药；父亲晚年时，店铺也多由他经营。因此，他接掌"永安堂"后，得心应手。

胡文虎不满足于"永安堂"已有的那平平淡淡、本小利微的生意。他雄心勃勃，立志要大干一番，以振兴"永安堂"，使之兴旺发达。1909年，胡文虎将刚刚有了一点起色的小药店交给弟弟胡文豹掌管，自己竟忙中偷闲的来了个"周游列国"——中国、日本、泰国等，调查了解各地的中医药市场。1910年返回仰光时，他已成竹在胸。

东南亚及中国南方，阳光烤人、热季漫长，头晕、中暑的病症十分流行。胡文虎根据广泛收集来的中医与缅医古方，又聘请了几位中药行家，经过大家齐心协力地反复研制，终于推出解暑、提神、消炎、止痒等多种功效的既能外搽又能内服的中成药"万金油"。他选择老虎头像作商标，称为"虎标万金油"。当时正值第一次世界大战后期，各地药品奇缺，再加当时卫生条件差，以致蚊蝇泛滥成灾，能消炎、止痒的万金油，便成了市场上颇受欢迎的药品。

20世纪20年代初期，万金油开始逐步畅销缅甸、泰国、马来西亚、新加坡等地，在中国东南沿海也有销售。胡文虎不满足于局部市场，他要寻觅机遇，依靠最佳的营销组合，不断拓展营销渠道。

胡文虎依靠"重视广告宣传"的经营要诀，大力提高市场知名度，以使得物廉价美的药品为更多的消费者所了解、所接受。在提高市场、知名度的基础上，胡文虎再辅之以拓宽分销渠道，抢占市

① "'万金油大王'胡文虎——虎标万金油"，载《新华日报》，2001－11－29。

场重点。

创业之初的胡文虎，限于经费还不很宽裕，只好因陋就简，提着药箱在路旁铺上一块白布，摆上万金油供行人免费使用，靠其独特的疗效作广告宣传。他还依靠手写或印制大张的招贴广告，常常自己带着助手到处张贴。仰光贴满了，就到马来西亚、新加坡、泰国和香港地区等地张贴。“万金油”销到哪里，他的张贴广告就贴到哪里。

随着市场扩大，利润迅速增加，胡文虎便加大广告投资，在东南亚的一些大城市竖立大型霓虹灯广告牌，在报刊上不断发布广告。

胡文虎依靠其“重视广告宣传”的经营要诀，先后在东南亚创办了《星州日报》、《星中日报》、《星岛日报》、《星闽日报》、《星暹日报》等10多家颇有影响的报纸。奇特优良的疗效借助声势浩大的宣传，使得“虎标”五大良药供不应求，其中万金油的销量曾高达100多亿盒，消费市场占全球人口的半数以上。在相当长的时间里，世界上恐怕没有任何一种药品拥有如此广阔的市场，成为这么多人的常备药。

胡文虎成了世人称颂的“万金油大王”和老幼皆知的华商顶尖富豪。

其次，风险意识，是指要懂得或要善于比较和判断市场对自己组织发展的不利行情。由于风险来自于对事物认识的差异，风险与利益往往互相映衬，风险又与防范密切关联，所以作为一个现代领导者在风险面前一定要清醒、冷静，切忌头脑发热、盲目从事。比如，有一部电影《爱情的陷阱》，片中女主人公是一家公司领导，因自己处于失恋的关头，一别有用心的以“雪中送炭”的阴谋者利用色情手段将她征服，并把自己即将被拆迁的房产地产转卖给了她，结果造成了这位女主人公领导所经营的公司落得破产的惨重下场。

但是,不敢于冒险也不行。所谓敢冒风险,是指需要经过认真调研、评估,充分分析可行性的基础上,该出手就得出手。只要看准了的前景,决不能徘徊等待、裹足不前。如不果断着手,又往往会与机缘失之交臂。

第三,危机意识,是指领导的思想中随时不能放松危机意识这根弦,尤其是在顺利发展中,甚至出现令人振奋的形势时都要有忧患意识,要随时准备应付突变事件。具体地说,就是运用危机管理理论来对付危机。也就是当企业组织陷入内部或外部出现的各种因素的影响,诸如,自然灾害、战争爆发、社会政治事件、政策转变及重大人事变动等突发事件需要处理时,必须以清醒的头脑、果断的决策、灵活的战略迅速地处理。要做到这样临危不惧、临阵不乱,关键就是领导者必须十分关注与本企业或组织相关的各种因素的变化趋势,并从变化的动态中分析预测可能发生的危机,进而做到主动减险、避险或防患于未然。譬如英国最大的超市连锁店——塞恩思伯里斯公司经营的每个环节都由计算机监控,每天约有 150 万条信息经计算机集中处理后,自动发往与其联机的 800 多家供应商。为了防止计算机一旦出故障,公司将两台主机分别安装在与伦敦相对的两个地方,以使计算机数据资料在突发情况下不散失,继续发挥作用。这就是加强危机意识管理的具体体现。

第三节　领导形态理论

组织管理的核心问题是如何进行领导,而组织领导水平的高低在一定程度上又取决于领导形态。由于领导工作的复杂性,领导形态具有多样性和随机性的特点,许多研究人员就此认为根本不存在能够取得最佳效果的领导原理和方法。但也有学者认为这一想法既是正确的又是错误的。正确之处在于它强调不可能找到简单划一的、适应各种情况的具体领导方式;其错误之处在于它否定存在一般的领导方式理论。本节将介绍几种具有代表性的领导形态理论:

一、传统的领导理论

作为一名研究组织领导理论的学者,利克特认为,与领导体制相适应的领导大体上有四种类型,或称为四种系统。第一种是专权命令式的领导方式;第二种是温和命令式的领导方式;第三种是协商式的领导方式;第四种是参与式的领导方式。

第一种领导方式是与传统的组织管理理论相一致的。这种领导方式是从任务出发的,以任务为中心,把领导和管理的职责局限在划分岗位责任,制定工作流程,培训人员,监督规章制度的执行,考核成绩等等。这种领导方式必然是对组织成员监督防范、以压代管、动辄惩罚。这样实施领导的结果,会导致组织毫无凝聚力,成员士气低落,不满情绪日增,废品源源不断。

第二种与第三种领导方式仍旧是权力型或命令型的,虽然领导采取了一些主动接近组织成员的行动,但实质上仍然是以任务为中心的。这些变形的以任务为中心的领导方式已不能适应现代组织发展的需要了。比如,当美国工业正遭遇来自其他发达国家的有力竞争,一些企业在激烈竞争面前推广“社会组织”的管理方式,从而获得了较高的效率。同时,美国社会也在发生变化,人们越来越不愿意接受外来的压力和上司的监视。社会更加强调要培养心理上健康成熟的独立人格。另外,在复杂的组织中,由于新技术的普遍使用,领导事实上需要各方面专家的咨询、决策时更多的需要下属的帮助。所有这些,都要求改变陈旧的领导方式。

第四种领导方式即“参与式管理”的领导方式是一种新型的、能适应激烈竞争和培养独立人格的领导方式。这种领导方式是以组织成员为中心的，无论领导者还是管理者都重视工作中的人际关系，注意协调组织成员的情绪与态度。其结果必然使组织具有极强的凝聚力，士气高涨，队伍稳定，效率稳定。

不同的组织会有不同的环境，要实行有效的领导，除了取决于领导的行为方式外，还取决于其他诸多因素。首先，领导者对自己行为方式的看法和说法与下属心目中感觉到的或实际看到的行为方式可能根本不同；其次，即使下级确实看到、感觉到、体验到领导者有意采取的某种行为方式，不同的人仍然有不同的反应，由于期望不同，有的反对，有的拥护；第三，工作环境、工作性质和行业传统不同，下级对领导的评价也不同；第四，领导的个性也影响其行为方式，行为与个性吻合，下级就觉得自然、实在；若个性与行为不吻合，下级就觉得做作、装样子。总之，领导方式与领导效果会受到很多因素的影响而不完全一致。

二、权变领导方式理论

菲德勒(F. E. Fiedler)是当代美国著名的心理学家和管理学家。他从1951年起进行了长达15年的调查，首先对领导个性进行了研究，然后提出了“有效领导的权变模式”。他认为任何领导形态都可能是有效的，关键在于必须与环境情景相适应。他指出所谓组织领导，实际上是指一种人际关系。他表现为一个人去指挥、协调和监督其他人去完成某项共同的任务。对于一个组织来说，领导的任务就是动员其成员相互配合，合作共事，去顺利地实现组织目标。

领导在指挥下属时，可以有两种方式：一是明确指令下属做什么和怎样去做；二是吸收他们一起来参与决策，从而与组织成员共同分担领导工作，共同承担责任。这两种方式从表面上看是相反的，一个使用的是权力的大棒，一个使用的是胡萝卜，但其实质是一样的，都是为了激励组织成员去努力工作，为实现组织的预定目标而奋斗[1]。

这两种方式各有优劣,不能说哪一个就一定比另一个好。他们对领导者来说都是有用的,问题是应当在不同的场合或情境下使用不同的领导方式。可以有两种方法来达到领导方式与领导情境相一致:第一种方法是先对要实施领导的工作环境进行考察,看究竟是哪种方式更适合领导开展工作,然后再去选择具有这类领导方式的人或是培养出这种领导方式的人来担任领导。第二种方法是先选出或培养出具有某种领导方式的人,然后再去改变工作环境或领导情境,通过改造环境来与领导方式相一致。过去,人们都习惯于第一种方法。其实,第二种领导方法比第一种更好。

如果领导工作主要是与领导方式(或称领导风格、领导个性)以及领导环境(或称领导情境)有关的话,那么,领导方式或领导风格究竟有哪些类型呢? 菲德勒花费了很多时间,对1 200个团体进行了调查分析,最后概括出两种领导方式或领导风格。一种是以"任务为动因"的指令型领导方式,领导的主要注意力集中在得到别人的支持和尊重;另一种是"以人为动因"的宽容型的领导方式,领导的注意力主要集中在完成任务的方面。[2]

菲德勒在论述了组织领导的方式类型之后,又进一步研究了与领导方式有着紧密关联的领导环境或领导情境问题。他认为尽管可以去根据一定的领导方式去创造领导工作环境,但是,领导方式的发挥不考虑具体的领导环境是不行的。某种领导方式只有在一定的、与之相一致的环境中才能运用自如。领导情境也是一个系统,在这一系统中起作用的关键因素是三个:首先是领导者与成员的关系。领导者与下属的关系是十分重要的情境因素,它反映出领导者对下属的吸引力的大小和下属对领导的信任、忠诚和追

---

① 孙耀君主编:《西方管理学名著提要》,南昌:江西人民出版社1992年版,第452页。
② 杨锡山等著:《西方组织行为学》,北京:中国展望出版社1986年版,第277页。

随程度的高低。人际关系比较好的领导,在领导工作中并不需要炫耀自己的职位,下属都会自愿跟从,忠实的执行领导的命令。

其次是任务结构。这一情境因素主要是指下属承担任务的明确化、规范化和程序化程度。如果工作的目标、方法、步骤都很清楚,那么领导者就可以下达具体的指令,下属的任务只是执行;反之,则无论领导还是下属都不清楚该做什么和怎样做。任务结构明确,领导的控制力就强,这对专制式的领导者是有利的,因为这有利于他下达命令,并定期地加以检查。任务结构不明确,领导的控制力就弱,领导的气氛就较为轻松,这利于重视人际关系的领导工作。

第三是职位权力。职位权力指的是领导者所处的职位本身赋予他的固定权力。这是与领导者职位成正相关关系的权力,这种职位权力又表示着组织领导人从他的上一级领导和组织那里获取支持的程度。虽然职位权力不是来自领导者个人,但具有一定的职位权力将对其领导工作产生较大影响。[①]

三、动态领导过程理论

在组织理论中,领导行为与组织绩效之间的关系问题一直是社会科学家关心的事。在 40 年代末 50 年代初,人们研究的重点是领导者的个性特征与他所管辖的组织或群体绩效之间的关联。这一研究强调了领导的个人魅力的作用。

在整个 50 年代,人们开始把研究的兴趣转向领导行为类型方面。一些人认为领导者的一个重要因素是体谅,这对领导与群体的相互作用将产生影响。但另一些人则重视群体方面。因为同一种领导行为对一个训练有素的群体来说有绩效,而对另一个没有

① Harold Gortner, Julianne Mabler, Jeanne Bell Nicholson: *Organization Theory*, Wadsworth, 1989, p. 324.

得到训练的群体来说则绩效不大,甚至没有绩效。但是,在对训练进行一定程度的研究以后,不少人发现,实施训练既可以增强领导,也可以损害领导,就是说训练和领导之间并不存在正相关关系。这又促使相当多的人去关心领导的能力问题,如领导的控制能力、变革能力等等。

60 年代中期至 70 年代,一些组织理论家们开始认识到领导存在于与组织环境的相互作用之中,即领导实质上是领导者与组织的相互作用,领导实际上是一个动态过程。菲德勒进一步研究了权变控制模型理论并将其扩大到领导的动态过程之中,从而创立了领导过程动态学①。

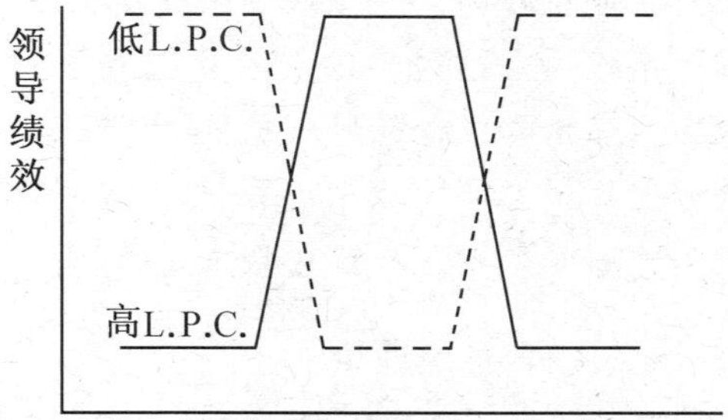

	1	2	3	4	5	6	7	8
领导人与成员的关系	+	+	+	+	−	−	−	−
任务的结构性	+	+	−	−	+	+	−	−
职位权力	+	−	+	−	+	−	+	−

高控制　　适中　　低控制

图 9－2　权变动态领导模型

领导过程动态学理论认为,权变控制的变化主要是由两方面因素导致的:一方面是组织环境的变化;另一方面是领导者对环境变化的适应。在组织管理过程中,领导人可能会分配到不同的任

① Fred E. Fiedler: A Contingency *Model of Leadership Effectivences*, *Advances in Experimental Social Psychology*, Vol. 1, New York: Academic Press, 1964, pp. 149—190.

务，权力会有大有小，下属可能顺从或不顺从，上级的支持程度有高有低。在这种情况下，领导的有效性取决于领导方式与领导对情境控制的关系。这种关系可以用一个坐标系来表示。以横轴表示情境有利于领导人实行控制的程度，以纵轴表示领导绩效；实线表示以关系为动因的(高 L.P.C.)领导人的绩效，虚线表示以任务为动因的(低 L.P.C.)领导人的绩效。

在动态领导过程中，有三个因素对领导绩效会产生影响。一是经验。对于一个组织的领导人来说，影响其控制能力变化的一个重要因素是随着时间的推移而形成的经验。在从事一项新的工作的最初几天和最初的几个月中，每个领导几乎都会感到对出现的许多问题不知所措或无从下手。只有经过一段时期以后，这种失控的状态和需要帮助的感觉才会慢慢消失。这时，他会逐渐增强自信心，并对发生的问题调查了解，掌握详细情况和第一手的资料。对于简单的工作来说，控制方面发生的情感变化最多不会超

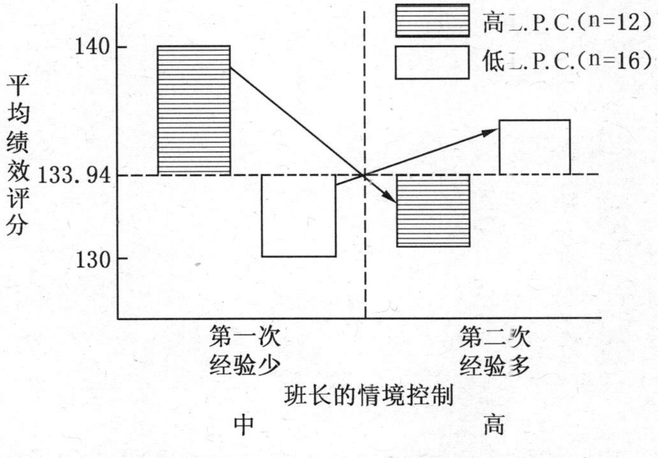

图 9-3　高 L.P.C.领导人和低 L.P.C.领导人五个月后经验增加时领导绩效方面的变化

过几天,但对于复杂的工作来说,这种控制方面的情感变化可能会持续几年。当然,对于有些领导来说,他可能对所从事的领导工作永远也不会有能够控制的感觉。

二是训练。训练对领导者控制情境的能力也会产生一定的影响,但是这种影响具有不确定性。有许多组织领导将训练方法用于非指令性计划和组织成员对决策的参与等方面。但总的说来,由于在这种情况下领导必须和下属共同掌握信息并作出决策,因此领导对情境的控制不是加强了,而是相对削弱了。但在有些场合,工作训练肯定会增强领导人对任务结构性的认识,从而也就会在一定程度上增强他们对情绪的控制。没有受过训练的领导人接受的任务是无结构的,对情境的控制程度低;而受过训练的领导者对情境的控制程度则是中等的。因此,一个未受训练的低 L.P.C. 领导人,其领导绩效比同样未受训练的高 L.P.C. 领导人的绩效好;受过训练的高 L.P.C. 领导人,其领导绩效要比受过训练的低 L.P.C. 领导人的绩效好。许多研究表明,受过训练的低 L.P.C. 领导人其领导绩效不仅低于高 L.P.C. 领导人,而且也低于未受过训练的低 L.P.C. 领导人。

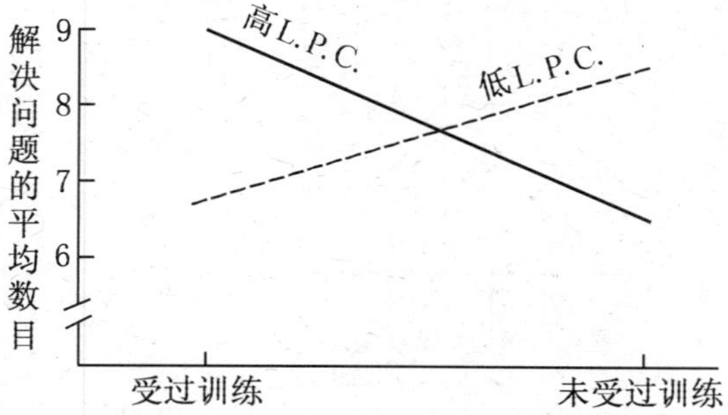

图 9-4　训练和 L.P.C. 对领导绩效的影响

三是压力。组织动态领导过程理论强调组织领导的能力和知识水平的变化会影响他们对情绪的控制，从而也会影响他们的领导方式与权变控制之间的配合。因此，在对组织领导进行选拔和安排是决不能按照一成不变的模式来进行。当领导者从事一项新的工作时，若能在一开始就有较好的工作绩效，说明其领导方式与他对情境的控制两者之间可能比较适合。但是，当领导人依靠经验和训练提高了对情境的控制程度时，领导绩效可能会发生变化。因此，当情境给新的领导人提供的只是低程度的控制时，以任务为动因的领导人其绩效可能会比较好，而以关系为动因的领导其绩效则可能比较差。而当领导人的经验和训练使其对情境的控制达到中等程度时，以任务为动因的领导人其绩效将会下降，以关系为动因的领导人其绩效则会上升。如果要使我们对组织领导的选拔更为切合实际，就必须考虑上面的一些基本原则。

事实上，领导动态过程理论较为重视对权变过程与领导人行为关系的研究。大量实证性的研究表明，在有压力的情况下，领导人的行为直接趋向于较为基本的目标。对低 L.P.C. 领导人来说，其基本目标就是工作成就；对于高 L.P.C. 领导人来说，其基本目标就是良好的人际关系。在没有工作压力的情况下，领导人的行为可能趋向于第二位的目标。对于低 L.P.C. 领导人来说，其目标是形成令人愉快的关系；对于高 L.P.C. 领导人来说，其目标是通过完成任务来获得别人的认可。

同时，实证性的研究也表明，环境是否稳定对领导人的行为也会产生影响。当环境稳定时，以关系为动因的领导人则不太关心自己与成员之间的关系，而以任务为动因的领导则反而关心人际关系，在环境不稳定时，以关系为动因的领导会更多地寻求成员的支持，以任务为动因的领导则为了完成任务而变得更加强制[①]。

① 朱国云著：《组织理论：历史与流派》，南京：南京大学出版社 1997 年版，第 272—278 页。

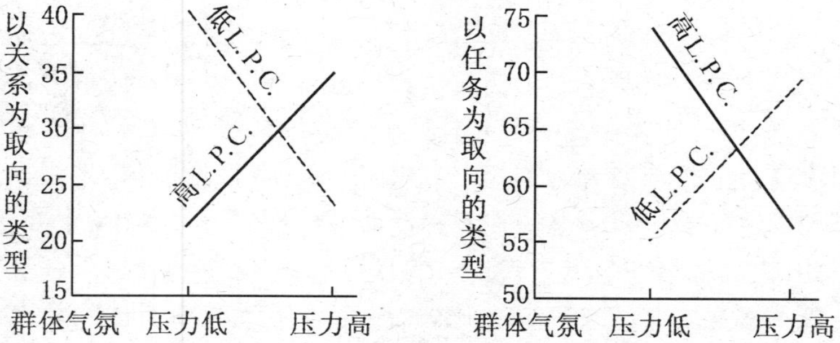

图 9－5　压力对领导人行为的影响

第四节　领导发展理论

从领导理论发展的历程来看，自 20 世纪 30 年代以来，人们关注领导问题主要集中在如下几个方面：

一、领导特质理论

从 30 年代开始，由于人们感到组织管理工作日趋重要，都寄希望于找到特别的领导性格与组织工作的关系。许多组织理论学家、社会心理学家们通过对领导素质进行研究，发现领导与被领导在个性、努力、生理、社会等因素方面的确存在着差异，从而探索领导比非领导更具有哪些人格特质，这被称为所谓的“领导特质理论”。这种理论认为，每个人的性格显然都有差异，很自然地，什么样的性格适宜当领导也未必千篇一律，依照这样的逻辑，一些研究者倾向于将最适当的性格和最适当的工作结合起来；也有人认为领导的特质是与生俱来的，要根据这种先天的特质去选拔领导者，结果这方面的研究总体上是以失败而告终。

二、领导行为理论

从40年代末到60年代中期，在研究个性的基础上，研究人员注意到，人的个性特征都会通过人的行为表现出来，因此，又掀起了风行一时的“领导行为理论”，试图从研究领导行为与领导绩效的关系入手，并辅以设计培训项目结合，将成功的或有效的领导行为模式教化给个体，也就是通过培训的方式逐步培养个体，使其成为领导者，从而通过受训的个体领导行为促进领导绩效的不断提高。该理论认为，提高领导绩效不外乎主要以两种行为方式去规范或影响组织成员，即：

第一种方式是以明文规定组织存在形式、官员职位的等级次序、领导与成员的关系、每个人的权力与责任；并设计了一整套规章制度、办事程序，以便规范和制约着组织成员的行为，从而推动组织成员去为实现组织目标而完成自己所应承担的任务。这被称为“以工作为中心”的领导行为方式。这种方式认为生产效率、作业方法、作业条件三者之间存在着单纯的因果关系。

第二种方式是根据人作为社会人，不仅要求通过劳动者获取收入，而且作为人，他还需要得到友谊、安定和归属感的情感动机，领导者总是抱着诚恳、信任的态度看待成员，并以平等、友好的态度对待成员；处处尊重、体谅下属，并帮助下属实现个人目标，进而达成组织目标的实现；组织上下形成了一种和谐协作的气氛。这被称为“以员工为中心”的领导行为方式。这种方式认为生产效率、情绪满足、激励方法三者之间存在着密不可分的因果关系。

根据上述两种方式，可见领导行为理论也存在一定的缺陷，其原因就是忽视了对领导者的活动中影响其成败的情境因素的考虑。实际上不同的领导情境对领导特质和行为是有不同的要求的。

三、权变领导理论

自50年代初以来，由于领导个性理论和领导行为理论均存在一定的不足和缺陷，而且的确不同的领导特质和行为只适宜于做不同的领导情境的工作，这就使研究者们清楚地认识到，对领导情景问题进行研究的本身实际上比分离特质和行为研究更为复杂，更何况领导行为与情境因素之间存在着互为主客体的互动关系，而领导个性、领导行为和情境作用三方面都会影响领导效率，所以研究领导问题必须把特质、行为与情境综合起来加以系统考察系统研究，这就是人们所称的“权变理论”。这种理论认为，有效的领导或成功的领导是由领导个性、领导行为和领导情境三种因素共同作用的结果。对这方面研究造诣最深的、可摘取桂冠的应该是除菲得勒莫属。其他还有一些学者在这方面也做了一些较深入的研究工作，比如，弗洛姆的“途径——目标理论”，保罗·赫塞和肯尼斯·布兰查德的“情境领导理论”等。

四、代领导才能理论

1. 领导才能替代物理论

上个世纪七八十年代，大部分研究组织领导的学者们又提出了领导才能理论，并假设下属成员必须要有上级领导指挥才能有效完成任务。但克尔(Kerr)和杰迈尔(Jermier)却与众不同地提出了领导替代物理论，指出在某些特定的环境中下属成员不需要上级领导也可以有效地做好工作，认为在此种情况下领导变成没有必要或多余的。他们称这些环境因素为领导的替代物。领导替代物主要包括：组织成员的特点、工作的特点和公司的特点三种。具体地讲，就是组织成员的能力、经验和训练有素可以取代指导型的领导；富有知识性创新的工作可提供内在激励，可以替代扶持型的领导；公司可将各种政策、规则、办事方法和程序标准化，也可以替代指挥型的领导。克尔和杰迈尔除了提出领导的替代物外，还指出了一些环境因素会使领导方式无效果。有些时候，尽管下属成员仍需上司领导的激励，有时在一种特殊环境下会使领导方式产生无积极效应。比如，某位大学老师，本在上年就申请晋升教授职称，结果却因职称名额有限，使他未能如愿以偿。今年虽然为他解决了，该老师却毫无感激之情。因为他觉得，比起去年已升教授的老师的水平，他早就够格上了，然而拖到今年才让他上，这只能算是组织欠他的账还清了。有时任命某位成员的职务或调动工作，都有可能与其所期盼的职级或选择的取向有差距，这往往会导致该种领导方式的无效应。

初步的研究结果证实了几种环境因素会成为领导的替代物，但由于克尔和杰迈尔的领导才能替代物理论刚提出不久，其基本原理尚需从实践要素中不断采集案例加以验证，同时也需要同行研究者们介入评论或支撑，所以说理论还有待进一步研究。虽然如此，领导才能替代物理论实际上也被有关行业应用到实际的组织领导工作中，或是有的研究者也在关注这一理论的研究动态。

2．领导权力交换理论

领导权力交换理论，是指上级领导与下属成员之间的关系，按传统的领导才能理论，是假设上级领寻对待下属所有成员会以同一种领导方式。但交换理论假设一个领导者会以各不相同的领导方式分别对待各个下属成员；在与各下属成员接触的印象中，领导者会凭借自己的判断标准，根据下属的能力、人品和与自己相互协作的默契性、可信度将他们分别列为圈内和圈外。领导者一般都会与他们信任的少数下属成员建立较为紧密的关系，这些下属成员被称为圈内者。圈内者将被授予更大的自主权，享受着领导者给予的更多的优惠权或特权，当然也要分担领导的特殊差使任务，这当然一般都是值得乐意去做的事。相反，领导者会花较少时间和精力在圈外成员身上。多半都会以履行公职的方式对他们行使领导职权或强硬权力。并加上极少的奖赏权力来影响圈外者的行为。据研究的结果,发现组织领导者存在着有圈内和圈外之分,并且发现圈内者士气足,通常有较积极的工作态度和较大的工作满足感。而圈外者显得比较低沉悲观,经常对工作流露出抱怨情绪。

3. 超凡魅力领导理论

到了20世纪八九十年代,组织研究者们体验到,组织领导问题研究的立足点虽是针对现实的领导现象、领导过程,但是,它不是仅仅"停留"在眼前的领导问题上,仅仅盯住与记录一个个领导问题。因为,哪怕将这些问题的种种因素及其相关性都"精确"地显示出来也解决不了问题。领导问题绝不仅仅是在事件发生的本身及内在的关联,它的本质隐藏在它与社会的种种关系之中。只有从某些确凿的事件出发,不断地上升到导致与影响这些事件的社会结构,才能看清领导的职位和作用。社会生活中个人的烦恼只有同社会结构的公共议题联系起来,个人的烦恼才能找到最深刻的社会生活环境变化的原因。因此,组织领导问题的研究在完成一个周期后,仿佛又回到了原来的起点,又将许多研究人员重新集中到了领导特质理论上来,但这是向更高阶段的螺旋上升。比如美国学者豪斯(Robert J. House)又提出了"超凡魅力"领导特质论。该理论先是由德国社会组织学家马克斯·韦伯(Max Weber, 1864—1920)提出。豪斯企图引用并发展该理论,他认为,具有超凡魅力的领导者,首先手中握有朝野(或官职)大权,但关键是领导者有预见,有很好的洞察力和敏锐的眼光确立目标,并带领组织成员实现之;其次他具有超脱凡人的自信心和支配力,以及不可动摇的价值信念和为政道德,以个人对工作的投入和表现的自信心来推动成员工作;第三,在组织形态中行使权力的方式是基于领导人物的个人人格。人们之所以服从,是对具有神授资格的领导以及他的品质的信任。这种服从是一种对超凡魅力的信仰问题。豪斯提出的这一理论虽属初创阶段,但这一理论已引起人们的呼应。

现在西方越来越多的组织研究者或管理实践专家，都很重视研究组织领导问题，并已着手对一些美国的大公司进行剖析研究，比如美国通用汽车公司、摩托罗拉公司、美国电话电报公司、国际商用机器公司等。通过研究，大体上发现了如下两条规律：

(1) 这些大公司一般都是跨地区、跨全国乃至跨国际甚或是全球性的大公司。为了适应经济全球化的环境发展，它们却在不断地进行着兼并股份合作或连锁办公司——“改革发展”。凡是能在短期内取得成效的，一般都需要颇具影响力的领导者引导或发起改革。也就是说，这些具有超凡魅力的领导者本身就具有改革精神；他们的引导或指挥又能使组织成员听从或积极响应(具有一种积极的转化作用)。

(2) 一些居全球榜首的公司领导者，如微软公司的总裁比尔·盖茨，或声名显赫的组织领导者如军队领导者麦克阿瑟(Douglas, MacArthur)，虽然他们各有不同的性格特征、领导方式等，但是基本上有一点出奇的相同，即都属于很受组织成员信仰的那种具有影响魅力的超凡领导者。

其实在中国也是如此，全国各族人民群众对国家的大政方针的拥护，基本上也是基于对领导者的信任或信仰。自 1978 年我国实施改革方针以来，作为 13 亿人口的大国，能做到全国上下一致拥护，这并非是一件易事，这主要是因为中国共产党的领导者始终坚持三个代表，即坚持代表先进的生产力，坚持代表最广大人民群众的利益，坚持代表先进文化，从而使广大人民群众从内心对共产党产生信赖感和信任感。近年来，在批判歪理邪说“法轮功”的问题上，广大人民群众也表现出对国家领导人的极大信任和理解。比如，对江泽民同志回答中科院院士何祚庥：政治家有他的难处一事就是一个例证。据《何祚庥与法轮功》一书透露，1995 年，当何祚庥等人联名向江泽民同志写报告，列举了王洪成“水变油”为代表的大量伪科学、反科学事实，要求允许对其进行批判。江泽民同志让时任国务委员、国家科委主任的宋健同志讲了四句话:① 科学家的意见是正确的;② 这第二句是用英语讲的,意思是政治家有他的难处;③ 政治家要照顾方方面面;④ 我就不相信“水能变成油”。这充分说明,江泽民同志深谋远略,反对伪科学的确是中央的统一部署,直到条件成熟了才逐步展开进行批判。同时也说明了群众是具有敏感觉悟的,对什么值得支持或反对他们能作出具体的判断。

当前对领导者素质的研究存在着两个迫切需要解决的问题,即:一是领导者与被领导者、高层领导者与基层领导者、有效领导者与无效领导者之间是否存在个人素质的差异,如果存在,具体情况如何?二是领导者个人素质同领导绩效之间相关性如何?如何测试?从而能否指出,领导者个人素质如何发挥作用,作用的大小可否用量化指标研究?西方学者尤其是美国的有关研究组织管理的学者、专家做了大量实证研究,但发现,在对组织领导者素质调查问卷中,没有一项素质是任何有效的领导所不可缺少的,奇怪的是已被确定为存在某些情境中的与领导绩效存在必然相关性的个人素质,也未能证实其在一切情境中都有效。比如美国明尼苏达大学教授伯德研究了若干的素质问题,发现其中被两份问卷同时列入个人素质的仅占 16%,被四份问卷同时列入的只有 4%—6%。当然,这也许是与他们研究的工商管理界的领导者素质情况特殊有关;若将此方法用于对公共管理部门进行比较研究,或许能探索到领导者的素质与领导绩效的关系更为密切。①

第五节　现代领导的修养与艺术

既然无论在一个单位、组织,还是在一个政府、部门,领导都始

① 朱立言:“素质理论及公共行政领导者的素质—行政管理学的热点问题”,《人大复印资料“管理科学”》,2000 年第 4 期。

终处于组织的主要地位,对组织的协调运转,全局工作的决策、运筹指挥,都起着至关重要的作用。由此,领导的修养和艺术如何,对单位、组织、政府、部门的绩效在一定意义上有着决定性影响。

一、领导者的修养

作为一个领导者,怎样才能做好领导工作,完成自己所承担的职责任务?他必须掌握一定的思想理论和领导文化,熟悉与管理相关的业务知识,具备较强的组织能力和丰富的二作经验。除此以外,还要特别强调领导者应具有素养。所谓素养,一是指素质,二是指修养。素质是指人的性格、毅力、兴趣、气质、风度等,这是广义的素质。修养,是指人的思想道德、知识、技能等方面经过陶冶和锻炼达到了一定的水平。

一个有素养的领导者,他可使组织活动由量向质的转化。因为领导者具有了素养,就可以把组织成员凝聚成一个具有团队精神的坚强整体,形成一股强大的集体力量,共同去二一番伟大的事业,从而使组织活动转化为经济效益和社会效益。所以说,领导者的素养是非常重要的,甚至比单纯的知识更重要。下面将侧重介绍几种有关现代社会组织领导所提倡的素养内容:

1. 完美人格

世界上应该说难有"完人",其实完人不在于他的思想和业绩,关键是他的所作所为能反映出他的人格本质。人格完美的人使其产生无形的影响力、号召力和权威性。亚里士多德曾指出:人们不但善于比较且会区别好人与坏人,并倾向于相信完美的人;无论在什么问题上都是这样,而且当一个问题意见分歧又不能准确地断定时,更是这样。作为一个领导者,完美的人格应体现在他对理想的追求,对事业的执著,对公共利益的关怀,对名利的淡泊和以德为政的品行。

2. 高度自信

自信是个性的自然天性表现,成功领导者需要有自信修养。

但若不踏实稳妥,光停留在理论上讲自信,那属于一种自负。只有具备了自信的动力,才能扬起事业的风帆,勇敢地朝着成功的目标迈进。戴高乐说过:非伟人成不了大业,伟人之所以伟大,是因为他们自信要成为伟人。这里介绍一个有关自信的例子,故事的名字叫“自信不可丢失”。2001 年 5 月 20 日,美国一名叫乔治·赫伯特的推销员,成功地把一把斧子推销给了小布什总统。布鲁金斯学会得知这一消息,把一只刻有“最伟大的推销员”的金靴子赠与了他。这是自 1975 年以来,该学会的一名学员成功地把一台微型录音机卖给尼克松后,又一学员向总统推销成功。这个学会成立于 1927 年,以培养世界上最杰出的推销员著称于世。它有一个传统,在每期学员毕业时,都设计一道最能体现推销能力的实习题,让学生去完成。克林顿当政期间,他们出了这么一个题目:请把一条三角裤推销给总统。八年间,无数学员为此绞尽脑汁,最后都无功而返。该学会随之又把题目改成:请将一把斧子推销给小布什总统。鉴于前八年的失败和教训,许多学员知难而退。他们认为,总统什么都不缺,即使缺什么,也用不着他们亲自购买。但是赫伯特不这样想。他说:“小布什总统在得克萨斯州有一座农场,那里长着很多树。于是我给他写了一封信,说,有一次,我有幸参观您的农场,发现那里长着许多树,有的已经死掉,木质已变得松软。我想,您一定需要一把小斧头,但是从你现在这样的体质来看,这把小斧头显得太轻,因此您仍需要一把不甚锋利的老斧头。现在我这儿正好有一把这样的斧头,它是我祖父留给我的,很适合砍伐枯树。倘若有兴趣的话,请按这封信所留的信箱,给予回复。最后他给我汇来了 15 美元。”

该学会在表彰他时说:“金靴奖已设了 26 年,在这期间学会培养了数以万计的推销员,造就了数以百计的百万富翁,这只金靴子之所以没有授予他们,是因为我们一直想寻找这么一个人——他从不会因为有人说某一目标不能实现而放弃,从不因某件事情难以办到而失去自信。”布鲁金斯学会有句格言：不是因为有些事情难以做到，我们才失去自信；而是因为我们失去了自信，有些事情才显得难以做到。

3．坚强意志

领导工作日益复杂，领导意志更需坚强。因为处在信息科技快速发展时代，机会与危机同在，领导者需要智慧、果断，抓住良机，争取成功。但有时也会受失误或不定因素的困扰。也就是当好领导，随时要有勇气面对风险、战胜风险，并学会“打鱼”。打鱼需要掌握渔风，不至于错过机会，更主要的要能把握渔汛，争取到大海中去捕捞，才会有更大的收获。但是当有机会来到面前时，切忌为有机会而亢奋，而应认真检查船只的质量和自己捕捞的技术，检查是否具备顶风破浪、抓取更大、更多的鱼的能力，这样才能成功。尼克松在考察了现代世界上著名的领导人物后，得出结论：有建树的领袖人物一般都具有坚强的意志，且懂得如何感染别人，使他们齐心协力。

4．严于律己

严于律己是领导者产生权威的最根本保证。在法理权威型领导中，法规是领导规范和制约成员的主要手段，领导若能严于律己，即可带头以身作则起表率作用，从而更好的巩固权力。在说服型领导中，一般是以理服人、以情动人，两者都能感化、转化成员的信心和觉悟；但根本问题仍是依靠领导的严于律己，只有严于律己，正人先正己，才能对别人有说服力，从而产生权威。在交换型的领导中，更是如此，需要领导严于律己，交换的先决条件是主客体价值观的统一，如若缺少诚信，不可能协同合作。诚然，领导如果没有严于律己的姿态，最多获得交换“一次”，不可能交换“一世”（泛指多次）。严于律己是中国传统，从孔子开始就注意德治，其核心就是以人为本的思想。关键是加强自身修养，即“修己”。“修己”就是不断的改造自身的错误。领导者在人际关系中，处于优越的地位，知错而能改，显然是一种严于律己的高层次修养。

5. 诚实、正直、富有真情

世上没有什么东西能比人的真情更可贵的了。然而真情来自于正直，正直又来自于诚实。对于一个领导者来说，对事业和公共利益的真情，能使他超凡脱俗。他能善于聆听群众意见，尊重他人隐私，勇于坚持好的，反对错的，带头改正错的。因为他所做的一切都是为了人民的利益，他还有什么错的东西不能丢掉呢？毛泽东同志曾经用自己的稿费做差旅费开支，安排身边的工作人员下基层了解群众具体疾苦。他赢得广大群众给他人生核算的一笔固定资产。

中国北魏时代有一位朝臣名叫古弼（？—452），自幼忠厚耿直，办事踏实认真，成年后以才思敏捷、刚正不阿著称。北魏明帝对他十分赏识，赐名为“笔”，意谓其人如毛笔一般——“直”（刚直、正直）而有用。后来又取“笔”的谐音，改名为“弼”兼含“辅弼固”的意思，可见圣上的器重。太武帝即位后，古弼因功拜为立节将军，赐爵灵寿侯。征讨并州的叛胡之后，则晋为侍中、吏部尚书，主掌南部奏事。430年，又随太武帝伐夏，拜为“安西将军”。他机智的使用了骄兵之计，令夏军放松警惕，从而以精锐骑兵突然袭击，取得赫赫战功，为北魏彻底征服夏国做出了重大贡献。以后，他又积极筹划，为北魏西北地区的长治久安立下汗马功劳，以至太武帝感慨的称赞道：“古弼所言所行，确是长久之策。看来要真正制服南秦，必须依靠古弼呀！”

鉴于出色的功劳和能力，古弼被征为东宫四辅，与宜都王穆寿等人一起参与政事，辅佐太子，后因勤勉老练，再迁尚书令。古弼的可贵之处，不仅在于他善于领兵或者执政有方，更在于他敢于直言谏主，乃至不顾个人安危。有一次，太武帝将赴河西地区大规模的狩猎，命留守京师的古弼提供大批骏马，供狩猎者用，古弼则偏偏专挑瘦弱者。太武帝勃然大怒，破口骂道：“这个尖头奴，竟敢与我作对！待我返京后，非斩了此奴不可！”由于古弼头形较尖，故而圣上有此辱骂。古弼的属下得知后，都吓得心惊胆战，古弼却理直气壮地说道：“我给皇上劣马，仅仅不利于狩猎，其罪尚小；但若不留骏马防备外敌入侵，则一旦有所闪失，便罪该万死了。如今北狄虎视眈眈，南虏尚未消灭，我所以一定要储备大量好马，以防万一。为了国家利益，我死又何妨！此事由我承担全部责任，与你们无关。”太武帝闻得此语后，不禁深为叹服：“这样的大臣，真是国家的宝贝啊！”于是赐古弼衣一袭、马二匹、鹿十头，以示嘉奖[①]。

二、领导者的艺术

现在的经济是全球化、知识密集型且变化快速的经济，现代社会组织经常要面对多因素、多文化的竞争与挑战，这都要求组织要有高素养、高艺术的领导和管理者，假如你现在是一名领导者，或者你希望在未来成为一名成功的领导者，那就得在思想上作好足够的准备：迎接挑战，具备什么样的竞争力？有无新的招数——创造性？领导艺术实际上就是富有创造性的领导方法的体现。具体的讲，在实施组织领导过程中，艺术是与科学管理、战略管理交互映衬、结合在一起的。一个领导者若能始终把握好组织发展的方向，将其所掌握的领导理论科学地用于实践，他就会表现出能灵活地将各种领导方法和原理，以自己独有的组织才华和技巧，去引导或指挥组织成员克服组织过程中的各种困难或障碍，顺利实现预定的目标。

有关领导艺术的内容，基本上是因人而异，因组织而异，目前尚无统一的看法，综合起来，大体上有如下四种：一是将其视为履行职责的艺术，主要包括：决策艺术，用人艺术，授权艺术，沟通艺术，指挥和整合艺术；二是将其视为提高组织绩效的有效性艺术，

① 芮传明：“古弼为何敢于‘犯颜直谏’？”，上海：《现代领导》，1998年第3期。

主要包括:加强培训员工,注重倾听不同意见,尊重他人隐私,合理组合搭配任务小组;三是将其视为领导自身品行所带来的素质权威艺术,主要包括:勇于改正错误,从不过分谦虚,也不抬高自己,不庇护非理性行为,不捧上压下,不过分讨好别人,珍惜自己和别人的时间;四是将其视为善于优化组合、科学管理的战略艺术,包括:建构一个融专业知识、素质、年龄合理为一体的优化领导集体,并注重吸引员工参与管理,力求人人有权有责,使组织形成上下一致、同心协力、共同奋斗的运作团队。

一般来说,领导艺术是建立在组织领导个人的经验、素养和洞察力的基础上,凡是具备这些因素的领导,他就会认真讲究领导艺术;而且只要认真讲究领导艺术,将会使工作效率提高,达成组织目的的实现,同时还能促进领导与成员关系和谐,形成一种人心所向的组织气氛。恰恰只有在这种组织的氛围中,才能创建成一个又有集中、又有民主、又有纪律、又有自由、又有统一意志、又有个人心情舒畅、生动活泼那样一个崭新的组织局面。这就是中国共产党所提倡并追求的一种组织生活局面。其实,对于任何国家、任何组织来说,领导艺术对于做好其组织工作都会起到至关重要的作用。①

三、21 世纪当好领导的几条准则

21 世纪是个非常的时期,非常的时期将需要非常的领导素质和高超的领导艺术,管理学者们都很关注这个热点问题,说法不一,论点很多。有人认为,当领导的,起码要有敏锐的洞察力,要具备领导才华;有人认为,21 世纪的科技竞争更加激烈,关键是人力竞争,因此领导要有识别人才、选用人才、容纳人才的伯乐慧眼和

① 罗锐韧、曾繁正主编:《哈佛商学院 MBA 教程系列》,北京:红旗出版社 1997 年版,第 306 页。

容人海量;也有人认为,21 世纪最急需的人才就是管理人才,而组织领导又是其中的核心人才,关键是领导自身要善于学习,善于修养,善于从战略上和战术上重视管理;也有人认为,21 世纪的领导艺术就是要以人为中心。因为 21 世纪将迈向一个以知识为发展基础的新纪元。无疑,知识工作者作为知识生产力,将成为经济增长的关键因素。因此,新的管理形式,将由一个个圆形小团队,结合成网状组织构架,形成以良好的人际关系为纽带的管理系统。用最简练的两个字来概括这种领导艺术,就是“圆”和“缘”。也就是说,未来组织的领导艺术、领导哲学,就是以人为中心。但也有人指出,要提倡一种面向市场的新世纪领导艺术——企业的“末日管理”。比如小天鹅集团的运作方式是以建立全球性“横向比较”的信息体系为手段,以全员化、立体化、规范化的营销管理体系为支柱,以强有力的人才开发机制为保证,从追求卓越到追求完美。小天鹅企业的成功发展正是组织领导运用“末日管理”的艺术理念的生动体现。

以上各种理论明显说法不一,的确每个领导都有各自的独特风格,因此要强求规范某种领导标准,恐也不可能做到,也是不科学之举。但是,即便如此,事实上在任何一个组织中,都有它的独特的组织文化,都有某些共性的准则。如果你是一个组织领导,认真尝试去遵守这些准则,这将对你的工作会有帮助的。现将其中的一些较为共性的准则列举如下:

1. 胸有全球化战略

全球化已成为一个不可逆转的趋势。21 世纪的挑战主要是高新技术的快速发展,它将促进全人类走向全球化和多极世界。在全球化的趋势下,各国经济之间的联系空前紧密.相互间的依存度也日益增加。可以预见,寡民或小作坊雇主,包括各家自扫门前雪的庄园主已成为昔日黄花,不可再有辉煌。所以说,21 世纪的挑战,归根结底,又是懂科学、有远见、抓战略、善学习的组织领导、组织管理的比武群英会。诚然,作为领导者,都必须胸有全球化战略。

2. 保持平衡思想

这里的"平衡",主旨是不仅要具有应付变化、适应变化的平衡艺术,而且更要有求变防变的意识,且具备在千变万化中取得平衡的艺术,以便使组织按照正确的方向前进。

3. 建立学习型组织和群体

美国《福布斯》杂志曾在《迎接知识经济》为题的文章中指出,衡量成功组织的尺度是创新能力,而创新能力来源于不断的学习。建立学习型组织和群体,实际上既是时代的需要,也是组织领导能使自身的领导艺术得以发挥的根本保证。因为通过组织学习,可使组织成员提高素质,并在此基础上促使其认识到自己在组织中是富有挑战性价值的一名主人翁成员,而作为主人翁就不会处处依赖组织,被动听从领导的指挥,而且从主观意识上配合领导,主动为维护团体的利益去遵守共同有份的权威规则,从而使组织的目标能得以达成。

4. 富有乐观和幽默情趣

快速而不平衡的经济发展、公司的破产、产品更新换代周期的加快都增加了环境的不确定性。在这种情况下,领导者必须要有"胜似闲庭信步"的气度,保持乐观和幽默,才有可能拯救江山或振兴江山。据传,古希腊有一位名叫阿拉克西米尼的哲学家兼军事家,他出生于中亚的来普沙克斯。他对故乡有深厚的感情。有一次,他跟随亚历山大远征波斯,军队占领莱普沙克斯时,他急于想拯救他的故乡,使它免遭兵焚。一天,他为此晋谒国王,可亚历山大早就知道他的来意,未等他开口便说:"我对天发誓,决不同意你的请求。""陛下,我请求您下令毁掉来普沙克斯!",阿拉克西米尼大声说。来普沙克斯终因这位军事家的智慧幸免于难。

5. 待员工的几条准则

(1) 要真正关心员工,要理解并关心他们的疾苦或需求。

(2) 在任何时候都不要伤害员工的自尊心,要给予他们工作机会以实现自我存在的价值;对成员要有较高的期待,这种期待不是一种强制,而是一种信任和支持;当他们遇到困难或不能胜任工作时,应尽力帮他改进或重新安排职位。

(3) 要善于分权、授权,放手让有经验、有能力又有积极愿望做好工作的人独立去完成任务,不要用过多的提醒或多余的指示,尤其在人多的地方,不要使他们处于一种尴尬的境地。

(4) 对干得好的,要及时致谢,要有激励措施。对干得不好的,要认真分析其中缘由,不要轻易在大庭广众的场合提出批评,要让大家通过适当的评估,最好让本人能主动意识到是自己的责任。如果属于失职,就要给予批评或处分。

(5) 不管在什么时候,不要轻易将下属划分为"好的"和"坏的"等级,不能对下属表现出有"亲"和"疏"的特别情感,也不要在某个成员前议论另外一个成员的优缺点,应对每个成员都持同样的态度,热情、真诚、礼貌相待。

(6) 要善于倾听群众的呼声,要争取以平常人的身份经常深入群众,与群众开展谈心活动,了解群众对工作的要求或建议;在工作特别繁忙的时候,主动参与工作、熟悉工作,虚心向成员学业务,争取成为业务内行。

(7) 如果某位成员或某项工作出现差错,不要心急或呵斥别人,而是要冷静地坐下来与成员一起找线索排险情,直到把问题找到并解决,表现出领导独有的对同志的爱护、对工作尽职的耐心。当工作真正出了问题时,领导要主动和敢于承担责任,即是自己的确没有责任。

(8) 要及时地与成员沟通信息,通报自己的设想计划,可以利用会议发布或讨论,也可单独找群众谈。当发觉有意见分歧时,不要主观武断,要多听听其他意见。因此,要在会上会下两种不同场合座谈或个别谈心,以防有些意见因某种形式不妥而听不到或听不全或有失某些关键性意见。

组织文化就是一种力量，称之为组织文化力。它具有四方面的功能：凝聚、导向、激励和约束。

——作者

第十章 公共组织文化

在组织理论的发展历史上，组织文化这一术语大概在 20 世纪 50 年代前后出版的少数有关管理的著作中就出现了。比如，埃利奥特·雅克（Elliott Jaques）在 1951 年撰写的《工厂的变化》，威廉·怀特（William H. Whyte）在 1956 年撰写的《组织人》，就使用了组织文化这一词语。但是，一直到 70 年代才有少数几个管理与组织方面的研究者注意到组织文化的性质与内容[①]。

20 世纪 60 年代到 70 年代早期一批有关组织过程和专业社会化过程的著作得到了人们的广泛注意。如同上述的更早的那些有用的著作一样，这些

① 朱国云著：《组织理论：历史与流派》，南京：南京大学出版社 1997 年版，第 335—374 页。

作者也假定了组织文化或专业文化的存在,并考察了组织中个人与文化之间的配合。1960年,赫伯特、考夫曼(Herbert, Kaufman)通过研究如何保护美国森林而扩展到论述森林管理中“愿望与能力相一致”的著作《森林管理者》;1977年,里蒂、芬克豪泽(Ritt, Funkhouser)撰写的既幽默而又严肃的著作《要避开的规则与要知道的规则》;约翰·马兰(John Van Maaen)在1975、1976年分别撰写的论文《警察社会化》与《训练:工作的社会化》。所有这些都可以看作是组织文化发展过程中的理论积累①。

同样,这些早期的著作并没有强调如下的一些问题:组织文化是怎样形成或变化的?组织文化如何影响组织领导?组织文化在组织领导与规定组织方向的战略计划之间怎样产生影响?这些著作的作者关注的是雇员怎样通过社会化适应已经存在的组织文化,以及已经存在的组织文化对组织成员的影响。虽然在70年代早期,许多研究成果暂时还远离组织文化的核心内容,但是,它们却是通向组织文化的重要环节。

到20世纪70年代后期,组织理论学家开始讨论组织符号问题。在这一时期的组织理论文献中出现了关于组织中不同文化倾向的讨论。这些文化倾向是通过符号构架、符号管理、组织符号表现出来的。比如,一个国家的国旗是一种符号,它包含了价值、传统和情感等多种意义。组织符号论的兴趣集中在对符号意义的创造与管理上。

在组织符号论者看来,熟练地使用符号和符号作用的艺术乃是组织中管理人员工作的基本组成部分。无论是人们有意识还是无意识地运用符号,符号总是客观地存在着。符号的作用是容易被识别的,因为它具有明显的表现形式。符号是人们日常行为和

① Jay M. Shafritz J. Steven Ott: ***Class of Organization Theory***, Third Edition Book/Cole Publishing Company, 1992, p.484.

礼貌中不可缺少的因素。当一个组织的总经理在拥挤的电梯里突然遇到一个职位较低的员工,并说:“你近来工作怎样?”结果那位下级不是用一个简单的“很好,谢谢”来应酬,而是真的老老实实地回答。对此,这位总经理不仅会遗憾,而且会吃惊。因为这位总经理并不是在真的问问题,当时的问话只是一种简单的交流习惯的社会化形式,即一种符号、仪式。在这种场合下,语言从仅是一种信息交流的工具而变为一种完全不再是原有内容的符号。

符号管理的理论在 20 世纪 70 年代只引起部分人的关注。到 1981—1982 年,事情就发生了突然的转折,组织文化和组织符号管理的观念一下子被人们接受了。突然间,组织文化成为各种专著、杂志、学术研究专家和实际管理者最热门的话题。关于社团文化、企业文化的期刊与著作大量上市。特别是威廉·乌奇(William Ouchi)写出了最畅销的《Z 理论》,理查德·帕斯卡尔和安东尼·阿索斯(Richard Pascale , Athoy Athos)写出了《日本管理艺术》,在这两部著作中,他们都对组织文化发表了精辟的见解。

1983 年,出版了由庞迪、佛罗斯特、摩根、丹德里奇(Pondy , Frost, Morgan, Dandrige)合著的第一本有关符号管理的权威性著作《组织符号》。但是,具有坚实理论基础,并且带有综合性的组织文化著作直到 1985 年才问世。这一年,作为组织文化研究先锋的埃德加·沙因出版了他的奠基之作《组织文化与领导》。接着,维杰伊·萨西(Vijay Sathe)出版了《文化及其与社团现实的联系》,拉采夫·基尔曼(Ralph Kilmann)在会议论文的基础上编纂了丛书《增进对社团文化的控制》。

到 20 世纪 90 年代,由于“全面质量管理”(TQM)的推动,组织文化成为组织与管理文献中位置排在最前列的内容。许多管理的专业杂志和行为科学的期刊定期刊登各类不同的反映组织文化的符号管理见解的文章。许多有真知灼见的有关组织文化的著作论文不断地涌现。其中主要有:艾伦·威尔金(Ala Wilkins)1989 年发表的《发展的社团特性》，佩德森与索伦森(Pederse, Sorese)1989年发表的《组织文化的理论与实践》，施奈德(Scheider)1990年发表的《组织气候和文化》，丹尼森(Deiso)1990年发表的《社团文化与组织效力》，萨克曼(Sackma)1991年发表的《组织内的文化知识》。

到了近几年，人们更多地关注全球化与组织文化问题，此间出版的具有世界性影响的著作有：弗朗西斯·福山(F. Fukuyama)1992年发表的《历史的终结和最后一个人》，本杰明·巴伯(B. Barber)1995年发表的《吉哈德与马加比世界》，肯尼奇·奥梅(K. Chmae)1995年发表的《民族国家的终结：地区经济的崛起》，塞缪尔·亨廷顿(S. Huntinton)1996年发表的《文明的冲突与世界秩序的重建》和罗伯特·卡普兰(R. Kaplan)1996年发表的《地球的终结：21世纪黎明的旅行》。现在，组织文化已成为组织理论中的一个重要分支①。

在这一章中，我们将重点介绍沙因、路易斯、斯默西奇等学者以往提出的被人们普遍接受和认同的组织文化观念，以及其他一些学者近几年阐述的有关全球观的组织文化理论。具体将以如下四节标题展开叙述，即：第一节组织文化概念；第二节组织文化渊源；第三节组织文化要素；第四节文化全球化的组织理论。

第一节　组织文化概念

埃德加·沙因是组织文化研究的奠基人。沙因从自己的组织与管理工作实践出发，论述了重视组织文化研究的意义。他考察了众多的文化定义，并对组织文化进行了较为科学的界定。运用

① Jay M. Shafritz J. Steven Ott: ***Class of Organization Theory***, Third Edition Book/Cole Publishing Company, 1992, pp.486—487.

他提出的组织文化定义，沙因将组织文化分成三个层次，并对每一个层次的文化构成作了详尽的分析。

一、组织文化的意义

沙因早在20世纪60年代，就致力于组织理论研究。当时，他注意的中心是组织中的专业化和社会化问题。在这一时期，他研究过大学毕业生的岗前培训、组织的社会化、职业化变化中个体与组织需要的关系等问题。[①]这些研究课题虽然暂时没有完全刻上组织文化的标记，但它却是通向组织文化研究的一个重要环节。

使沙因对组织文化特别倾心的是他的一段组织管理实践的经验。沙因有一段时间被聘为一些大公司的管理顾问。在指导公司的变革过程中，沙因发现了一个重要现象，即每个公司的领导都能当面赞成并表示接受他对组织改进的建议或意见，但是，在公司的实际运行中，他们又照旧我行我素，顽固地坚持和保留原有的行为模式。他在给第一个商业公司进行沟通个人关系和决策方面的咨询时，观察到上层领导在讨论问题时，常常相互打断别人的发言，进行激烈的争论，过于感情用事。为此，经过认真考虑，沙因向公司领导提出如下建议：在研究工作时，相互间要更好地倾听对方的意见，不要随便打断别人的讲话，要更多地遵守已经议定的会议程序。大家都认为这些建议很好，甚至表示要对会议的程序和开会时间长短进行修改。但是最后的结果是，这家公司的领导模式根本没有变化。根据这些实际情况，沙因感觉到组织领导与组织文化的关联。

他认为，我们绝大多数人都生活在组织中，因此，人们总得与组织打交道。然而人们在自己的组织生活中，却一直对许多观察到的或感觉到的东西感到困惑。比如，组织中总是存在太多的官

---

① Martin J. Gannon: *Management*, 2nd Little, Brown and Compay, 1982, p. 185.

僚主义,有些事情过于政治化,还有些方面明显地非理性。那些处在权力位置上的人,尤其是顶头上司,常常挫伤部下的积极性。那些人被认作是组织"领导"的精英或上司,却不能了解人们的要求,常令人失望。在组织心理学和组织社会学的领域里,研究者们已经发展出一系列可用来理解组织中的个人行为以及组织建构自身的途径的概念。但是,尤其使人们难以理解的是组织的原动力问题。正是这种原动力使得组织能够成长、变化、瓦解。而这种原动力又总是不被人们知觉的。

那么,要理解组织生活,要了解组织发展的原动力,就必须建立组织文化概念。要对组织中的文化问题有深入的理解,就不仅要弄清楚组织中发生了什么,而且更为重要的是区分出哪些问题对领导是更要紧的。因为,组织文化是组织的领导们创造的。组织领导最有决定意义的功能就是创造与管理。在必要时,这种创造与管理则可能是对原有文化的破坏。当人们更仔细地研究组织领导与组织文化的关联时,会发现这种关系就如同钱币的两面,仅从自身出发是无法理解自己的。事实上,只有一件事对组织领导来说是真正重要的,这就是创造和管理文化。组织领导力所能及的就是通过组织文化来工作。如果说将领导概念从管理与行政中区分出来还有价值的话,人们就必须承认文化管理在这一领导概念中的中心地位。

但是,人们通常考虑的是整个社会、国家、种族的文化,而没有足够地注意在社会的组织和群体中也有发展文化的可能性。这种群体和组织中的文化是影响组织成员的思维、感觉和行动的主要途径。不学会精确地分析这些组织文化,我们就不能真正地理解为什么组织做它们要做的事,为什么组织领导有他们感觉的困难。组织文化特别有助于我们理解在人类系统中发生的诸多神秘的、看上去似乎是非理性的事情。当一个人来到异邦的土地上,或一个人被新雇佣到一个组织中,他要与那里的人友好相处,不理解那里的文化是不行的。

沙因认为，要了解组织文化，就必须建构一个关于组织文化的概念。这一概念应当有确切的含义。在建构组织文化概念时，应充分考虑人类学家、社会学家、心理学家在研究组织时已经积累起来的知识。同时，还要弄清楚哪些是不属于组织文化的，因为有一种趋势，即把文化同所有的事情联系在一起。要建立一个组织文化概念如何运作的模式，即要研究组织文化是怎样形成的，它有什么功能，可用它来解决何种问题，它为什么和怎样变化，对它能否加以管理，如果能的话，又怎样管理。我们需要一个组织文化动力发展的模型。这一模型应该告诉我们，组织文化能够做什么，而不仅仅在于它是什么，因为许多人存在一种倾向，即将组织文化看成是治疗工业病的万灵药。

另外，要充分显示组织文化作为概念工具的功能，用它来解释组织中个体的心理行为，解释那些小团体和以共同性为基础的（如：地缘性或职业性组织）组织中发生的事情，解释一些社会的、复杂的问题怎样通过扩大文化视野来获得解决。

最后，要强调组织文化与组织领导的关系，使人们认识到这是一枚钱币的两面，没有了另一面，这一面也就无法得到理解。

二、组织文化的正式定义

在沙因看来，“文化”这个词有很多的意义，如果将“文化”与“组织”这一个被共同使用的词联在一起时，就会导致概念和语义学上的混乱。当你与同事以及组织成员谈起组织文化时，你就会发现，大家都同意“它”是存在的，并且其作用也是重要的。但是，在问到“它”即组织文化是什么时，大家的观点就完全不一样了。有些同事说，他们在工作中不使用组织文化这一概念。但是，当问起是什么东西使他们不使用时，他们又说不清楚了。

自 20 世纪 70 年代末至今，在已有的文献中关于文化这个词的意义呈现多元解释，但最有代表性的包括以下几方面：通过语言和仪式表现出来的行为规范；不断改变着的作业群体的标准；由组织认可的占统治地位的价值；作为指导组织认识与处理同顾客关系的哲学；组织中新成员必须学习的、能与其他成员友好相处的规则；组织成员、顾客和外来人员能感受到的组织气氛。

上述所有这些文化的意义都只是从不同方面对文化的反映，但它们都不是组织文化的基本要素。组织文化这一词语实际在更深层次上应该保留其基本的假设和信条。这些基本的假设和信条是一个组织的成员所共有的，他们在运用它们时，可能是无意识的。这些基本的假设和信条被组织成员记住，以便在遇到外部环境中的生存问题和内部的整合问题时作出反应。假设和信条之所以被看成是理所当然的，是因为它们能很快地和反复地解决问题。应当将更深层次上的假设与“人造的象征物”区分开来，后者只是组织文化的显露与表面层次，而不是文化的基核。然而，对组织文化的区分，也会带来一个问题，即我们所用的“组织”、“群体”是什么意思，它是不是通常所暗示的是组织文化的立足点？组织是开放的系统，它不断地与其他许许多多环境产生相互作用。而且，组织内部包含许多次一级的群体、专业性单位、阶层、依据地缘分散的群落。如果我们找出某一给定组织的文化落足点，应当把立足点放在哪里，又应当到何处去寻找组织文化的一组概念？

因此，应当把文化看成是一个独立的、稳定的社会单位的一种财富。如果你能证明，规定有一批人在解决外部和内部问题的过程中，共同享有大量的重要经验，你也就能假定，这些共同的经验已经指导了他们，并产生出关于他们周围世界和他们生活在这个周围世界中的共同观点，这些共同享有的观点起作用的时间必然是足够长的，以至于被看作是理所当然，并且变成不知不觉的。在这一意义上，组织文化就是一种群体经验发展性的产物，因而，它只能在有确定界限的、有辉煌历史的群体中找到。

接着,沙因又讨论了一个大组织中的文化层次问题。沙因认为关于一个公司中是否存在一种单一的文化,另外是否还要再加上各种亚文化问题,这是一个经验的问题。要回答这一问题,就必须要确定出公司中稳定的群体,并要探究这些群体共同享有什么经验,同时还要探究全公司的成员共同享有的经验。通过对上述问题的思考,人们会发现,在一个被称为公司或组织的大的社会单位中,事实上存在多种起作用的组织文化:基于各种专业性功能的经营文化,基于各种地缘性组织的群体文化,基于共同经验的作业文化,等等。在一个整体组织中存在一种总体的组织文化。[①]

与研究大文化演进的人种学相比,组织文化更多地根植于组织动力学理论和组织成长理论。人种学由于缺乏历史资料,从而使其研究受到限制。而我们研究组织时,却无需去辨认对我们来说是完全陌生的语言或一套习惯。相反,我们要做的是从多样的、广泛的文化中,区分出我们感兴趣的特殊社会单位的特征。这些社会单位常常有历史可以辨认,有文化形式中的主要因素可供研究。因为我们是在一个大的、复杂的文化中注视逐渐形成的社会单位,因此,我们也就能利用这种机会学习理论并发展一种组织文化的动力学概念。文化是发展的,它会随着新的经验而进化,如果一个人理解了这一文化发展过程的动力,文化就能得到改变。一个人如果关心文化的管理和改变,他就必须注意那些发展的或未发展的、常常指示着社会行为的复杂的信条和假设。

文化这一词语可以应用到任何规模的社会单位上,只要他们有机会学习、坚持自己的观点和适应周围的环境,他们就会有一些基本的假设。在最广泛的层次上,我们有文明的东西方文化;在下一个层次,我们有各个国家,它们拥有美国文化和东亚文化等。但

---

① Jay M. Shafritz J. Steven Ott: ***Class of Organization Theory***, Third Edition Book/Cole Publishing Company, 1992, p. 493.

是，我们很快就会看到，在一个国家内也有各种具有不同文化的种族群体。再进一步细分，就是职业的或专业团体这一层次。如果这些群体能确认为是具有共同的经验历史的稳定单位，它们也一定就能够发展起自己的文化。最后一个层次就是组织。在组织中也被称为群体的次一级层次。这类群体也会发展出自己的文化。

总之，在沙因看来，任何一个社会的结构层次，都意味着"文化"。这种组织文化是一套用来进行发明、发现、发展的假设模型。一定的群体在学习应付外部的变化和内部整合问题的过程中，由于工作十分满意，从而认为这套假设模型是有效的。因而，群体就将它作为实践、思考和感受与组织的适应和整合有关的问题的正确方法来教给新来的成员。[①]由于这些假设是被反复运用的，因此，它们就被视为是理所当然的，仿佛是不知不觉的。在这一定义中不包括人们公开的行为模式。人们公开的行为常常是由模式化的假设、知觉、思想和感觉这些文化倾向与外部环境中产生的可能性决定的。因此，公开的行为可能同时是对文化与环境的反应。

三、组织文化的层次

沙因将组织文化区分为三个层次[②]。第一层次是人造品和创造物，它们构成了物质的和社会的环境，因此是组织文化的最低层次。在这一层次上，人们可以看到物理空间、群体输出的技术、书面的和口头的语言、艺术作品和组织成员公开的行为。

群体生活的每一个方面都会生产出人工制品，从而产生了分类问题。在文化描述的读物上，人们常常可以注意到不同的观察

---

① Jay M. Shafritz J. Steven Ott: ***Class of Organization Theory***, Third Edition Book/Cole Publishing Company, 1992, p.494.

② 同①，第 497 页。

者总是挑选不同种类的报告,从而导致不可比性。虽然人类学家已经建立起分类系统,但是,由于这一分类过于庞杂和过于繁琐而使人很难确定组织文化的本质。

其实真正的困难在于,人们需要弄清楚:人造品有什么意义?它们之间是如何联系的?它们反映了何种更深层的模式?可以用一种称之为"符号学"的方法来对文化加以分析。这种方法在分析这类人造品的意义时,注意收集足够多的有关人们在交往时怎样才能使别人理解的资料,再从内部知情人那里弄清楚附着在可见行为上的意义。如果人类学家在文化环境中生活足够长的时间,人造品的意义就会逐渐搞清楚。如果我们想更快地对这一文化层次进行理解,我们可以尝试去分析提供日常运作准则的核心价值,文化成员正是借助于这些运作准则来指导他们的行为的。①

组织文化的第二层次是价值。在某种意义上,所有的文化知识最终都反映了某些人的基本价值,也就是它们关于同"是什么"相区别的"应当是什么"的感觉。当一个群体面对新的任务、争论和问题时,首先要提出来解决的只能是价值的重要地位,因为这时还不存在决定什么是事实和真实的共同基础。群体中的某个人——通常是缔造者,他对真实性和如何处理群体面临的问题具有确信,且会依据这种确信提出解决的办法。这时作为个体,可能会确信已提出的解决办法是一种基于事实的信念和原则,但是对于群体来说,只有当共同分享到解决问题的成功结果时,才会达到这种确信的程度。

比如,在一个新建的商号里,当它的销售额开始下降时,经理就会说:"我们必须增加广告。"因为他相信"广告总是能促进销售的"。群体在这以前没有经历过这类情况,人们会听到同意作为领

---

① Jay M. Shafritz J. Steven Ott: ***Class of Organization Theory***, Third Edition Book/Cole Publishing Company, 1992, pp.496—497.

导价值的说法:“当销售遇到麻烦时,就应该做更多的广告。”这时,领导的提议不会遇到其他价值的疑问、争论和挑战。如果问题解决了,群体共同看到了成功,就会渐渐地把价值转变为信念,并且最后成为假设的过程。一旦这一过程发生,并且只要这种解决问题的方法继续起作用,就会出现更大意义上的“正确”,从而在人们头脑中形成精确的图像。这时,群体成员就会趋向于忘掉以往对这种价值的怀疑、争论。这样,价值就开始成为理所当然的,并且逐渐变成信念和假设,它超出意识之外,成为习惯,完全是无意识的和自动的。

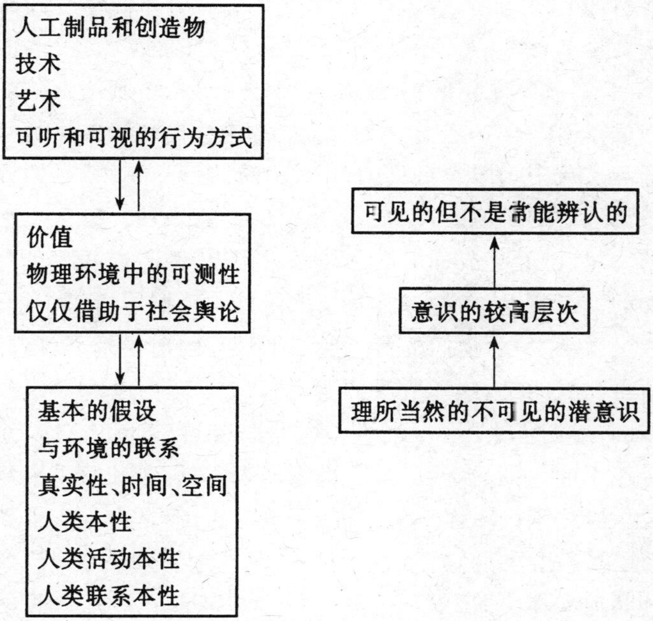

图 10-1　组织文化层次及其相互作用

并不是所有的价值都能实现这种转换的。首先,基于某种给定价值的解决方法在运用时可能是不稳定的。只有那些易受自然和社会证明影响，并且一直稳定地被运用来解决群体问题的价值才会转变为假设。其次，对于那些处理环境中很难控制的因素或审美的物质的价值，可能无法完全得到检验。在这种情况下，通过社会证实取得一致性仍然是可能的，但不会是自动的。所谓借助于社会证明是说那些关于人们应当如何相互联系、运用权力、区分美丑等等的价值，是能够通过减少不确定性的实验来得到证明的。懂得掌握一定信条和假设作为基础，对于保持群体文化来说是必要的①。

组织文化的第三个层次是基本的潜在假设。当解决问题的方法被反复运用后，就会被视为是理所当然的。当初仅仅为一种价值所支持的假设，后来就渐渐被当作真实的。人们也逐渐相信事情本来就是如此办的。在某种意义上，基本的假设与一些人类学家所说的“占统治地位的价值”是不同的。那些占统治地位的价值所反映的是若干基本选择中人们所愿意选择的解决方案，但是，这些选择在文化中仍旧是可见的，组织中的成员能够不时的依据那些占统治地位的价值去行动。但是，沙因指出，在一定意义上他想界定的，并且已经变成理所当然的基本假设，在一个文化单位中是不变动的。事实上，一种基本假设如果被一个群体所牢牢地掌握，群体成员就会发现，他们的行为要依据其他的前提是不可思议的。

值得一提的是，这里所讲的基本假设与阿吉里斯界定的组织理论中的“应用理论”是一致的。这种潜在的、实际上对人的行为起指导作用的假设，告诉群体成员怎样观察、思考和感受事物。基本假设像应用理论一样是无对抗、无争论的，但是进一步重新研究“应用理论”就会发现它存在着内在的困难。组织学习理论家阿吉里斯和其他人提出的“双环学习”理论中，包含着对基本假设的再检查，并有可能对其加以改变，这显然是与基本假设的不可对抗、

---

① Jay M. Shafritz J. Steven Ott: ***Class of Organization Theory***, Third Edition Book/Cole Publishing Company, 1992, p.498.

不可争论、不可改变相矛盾的。

应当注意,基本假设可能会歪曲真实的资料。如果根据过去的经验,可以想像其他人只要有机会就会乘机欺骗——这就是麦格雷戈所讲的X理论,我们真希望亲自体验一下被欺骗并想看到与所希望的相一致的行为;可能看到的就是有人懒散地坐在桌边,胡思乱想,而不是在思考重要的问题;也许见到有人没来办公室就认为是开小差而不是在家工作。相反,如果我们的基本假设是每个人都以高度的热情工作,当见到上述现象时,经理不会认为个人有什么不对,而会觉得在工作安排过程中出了问题。①

在群体的上下级关系上也存在基本的假设。如果一个经理提出了对存在问题的解决办法,他的下级知道这种办法是行不通的,但是,无意识的假使会要求他保持沉默,因为担心告诉经理该解决方法是错的,那会让上级面子上过不去。这时,下级除了保持沉默并使上级相信他会按他说的去行动外别无作为。结果当然是否定的。经理会感到惊讶和迷惘,他问下级做了些什么。当下级回答应当有不同的做法时,经理马上会讲:你为什么不早说?这个问题就把下级推到无法辩解的地步。他如果说原先的解决办法是错的,就会让经理下不了台。于是,他只能说谎,经理的决定是正确的,只是运气不好导致了现在的结果。

在这一事例中,无论是上级还是下级,都会感到不理解。从下级的立场看,经理的行为是不可理解的,下级会认为经理没有自知之明;从经理的立场看,下级的行为也是不可理解的,经理会认为下级不尊重上级。之所以发生这种局面,原因在于上下级都有他们各自的基本假设。上级的基本假设是"下级应把工作做得更好";下级的基本假设是"下级不能让上级难堪"。

---

① Jay M. Shafritz J. Steven Ott: ***Class of Organization Theory***, Third Edition Book/Cole Publishing Company, 1992, p.499.

对上述问题的解决办法最好是通过一些跨文化的教育或是由第三者出面，将上级和下级的潜在想法谈出来，也就是使底层的基本假设表面化。但是，即使假设表面化了，它们还会起作用，这时可以强化启发双方发现一个新的交流结构，这一结构同样可以使双方的行为与原先的假设相符合。比如在上级做出决定以前可以向下级询问实际的情况，从而在做出决定前取得一致。

由此可见，无意识的基本假设常常涉及文化的一些基本的方面。但是，这类基本假设是非常难以确定的。如果我们能非常细心地审查一个组织的人造品和它的价值，我们就能够猜测出基本的假设。有时，通过两个人交谈将两种文化模型连接起来，基本假设通常就会被带到表层来。做这项工作时，应当特别的细心，因为，不是人们不愿将它们的基本假设带到表层来，而是他们把这些假设看成是理所当然的。当人们将基本假设表层化，文化的模型突然变得清楚时，我们就会开始感到我们真的理解了我们一直在做什么和我们为什么那样做的意义。①

第二节　组织文化的渊源

路易斯是继沙因之后对组织文化进行深入研究的组织理论学家。其研究的重点主要在两个方面：一是论述了组织文化的社会学和心理学渊源；二是提出并论证了组织是文化生成环境的观点。

一、组织文化的渊源

路易斯是组织文化研究的骨干人物。他在 20 世纪 80 年代初将研究兴趣转向了组织文化。他认为在组织理论的研究上，人们

① Jay M. Shafritz J. Steven Ott: ***Class of Organization Theory***, Third Edition Book/Cole Publishing Company, 1992, p. 500.

越来越感到文化的重要性。因为人们都发现文化现象已渗透到组织生活之中。路易斯认为组织文化是从社会系统内部的影响中产生出来的，他将这一方面称为组织文化的社会内容或社会学渊源。

对于一个社会系统来说，其固有的意义和关联的规则充当了使得人们的行为得以形成的社会理想。这些社会理想规定了人们应当做什么，不应当做什么。相应地，社会理想构成了价值和关联的系统。个人和组织正是通过这一系统制定目标、确立抱负、激励行为、评判绩效的。社会理想是在一个有等级和层次的、具有连贯性意义的系统中表现出来的。文化观念则包括了社会理想系统和一套由神话、礼仪、信号、比喻、专门语言组成的，用来传递思想的符号手段。当利用这些符号手段来传递局部文化时，它们同时就成为这一文化的人造品。

文化为社会系统提供了连续性、可控性、一致性与成员间的结合。在时间上，几代社会系统成员共同理想的稳定性，为社会系统提供了连续性和起到自动平衡的功能。在空间二，表达共同目标和标准的理想的稳定性，起到控制不正常事件与分解的作用。社会群体中成员之间共同具有的理想，有利于形成个人与制度之间的联系。[①]路易斯还认为组织文化与个人的内心变化是相关的，他把这一方面称为组织文化的心理内容或心理学渊源。

在个人层次上，人类是基于事物为他们所提供的意义去对待事物的。这些意义是在对事物的原先状态进行解释的过程中产生出来的。从根本的和最终的意义上来说，意义是社会系统成员商定的。从商定的一种含义说，产生的意义是对经历过的情景的议定，通过这种议定，人们控制自己行动的过程和位置。从商定的另一种含义说，它表示在由相互作用的各种部分所代表的不同意义

---

① Jay M. Shafritz J. Steven Ott: ***Class of Organization Theor.***, Third Edition Book/Cole Publishing Company, 1992, pp. 512—513.

中的一种协商。在微观的相互作用的层次上,文化过程的商定方面产生出对个人地位的限定。作为界标的特征是依据当时的社会地位和目标来辨认和说明的。[①]

在相互作用中,人们个人的、以一定的意义符号和参照系表现出来的关于局部的社会理想的看法,会指导他们的认知、解释和行动。这要经过一系列的步骤,个人会在这些步骤上进行评价。比如一项操作是否能使工作很好地完成,首先,文化上派生的意义系统便于人们依据一系列以往的经历来认定某一项操作是否可行;其次,这一意义系统引起人们对操作特征的注意,从而认为值得评价;第三,意义系统还提供评价这些操作特征的标准;第四,评价对行动有指导作用。

表 10－1　文化解释的各个方面

社会学渊源	心理学渊源
共同理想　　符号手段	说明体系
相关的文化系统	相关的个人系统
通过文化的功能,社会系统获得:	在文化内:
连续——超越短暂的稳定	意义出现在主观范围内
控制——同时期的稳定	
个体成员的结合	个人商定的意义
社会组织的特征	作为商定:协商
	商讨
	对原有状态的解释过程:认识→商定→意义→情景特征→行为

① Jay M. Shafritz J. Steven Ott: ***Class of Organization Theory***, Third Edition Book/Cole Publishing Company, 1992, pp. 512—513.

二、组织环境与文化

在路易斯看来,组织是一个文化生成的环境和产生文化的关键性体系。组织提供了正规的聚集环境,在这一环境中,文化得到了发展。任何一个特殊组织的环境要促进局部文化的发展,需要依靠很多的因素。有时,只有某些因素的作用比较明显。一些组织的环境可能“产生”出(即促进发展出)“精致的文化”。而对另外一些组织来说,却没有产生出值得赞赏的文化。对于后一种情况来说,组织环境可能具有成员间结构复杂和个人行为定位的特征。但这并不能否定组织是生成文化的环境。这种组织只是一种“低源”环境。

如果从更一般的方面看问题,我们则注意到,在一些由物质的、社会的因素构成的组织中,常常产生出复合的文化,那些相互区别的局部文化就以同一个组织文化的分支的形式发展起来的。相对于分支文化,整个组织就是环境,也正是在这个环境中,局部文化产生了。因此,从这一意义上来说,“组织是作为文化生成的环境”。[①]无论是在组织文化的哪个层次上,或者是泛文化层次,或者是工作小组的文化层次,整个组织环境的特征都是有助于局部文化即分支文化的发展的。比如,在组织与管理的实践中,人们希望将下列的一些局部文化现象联系起来,作为一个整体来思考:成员关系的稳定;主要成员始终如一地坚持一系列总的思想和组织框架;组织幼年期和规模较小时成员的认知:包括个人特质、个人价值观、个人交往风格在内的组织中重要人物的品质特征;包括技术不可外传、重要工艺需要保密等在内的组织边界的不可渗透性;包括品质、教育、经历、性别、种族在内的成员资格的限制等等。

---

① Jay M. Shafritz J. Steven Ott: ***Class of Organization Theory***, Third Edition Book/Cole Publishing Company, 1992, pp. 513—514.

路易斯指出，不仅不同的组织文化的形成过程不一样，就是一个整体的组织文化，在组织发展的不同阶段，其形成的机制与程序也是不相同的。比如，在组织发展的早期，关键人物的价值观和他们创业的故事对文化的形成具有特别的作用。但是，在一个组织的中、晚期即成熟的或萧条的组织中，新生文化则往往是通过新的形象的树立和伴随与过去决裂的原理、准则不断得到阐述而逐渐培育起来的[①]。

组织环境的改变既可能破坏也可能支持局部文化。例如，增加适用的新技术就可能破坏局部文化。因此，就需要在这种变化之前，由工作小组对工作计划、联系与控制、个人间的约束、家庭间的关系进行调整。因为当新的技术强加到一组不同的个人关系之中并使计划和控制具体化时，原来的工作小组的结构安排就会解体，从而需要重新组合。就像花园中的蜘蛛网，一边和墙连接着，另一边和花园中的架子连接着，当架子被重新安排时，原来的网就被撕破了。

组织环境的发展能促进新的文化形成与发展。例如，建立一个与任务相一致的工作小组，就创造了一个环境，在这个环境中，或通过这一环境，局部的文化就得到了发展。工程队的创建，从地理上明确划分新的分支单位，甚至矩阵结构的创立，所有这些都意味着产生了潜在的文化生成环境。

在组织变化的过程中创造出来的新单位，可能只是在"名义"上是新的。比如说，新建的工程队，还是由原来的组织成员组成的，他们现在所作的事情也还是他们以前在办公大楼和办公桌边做过的非常熟悉的事情。但是，重要的就是这个"名义"，从根本上说，组织环境就是指社会学上能够辨认的空间，而不单单是指必要

① Jay M. Shafritz J. Steven Ott: ***Class of Organization Theory***, Third Edition Book/Cole Publishing Company, 1992, p.514.

的物质环境。正是空间上的可辨性带来了我们认识上的方便，它是通过共同享有的空间的名称和空间的物质界限来辨认的。

在一个特定的组织文化中，依据身份关系，一个人成为某一社会系统及其文化的成员，可能是由于他能正常地出席和参加这一组织的面对面的交往活动。但是，一个人作为某个组织及其文化的成员，也可以不必亲自参加这种组织成员间的面对面的交往。例如，作为管理技术学校的一名成员与这一组织构成了成员关系，这一社会组织每年只举行一次集会，要求其成员必须出席；而另一个人类心理学协会的组织文化则不同，它不一定要求成员都要出席组织集会。因此，组织成员的身份关系可以是正式的，也可以是非正式的。在这两种有区别的情况下，组织都是文化生成的环境。[①]

对于一个组织成员来说，他都会程度不等地参加局部文化的活动。在存在交替和重叠文化的情况下，组织成员对文化的确定主要取决于个人的自我知觉。对于民族的和种族的文化来说，个人参与一定的组织文化只是暂时的，并且是自愿选择的。有时，在一个人身上也不可避免地会存在组织文化与民族、种族文化的对立与冲突。在文化参与中除了要考虑自我知觉的作用外，参与能力也是一个值得考虑的因素。与社会文化相比，在组织文化中，个人的参与能力显得尤其重要。其原因是个人经常地变换组织，从而有机会和有必要去尽快地掌握新文化。一个人在进入一个新的组织以后，只有迅速掌握了该组织文化中的核心思想和价值观念，并喜欢多数人赞同的信条时，才能在组织中发挥作用。

在组织环境中，个人对情势的解释可能会被几个重叠的文化系统所引导，但是，几种文化引导的力量不可能是均匀的，总有某

① Jay M. Shafritz J. Steven Ott: ***Class of Organization Theory***, Third Edition Book/Cole Publishing Company, 1992, p.515.

个组织文化占主导地位。究竟何种文化的指引力量大,取决于个人在社会系统中占有的职位、不同文化系统之间的和谐程度、对具体情势的解释等等。有时,交替文化对个人可能产生不相容的推动力量。这种情况在公司的部门经理身上表现得尤为突出。部门经理既要对所管辖的部门负责,同时,他又要对所在的公司忠诚。当对任务执行情况好坏的评价是以部门所获取的利润为主要标准时,就会发生角色的冲突和义务上的矛盾。这时,组织领导就应充分考虑相关的文化因素的作用。①

第三节 组织文化要素

斯默西奇通过对美国一家保险公司发展过程中组织文化的改变的考察与研究,论述了组织文化要素的命题。她侧重阐述了组织气质的含义,并论述了在紧急情况下组织气质变化的过程。另外,斯默西奇还详细地说明了口号、仪式和特殊词汇在组织要素的发展中的作用。

一、组织的气质

在20世纪80年代初,斯默西奇被一家保险公司的高层管理集团邀请去以观察员的身份对公司进行为期六周的观察研究。公司领导与斯默西奇的协定是,研究者只是观察员,而不是顾问,因而也没有必要在调查与观察完成后,向公司提供研究结果和反馈意见。

斯默西奇担任观察员的这家公司是一个在美国东北12个州拥有一万名雇员的联合公司的分支机构。这家联合公司是在

① Jay M. Shafritz J. Steven Ott: ***Class of Organization Theory***, Third Edition Book/Cole Publishing Company, 1992, p.515.

1966 年由当地经营得很好的三个农场主用他们的资产合并而成的,其目的是要建立和维持一个强有力的、丰富多样的合作商业组织,从而进一步提高各自的经济效益。

在三家合并以前,每家都制定了各自的保险方案,通过向农场主收取较低的税款,保障他们的生命和财产安全。到 1968 年,保险服务中扩展了一些项目,服务的对象从原来的组织成员扩大到一般的公众。这样,在联合公司之下,就建立起一个分支机构即保险公司。保险公司有雇员 250 人,办公地点占了东北城市中一座中等规模的现代化大楼的两层,办公室与公司领导是分开的。

斯默西奇运用了人类学家与社会学家所使用的方法,在保险公司的工作时间内调查。在调查中,斯默西奇常常听到公司管理人员用来说明他们工作方式的一种主导性的解释:他们相信,在组织中,难以对付的或很费脑筋来处理的不同意见和问题通常是被掩盖起来的。人们普遍赞同的是"如果碰到有争议的事,你就不要提它"。

公司的管理人员将行为方式看成是公司总裁的风格和偏爱的直接产物。雇员们声称总裁"喜欢保持冷静","不喜欢看到分歧和敌意","他不喜欢听不好的事"。结果,大家相信,在公司里"人人都讲别人想听的话"。问题不是被处理而是被"掩盖"。仅仅因为"掌握这种方法比较容易"。雇员因此也就接受了总裁"不应该散布问题的不一致"的哲学。他们担心一旦流露出意见不一致,就会被看成是"制造麻烦"或被指责为"指手画脚"。人们认为组织中的这种气氛"是虚幻,而并非真实"。公司中的秘书们觉得,总裁指导组织成员没有讲他们的真心话,但是他又让这种状况继续维持下去 ,因为"他想在他的任期中公司内事事平安,不要有吵闹"。

这样,公司的雇员们都以同样的方法取得了经验,即"我们要保持一种表面上的平和一致",并且对之所以出现这种状况有共同的认识:"我们之所以这样做是因为总裁。"斯默西奇指出,正是这些构成了能让管理层获得共同的感受和经验上的一致性的共有意义的领域。那些共有意义规定的信念尽管对人们产生某种限制并出现一些消极性,但它有助于在组织成员间形成协调一致。对于一个外面的观察者来说,这种共有的信念发挥了一种类似规则的功能并让组织成员按安排好的角色去行动。

斯默西奇发现,在私下里,几乎所有的组织成员对他们自己的行为方式和总裁的风格表示不满。一些人想直接按不同的意见办事,但常常受到阻挠。在公开的场合,他们都谨慎地努力在表面上保持意见一致并装得彬彬有礼。他们都遵守这样的戒条:必须根据总裁的好恶去行动,否则将招致灾难。

通过观察,斯默西奇发现,在管理人员的实际运作中,存在两种意义系统:公开的与私下的。这两种意义系统存在高度的重叠。同时,她还发现,即使组织成员意识到所在岗位的工作动力,但他们仍感觉到第三种意义系统的限制,它来自总裁,人们无力去改变它,在组织中正是通过总裁的行动、组织成员的参与以及总裁制定出来的具有特别象征形式的法令,和谐一致的组织气质就被确定下来了,它转而支配着组织成员对其处境的理解[①]。

斯默西奇还考察了紧急状态下的组织气质问题。所谓主要的意义系统的紧急情况,可以被理解为是公司或组织历史发展的一种产物,是领导在意义系统内的斗争,是现任领导个人思想意识的表现。以具体的保险公司为例,在其创建阶段(1968—1978),几件特殊的事件给它打上了“充满创伤”和“混乱不堪”的标记:公司的一把手被降级,二把手被解雇,特地招聘了一名副总裁和一名保险专家来充实公司。这些事件表明在公司的发展中,被原来农场主联合公司所聘用的管理人员与那些从保险业中招聘来的成员发生

---

① Jay M. Shafritz J. Steven Ott: ***Class of Organization Theory***, Third Edition Book/Cole Publishing Company, 1992, pp.521—522.

了冲突与斗争。

由于大多数新的人员直接来自与副总裁相同的公司，或者过去已为那家公司努力工作过一段时间，这一事实就导致公司内部原有的人员与从外面新来的成员之间的差别增大，因而公司的讨论中不时地会出现诸如“在别的公司我们是如何如何干的”这类声明。这些又进一步产生出外来人员与内部员工的分歧。或许正是意识到这类内部人与外来人划分的潜在的有害影响，导致公司要为每一位新来的管理者创造一种仪式。

仪式是组织中被设计出来的或被构造而成的并在某种形式中被不断重复的行为方式。当组织成员共同将仪式与有宗教色彩的事件联系起来时，在日常的组织生活中举行的仪式就会充满重要性，参与仪式的组织成员就能从中掌握各种意义。

斯默西奇观察到，在相当长的一段时间内，保险公司的总裁只负责对外的事务，从而外面招聘的副总裁担任负责对内关系的执行副总裁。这位执行副总裁通过专门性会议，将组织机构变成了一个印第安人的部落。通常在印第安人的部落中，每一个新加坡的成员都要在头上系上一条插有羽毛的带子并取一个印第安人的名字。这位执行副总裁也给组织成员取名，比如，他给一个经常迟到的成员取名为“流水首领”，并主张对他的迟到罚款50美分。

虽然有这些象征性的仪式，但是，与联合公司相关联的成员和来自竞争对手公司的成员之间的分歧仍旧是难以克服的。一个在执行副总裁被聘用前就在这一保险公司工作的成员告诉斯默西奇，他们对内部与外部人员间的差别在多年以后还是记忆犹新。因为执行副总裁是从外面公司来的，“凡来自那个公司的成员想要什么，他就能得到；凡不是他那个公司的，就得不到”。那些执行副总裁的宠臣们都在拍马屁，拉帮结派，以便形成对他们有利的政治气候。

这种情况到1977年11月副总裁去世后就发生了变化。总裁开始负责公司内部的事务，其他人都必须直接向总裁报告工作。总裁成为原先的组织气质遇到紧急情况时的核心人物。他必须接受过去的经验教训，协调好内部和外部成员间的关系。要做到这一点，他就必须建立新的组织仪式，形成新的组织气质[①]。

二、组织的口号

原先的执行副总裁去世以后不久，保险公司上下就为创设新的形象或象征进行周密的准备和努力。最后，总裁采用了“志同道合”的口号和一个安放在平台上的车轮的实物标志。设计出来的车轮模型高 4 英尺，车轮上的一根根车辐表示公司的不同部门，车轮的中心表示顾客。车轮的实物标志放在公司的公文柜顶上，可以从一个部门转到另一个部门。公司还生产出一种镶嵌着车轮的路赛特制纸，甚至还特制了有车轮图案的橡皮图章，以便在邮件上印上公司的标志。

这一标志原来是作为在销售竞争中在外的办事机构与在家的办公室人员进行联系的主题而设计出来的，后来被总裁采用了，并将其体现在每年的“开张”演说中。大多数的公司成员都认为，总裁是想将这种标志的象征性含义灌输到每个人的头脑中去，因为他看到在副总裁去世后公司成员之间暴露出来的分歧与冲突。其中有一个成员告诉斯默西奇：“组织周围有太多的非理性的东西，太多的异议、争斗。”“志同道合”则成为促进和发展团队精神的主题思想。

斯默西奇指出，车轮的象征意义和“志同道合”的口号，本来是用来进行交流，促进相互合作、相互依存的。但是，在实际的研究中发现，符号的象征性和与之相配套的口号，对组织成员来说，其

① Jay M. Shafritz J. Steven Ott: ***Class of Organization Theory***, Third Edition Book/Cole Publishing Company, 1992, pp. 521—522.

积极意义并不是很明显的。相反,这种象征性标志却以消极的方式变成了某种共同的意义。它正好给了组织成员一种共同的方式,去理解和谈论他们在一块儿工作是多么的可怜。“志同道合”成了他们工作经验的对照或对立面,他们用这一口号去嘲讽他们自己的行为。

公司中的很多成员认为,从更为深层的意义上来说,从一方面看,每个工作部门是车轮上的一辐,如果所有的车辐都在那儿各就各位地发挥作用,那年就会旅途平坦,一帆风顺;但从另一方面看,如果其中一些部门是“裂片”,其结果就不可能有真正的志同道合了。有许多成员甚至说:“我们实际上是四轮驱动,每个轮子都按各自的方向运转。”

车轮作为标志的本来用意是为了给这一组织中所缺少的东西一种“闪光点”:一个组织中不同的机构应向同一方向使劲。虽然这种象征性的标志和相应的口号在这一公司中并没有取得非常好的效果,但是,它确实也引起了组织成员的注意,并使他们体会到他们是在经历着共同的旅程。他们事实上也在谈论关于某个机构是“弱辐”,可能导致“整个轮子破裂”,也在批评某些不能志同道合的行为。

标志和口号是公司总裁语言的一部分。他认为标志与口号还是有作用的,他常告诫人们:“你真的不会走得很远,除非每个人都向车轮加把力。”但是,他也谈到了一些保留意见:“在一些你所威吓或禁止的有生气的争辩的问题上,你不能做得过火,你之所以不让他们说出想法,是因为他们可能会干扰团队工作。”总裁认为人们之间的有些争论,不完全是个人的问题①。

总裁向下属强调的是:“你不能仅仅以个人的观点看待这些事

① Jay M. Shafritz J. Steven Ott: ***Class of Organization Theory***, Third Edition Book/Cole Publishing Company, 1992, pp.524—525

情,如果光从个人出发,你就给组织注射了毒药。”他觉得“如果你想作出最佳决策,争论当然是要鼓励的”,但是,“重要的是要排除个人的攻击”。①

在一个组织中,要保持某种共有的意义和特殊的精神气质,不仅要有特别的标志和口号,还要有一套特殊的词汇。上面所讲的保险公司,就使用了“挑战”这个词汇。

事实上,这家公司内部肯定存在矛盾、分歧和困难,但是现在的总裁采取一切措施防止个人之间的摩擦。车轮的标志与志同道合的口号正好符合这一努力。但是,要让组织成员真正理解和时时刻刻记住这些共同的意义,光有这些还不行,还需要有一些反映这一意义的词汇。对于这家保险公司来说,其作为重要的主题是排除以往的执行副总裁造成的成员之间的冲突与分歧,形成团结一致的组织文化,因而选择的词汇也应当与已经确定的标志、口号相配套。“挑战”正好符合这一要求。

因为“挑战”本身就意味着“困难”,正如有些公司成员私下所说的,“它意味着一个很大的、严重的困难,即公司一团糟。”另外的成员也认为,“挑战”实际上是一个托词,是处理事情的比较温和的做法,人们不想伤害别人。实际上,“挑战”一词将所有成员都置于一种同等的危险境地,从而只能团结起来一起奋斗。公司总裁也认为“挑战”一词有时用过头了,“当人们一有困难时,就会认为有挑战。人们实际上将这一词语作为掩盖和减轻困难的手段”。

斯默西奇指出,这一保险公司选择词汇的经验告诉我们,组织常常运用特殊的词汇适应和支持某种更为广泛的行为模式。这些词汇的共同意义能够为组织成员提供有关经验的共同感情,同时,也能在没有更多协商的情况下取得对事物、对象、行动的共同反

① Jay M. Shafritz J. Steven Ott: ***Class of Organization Theory***, Third Edition Book/Cole Publishing Company, 1992, pp.524—525.

应。在运用特有的词汇时,组织成员就能有一种无需讲出来的协调一致。

三、组织的仪式

斯默西奇观察到,随着原先从外面来的执行副总裁的去世,每周星期一早晨的例会由总裁亲自主持。会议的内容完全被谈论公司的历史和总裁的管理风格所淹没。在现场工作时,组织成员就表示出对这些会议的看法。但是,对他们来说,尽管心里有些看法,但表面上还要表现出总裁所希望的办事风格:平和、镇静、礼貌、没有冲突、不发生矛盾和扰乱①。

星期一早晨的组织成员会议具有弜烈的仪式的限制。一个管理人员说:我们处在相同的地位上,就像牛常呆在同一个圈栏中。会议的调子低沉、宁静、彬彬有礼和压抑,好像是总裁的那种平和、缄默和压抑的个人工作做法的反射。在这样的会议上,成员间很少讨论,而是一个接一个对总裁的工作风格进行评论。这种一个接一个的方式正好也反应了总裁所喜欢的管理风格。这种会议更像是一种"炫耀和汇报"会。这种早晨的例会,通常是8时15分开始,每次总有个把人迟到,尽管这是一个其他人表示幽默和发泄的机会,迟到者也可能成为潜在的嘲弄对象,但是,当迟到者走进会议室时,总裁和与会者都不说什么,好像被忽略了一样。

总裁在会议上只是起一个新闻发布人的作用。他从组织的外部环境一直到向组织内部透露一些信息。总裁的发言通常是10分钟。其后就是每个与会者轮流汇报各自的工作情况。一个人汇报时,其他人精神萎靡不振,只有秘书连续不断地记录着。组织成员间虽然有时也涉及一点棘手的问题,但总体上很少进行有实际

① James L. Bowditch, Anthony F. Buono: ***A Primer on Organizational Behavior***, John Wiley & Sons, 1990, pp.242—243.

意义和内容的意见交换。

组织成员都知道,开这种会议只不过是一种空泛的形式,所谓交流其实是表面的,讨论也是肤浅的。人们只是汇报已经采取了多少多少措施,从不谈论关于在他们部门发生的问题的真实体会。一位决策者告诉斯默西奇:"在这类成员会议上,你将永远看不到事情的真相。"另一位与会者则告诉她:"我想总裁之所以做这些,是为了把我们拴在一起。"还有一位管理人员告诉她:"这样的会议就如同回到家,妻子问:'你今天在办公室怎么样?'"。

大家都知道总裁不会问管理人员难的问题,因为"触犯别人或伤害别人感情不是总裁的政策"。也正是这一点决定了"提难题是真正地浪费时间,会议只不过是你说说而已的地方,没有人会反驳你"。人们在讲话时总是犹豫不决:"如果我讲这些,会怎么样?""总裁是喜欢冷静的,他可不希望看到任何摩擦或敌意"。由此,斯默西奇指出,组织成员在这样的会议上必然是察言观色,敷衍了事,说一些"其他人愿意听的话"。虽然组织成员对这类会议不感兴趣,但是,总裁的看法却不一样。他认为:"一直保持至今的这种会议,实际上是一个论坛,在这里,我们可以交换内部的和外部的问题以及作出重要的决定。会议上,会出现一些争论和讨论"。①

附录:埋藏了两千年的真理②

埃及的迪拉玛,被称为魔鬼城,它处在帝王谷的入口处。从比东法老到兰塞法老的六百年间,凡是走进小城的外地人,没有不上当受骗的。

第一个来这儿的是阿拉伯商人,他想贩些银器回国去卖,结果被一个带路的小孩骗走了脚上正穿着的一双皮靴。还有一个来自

---

① Jay M. Shafritz J. Steven Ott: ***Class of Organization Theory***, Third Edition Book/Cole Publishing Company, 1992, p.524.

② "埋藏了两千年的真理",载《新华日报》,2002-07-20。

大马士革城的旅行者,他想到帝王谷去探宝,进城不到一刻钟,就被一个吉普塞人连钱带行李骗了个精光。据传,印度一位道行最高的巫师漫游至此,也没逃出被骗的厄运,身上惟一的一件东西——铜蛇管,被一个哑巴骗走。

对于魔鬼城的秘密,历来众说纷纭。有的说,迫拉玛是上帝的狮子、水牛、天狼三星座在地球上的重心投射点,地理位置特殊,外地人走进这里头脑都要失灵。也有的说,是埃及法老图且卡蒙的咒语在起作用,他说,"凡扰乱法老安宁的人必死";在这个入口处,他在用"让你破财"的方式,仁慈地提醒你,不要走近帝王谷。

然而,自从古希腊的一位哲学家来到这儿,这些说法就动摇了,因为他作为外地人,在城里住了一年,不仅头脑和原来一样清晰,而且随身携带的东西一件也没有丢。

一位罗马商人得知此事,很感振奋,决定去拜访那位哲学家。他随自己的商队来到希腊,可惜那位哲学家已经去世五年了。希腊人告诉他,哲学家临终前在摩西神庙的石壁上留下过一句话,那句话是他从埃及漫游回来后写上去的。商人来到神庙,凝视着石壁,喃喃自语:"说得多好啊!"然后匍匐在地,表达对哲学家的敬意。

两千三百年后的一天,一位考古学家在迦勒底山脚下挖出七个巨大的石块,其中的一块刻着这么一行字:当你对自己诚实时,天下就没有人欺骗你。不久,希腊政府宣布,摩西神庙的遗址被发现。

第四节　文化全球化理论

一般来说,人们都会将原本成功的经营思路继续用于新的地域市场的开辟,但是这种做法有时往往会带来适得其反的结果。

下面请看一下美国沃尔特迪斯尼公司(Walt Disney Co.)曾经创下的一个鲜明的例子。

无可非议,迪斯尼在美国本土加州和佛罗里达的两个主题公园(theme park)的确创造了辉煌的业绩。在1992年,他们希望将这种成功的经营方式推广到欧洲,于是他们在巴黎的近郊开设了欧洲迪斯尼乐园。这个仿自美国迪斯尼主题公园的计划耗资25亿美元,却因法国人与美国人的文化差异,而使迪斯尼的经营遭遇相当大的挑战。具体的文化差异如下:

(1) 和美国相比较,法国人以前很少接触主题公园。花了大把钞票,却只是在大门里面散散步而已,实在让他们感到奇怪。

(2) 法国人在一个礼拜中只利用星期天一天作为全家出游的日子。他们从来没有在星期六或平常的日子全家一起出游的习惯。

(3) 法国人几乎是集中放假的。每年的八月份,所有的机构都停止营业,所有的人都休假。因此,法国人对于主题公园的需求和美国人并不相同。

(4) 法国人长久以来厌恶与陌生人会面。当他们受一群脸上带着亲切微笑及愉快问候的陌生人所欢迎时,他们并不欣赏。

(5) 在美国,有50%的迪斯尼游客会在乐园中吃快餐,然而大多数的法国人并不喜欢如此。恰恰欧洲迪斯尼乐园凭借美国的经验也设立了和美国迪斯尼乐园相同的快餐摊位。分析一下,能有游客上门吗?

(6) 法国人的耐心比较差,如果要他们排长长的队伍,他们会觉得很不舒服。美国人则不同,他们可以为感兴趣的游乐设施而等待好长时间。

(7) 法国人爱狗,他们会带着狗到任何地方,包括带狗进入大多数的娱乐场所,甚至高级的餐厅。但是迪斯尼乐园却禁止带狗进入。

(8) 迪斯尼的人员常佩戴只有名字而没有姓氏的徽章,这种非正式的做法在美国能被接受。但是到了法国,这种并不是法国人做事的方式。

(9) 法国人不习惯遵守清规戒律。他们不理解也不愿意接受公园里那些条文要求,例如叫他们不要抽烟,不要嚼口香糖,或是不要和同伴聊天。

法国人显然不同于美国人,因此要在法国成功地经营主题公园,就必须采取和美国很不相同的措施。这个欧洲迪斯尼乐园的例子,说明了 20 世纪 90 年代以来,经营者所要面临的一个问题:当你想在一个不同的国家经营你的企业时,组织文化要做什么样的改变。

显然,文化科技的发展已经开始迈入全球化阶段,而全球化文化科技交流范围的扩大,其涵义与传统意义不同之处在于它将借助跨国经营、资本市场、信息技术等新的方式,在民族国家之间构成一些新的内在联系。这些联系蕴含合作与冲突、机遇与挑战等种种复杂情形。它们是文化历史的接续,又对文化未来产生极大影响。因此,我们应该且必须关注一些现象、差异性的动态发展,以便以全球化观点探讨新的全球化的组织文化。

一、几种现象

1. 地球村

由于高新技术和信息技术的快速发展,人类生活设施、交通运输及通讯联络都已经发生了翻天覆地的变化。例如,超音速喷射机、国际电话、电脑网络、E-mail 的发明使用,以及局部地区的新闻可以通过人造卫星传送到世界各地。今天,我们如果要和远在美国的学者电话交流,每分钟的话费也只有不到 10 美分,E-mail 随时可以接通;即便去美国拜访他们,往返国际旅费也只需 10 000 元左右的人民币开销,比起几十年前我们的祖辈去看望一下隔河之远的村邻或亲戚都还要容易。的确,距离和国界如同大部分的贸易障碍一样快速地消失了。所以,难怪乎有人称世界就是一个“地球村”。事实上,“地球村”这个主题显示了跨国合作以及国家与国家之间的区域合作正在快速发展,这种发展趋势所带来的影响值得重视。

2. 跨国企业(如麦当劳)

跨国企业的经营者都面临着多环境多文化的挑战。他们要面对各种不同的政治制度、法律及社会风俗。但是产生这些国家间的差异的根源基本上都是来自于不同环境、文化背景的影响,这既给经营带来了一定的问题,但也带来了商业机会。很显然,要管理一个跨世界多个国家、说多种不同语言的员工的企业,当然要比管理一个本地的、只使用本土母语的企业增加多少难度,这是可想而知的。但是这些问题与机会的同在,正是企业为什么会费尽心机、敢冒风险地将事业扩展到全世界的主要动机。

3. 欧洲共同体

欧洲共同体是由 33 500 万人民在内的 12 个国家所组成,包括了法国、丹麦、比利时、希腊、爱尔兰、意大利、卢森堡、葡萄牙、西班牙、荷兰、英国及德国。本来由于国界的区分,他们有各自的国界控制、关税、特别税金、国家境内的政策,以及被保护的工业。但在 1992 年底,他们宣布成立一个单一市场。在此之前,旅行、工作、投资及贸易都受到国界的阻碍。欧洲成为共同体后,货币、劳务、商品及各种服务都可以自由流通。一个司机将货物从荷兰的阿姆斯特丹运送到葡萄牙的里斯本,只要一份文件就可以顺利通过四个国境的交界点到达五个国家。而在 1991 年时,则要为办理通行手续准备两磅重的文件才能通过。

促使这 12 个国家结盟的主要动机是想恢复它们的地位,以对抗美国与日本的工业力量。如果欧洲各国仍是分开的国家,国家间会形成壁垒互相对抗,那么欧洲工业规模经济的发展,就不能像美日两国一样。新的欧洲共同体刚好提供一个机会,允许欧洲的企业开发这片世界最富有的单一市场。同时,贸易障碍的消除,也鼓励了东欧的企业到这些国家投资,以便能从这些新机会中赚取更大的利益。未来,欧洲的跨国企业在进军美国、东亚、日本或其他世界性市场时,很有可能会击出漂亮的重拳。

4. 新的东欧

1989年以前,罗马尼亚、波兰、匈牙利及东德是共产主义的国家。那时,东德的人民要冒生命危险才能偷渡进入西德。然而,18个月后,东德和西德重新统一。小贩将柏林围墙的碎物当作纪念品卖给游客。从此,美苏的关系比40年前要稳定,超级强权国家间爆发大战的忧虑逐渐消失,企业家忙着把目标转向匈牙利及波兰的市场,以便能创造和争取更多推销产品的机会。自由的东欧带给跨国企业无限的机会。目前,东欧的市场具有相当的发展潜力,尤其能够解决高技术、低成本劳力供需问题。东欧的巨变,可以说是全球经济化背景下的典型案例①。

二、几种差异性

上述四种现象反映了当代世界环境的典范变革的情况。但若要使变革能够更好、更健康地发展,关键在于研究和探索文化的整合问题。为此,首先要探索文化的差异性。文化的差异性决定于不同的价值观,而不同的价值观又决定于不同的民族和国家。比如,美国儿童从小被灌输的是个人主义与独特性的价值观;而日本儿童被教导的是要团队合作、要顺从。在美国的教育中,是启发学生去想、去分析、去疑问;而日本学生在详细叙述事实方面更多地受到鼓励。不同的社会规范展现了不同的文化,自然也产生了不

① Stephen P. Robbins: ***Essentials of Organizational Behavior***, Prentice-Hall International Press, 1992, pp.19—21.

同类型的员工。大体上说,美国人比日本人要更有竞争心,美国人也比较会把焦点放在自我上。而日本人喜欢团队工作,团队工作是以团体作为决策与酬赏的基础,日本人在团队工作的情形下表现会比较好。所以,如果我们以美国员工的情形来预测日本员工的行为,就很可能会出错。我们可以很容易阅读到以日本或美国文化为主题的书籍。但是怎样才能了解一个国家的文化?最普遍的办法是和那些国家的人民直接接触聊天。但这样做真的有效吗?对于一个生于斯长于斯的成年人来说,他会以这个国家的文化规范来约束自己的行为;他也会知道在一些不成文的规范中,事情到底如何做才会做得顺做得好;但他却无法向别人解释他们的文化。虽然从很多地方可以看出文化,但是文化却是隐藏的,所以大部分的人并不知道是文化塑造了他们。文化与人的关系就像水与鱼的关系,生存于文化中的人对该文化的麻木,就像水中的鱼不经意水的存在一样。因此,当某个人进入一个不同的文化区域或国家并与当地人接触时,他很可能会觉得沮丧甚至受挫,因为当地人是不能,也是不会意识到向外人解释他们的行为是他们文化特色的表现方式。

显然我们也很难从当地人那里洞悉该国的文化,但可根据一些研究资料发觉各国文化间会有一些什么样的差异,而这些差异中最关键的差异又是什么。现在就来看一下,由颇具权威性的霍夫施泰德(Hofstede)理论架构所提供的,不同国家的主管与员工在四个方面的文化差异性,即:个人主义与集体主义、男性作风与女性作风、权力距离、避免不确定性。另外,再加上美国与其他国家相比较所存在的差异性作为本节的第5点。

1. 个人主义与集体主义

个人主义,其环境是社会结构松散,每个人只关心自己和与自己最亲近的家庭。与个人主义相反的就是集体主义,其环境是社会结构紧密,人们把别人视为团体中的一部分,处处予以照顾关心；人们对团体表现出绝对的忠诚，人与人彼此相互依赖。

霍夫施泰德为了做一个对比研究，他一共对60个不同的国家中的16万名员工进行了调查。这些员工都同样为某个跨国性企业工作。由于不同的公司在运作方式和政策规范上本来就有差异，因此，霍夫施泰德发现，过去的很多研究结果即使是发现了国家之间有差异，但这些差异，还仅可能只是公司间的差异。经研究，霍氏发现，如果国家之间有任何的差异，这些差异就应该归结为来自于国家文化间的差异。他洞察到个人主义的程度或倾向，与该国家富裕的程度有密切的关系。富有的国家如美国、英国、瑞士等，其人民的个人主义倾向非常突出；而像哥伦比亚、巴基斯坦等贫穷的国家，其人民的集体主义倾向也非常突出。①

2. 男性作风与女性作风

这如同前面的个人主义与集体主义一样，也是一个二分性的差异，霍氏称之为男性作风与女性作风。根据他的说法，某些社会文化视男性女性一律平等，男女不同性别都可以担任组织内任一相同的角色，而有些社会文化则片面地认为，人类必须严格地依据性别而分配不同的角色。霍氏在调查中还发现到，当一个社会将男性活动和女性活动清楚地划分时，“男性总是被分配到主动进取与支配他人的角色，而女性总是分配到服务性与被动分工的角色”②。霍氏认为，一个男性化观点强的社会特别强调主动进取以获得金钱和地位，他们极少或不会强调要照顾其他的人。相比较之下，一个女性化观点强的社会就比较强调人际间的关系、关心别人，以及胸有全局的生活品质。在女性化社会中的成员，经常将人际关系看得比金钱重，他们关心生活的品质、环境的保护，并且乐

① Stephen P. Robbins: ***Essentials of Organizational Behavior***, Prentice-Hall International Press, 1992, p.28.

② 同①，第31页。

于助人。

经过比较研究,霍夫施泰德发现,日本是“男性作风”程度最高的国家。在日本,几乎所有的女性都呆在家里照顾小孩。而北欧国家及荷兰最具“女性作风”。在这些国家里,与日本恰恰相反,男性留在家是当家庭主夫,太太在外面工作挣钱养家糊口。尤其特别的是,若男人在外上班,公司还提供类似“产假”的公假,保证他们回家照顾新生儿。

3. 权力距离

霍夫施泰德用权力距离这个名词来客观地描述在组织机构中权力等级的现象,以提示人们了解并认可社会中存在的事实。在权力不等的社会中,员工对于那些拥有权力的主管,表现出相当大的敬意或屈让。头衔、阶级与地位在社会中成为占有权力的分量。因此,在跟这些国家进行谈判协商时,最好此方代表能以相仿或平等地位、头衔跟对方代表切磋。这些国家包括菲律宾、委内瑞拉及印度等。相对而言,低度权力距离的社会,则表现出人与人呈现平等关系或淡化不平等的观点。主管们虽拥有职权,但员工并不会畏惧或表现出特别的崇敬。在丹麦、以色列及奥地利就不乏其例。

4. 避免不确定性

世界上最确定的就是“最不确定”,未来的事物大部分都是未知的,而且很难加以预测。但不同的社会对于此一不确定性,却有着不同的处理方式。有些社会引导其成员能够镇静地接受不确定性。这些社会的人民,不但较习惯于风险,而且也较能容忍别人的行为与意见,因为他们具有相当高的安全感,不认为有什么势力会威胁到他们。霍氏将这些社会称为低度的避免不确定性。这些国家包括新加坡、香港、丹麦等。

至于高度避免不确定性的社会,它的人民具有较高的焦虑感。那些人民对于不确定性处处感到威胁,其表现出的行为颇为紧张与暴躁,因而会创设出各种机制以达成保障与降低风险。他们的组织很可能会有较多正式的规章,较不能容许不一致的意见与行为存在,而且其成员对于某些组织的信念必须视为绝对真理,只能遵从不能违背。这类组织的员工一般不会任意地更换工作,而终身受雇。组织实施的政策基本较为稳定。这些国家包括日本、葡萄牙及希腊。

5. 美国与其他国家

根据上述四方面的文化差异性,并对 40 个国家进行比较研究之后,霍夫施泰德发现美国在排行榜中的情况如下:

(1) 个人主义与集体主义——在 40 个国家中,美国的个人主义的倾向最高。

(2) 男性作风与女性作风——男性作风远高于平均水平。

(3) 权力距离——低于平均水平。

(4) 避免不确定性——远低于平均水平。

上述研究结果,跟世界其他各国对美国的印象颇为一致。在个人主义方面,这是美国人长期受资本主义制度影响的必然特性,从霍氏的研究,已得到进一步的证实。在男性作风方面,美国远高于平均水准的结论也不足为奇,因为美国奉行资本主义、肆意一统天下的本性,决定了它必然强调独断独行与物质文明的追求。在权力距离方面,美国实行代议制度式的民主政治,因此该向度要比那些由一小部分人统治广大民众的国家要低,但是却又比那些极端强调平等、民主的国家要高。在避免不确定性方面,这仍与美国实行代议制度式的民主政治有关,美国人知觉到他们自己相当不受不确定性的威胁。

本书不打算用太多的篇幅来描述或讨论霍夫施泰德对其他国家的研究结论,只能根据霍氏的研究资料将一些较突出的国家列于小表中。

同时,考虑到重点在于比较各国间的文化差异性,故又在文中大略地将美国与其他国家作了简单的比较[①]。

表 10－2　世界部分国家文化差异简例表

类　别	国　别	类　别	国　别
高个人主义	美　国	高集体主义	哥伦比亚
	澳　洲		委内瑞拉
	英　国		巴基斯坦
	加拿大		秘　鲁
高男性作风	日　本	高女性作风	瑞　典
	奥地利		挪　威
	委内瑞拉		南斯拉夫
	意大利		丹　麦
高权力距离	菲律宾	低权力距离	奥地利
	墨西哥		以色列
	委内瑞拉		丹　麦
	南斯拉夫		香　港
高度避免不确定性	希　腊	低度避免不确定性	新加坡
	葡萄牙		丹　麦
	比利时		瑞　典
	日　本		香　港

三、以全球性观点探讨新的全球化组织文化

不言而喻，经济全球化意味着包括发达国家、发展中国家乃至

① Stephen P. Robbins: ***Essentials of Organizational Behavior***, Prentice-Hall International Press, 1992, pp.31—37.

于落后贫困的国家都需要用战略的眼光去分析、看待和竞争人类惟一的现实共生效应的“全球大市场”。诚然，不同国度中的组织与组织、组织与人、人与人都必然会遭遇整合性的问题。无疑，必须要对不同国家中的组织行为作出正确地预测，相应地就一定要考虑国家差异——也就是国家文化的差异。然而，在前面两节中所阐述的几种现象和几种差异性是客观的现实，因此，我们就要以全球性观点探讨新的组织文化。

1. 新的流动资本

近几年来，经济全球化造成国际资本流动大量增加。全球性的商品和服务的贸易正在飞速发展的同时，劳动力的流动性也极大地增加。据美国《外交政策》季刊1999年春季号，卡耐基国际和平基金会资深会员、该协会国际移民政策规划部副主任纽兰(K. Newland)撰文指出，当今全球劳动大军已超过25亿，且这股国际范围内的劳动力流动热潮仍以强大的势头继续发展[①]。由于这股潮流，使得不同国家间的文化交流更加增强、更加频繁；同时，由于国际跨国公司带来的文化与当地文化的融合也已成为一种突出的世界文化现象。对此，越来越多的学者都引起了足够的重视，他们认为，在决定某些社会比另外一些社会更富裕方面，社会态度比政治和经济更重要，而文化是至关重要的。显然，全球性的流动资本需要全球性组织文化的引导和规范。

2. 新的工作价值观

今天，由于教育水平的提高和人员的经常流动，人们将更注重以专业知识投身于职业；在工作中，他们追求的是更多的参与、参政和自主权。人们将更为重视人际关系而不是亲戚关系。换言之，人们将更加追求民主，目的是能获得表达自己意愿的权力，能

① 沈永林著：“关于全球化与文化的讨论”，上海：《国外社会科学前沿》2000年版第236—261页。

有展示自己才能的机会，能达成自我实现的价值。因此，从长远看，全球经济的发展趋势会带来有助于民主的文化变化。难怪乎哈佛大学历史学教授戴维·兰德斯(David Landes)在《文化至关重要：价值观如何引导人类进步》一书中宣称："如果我们从经济发展中弄懂了什么，那就是人类价值观的差异的根源都在于文化。"[①]

3．文化的电影摄制范式

可以说，20世纪所拥有的是一种"真正的世界性大众文化"，也就是说，这种文化至少能够通过全球卫星接收使世界上大部分地方的老人、孩子、男人和女人在每天甚至是每时每刻所分享。英国左派史学家、当今学者所推崇的近代史大师霍布斯鲍姆(E. Hobsbawn)，于1999年在英国《星座》杂志总第5卷第1期上发表题为"国家与全球化"的文章，指出"这种全球性大众文化超越，甚至毁坏了地方性文化，因而它与民族特性是矛盾的"。

该学者所阐述的观点的确颇有见地。就以我们中国为例，1972年之前我国的大门，对西方国家来说，几乎是封闭的，因为那时我们一穷二白的国情决定了中国人民只有发扬自力更生、艰苦奋斗的精神，才能救国救民。自从1972年我国接待了美国总统尼克松之后，于1978年又实施改革开放政策，接着派遣大批学者出国交流合作，并在国内主办国际学术会议，邀请国外专家访华交流。通过国际交流，我们既了解掌握了国际学术动态，及时开展有关学科的前沿研究，使得我们的学术研究赶上并在有些方面超过国际水平；同时又向国际同行宣传我们的研究水平和展示我们已取得的成就，提高了我国的科学研究学术地位；也结交了国际同行知己，建立了合作关系；从而又促进了我们的科研水平更上新的台阶；这不得不承认是改革开放带来的成果，也是对历史的继承和发

① ［美］亚历山大·斯蒂尔(Alexander Sille)："国家富不富，美化最重要"，美国《纽约时报》，2001－01－13。

展。但是在刚开始实施改革开放政策时,实际上也排除了不少当时受地方性僵化观点影响的阻力。

其实,当今的电影摄制范式为地方性、国家性和全球性因素在文化中的冲突与互动提供了一个极好的示范。一方面,奥斯卡金像奖这样的电影参赛同奥运会一样建立在国家间竞赛的基础之上;另一方面,电影参赛又建立在剧组间竞赛的基础之上。从理论上讲,这些剧组是地方性的,而且能够唤起地方性忠诚。因为每个剧本从挑选到摄制总要经由如下三个步骤,即:一是由导演选挑剧本,主要考虑剧本具有鲜明的主题思想和丰富的剧情内容;但是最终需主管部门从政治上审查合格,且能表现民族特色或反映时代特征的剧本方可获得批准。二是由导演根据剧情内容挑选演员角色,主要考虑演员的气质、技能较为胜任所要担当的角色。三是由导演综合协调,统一指挥,主要考虑全体剧组成员的团队合作,包括角色之间的配合、演员与摄制人员的配合等,以实现共同成功,产生社会效应。在每个国家,真正能参与国际电影竞赛的又只集中在几个主要的电影公司或由名导演组织的剧组身上,这些剧组已经戴上了资本雄厚或名声显赫的电影业界的皇冠,它们已成为娱乐业的一部分,并且已成为文化娱乐业交易的经营资本。比如美国"好莱坞"的影片早已越出了美国的国界,一部《泰坦尼克号》换取了多少中国人的眼泪。一般来说,这类剧组不完全坚守他们的国家基础,更不用说地方基础了。它们之间的互相竞争,体现在跨国挑选演员角色。有时一个典型的剧本可能由来自好几个国家的明星组成。当然,在为摘取奥斯卡金像奖桂冠时,各国的国家队还必须在本质上维护其国家性。事实上,在其他的领域,尤其在体育领域内,这种"电影摄制范式"都已司空见惯。

4. 多元语言并存

全球化的迅速发展也为人类组织文化带来了一个突出的副产品——多元语言并存。在全球化的今天,多数人都认为,英语就是国际上通用的一种世界语言，而其他一些用于交往的区域性语种，如阿拉伯语、西班牙语和法语等，不太可能成为世界通用的语言。在关于全球化与语言问题的讨论中，英国犹太大学荣誉教授菲什曼(J.A.Fishman)在英国《当代》杂志1999年6月号上，发表了题为“英语能成为世界语言吗?”较为客观地指出，现今已有16亿人也就是有接近世界人口1/3的人在某种情况下使用英语，而且英语在世界上的广泛使用会更有发展前景。[①]在“上自举足轻重的外交，下至空中航线的控制和大众传媒中都要使用它，英语的作用在一定程度上均占主导地位”。但菲什曼又认为，从历史上看，语言的兴衰与该语言为背景的军事、经济、文化和宗教势力有关，有很多原因使人们预感到“英语的影响最终会削弱”。的确，今天的英语之所以普及是因为全球化的推动和其自身作为。比如，在当今全球化影响下的中国北京，由于世界各地来华访问交流、旅游观光、经商贸易的人员数急骤增长，为了提供服务，招揽生意，以致获得社会、经济效益，各服务机构包括餐饮、宾馆服务人员和出租司机一律要求上岗前需参加英语培训。然而，有一个事实也不应忽视，即：几乎多数青年人都能讲洋泾浜外语、唱流行英语新歌，但这并不意味他们精通英语或理解唱词的全部内容。显然，事实正涵盖着一个趋势，不同国别间的交往，如贸易、旅游、传教、通婚等已涉及人类生活的各个领域，这必然会促进着区域性语言文化的发展。但是，因为地区性语言需求的兴起，自然会在不同程度上同英语的扩展形成抵触，并削弱英语全球化的影响。至少使英语不能单一地稳坐世界通用语言的钓鱼台，而是由多个国家参与交往中所需求的多区域性的多元语言并存。

因此，随着国际交流的增加、非正规市场交易的扩展和劳动力

---

① Stephen P. Robbins: ***Essentials of Organizational Behavior***, Prentice-Hall International Press, 1992, p.31.

流动的移民潮流，相伴随的多元地区性语言并存的走向也成为定势。对此，某些国家的政府和组织都投以极大的关注，比如，德国政府专项拨款资助从贝鲁特到雅加达的78所歌德学院，进行德语、德国戏剧的讲授，推广德国的艺术、电影和文化。而法国每年都要拨出数千万法郎用以资助世界各地使用法语的研讨会、学校和大众传媒，目的很明确就是为传播法国文化。这是一种使自己本土语言文化向外影响的做法；另一种情况是某些国家为开辟他国贸易市场而讲授或传播所要取向的国家的区域性语言。通过传播所取向国的语言文化使本国人民尽快了解和掌握取向国的文化背景下各种行为、思想，以便更好地打入他国市场。比如，美国等国就专款投资开设了汉语讲座节目。

可想而知，每一种语言在多元语言并存的社会都有其自身的独特作用。在全球化的今天，多元语言的并存意味着语言之间的排斥性，而语言的排斥性某种意义上也取决于各个政权的政治目的。但是，最终某个语言的输赢谁都难以预料。语言文化也同经济一样，全球化、地区化和本土化是同时发生的。不过，在不同的地方，所需求的语言是不同的，即使是同一种语言，其影响力可能很不相同。任何一种语言的兴衰完全受其背景的社会、文化、经济乃至于政治变化所影响。所以，未来社会的发展就像菲什曼所指出的那样，"没有理由设想英语总像今天这样必不可少。若没有了英语，文明不会沉入海底"；"最终，民主、国际贸易和经济发展，使用任何语言都能兴盛"。很现实，多元语言并存将是未来万花筒的社会组织文化的发展趋势。

三、中国的全球文化观

1．对外开放与当代中国文化

2001年5月，江泽民同志代表中国政府和人民向前来参加《财富》全球化论坛香港年会活动的朋友们致欢迎辞时，明确表示，实行对外开放是中国推进现代化建设的一项重大决策，也是中国一项长期的基本国策。

他说，中国将继续大力发展对外贸易，更好地实施以质取胜，市场多元化和科技兴贸战略，扩大货物和服务贸易进出口。中国将坚持积极合理有效地利用外资的政策，继续改善投资环境，扩大利用外资，积极探索采用收购、兼并、投资基金和证券投资等多种方式利用外资，提高利用外资的质量。中国将进一步扩大对外开放的领域和地域，有步骤地开放银行、保险、电信、贸易等服务领域，推动中西部地区的对外开放。中国将大力发展电子商务，加快信息化进程，支持企业运用现代信息网络技术开展国际合作和交流。中国将积极参加多边贸易体系和国际区域经济合作，全面发展多边和双边经贸关系。

在谈到中国加入世贸组织的问题时，江泽民说，加入世界贸易组织后，中国将有步骤地扩大商品和服务贸易领域的对外开放，为国内外企业创造公开、统一、平等竞争的条件，建立和健全符合国际经济通行规则、符合中国国情的对外经济贸易体制，为国外企业来华进行经贸合作提供更多、更稳定的市场准入机会。[①]

根据江泽民同志的讲话精神，很显然，当今中国已把经济全球化问题摆到了国内外事务的重中之重的位置上，其目的就是借助于全球大市场来更好更快地发展本国经济。为此，人们应从如下两方面引起足够的重视：一是吸取过去的经验，继续集中精力抓好科学技术创新，并通过制度创新保证科学技术发展。二是吸取过去的教训，加强人文和社会科学研究。因为全球化问题，事实上意指涉及全世界范围内各有关国家或区域性的语言、宗教、历史、政治、法学、哲学、伦理、文学、经济、军事、美学等一切人文和社会科

① 人民日报记者郑宏范，新华社记者端木来娣、汪金福："江泽民出席论坛开幕晚宴并主持讲话"，载《经济日报》，2001－05－09。

学。比如,若与某些国家建立国际关系,首当其冲的就得要对这些国家的一切人文和社会科学进行研究;通过研究才能了解对方、熟悉对方以取胜。但是,如果这些国家距离中国遥远,文化也不为中国人所熟悉,对这些国家的研究也很浅薄,在这种情况下与这些国家谈判或交易,往往吃亏的或不成功的可能性就很大。而这种吃亏就在于文化和社会科学研究的浅薄,使得不能显示理论上的指导性,进而造成外交上或国际事务中的被动性。相应地,也会在利用国际准则、规则和组织原则为自己创造有利条件时,表现出犹豫不决、缺乏灵活性以致失去极好机会。

因此,在经济全球化趋势迅猛发展,中国对外开放继续推进的形势背景下,作为文化大国,我们既要继续弘扬中国悠久而浓厚的文化传统,珍重中华民族的文化成就和文化姿态在世界文化格局中受到世人敬重的事实;又要大力建设和发展社会主义的新文化,努力促进世界文化的整体发展,力争在国际文化交流中,积极地以对话、交流、互补、共存、发展这些建设性的字眼儿,替代那些对抗、阻隔、互斥、吞并、取代等破坏性的词语。这样做,不仅是中国广大人民的需要,也是对人类的重大贡献。从而让世界更加了解中国、认识中国,使中国尽快有效地融入世界大社会中。

同时,我们还应以海纳百川的胸怀,以更加开放的理念面对千姿百态的世界文化。封闭的时代虽已结束,但封闭的心态却未必根除。我们对本民族的传统充满自信,我们对他人的长处或他人自身修正错误的努力也应学习。换句话说,我们要有勇气敢于自我批判,只有敢于批判自己的错误,才能不断更新;只有不断更新才能更好地发展。要能有勇气做到上述这一点,才能看到自身的不足或错误,和他人的长处或他人已在修正他自身原有的错误;只有看到了自己的不足和他人的长处,自己才能找到新的生长点。为此,我们要力争做到以下三方面开放:一是向对立面开放;二是向资本主义开放;三是向竞争对手开放;求得互补,而不是互斥。

做到这三个方面的开放，就叫做“求同存异”。而这种“求同存异”其目的可以达到两点：(1) 求和；(2) 满足自己所需。我们希望大家都能一改过去的“封闭式”而换成当今所需的“求同存异”式思维。只有这样，才能充分利用全世界的文化资源来丰富和发展自我，并达到最明智的选择。

我们共有一个地球，是人类文化将它装扮得比其他众多星球更加美丽。我们有充分的理由相信，在日益发展的经济全球化的氛围里，文化的装点肯定能使我们生活的地球变得比过去任何时候都更加璀璨，更加辉煌。

但是我们在对全球化文化发展充满着信心的同时，也要充分认识到文化是一种既复杂而又内涵精深的现象。随着后工业时代，特别是信息时代的到来，工业化世界的大多数国家的社会状况严重恶化，犯罪和社会混乱日益加剧，其中“个人主义文化”对社会领域的侵入是一个非常突出的隐患。因此，我们在对全球化文化整合的问题上持积极态度的同时，也不得不对“全球经济力量正在塑造同质性的全球化文化而使国家变得多余”① 的说法加上一点防备之心。

另外，我们尚要注意避免一个误区，即“全球化文化”的形成并不是通过民族文化和地方文化的消亡而形成的。如果能注意到这一点，这也算是对列宁曾经关于“国际文化不是非民族的”思想的继承和弘扬。②

2. 面向经济全球化首先要有全球化挑战意识

经济全球化固然给我国经济发展带来了机遇，但同时存在着激烈的挑战。所以我们应从如下六方面做好挑战的思想准备：

(1) 我国和发达国家之间的经济差距更难消除，我国目前人

---

① [美] 福山：“大混乱：人性与社会秩序重建”，载[美]《大西洋月刊》，1999 年第 5 期。

② 沈永林著：“关于全球化与文化的讨论”，上海：《国外社会科学前沿》2000 年版第 236—261 页。

均 GDP 只是中等发达国家的 1/10,在大家都持续增长的情况下,差距将更难消除。

(2) 我国目前处于农业经济和工业经济并存的二元经济状态,工业化还没有完成,科技教育水平较低,知识在经济发展中的作用还很弱小。这些方面的差距比 GDP 方面的差距更难消除。

(3) 我国在知识经济的关键技术和基础设施方面与发达国家差距较大。我国以知识为基础的产业大概占 10%。由于知识的收益递增效应,取得后发优势更困难。

(4) 经济全球化过程中的不平等现象难以避免。因为以发达国家为主导制定的各种游戏规则将构成形形色色的非关税壁垒;ISO9000、ISO14000 要求发展中国家和发达国家在同一个起跑线上,反过来有些问题发达国家却不这么看,比如 CO_2 排放引起的温室效应问题,发达国家提出按各国 GDP 比例来排放,我们提出按人均来排放,这也是人权。

(5) 发达国家的虚拟资本将大量涌入发展中国家以取得利润。虚拟经济的运行要慎重,因为资本是逐利的,只要有利率差、时间差、流动性差、组合差,它都会去追逐,而无利可图时则会扬长而去。

(6) 跨国公司的发展将导入其母国的文化,进而影响资本投入国的经济,甚至政治。

至此,我国的组织管理将面临严峻的挑战。

社会价值观念将发生变化。知识社会是学习的社会,学习不仅是为了谋生,而且是为了在知识社会中生存。学习成为一种精神的需要,人人都要自觉学习,完善自我,组织也一样。

3. 经济全球化与中国文化的对策

经济全球化,主要是指人类以经济为主的一切活动的全球化,它必然通过文化理念来表现。新时代我国应采取以下五方面的对策:

(1) 妥善处理效率和公平的平衡问题。

(2) 提高劳动生产力,实现劳动力的战略转移,加快城市化步伐。一个70%的人口在农村的国家是无法实现现代化的。现代化一个很重要的标志是工业化,因此要努力转移农村劳动力。

(3) 努力发展高新技术,依靠风险投资实现高新技术产业化。在发达地区可以探索和发展知识经济。

(4) 培养创新人才,实现新老交替,建立鼓励学习和创新的分配制度,加强职业培训和基础教育。

(5) 有选择地吸收西方文化,有批判地继承中华文化。江总书记提出了"三个代表"的思想,其中之一就是代表中国先进文化的前进方向,中国的先进文化应当是爱国的、开放的、创新的文化。而这种文化的创立,一方面要批判地继承中华文化,同时要有选择地吸收西方文化。①

---

① 成思危:"经济全球化与中国的应对",载北京:《自然辩证法研究》2001年第5期。

社会等待变革，它总是在终点与开端之间匆匆停留。

——沃尔特·怀特曼

即使最大的理想主义者，即使最坚韧的革命力量，在如此关键的时刻，也都无法认清楚民主和社会主义的界限，也只能在两者之间游移不定。

——罗莎·卢森堡

第十一章 公共组织变革与发展

大凡组织都会注重效率问题，其着眼点主要集中在两个方面，即：一方面是管理性问题，另一方面是管理的载体——组织性问题。21 世纪管理性问题是最受人瞩目的，我们决不可等闲视之。这就是为什么要讨论公共组织变革问题的基本动因。

组织变革问题的核心是什么呢？是用一种开放的系统思想，去找寻组织对于不确定的外部动态环境的适应性。而组织的变革又与组织的发展既相互联系又相互区别，因此，本章将首先讨论组织从产生到成长再到停滞的周期与问题，然后接着讨论组织变革及其路径选择。

第一节 组织的周期与问题

美国著名的组织理论家沃伦·本尼斯(Warren Bennis)曾对组织进行了界定,他认为,“组织是一种复杂的、寻求着自己目标的社会单元。”[①] 根据这一界定可以看出,本尼斯是将组织与社会结合起来加以考察的。组织不是别的,只是社会这个大的组织系统中的一个构成部分。组织既与社会结合为一体,同时,它又是独立的单元。正是从社会的大系统中来观察具有一定独立性的组织。我们可以发现,组织的发展实际上就是一个动态的历史过程,它具有系统的整体性。一切内在的和外在的理性和非理性因素,都在操作的、经验的、语言的、思维的以及社会的不同层面上,制约着组织的发展进程,并形成了一个纵横交织、立体网状的结构系统。在这个系统中,组织不仅表现了它的产生、成长和停滞的动态发展周期的特征,而且也显露了令人困扰的各种矛盾和问题。

一、组织发展的周期

(一) 组织的产生

组织的本身就是为满足协作劳动的需要而产生的。一般来说,个体劳动者就是自己指挥自己,但当许多人在一起工作时,就需要协调整合,于是就产生了组织。因此讲,组织的产生和发展,既是生产力发展的结果,又是协调人与人之间的人际关系、人与劳动资源的分配关系的结果。所以,组织具有两重性,即:当它被生产力和生产关系所作用时,可称为组织的自然属性,而当它影响生产力和生产关系时,又可称为组织的社会属性。这正如马克思所指出的那样,“凡是有许多人进行协作的劳动,过程的联系和统一

---

① 孙耀君著:《西方管理学著名提要》,南昌:江西人民出版社 1992 年版,第 279 页。

都必然是表现在一个指挥的意志上，表现在各种与局部劳动无关而与工场全部活动有关的职能上，就像一个乐队要有一个指挥一样。这是一种生产劳动，是每一种结合的生产方式中的必须进行的劳动。”① 其实，我们只要粗略地阅读一下组织发展史就会知道，促使人们去尝试组织或创新组织的动力和这些组织实践中所依赖的手段，便是人们对物质的需求和为需求所产生的组织思想理念。我们所讲的组织发展也即是人类文明的发展史，大致分为三大阶段。第一阶段是人与兽的斗争。从人类的祖先开始，人们就本能地自发地通过组织，以形成群力，一方面抵御来自毒蛇猛兽的侵袭；另一方面力求在与毒蛇猛兽进行殊死搏斗中捕获到猎物，以解决生存的温饱问题。第二阶段是人与大自然的斗争。这是人类理性地通过科技和经济的发展来预防、抵御或减少来自大自然的灾害，如地震、洪水、大风等。第三阶段是人与人的斗争。人类创造的一切，有时表现为双面刃，它们既为大众带来了福利，也给大众造成了某些危害。人类还得用各种科技手段来解决由科技发展带来的不良后果。所以，毛泽东同志曾经感慨地提出过：“……与天斗，其乐无穷；与地斗，其乐无穷；与人斗，其乐无穷。”这个“斗”就是需要组织，这个“其乐无穷”就是靠组织的智慧、组织的力量，组织战略整合的科学水平。组织的产生一般基于如下三方面的因素进行考虑：

一是由利益相同的人，为了形成团体力量以扩大影响并增进个人利益而联合集成的组织。一些在同一领域却不一定在同一单位的同行，他们为了追求共同的目标，也可以说是为了获得某种利益，但在追求利益的过程中，个人力量显得势单力薄，于是各自自愿创造机会，集结利益相同的人组成团体，并通过团体的力量乘势造势以获取个人的利益。如学会、商会、工会这类社会团体的产生

① 《马克思恩格斯全集》第25卷，北京：人民出版社1974年版，第64页。

就属此类。

二是随社会发展而不断带来科学发展,从而导致新组织产生。社会是不断进化和发展的,社会的进化和发展自然促使科学技术的发展,而科学技术的发展又必然导致组织资源和业务的重新配置,这种组织业务的日趋繁复又造成组织专业的分化;又因为组织专业的分化则必须设立新的专业组织来进行职能管理。如我国国家自然科学基金委员会下属的管理学部,就是基于科学技术的发展,迫切需要文、理交叉学科整合管理的战略考虑,而于 1988 年增设的该机构。但当时建制为处级并附设在综合局下面。后来由于业务的不断增加,该机构日趋凸显重要,以致在整个部委精简行政编制的情况下,不仅增加定编人员和经费,而且还将其从原有组织系统中脱离出来,并于 1998 年按组织建制将其宣布为具有独立权力的局级机构。(由原附属在综合局下面的一个管理部门改为管理学部。)此乃现代化管理的常见现象,也是组织产生的一种方式之一。

三是由理想相同的人,内化主动集结而成的组织。这类组织又可分为利益组织和公益行动链组织两大类。

第一类利益组织,它的形成或产生往往是由客观上的一些具有共同利益选向的但更具前卫性理想的人们,根据自身目标的需要,彼此抉择优势互补或资源最佳组合,以达成共同目标,同时实现自我价值的目的而精心组成的。比如新型的股份制公司(包括创自己品牌和加盟或参与其他组织运营等形式)、知识型的企业共同体(以市场机制促进知识联盟的企业)。

第二类公益行动链组织,又称为人类持续发展的公益行动链。其核心问题就是如何处理好道德和利益的关系。它是由具有顾及整体利益理想的人,为了实现全人类或一个国家或一个社会的整体利益,通过说教的方式或自觉行为去争取更多的人参与或支持,并组成团体。再通过团体力量来谋求大的整体利益的实现。故我们称此组织为公共行动链。一个组织、一个国家、一个社会乃至全人类,都在人类社会历史中扮演了一个特定的追求着自己目的的角色。或者简单地说,人类社会的历史,就是人类为追求自己的目的而进行的人的活动而已。某种程度上,人与动物既有本质上的区别,但也有本质上的雷同。动物因本能需要的驱使,也有像人一样的交往关系。而人的活动,则是有意识、有目的、有不懈的追求的目的,其中也涵盖了追求个人利益的本能私心。所以人们必须形成共识并要力求保护每个人的这种正当且合理的本能需要的个人利益,进而通过恰当的机制使得个人利益通过人们之间的合作来实现,也就是通过交换,彼此都从交换中得益。这种人际交往关系,使得全社会的财富又能不断增加。应该说,在人的所有活动中,最伟大、最有价值、也是把人真正同动物严格区分开来的,是人类的生产活动——劳动。劳动不但创造了人本身,也创造了社会,还创造了社会关系,创造了人际间的处世准则和交换规范。然而,正是人际间交换的行为规范——风俗、道德、法律,才能维系了人类社会的生产秩序。

当今人们都比较注重法治与德治的辩证统一关系问题。因为人们都是在一定的社会关系中生活,无时无刻不直接或间接地发生着个人与他人、个人与组织、个人与社会之间的利益矛盾。当然,各种利益都被规定在政策和法律规范中,并通过强制性的政策和法律规范来调节个人和社会及个人和他人之间的利益矛盾。但是,法律和政策是硬性规范,并不能使人完全自觉地行为。因而还必须要有道德制约的软性规范。道德制约的特点在于它不是通过强制性手段,而是通过风俗习惯、社会舆论、思想教育和榜样感化等手段,使人们形成内心的善恶观念、情感和信念,自觉地按照维护整体利益的原则和规范去行为,从而自发主动地调整人们之间的相互利益关系。这就是德治与法治的辩证统一。在调整个人与他人、个人与组织、个人与社会的利益关系中,道德制约的典范就是要求个人利益服从整体利益，必要时要求个人作出必要的节制和牺牲，也就是道德的典范是以或多或少的自我利益牺牲为原则或规范的。公共行动链就是借助并强调用节制或牺牲个人利益的道德原则和规范来协调个人利益和社会整体利益之间的矛盾。也可以说公共行动链组织通过正确处理好道德和利益的关系，促使整个社会的道德水平的不断提高，从而推动人类社会不断进步，这与当今人们注重法治与德治的辩证统一关系是一脉相承的。

（二）组织的成长

组织的成长，它既是组织周期中的一个阶段，也是组织的个性发展过程。这是组织学家所关心的一个永恒的话题，但在当今社会环境和文化背景下再来研究它时，又可发现组织成长中的一些个性化特征更富有普遍性的深层涵义。

美国著名的行为科学家和组织学家克里斯·阿吉里斯（Chris Argyris），曾科学地从人的个性发展的角度对组织管理的发展进行了考察，他认为，基于社会环境和文化背景，一个人的个性发展总有其轨迹[①]。这一轨迹就是“不成熟——成熟”。这种发展可以从婴儿到成人来比喻。从婴儿到成人的个性变化可以从以下几个方面来观察：(1) 从婴儿的被动性发展成为成人的主观能动性；(2) 从婴儿的依赖他人发展成为成人的相对独立，即自立的同时又与他人保持必要的联系和依存关系；(3) 从婴儿的有限的行为方式发展成为承认多种多样的行为方式；(4) 从婴儿经常变化和肤浅、短暂的兴趣发展成为成人比较持久而专一的兴趣，其标志是成人在遇到挑战时专心一意地从整体上深入研究某一问题的全部复杂性，并通过自己的行动获得较大的满足；(5) 从婴儿时期只顾及当前发展成为成人时期有长远打算；(6) 从婴儿时期在家庭中

① Harold F. Gortner, Julianne Mahler, Jeanne Bell Nicholson: ***Organization Theory*: *A Public Perspective***, Wadsworth, Inc., 1989, p. 396.

和社会上处于从属地位发展成为成人与周围人处在基本平等的地位甚至可以处于支配他人的地位;(7)从婴儿时期缺乏自觉发展成为成人时期的自觉与自制①。

一个儿童的兴趣经常变化,他只对眼前的事物有兴趣。比如"等冰激凌的时间不能太长",他往往以自我为中心,不懂得他人需要,不懂得怎样以自己的要求去影响别人。但是,儿童却甘心处于这种地位,即自身大部分的行动都受别人管束和控制,大部分愿望都得由别人帮助他去实现。当一个人能正确分析自己、规划自己的奋斗目标,并且为了这一目标而承担与别人一样或更为重要的责任,那么,这就说明他已不再是一个小孩子,而是一个具有成熟个性的成人了。

其实,组织的成长就像人在个性的发展方面一样,也要经过从婴儿发展成为成人,从不成熟发展到成熟这样一个过程。这个过程就是从被动到主动,从依赖到独立,从缺乏自制到自觉自制。组织的发展与人的个性的发展轨迹是一致的。

组织一旦产生它就需要成长,但能否使其成长将取决于如下的一些条件及成长方式。

1. 决定新产生的组织能否成长的条件

(1) 组织的形象品牌,亦即是组织存在的价值和影响问题。这必须得到客观环境的认可,使客体大众感觉到该组织是具有自己追求的符号性的目标。即便一开始无实力打出或打响自己的形象品牌,甚至屈居或按捺住斗志充当别人的代理,只图尽快方便地挖到一桶金,但最终或者说是从一开始却要有目的地为打响自己的品牌而奋斗。

(2) 组织的能力,亦即是组织的资本能力、技术能力、交换能力等必须达到足以维持组织独立成长的要求。尤其刚开始靠政府

① 孙耀君著:《西方管理学著名提要》,南昌:江西人民出版社1992年版,第199页。

政策扶持或靠其他资金或技术的支撑产生的组织,定要尽快从依赖转化到独立,否则难以成长。

(3) 组织的职权地位,亦即是它存在的权力和责任,它的产生既不要影响或损害其他组织的存在或地位,但也必须要拥有自己的合理合法的市场和职权,这才能使其做到有位有为,不妨碍他人,也不易与他人发生冲突。

(4) 组织的适应力,亦即是组织对环境的平衡力。环境总是在不断地变化,组织的产生必须与客观环境建立起良好而协调的关系,既要适应环境又要让环境接纳自己,也就是对内对外都要处理好平衡关系。

2. 新产生的组织的成长方式

一个新产生的组织,只要具备了上述四方面的条件,我们认为该组织就算基本具备了成长的因素。但成长的速度则要视新组织员工的共同努力和表现出的竞争优势而定。就以生产冰箱、洗衣机系列产品的海尔集团为例,其成长的过程中则采纳了如下几种模式:

(1) 观念创新起先导

观念创新,体现在创品牌问题上不是要改变客观事实,而是根据客观需求使自己的认识不断改变。海尔集团针对冰箱、洗衣机都有销售淡季的特征,比如夏季前后是洗衣机的旺销时机,而在夏季是淡季,他们就专门生产了一种容量很小的洗衣机,结果销售量很大,盈利颇丰。海尔经过这种超常思维的实践体会到,品牌打出或打响后,还要有不断更新的产品,去不断地领先市场才行。这实际上是指打响名牌还需产生持续性影响。

(2) 战略创新为方向

海尔集团从 1984 年创建时只有 348 万资本和 300 多名员工的规模起家,它们从依赖政府到自立于社会,到 2000 年已发展为拥有 3 万名员工,年销售额高达 400 多亿,产品销往海外 60 多个国家，美欧市场的份额已达 27% 的比例，年增长率达到了 80%。从 1984—2000 年，他们先后经过三次战略部署，即：第一次，1984—1990 年，先创品牌；第二次，1990—1998 年，实施品牌多元化；第三次，1998 年—现在，实施品牌国际化。在打名牌战略的整个过程中，不断完善质量管理体系，使传统生产管理在新的基础上达到最优化，尤其是多元化战略。比如家电生产，由电视机到洗衣机再到空调、冰箱、手机等系列产品，资本实力累积达到了相当的程度，从而使其有能力根据市场需求实施转移产品定位，且在多元化战略实施过程中，不是以东方不亮就西方亮，而是“东方亮西方也要亮”，这种战略无疑又增强了对市场风险的抗衡能力。在此基础上向国际化进军，从海尔的国际化到国际化的海尔，从单纯地追求优秀的国际化到国外本土化的优秀的海尔。这三次大的战略部署实际上表明了一个组织在成长中一直在追求规模扩大，它包括了组织内部单位及层次的增加，员工人数及资金的增加，市场份额及盈利总值的增加，以致达到由本地到区域再到全国再到国际步步入胜，不仅要打响名牌，还要打响市场形象的威望，从而进一步充实、推动业务规模的再扩大。

(3) 结构体制创新作保障

这是海尔不断更新的常规过程。海尔人的观念是：体制好比人穿衣服，随人长大衣服也要做大，即使不换新衣也要把旧衣服加宽或接长，企业组织只有通过体制创新来保障战略实施，具体地讲就是通过组织的作业流程，再选或重组结构。他们的格言是，21 世纪比速度，我们要以结构的空间消灭滞后的时间；电子商务解决时间与空间的关系，靠的是服务功能，我们海尔解决两者的关系也同样以服务来满足个性化客户的需求。海尔的结构体制创新理念，实际上就是一切以市场为导向，以满足顾客需求为目标，并千方百计地以服务质量赢得顾客的满意、信任和向往。最终的目的仍是达成最好的组织绩效，并不断地由绩效产生社会效应。其最本质的做法就是时刻与客户互动,以自己的诚信加产品和服务质量感动和吸引顾客,并由用户自发地宣传、影响和招揽更多的顾客群,从而使得海尔在顾客群中形成准号召性的凝聚力,以致促使社会对组织的了解与重视,由此引发更多的潜在的或连带的销售业务商机。同时增加员工的升迁机会,也使员工因此获得鼓舞,自感肩负责任,并自主地提供更多的奉献,乐意为组织分担风险。这也可以说是海尔对内对外的结构平衡绝招。

上述海尔的三种创新模式,体现了一个新产生的组织的三步成长方式,也是可供处于动态不定环境中的各种组织,包括公共组织借鉴采用的科学管理的战略范式,尤其适用于现代化组织发展的任何阶段。这就是本节开头所提示的"但在当今社会环境和文化背景下再来研究时,又可发现组织成长中的一些个性化特征更富有普遍性的深层涵义"的现实意义所在。

(三)组织的停滞

前面已讨论了组织的产生、组织的成长,紧接着就该来讨论组织的成熟问题。组织的成熟往往呈现两种态势。其一,当新产生的组织经过成长达到成熟阶段时,意味着组织运作绩效也已达到了高峰程度,若用数字的正态分布方法来分析,该组织将只能再维持一定绩效坡峰后就会慢慢下滑进入坡谷。其二,我们可以设想,一个新生的组织就像一个行进在地球某侧的一个山顶上的运动团队一样,从地表上看,该团队虽已到达山的顶峰,但由于运动队的队长懂得他们当时所处的山峰的点仅仅在地球的某侧某点上,就凭他的自然方向感,他可以带领这个登山队的队员们从山的一侧绕着山腰转向地球另一侧的地平面(两者在地表面上处于同一水平线),果真当该队再在地球的另一侧出现时,在当地人看来,这个登山队就是一个新产生的组织。想像中在这个团队前面可能又会有了另一更高的可攀登的山峰(假设后面也有其他竞争团队争夺这个山峰),而他们全体队员可以率先呼吸到新的空气,观赏新的美景，也可眺望到新的开阔的山峰。他们就可以这样不断地向前走去，不断地攀登新的高峰。但是，在这支队伍中的每个成员都必须具备能适应这个处在地球另一侧面上的高山气候的身体素质，同时还要具备攀登新高山的技能，还要有灵活的机制，促使能力强的队员帮助能力弱的队员一起前进等。如若不具备这些条件或能力，即便某个山峰的新鲜空气特别好，他们却无能力使得这个团体去呼吸、生存。同理，如果一个新的组织若没有自身应具备的规模和能力，尤其是结构体制去适应所处的新环境，无疑其成长、成熟就会成为一纸空文。所以这种态势的组织也是循着一个由产生到成长再到成熟的周期周而复始地在运转。鉴于上述两种情况，我们都得要讨论组织成熟问题。

组织的成熟实际上是指组织将进一步如何运作它的规模、它的绩效、它的员工额数是增还是减？又怎么让员工发挥作用？又怎样吸引员工爱岗尽职或怎样博得员工的忠诚心？针对这个问题，阿吉里斯仍从人的个性发展的角度对组织成熟问题提出了自己的独到见解，他认为，“成熟的组织”只能使人保持在“不成熟”的阶段，从而妨碍自我发展。该观点迄今仍具有现实指导意义。

正是从人的个性发展的角度来考察组织管理的发展，从而导致阿吉里斯对传统的组织理论进行批判。阿吉里斯对传统组织理论的批判尽管同西蒙相比还不那么全面和深刻，但是，他可能是西方组织理论史上第一个对以泰罗、法约尔为代表的传统的组织理论进行认真评价的人。他对传统组织理论的批判对西蒙不能说没有启迪作用。

传统的组织理论都倾向于研究比较成熟的组织。泰罗主张必须先有“精神革命”才能成功地实现科学管理，法约尔则主张“合作精神”。他们都是要求个人应当首先忠于组织，忠于正式结构。最有代表性的是厄威克，他主张按理性原则事先设计好一个理想的组织结构，使组织内部井井有条，一切都按既定秩序进行，每个人都各安其位。这些传统的组织理论学家们坚持认为,从长远效果来讲,只有按照逻辑设计出来的正式组织才更符合人的本性。

其实成熟组织所用的专业分工原则、等级层次结构原则、集中统一领导原则、控制幅度原则等等都是同组织成员的成熟个性相矛盾的。在传统的组织理论中,专业化分工被视为是提高组织效率的重要原则。对专业化分工与组织效率之间的关系,传统理论提出了三条假设:一是在承担专业化分工原则所划分的工作任务时,人们能够以最有效率的方式工作;二是在确定的岗位上工作时,人们可以找到一种最佳的方案,使工作速度最快;三是将更多的技艺和思维能力转移到机器上,可以排除独立的个人之间有由于性格差异带来的影响。

这种假设固然有某些道理,但是,忽视乃至消除人的个性的差异,也就是宣布人不可能实现自我;同时,专业化分工越细,独立个人的能力就越得不到充分的发挥,工作越简单,就越是缺乏挑战性,这对于成熟个性的健康发展是极其不利的。

传统的组织理论强调等级层次结构,但他们也认为这种结构存在问题,比如,领导剥夺了职工参与决策的机会,职工易于产生依赖、被动、从属心理。传统理论提出了解决上述问题的几种方法:① 建议给采取积极态度的职工以重奖;② 让技术上有专长的人去充当领导。但是,问题并没有真正解决。通过给职工以重奖,实际上是在创造这样的心理氛围,即用金钱就可以换取精神上的损失,那么职工也可以到组织之外去获得这种换取。任用有技术专长的人充当领导也是与人类的个性特质相抵触。职工所需要的领导不仅仅因为他有工作专长,更重要的是他的管理能力和为人。

传统的组织理论还认为只要有集中统一领导,组织效率就会很高。这种看法也是不对的。在集中统一领导下,组织所要达到的目标都是由领导一手决定的,这些目标并未与职工的“自我”发生关系,触及的只是人们的外在的和浅层的需要,因而不可能有心理上的成功，这与人的个性发展是抵触的。

阿吉里斯认为成熟的组织为组织成员设定了以下的环境：领导决定一切，职工无权过问；职工处于依赖、被动和从属的地位；职工只有短期眼光，无长远打算；职工只有简单的技能；工作条件使人们产生种种心理障碍。

由此可见，成熟组织与成熟个性的发展是相矛盾的，成熟组织只能与婴儿的个性发展阶段相一致。事实上，在成熟组织内，如果一个个性成熟的成人在工作的 8 小时内，以一种不成熟的行为方式行事，他反而会得到提升，获得高薪。从成熟组织与成熟个性的矛盾分析中，我们就可以解释如下的现象：在一些组织中，恰恰是非成熟个性，甚至低能弱智的人能在某些工作中干得很出色①。换言之，成熟的组织若处理不好往往会扼杀成熟个性的积极性，从而导致组织停滞。

通过对人的个性发展过程的研究以及运用这一研究分析成熟组织与成熟个性的矛盾，阿吉里斯得出了如下定理：

定理 1：成熟组织的要求与健康个性的发展是不协调的。如果应用传统的成熟的组织原则即专业化分工、等级层次结构、集中统一领导的原则，建立起一个社会，同时又使用具有独立性、积极主动、能充分发挥自身的个性特征即个性趋于成熟的职工工作为组织要素，那必然会造成混乱。

推论：组织中混乱和不安的程度与健康个性的发展同成熟组织的要求不协调程度成正比。

定理 2：上述混乱和不安将导致职工的挫折、失败、行为短期化。如果职工追求健康、成熟的自我实现，其结果必然是：因为难

---

① 事实上，这一矛盾还会进一步激化。因为在这一过程中，职工的个性会不断发展进一步成熟；正式组织的结构也会变得更为明确和严格；工作任务会变得更为机械、固定；工人有时也会降职使用。这就要求组织不能完全再沿袭正式组织的原则去管理而需依据实际情况不断变革。

以实现,职工产生挫折感;因为不能根据自身需要来确定自己的奋斗目标以及实现这些目标的手段,职工将感到无能和失败;因为无法确定和控制自己的未来,职工必然行为短期化。

定理 3: 成熟组织的原则导致各个层级上的下属感受到竞争和压力,相互攀比,甚至相互为敌,各自只追求局部目标而不顾及更为重要的整体利益。因为下属对于领导是从属和依赖的,为了获得提升就必须在领导面前表现自己,彼此之间必然竞争;因为领导要求下属做好本职工作,只有本职工作完成好的才有奖励,因此,职工必然只注重局部工作而忽视整体利益;因为职工只注重局部工作,为了维持整体利益,领导就需要进一步控制,从而形成恶性循环①。

二、组织发展中的问题

(一) 组织发展的定义

对于组织发展,不同的人具有不同的见解,在观点、兴趣和实践方面也有不同的看法和做法。归纳起来大致可以划分为两种:

一种意见是将其解释为,由行为科学家,即那些来自心理学、社会学和人类学的行为专家,运用他们的知识去改善经营组织的一种近期的努力。在维持总体不变的情况下,他们关注组织包括下属机构在内的整体效率。随着科学技术不断地转化为生产力,他们对组织内部的教育、培训也引起了重视,并将人员培训、管理开发或人力资源管理作为重要的管理职能列入组织发展的职责范围。

另一种意见是从心理学有关智力的定义中演绎过来的,即组

① 孙耀君著:《西方管理学著名提要》,南昌:江西人民出版社 1992 年版,第 207—208 页。

织发展就是人们在发展组织方面所做的一切。①

上述两种意见是从不同的角度提出的，在表述上或有差别，但其内涵是大致相同的。组织行为学家注重运用知识去改善经营组织，力求使组织能够稳定发展。同时注重提高成员素质，并予以强化教育、培训，加强人力资源管理，以致从根本上解决内在动力提高的问题，进而提高组织整体效率。而组织心理学家将组织发展视为自己毕生所做的一切。可以想像，只要做了一切，世上哪还有不成功的事情！从本质上讲，组织行为学家和组织心理学家是一致的，其目的都是为了提高组织效能，而达成提高组织效能的目的关键却在于以服务的客户为中心。组织行为学家注重员工素质提高，最终目的是为了组织更好开展对外服务，提高服务质量。而这一切也是组织心理学家所追求的，包括提高对外开展工作的服务质量以吸引更多的客户。这里有两个含义：第一，组织发展所要解决的问题是客户所感知的问题；第二，可能是更重要的一点，即客户的行为实际上是自己想要寻找的解决问题的答案。所以，组织发展将永远处在一个变化的过程中，而此两含义将是过程的导向。因此，组织发展自然需要随过程的变革而进行结构的调整。这将是一项大事业。同时，组织发展基本上总是在不断地变革和完善传统管理的方式，并表现出如下几方面的特征：

(1) 强调工作团体必须是学习型；

(2) 强调管理必须是参与性及合作性；

(3) 强调组织文化与时俱进性；

(4) 强调创新性为持续性的过程；

(5) 多半是一些行为科学家担任变革的推动者。

(二) 组织发展的目的

组织发展中重要的一点就是要在组织内部发掘出足够的有价

① ［英］S·泰森 T·杰克逊著，高筱苏译：《组织行为学》，中信出版社，西蒙与舒斯特国际出版公司 1997 年版，第 243 页。

值的信息,来帮助组织及其成员作出决策选择。这种选择涉及帮助成员找到他们目前所面临的问题的某种解决方案。换句话说,组织发展更进一步的目的就是提高组织解决问题的能力。显然,组织发展的目的主要是从目的性和方法论两个角度来考虑的。这里将着重介绍一下两大组织学派对组织发展的目的所作的精辟论述。

其一是,认为组织发展是运用行为科学知识进行有计划的、带全局性的自上而下和自下而上的实践努力,其目的在于通过管理过程来实施对组织内部的有计划的干预,以增进组织的有效性和组织的健康水平。其运作的过程及其内容大致如下:

1. 为改善组织有效性进行组织诊断或检验,并确立改革目标;

2. 提出达到组织目标的战略;

3. 提出实现战略目标的具体措施;

4. 确保督导和评价进展按标准化实施并予以反馈。

这是以贝格哈特(Beckhard, R.)为代表的组织发展理论家的思想。①

其二是,认为组织发展是从收集资料、分析问题、作出行动计划、采取干预措施,到评价的整个系统的活动过程。其目的是:

(1) 使组织结构、活动过程、战略实施、成员行为同组织的作风、制度更好地配合;

(2) 提出新的创造性的解决问题的方案;

(3) 开发组织自我创新的能力。

可想而知,这些目的的实现,必须要通过多学科的理论、技术的综合运用。并通过组织内部成员和外部咨询人员的共同努力才可达成。这是以比尔(M. Beer)为代表的另一派组织发展理论家

---

① 邹再华编著:《现代组织管理学》,长沙:湖南人民出版社 1988 年版,第 685 页。

的思想。

当今,组织发展特别需要注重组织的自我创新能力和对环境的主动应变能力的加强。因为组织所处的社会系统环境,即是瞬息万变的经济全球化大市场,如不认真对待,稍有闪失,组织,尤其是中小企业组织,就很难保证稳定生存,更无从谈得上发展。就连全球首富的微软公司,都不敢对市场信息有半点的疏忽,其销售的产品往往使人刚刚才耳目一新,却在一夜的功夫就又听说有了新的更替产品。其更换产品的速度之快令人感到真是有一种措手不及之势。用他们的行话讲,如果一个企业组织的主管,不能认识到产品旺销高潮后就是低潮,或换句话说,如果一个公共组织的主管若不具备对事物发展的洞察力的素质,这个组织的发展将会面临着危机。

(三) 组织发展中的问题

研究组织发展中的问题,可以有多种角度。前面已对组织发展的定义和组织发展的目的作了简述,据此可知,对于组织发展,从不同的角度会有不同的认识和解决的方案。法律专家重视组织发展的"正当"与"不正当";伦理学家关注组织发展结局的"公平"与"不公平";经济学家看重组织发展的绩效与个体潜力发挥的机制;哲学家热衷组织发展的理论与实践的辩证关系;而组织学家看重研究探索组织的结构、制度和文化与社会发展的管理效应问题不管从什么角度认识组织发展,都有一个倡导什么样的组织发展和贬抑什么样的组织发展的问题,而这一问题的解决又必须依赖于对组织发展的评估或监督的标准的规范,使组织行为趋向于以重视社会责任为主的理性化和制度化[①]。然而,组织在发展过程中,不可避免地或多或少地都会遭遇一些阻力或障碍,这种阻力和障碍先会使组织发展速度减慢,继而使组织发展出现危机或趋于

① 张康之:"呼吁理性化、制度化的社会竞争",上海:《社会学》2000年第11期,第84页。

停滞。对此我们称之为组织发展中的问题。阻碍组织发展与组织发展停滞后的问题也有所不同,大体情况区别如下:

1. 阻碍组织发展的因素

(1) 职权冲突

职权分工是实施社会有序运作的控制过程。每个组织都应具有明确的社会职权分工,且只有具备了系统规则的程序化的社会职权,才可以扩大组织者或领导者的权力及影响力,才可以培养、诱导有益于社会的文化理念、行为方式和价值观念的生成,从而既可以起到平衡社会、缓和社会冲突和强化社会秩序的作用;又可以促进群体凝聚力的增强和强化群体对个人的控制。但是,作为一个新生组织,它的职权如能得到公众的认可需要有一个过程;同时它为了不断成长或发展,自然主观力求扩张职权。其间难免要侵犯到其他原有组织的职权,或对其他组织职权产生削弱或威胁,致使双方产生矛盾甚或冲突,结果使得原有的协作伙伴或得力助手演变为冤家对头或铁杆阻力。这种影响新生组织发展的职权冲突因素——可称之为组织发展中的职权不正当。

(2) 内部失衡

组织平衡是一项非常重要的组织课题,用美国著名组织理论家巴纳德的话讲,只有组织保持平衡了,组织才能发展,反之组织就会衰弱。所谓组织的内部平衡,若针对新生组织而言,就是在快速发展的情况下,尽可能使其内部的单位与单位之间的业务相互适应、协调,并保证职权与利益平衡。一般来说,新组织产生后,多半都是只顾先求自己单位业务的扩大,再求职权利益的迅速增多。由于各自更多地考虑为自己扩张业务,结果使得组织内部的各单位在业务交叉或衔接的过程中不断产生冲突、重复和脱节的现象。由此引发的一连串的协调难题也接踵而来,以至于各级领导或主管必须花费较多的精力和时间用于处理协调单位间的矛盾,因而也影响了组织发展。我们将这种影响新生组织发展的内部失衡因素——称之为组织发展中的结构不协调。

(3) 员工的心态代际

新组织在发展过程中,由于业务的扩充而使员工不断地增加,也由于员工是先后进入组织的,他们的心态也有明显的差异。比如,新成立组织时到职的员工,其处事态度、爱岗尽责较后来加入的年轻员工更为忠于职守。但年轻员工敢想敢做,现代化操作能力又较先成立时到职的员工更强。这种先后员工的代际心态差异自然会影响或降低组织的整合进取力量——我们称之为心态不一致。

2. 组织发展停滞后的影响

(1) 员工心理失落

当组织发展到相当成熟阶段时,有时会演变为阻力乃至使其停滞。其中主要原因之一是组织因成熟可能造成员工的心理失落。因为组织在其产生后会由于不断地追求成长,以致发展到相当成熟的整个过程中,组织编制会由缺额慢慢变为满员,组织形态及业务会逐渐趋于稳定,这种组织成熟的结果恰恰会使员工的升迁机会反而随之减少,部分员工会由于原本可能获得升迁机会的失去而造成泄气、伤感,并由此引发心理上对工作的消极情绪,甚至还会对组织产生极端的不满。这种由组织成熟对员工心理带来的负面影响——可称之为激情不连续。

(2) 遭遇社会冷落

社会信赖一个组织往往会变为期待这个组织不断发展。但事实上,组织在成长期间受朝气和实力影响,一般会随着组织发展而逐渐减弱,随之工作绩效也会卸下光辉的皇冠,由此也使组织在社会中的形象、地位慢慢下降;自然,社会对组织的期望估分也会逐渐降低。这种社会对组织观感的改变,致使组织遭遇社会冷落。本应组织在失利或失意情况下迫切需要社会支撑或鼓励它的士气,相反,客观带来的却是令它感到无助和失望;从而导致社会也会对组织发展停滞的消极状态感到失望。这种社会和组织互为主客体的期待失望——可称之为期待不同位。

(3) 组织士气不足

组织也像运动员参加田径比赛一样,除需要参赛的临场经验和技巧外,更需参赛的创新战略。组织的创新战略是组织发展的核心问题,其观点理念倾向,只有处理好"探索"与"开发利用"之间的适当平衡,组织才能发展;只有组织发展,才能增强创新的士气。一般来说,实践中的组织,往往为了自身的发展,它都会追求一种正向的"探索",即为适应环境而探索自己发展的制度、结构、策略与程序的运行方式,进而将组织的发展战略制度化。反馈则注重"开发利用",但须辅以制度化规范组织中的个体方式来影响成员和团队,进而将个人之间的认同经由相互协调达到整合的共识,以使组织能在开放的社会系统中开发利用环境资源,甚或创造条件去改造环境,使组织做大做强。但是为实施创新战略,组织必须要有足够的士气来维持这种实施过程中的较长时间或较长距离的冲刺的损耗。然而,组织在其发展期间所表现出的创新作风,由于遭遇各种阻力使其成长趋于停滞,诸如,外部环境大众会否认可,内部成员会否认同,还有政府领导部门会否权力干预。其中的每一因素都会影响组织创新的士气。结果往往组织为了保持原有的地位与成就,一定程度上创新战略的士气会逐渐减弱,并由创新逐渐趋于保守。我们称之为创新士气不足。

第二节　组织变革及其路径选择

在任何时候任何地方,环境都会不断改变,这是一个不争的事实,因此人和各种组织也都需要不断地适应这些改变着的客观环境,整个社会系统就是这样——并没有永恒不变的确定的因素可供人们抉择这回事。